經學研究 5

經學研究編委會

主編
于春松 陳壁生

編委
呂明烜 宮志翀 常達 郜喆 劉禹彤

海峽出版發行集團
THE STRAITS PUBLISHING & DISTRIBUTING GROUP
福建人民出版社

圖書在版編目（CIP）數據

經學研究．第五輯 / 干春松，陳壁生主編．--福州：福建人民出版社，2023.3

ISBN 978-7-211-08978-9

Ⅰ.①經… Ⅱ.①干… ②陳… Ⅲ.①經學－研究－中國 Ⅳ.①Z126

中國版本圖書館 CIP 數據核字（2022）第 254139 號

經學研究 第五輯

主　　編： 干春松　陳壁生
責任編輯： 陳廷燁
美術編輯： 白　玫
責任校對： 林喬楠
出版發行： 福建人民出版社　**電　　話：** 0591-87533169（發行部）
網　　址： http://www.fjpph.com　**電子郵箱：** fjpph7211@126.com
地　　址： 福州市東水路 76 號　**郵政編碼：** 350001
經　　銷： 福建新華發行（集團）有限責任公司
印　　刷： 福建省金盾彩色印刷有限公司
開　　本： 700 毫米×1000 毫米　1/16
印　　張： 27.75
字　　數： 345 千字
版　　次： 2023 年 3 月第 1 版　**印　　次：** 2023 年 3 月第 1 次印刷
書　　號： ISBN 978-7-211-08978-9
定　　價： 98.00 圓

前　言

在中國學術史、思想史上，鄭玄是最重要的核心人物之一。六經之中，最能以一經之學貫通群經者，莫過於禮學；在實際上以禮學貫通群經者，莫過於鄭玄。鄭學大行於天下，塑造了一個漫長歷史時期的政教制度：自三國至宋初，凡禮學理論之授受，莫不根於鄭玄；凡朝廷之議禮論證，郊天、宗廟、喪服諸方面，莫不源出鄭學。可以説，鄭玄禮學成爲塑造中國古典文明的重要因素。

正因爲鄭玄在經學史、文明史中的重要地位，清代回歸漢學，主要就是回歸鄭玄，其文字訓詁、文獻考據、典章制度諸方面，都成爲清代學術的遠源。清學中有顯言“漢宋”者，宋學之代表是朱熹，漢學之代表即鄭玄。可以説，一部經學史，如果離開鄭玄，便無法成立；一部文明史，如果無視鄭玄，便不免膚淺。

然而，民元以後，鄭學與經學、禮學一樣，没有得到充分的研究。從現代學科的角度看，任何單一學科，無論是文學、歷史還是哲學，都無法有效對鄭玄經學進行深入的理解。理論上説，現代學科轉型，目的是爲了更好地以現代人的眼光、角度來理解傳統，使傳統成爲現代生活的精神與思想資源。但事實上，許多在傳統學術中佔據中心地位的人物、思想、學術，在現代學術版圖中無法容身，鄭玄經學即是典型例子。民國時期的鄭玄研究，其最佳者仍是清代學術的延續，如曹元弼《周易鄭注箋釋》《尚書鄭氏注箋釋》《孝經鄭氏注箋釋》、張錫恭《喪服鄭氏學》、顧實《大學鄭注講疏》《中庸鄭注講疏》等等。而以現代學術方式來研究鄭玄，成果乏善可陳。

1980、1990 年代的鄭玄研究，即便是從學科角度討論其音韻訓詁、文獻考據的專著、論文，也極少見。比較重要的相關著述，只有王利器《鄭康成年譜》（齊魯書社，1983）與張舜徽《鄭學叢著》（齊魯書社，1984）。《鄭康成年譜》綜合清人成果，是目前可見最爲完善的鄭玄年譜。《鄭學叢著》收録張舜徽《鄭學敘録》《鄭氏校讎學發微》《鄭氏經注釋例》《鄭學傳述考》《鄭雅》《演釋名》數種著作。及至二十一世紀的前十年，鄭玄研究仍然青黄不接。這一時期的研究著作，主要有楊天宇《鄭玄三禮注研究》（中國社會科學出版社，2008），從禮學來理解鄭玄；另有唐文編著《鄭玄辭典》（語文出版社，2004），廣搜群經鄭注中的字詞訓詁，以之爲綱，集爲一册。

自 2010 年代開始，鄭玄研究取得了長足進展，這與經學研究的重新開展密切相關。這一時期對鄭玄的研究，不再局限於文字訓詁、文獻考據，而是隨著經學的興起擴展到經學的方方面面，群經尤其是三禮的鄭注受到廣泛重視。可以説，二十一世紀以來的經學復興，在學術研究上最爲顯著的成績，是鄭玄研究重新受到重視，鄭玄經學對中國文明的重要性逐漸成爲共識。

本輯專題爲“中國文明史中的鄭玄經學”，首先，“文明史”意味著一種學術視野，即從中國文明的角度來理解鄭玄，理解鄭玄對文明的意義。採取文明史的角度而非現代學科的角度，主要原因在於，無論是經學還是禮學研究，都不可能在單一的現代學科中完成，鄭玄研究也是如此。真正的鄭玄研究，不是需要跨學科的視野，而是需要先放下學科的一偏之見，直接面向鄭玄經注本身，去理解鄭玄對經學、對禮學乃至對思想史、文明史到底意味著什麼。其次，強調“鄭玄經學”，旨在以一種更爲完整的角度來理解鄭玄，因爲鄭玄經學的核心是三禮，鄭玄通釋三禮之書以成一家之學，六朝隋唐人所稱“禮是鄭學”是也。除三禮外，《易》《書》《詩》《論語》《孝經》諸書，鄭玄咸有注釋，在遍解群經過程中構建了完全屬於他自己的、創造性的經學概念。因此，要從整全的經學視野來看待鄭玄，把鄭玄理解爲一個偉大的經學家。

在當代中國學術中，鄭玄研究剛剛重新起步，對鄭玄理解的深化，同時也是對中國文明、對經學理解的深化。

目　録

專題：中國文明史中的鄭玄經學

經學史論

專稿：陳鴻森先生《清代學術史叢考》筆談

學人訪談

舊文新刊

專題：中國文明史中的鄭玄經學

鄭玄會通三禮學小論

郭超穎[*]

在兩漢經學研究領域，有一些基本問題需要重新檢視。從經文本層面説，如果我們認爲《禮記·經解》拋出的“六經皆禮”符合歷史認知[①]。從詮釋與經世層面來説，卻有一個易忽視的問題，即兩漢禮學詮釋的總體精神風貌是什麽？兩漢以公羊《春秋》爲盛，“《春秋》者，禮義之大宗也”（《太史公自序》），《春秋》教以“屬辭比事”決斷權衡，公羊家善緯，亦善禮。如此，這時的《儀禮》學處於怎樣的格局之下，與當時的《春秋》學是何關係？鄭玄注《儀禮》十七篇，於名物制度、文字訓詁、義理闡發無所偏失，這個工作是兩漢禮學或經學闡釋的終點，還是魏晉南北朝禮學或經學闡釋的起點？這些問題亟需得到解答。

---

* 郭超穎，山東大學儒學高等研究院副研究員。

① 《經解》篇“記六藝政教得失”，皇侃云：“解者分析之名，此篇分析六經體教不同，故名曰《經解》也。六經其教雖異，總以禮爲本，故記者録入于禮。”（孔穎達《正義》引）陳澧云：“《記》文引孔子曰：‘安上治民，莫善於禮。’此篇當録入於禮，其義已明矣。”（《東塾讀書記》）皮錫瑞《經學通論·六經之義禮爲尤重其所關係爲尤切要》指出藉《經解》足可見“六經之文，皆有禮在其中，六經之義，亦以禮爲尤重”。曹元弼《禮經學·會通》云：“六經同歸，其指在禮。《易》之象，《書》之政，《詩》之美刺，《春秋》之褒貶，於禮得失之跡也。《周官》，禮之綱領，而《禮記》則其義疏也。《孝經》，禮之始，而《論語》則其微言大義也。”

以今天的眼光來看，《儀禮》異常瑣碎，鄭玄《儀禮注》又過於簡質，不但這部經看起來實無益處，其詮釋也未偏重義理建設。但在歷史上，《儀禮》學在漢末魏晉南北朝時期是非常關鍵的。學界通常的印象是，該時期《周禮》《禮記》的地位在上升，《左傳》《國語》的地位也在上升，相較而言，《儀禮》與《公》《穀》開始式微。實則這只是現象相同，本質卻相異。鄭玄以《周禮》爲本經，以禮義爲變革社會的規範，改變西漢以來官學以《儀禮》爲本經的觀念，正是魏晉以降《周禮》《禮記》地位持續抬升的重要節點。《儀禮》的局限性使得它在兩漢主體學政實踐中處於較爲尷尬的境地，其地位的撼動自劉歆開始，由鄭玄正式完成理論上的建構。經過鄭玄詮釋之後的《儀禮》，又從某種意義上重新獲得了真正的歷史生命力。

近兩年，關於鄭玄禮學的研究，開始轉向新的深入階段，聚焦出很多新的思考點。經學思想史研究方面，陳壁生指出"鄭玄變《周禮》爲'禮經'，使'禮學'的意義，從以《儀禮》爲中心的人生禮儀，革命性地轉變爲以《周禮》爲中心的國家政教大典"①。漢魏古注訓詁方面，程蘇東關注到章句故訓背後所代表的解經體系建構問題，指出："何休、鄭玄以及同時代的馬融、盧植等均可視爲東漢經學新風氣的宣導者。"② 禮義原則方面，吴麗娱揭示出中古前期經學詮釋的一種新趨向，即以追求禮義爲中心，以經學原則指導現實應用的目的更明確③。同時，制度史研究領域，楊華在梳理與反思20世紀歷史唯物論者的古禮制度研究時，實質也涉及了經學原典與經學詮

① 陳壁生：《從"禮經之學"到"禮學"——鄭玄與"禮"概念的轉化》，《清華大學學報（哲學社會科學版）》2022年第1期。

② 程蘇東：《〈春秋〉公羊學胡毋生師授譜系補證》，《北方論叢》2021年第2期。

③ 吴麗娱：《〈禮論〉的興起與經學變異——關於中古前期經學發展的思考》，《文史》2021年第1期。

釋如何進一步認識的問題①。這些最新的成果有着内在邏輯的關聯性，事實上未嘗不可以看成是一種經學研究的新動向。

鄭玄融會今古，成"三禮"之學，實際上就有三禮文本的經典化問題。《儀禮》之於中國古代社會的意義是非凡的，這種意義的發掘和發揮，凝聚着經典詮釋的力量。拋開今古文經學道統之争，康有爲十分精准地扼住了問題關隘。康有爲指出輔成古學、篡今學之大統者，全在鄭康成一人，"始作僞亂聖制者自劉歆，布行僞經篡孔統者成於鄭玄"，由漢代周，到漢繼周，是古文經的一大問題，"於是孔子遂僅爲後世博學高行之人，而非復爲改制立法之教主聖王，祇爲師統而不爲君統"②。

劉勰《文心雕龍・原道》篇云"原道心以敷章，研神理而設教"③，這是南朝時期古文經學學派對前代經典詮釋提出的總結性觀點。闡釋《儀禮》儀節背後的情理依據是《儀禮》研究的學術傳統，而這在鄭玄時代又有特殊的意義。鄭玄《儀禮注》努力使《儀禮》由"儀"的維度向"義"傾斜轉化，這個"義"就是禮學法則。法則是恒定的，立法既是對實踐的指引，更是對詮釋與執行的規約，而這種模式形成本身就藴涵着一次學理建設的轉變。鄭玄解經鮮明地體現着這種經學與經世的標準和特色。

《儀禮》這部經典是體現章學誠所謂古文辭爲文之法的典範。遠在章氏之前，南朝宋、齊間的劉勰就在《文心雕龍》裏對兩漢經學詮釋理論與手法進行了總結，提出了文、事、義的概念。《禮記・表記》引孔子言"情欲信，辭欲巧"，論君子情性誠中信外，而言辭要體實明辨，《論語・泰伯》："君子所貴

① 楊華：《唯物史觀與中國古禮研究——20世紀禮學研究方法論之一》，《華東師範大學學報（哲學社會科學版）》，2021年第4期。

② 康有爲：《孔子改制考》，中華書局，1958年，第195頁。

③ 詹鍈：《文心雕龍義證》，上海古籍出版社，1989年，第24頁。

乎道者三：動容貌，斯遠暴慢矣；正顏色，斯近信矣；出辭氣，斯遠鄙倍矣。”鄭玄曰：“出辭氣能順而説，則無惡戾之言入於耳也。”這也是《儀禮》經文文法具有的品格，這種品格是鄭玄最終塑造出來的。鄭玄塑造的最本質的目的，是使得《儀禮》成爲含三禮禮義法則的儀節程式文本。

鄭玄的釐定規整，一方面吸納《春秋》文法，一方面整合三禮義。我們在此僅簡略涉及鄭玄對事理邏輯的把握，這是吸納《春秋》義的一種類型。事理邏輯，實際上就是對動作、事件的價值判斷，是注重敘事中順承轉折關係，通過對情理原委的析理，來闡明章法道理。

例如，《公羊傳・宣公八年》：“乃者何？難也。”何休對此有較爲細緻的闡釋。《穀梁》曰“乃，亡乎人之辭”。乃，“曳詞之難也”（《説文》）。鄭玄詮釋《儀禮》的時候，也注重申明“乃”爲緩辭。《大射》：“公拜受爵，乃奏《肆夏》。”鄭玄注云：“言乃者，其節異於賓。”[①] 同样的，《鄉射》云：“主人朝服，乃速賓。賓朝服出迎，再拜。”《鄉飲》：“主人速賓，賓拜辱，主人答拜，還，賓拜辱。”二者不同，賈公彦認爲鄉射主人戒速别服，鄉飲同服。這種文法，關涉經文準確理解。敖繼公指出《士冠禮》經文“筮賓，如求日之儀。乃宿賓”，《特牲饋食禮》“筮尸，如求日之儀。乃宿尸”，“乃”字即能證明筮、宿同日，事實恰相反。《士冠禮》曰：“前期三日，筮賓，如求日之儀。乃宿賓。”[②]《少牢饋食禮》曰：“明日，朝筮尸，如筮日之禮。……吉，則乃遂宿尸，祝擯。”[③]《士冠禮》經文云“前期三日，筮賓，如求日之儀。乃宿賓”，僅從這裏看不出“宿賓”是“筮賓”當天還是次日前往再次相請。下經云

---

① 鄭玄注，賈公彦疏：《儀禮注疏》卷十七，影世界書局本阮刻《十三經注疏》，中華書局，1980 年，第 1032 頁。

② 同上書卷一，影世界書局本阮刻《十三經注疏》，第 947 頁。

③ 同上書卷四十七，影世界書局本阮刻《十三經注疏》，第 1197 頁。

“厥明夕，爲期於廟門之外”，“宿賓”的第二天黄昏“爲期”，確定當日舉行冠禮的具體時間；再接後是“夙興設洗”，是“爲期”次日清晨開始即準備該日加冠禮的各項事宜。如此則知“宿賓”後的第二天“爲期”，此是冠前一日，則“宿賓”在冠前兩日，距離冠日一天；而“筮賓”距離冠日兩日，也就是“筮賓”次日“宿賓”。所以，敖氏之説不僅於經文裏的時間内證不符，亦不通文例。反而是《少牢》經文“乃遂宿尸”含着明顯提示。所謂遂，繼事之辭也。（《穀梁傳・桓公八年》）。

鄭玄的《儀禮》今古文釐定，還是一個三禮文本會通性的過程。今古文釐定，自然有語言文字層面的規範，同時經學、經義規範也是一端。《燕禮》：“寡君有不腆之酒。”鄭玄注云：“腆，膳也。古文腆皆作殄。”[①] 腆，《公羊》《左傳》皆訓爲厚。殄，左氏從《説文》訓爲盡，或絶。膳，作名詞，一般即指美食，《禮記・内則》對大夫以上之“膳”有總括性解釋。《禮記・少儀》“爲已祭而致膳於君子曰‘膳’”。鄭玄在《儀禮》詮釋體系裏，指出“君物曰膳，膳之言善也。”[②] 鄭玄用“腆”而不取古文“殄”，不但是符合經傳用字，還符合《燕禮》的整體經義，確切來説是符合《周禮》統攝下的文本呼應。“宿戒”問題，是《儀禮》經文經義釐定的一個典型。鄭玄既不從今文“速”，也不從古文“羞”，在“羞”與“宿”的對比中，是考慮諸經之用字常例；“速”、“宿”二字或在古籍中互常通用，但在經義與實際情理中，卻有差别。故而鄭玄依據《周禮》之“宿”，裁定爲“宿”，取“肅”之義，同於《禮記》。在宿、速的確定清楚後，加上“戒”的儀節，這樣就形成了一個既符合《儀禮》諸篇經文記述實際情況，又能爲後世所依照採用的標

① 《儀禮注疏》卷十五，影世界書局本阮刻《十三經注疏》，第1024頁。
② 同上書卷十四，影世界書局本阮刻《十三經注疏》，第1016頁。

準。黄以周云："近人猶有謂宿、速音近通用，未達鄭意者也。凡經言'宿'者，皆在期前，如《士冠》宿賓、宿贊，《特牲》宿尸、宿賓，文列'厥明爲期'之上。諸言'速'者皆在即日，如《鄉飲》《鄉射》'主人速賓'，文次'羹定'之後。經語明顯，胡可混也。"①

鄭玄的《儀禮》解説體系有取用《禮記》義的地方，比如《禮器》篇記述"直而行""曲而殺""經而等""順而討""撕而播""順而摭"等禮意原則，它們就被鄭玄吸收用以在整體上解釋儀節。

事實上，包括《禮記》在内的今文經説，是鄭玄積極吸收並用以詮釋《周禮》《儀禮》，甚至是溝通《周禮》《儀禮》的路徑。《大司徒》記大司徒十二教，其第二爲"以陽禮教讓，則民不争"，鄭玄云："陽禮謂鄉射飲酒之禮也。"鄭玄認爲這裏的"陽禮"是指鄉飲、鄉射，但没有援引相關文獻。賈公彦疏云"酒入人身，散隨支體，與陽主分散相似"。實際上，鄭玄這個説法淵源有自，《白虎通·鄉射》："天子所以以親射何？助陽氣達萬物也。"《漢書·五行志》："禮，春而大射，以順陽氣。"所謂陽氣，就是男子由内達外情志之道氣。鄉飲、鄉射都有正齒位、飲酒敬讓之事，故教民不争。子曰："君子無所争，必也射乎。揖讓而升下而飲，其争也君子。"（《論語·八佾》）

但鄭玄的這個體系也有與《禮記》義不同的地方，比如鄭玄認爲飲酒禮與射禮不同，所以鄭玄《燕禮注》一再申述燕禮尚歡，而實際上《禮記·燕義》篇主體是詮釋燕禮的尊卑之義，二者之間明顯不同，這是十分值得思考的。

按照曹元弼的分析，二戴《記》大類有三：禮、學、政②。

---

① 黄以周：《禮書通故》，王文錦點校，橋本秀美覆校，中華書局，2010年，第779頁。

② 曹元弼：《禮經學》，周洪校點，北京大學出版社，2012年，第242頁。

沈文倬在此基礎上篩選出禮類三十九篇[①]，認爲這些篇章能夠呈現《禮記》是《儀禮》傳記的事實。學、政也是禮，但所主不同，二戴時期可能還是重哲學原義、學政的探討。而鄭玄詮釋與《禮記》禮類義理不同，存在著禮學詮釋體系建構的歷時性過程，是逐漸確立起來的詮釋理路。

《鄉飲酒禮》《鄉射禮》在《儀禮》中是一篇禮儀活動程式記録，然而由於它們涉及王國邦國制度問題，與《周禮》記載的官制禮制相關性大，所以鄭玄把這兩篇的詮釋與《周禮》架構進行密切對接，故曹元弼云："凡禮經綱領，皆在《周官》，經曲相表裏，於此明矣"[②]。《史記・儒林列傳》記"漢興，然後諸儒始得修其經藝，講習大射、鄉飲之禮"，因爲有這樣的現實基礎，漢儒對這兩篇的探討，目前可見的散逸文獻也較豐富。我們由這些記載可洞見《儀禮》今文官學的一些詮釋路徑和特點，由此推知鄭玄禮義界定的詮釋定位與歷程。

今《白虎通・鄉射》篇分爲五部分，内容依次爲：天子親射，射侯，射義，鄉飲酒，養老之義。其中只有"論射侯"是細節義探討。射侯，"各取德所能服也"[③]，天子射熊示服天下巧佞之臣，諸侯射麋示達遠迷惑人，大夫射虎豹示服猛，士射鹿豕示除害。這是公羊《春秋》的講法。鄭玄《儀禮》注："燕射射熊、虎、豹，不忘上下相犯。射麋、鹿、豕，志在君臣相養也。"[④] 二者之間邏輯差異迥然。也就是説，在東漢中前期，雖然新的學術湧動，但距離鄭玄等建構新的儀禮、禮義詮釋體系還有很長的歷程。

《禮記・冠義》等諸篇，"義"字其内容側重儀典禮儀之象，是禮的意義；而鄭玄撮要整合出的規範法則，當屬"禮

---

① 沈文倬：《宗周禮樂文明考論》，浙江大學出版社，2006年，第31頁。

② 曹元弼：《禮經學》，第239頁。

③ 陳立：《白虎通疏證》，吴則虞點校，中華書局，1994年，第244頁。

④ 《儀禮注疏》卷十三，影世界書局本《十三經注疏》，第1010頁。

意”。以鄭玄爲代表的這種經義詮釋傾向，重視禮儀程式，用具體的儀節義勾連整體的程式義，把經義的闡發依存在禮儀的遞進之中。這種重視儀節，不脱離儀節，一方面是尊重經文，另一方面是尊重本經特色。對於《儀禮》來説，行爲規範原則義就帶有一種操作性意涵，對加强鞏固儀節存在，增强禮典儀節在時空中的生命力都有着十分重要的意義。可以這樣認爲，鄭玄等人把握經義詮釋的精神，結合《儀禮》的特點，構建起來的經義訓詁與闡發不僅是爲了抽繹可爲後世法的義理，同時也是促進經典的合理性理論完善，使《儀禮》這部經典在時代發展中以新的存在形式參與到社會生活的各個方面。

《儀禮》西漢立於學官，在《春秋》學範疇下，其主流在於配合決斷大義，從史書來看，亦不見大、小戴之弟子活躍於禮制建設上。劉歆的主要貢獻也在於皇權禮制的裨補。西漢《儀禮》學很長時間内是在《春秋》學框架下，錢穆所謂《春秋》是漢之“一種新王法”是很有洞見的。

王莽當政，《周禮》參與官職改革，劉歆主持的古文經倡議興起，這些自然是《儀禮》詮釋的一個過渡，同時也是國家禮制與國家運行的内在需要。這裏有一個問題值得關注，劉歆批評今文經學家的真正問題是什麼？對此，錢玄同的觀點值得我們再次審視並重視。

> 近人或謂今文家言“微言大義”，古文家言“訓故名物”，這是兩家最不同之點。此實大謬不然。今文家何嘗不言訓故名物?《漢書·藝文志》於《詩》有《魯故》《齊後氏故》《齊孫氏故》《韓故》諸書，於《書》有《大、小夏侯》《解故》諸書，都是言訓故名物的。（漢師説經，“解故”以外，尚有“章句”。《書》之歐陽、大小夏侯，《易》之施、孟、梁丘，《春秋公羊傳》，《藝文志》皆著録有章句之書。章句雖非專言訓故名物，然亦非絶不言訓故

名物也。）至於“微言”“大義”，本是兩詞，近人合爲一詞，謂凡今文經説，專務發揮微言大義，而近代今文家亦多以發揮微言大義之責自承。其實此兩詞絶不見於西漢今文家的書中。最早用此兩詞的是古文家的始祖劉歆。他的《讓太常博士書》中有云：“夫子没而微言絶，七十子終而大義乖。”又，《漢書・藝文志》爲劉歆《七略》之要删，其篇首即云：“昔仲尼没而微言絶，七十子喪而大義乖。”是當以此兩詞歸之古文家，方爲適當耳。若云微言大義即指《公羊傳》所言“《春秋》之義”，則《孟子》《公羊傳》《史記》《春秋繁露》中言及《春秋》之義，皆無微言大義之稱。且古文家之劉歆亦曾造有僞《左》的“《春秋》之義”，即所謂“五十凡”等等是也。古文家何嘗不言微言大義乎？微言大義兩詞既爲古文家所創，則稱“五十凡”等等爲微言大義，更爲切合，大概劉歆亦正指此耳。[1]

事實上，西漢是文獻逐漸發現的時代，東漢是文獻整體詮釋建構的時代。兩漢之際所提出的這些禮學建構與詮釋問題，則並不難理解。從探討禮的原則來看，光武帝劉秀經過泰山，下詔祭泰山及梁父。梁松等認爲《禮記》“齊將有事泰山，先有事配林”蓋諸侯之禮，天子宜無即事之漸，不祭配林（《後漢書・祭祀上》）。東平王劉蒼根據《樂記》“名與功偕”與西漢舊制，確定了東漢宗廟用樂不完全相襲的原則，世祖廟舞樂名爲《大武》，孝明皇帝主在世祖廟，當同樂，共進《武德》之舞[2]。劉蒼實際談論的是禮的“不並敬”原則。

從《周禮》古注來看，其詮釋體系的建立也有一套邏輯路徑。《周禮》：“若王大射，則以狸步張三侯。”鄭司農云：“狸

① 錢玄同：《古史經學》，《錢玄同文集》（第四卷），中國人民大學出版社，1999年，第216頁。

② 《後漢書・祭祀下》，中華書局，1973年，第3196頁。

步，謂一舉足爲一步，於今爲半步。”鄭玄三禮名物之義的詮釋自成體系，他解釋：“狸，善搏者也，行則止而擬度焉，其發必獲，是以量侯道法之也。”[①] 而且這個解釋同樣是三禮的匹配。《儀禮》“司馬命量人量侯道與所設乏以狸步”，鄭玄注云：“狸之伺物，每舉足者，止視遠近，爲發必中也。是以量侯道取象焉。”[②]

事實上鄭玄升《周禮》爲經禮，其架構過程也是細密而複雜的。比如“五禮”結構。吉凶賓軍嘉，這個概念出現在《周禮·大宗伯》。根據《大宗伯》的記述，其職責是掌管建立王國邦國之禮，總體綱目依次爲“以吉禮事邦國之鬼神示”“以凶禮哀邦國之憂”“以賓禮親邦國”“以軍禮同邦國”“以嘉禮親萬民”，也就是“吉凶賓軍嘉”五禮之目。鄭司農把《周禮》吉凶賓軍嘉與五禮建構起來，鄭玄因襲並直接界定在《儀禮》中。因此，《士冠禮》《士昏禮》《鄉飲酒禮》《鄉射禮》《燕禮》《大射》《公食》屬嘉禮，《士相見》《聘禮》《覲禮》屬賓禮，《士喪禮》《士虞禮》爲凶禮，《特牲饋食》《少牢饋食禮》屬吉禮。特別注意的是，劉向把冠、昏、飲、射、燕、相見、聘禮，都歸屬于“吉事”[③]，這裏的“吉事”應該如何理解，能否就認爲劉向把這些都歸爲吉禮？從《石渠禮論》來看，冠事的定性與《禮記》篇提及的一致，是嘉禮之首。

> 《石渠禮儀》云：“冠者，人道之始也，嘉事之善也。是以聖王重之，必行于廟，主人不敢自專，請賓共成也。亦謂人之父恥自成其子，故請賓也。《五經要義》云：‘冠，嘉禮也。冠者，首服既加，而後人道備，故君子重

① 鄭玄注，賈公彦疏，《周禮注疏》卷三十，影世界書局本阮刻《十三經注疏》，第 845 頁。

② 《儀禮注疏》卷十六，影世界書局本阮刻《十三經注疏》，第 1028 頁。

③ 吴澄《訓纂》把《禮記·祭義》篇也歸爲《儀禮》詮釋，劉向歸屬於《祭祀》。

之以爲禮之始矣。’”①

而且這種模糊性由來已久。《晉書・禮志上》云:“蓋冠婚祭會諸吉禮，其制少變；至於喪服，世之要用，而特易失旨。”這一則闡述，表述出一種《别録》語境的意思，冠、昏、祭、聘等都是吉事。此外，鄭玄在努力建構《三禮》的“五禮”體系、天子至士禮、王畿至鄉邦體系時，會産生的一系列禮制層級不斷分化問題。這些問題都值得我們繼續思考。

鄭玄的《三禮》學實際上完成了兩漢以來中國主體學術的重新架構工作。鄭玄的經學詮釋，有今古文之争下以古文經優先的學術傾向，更多的是社會現實的催動，迫使學者更加重視社會現狀的變革及規範。鄭玄融會今古之意，自然是對現實學術的整合，但以國家政典體系建構爲框架，以禮義詮釋爲生發點，重構新的主體學術詮釋走向，是其基本思想，也是其基本學術理路。後代學者批評鄭玄，恰恰是對鄭玄關注社會、變革古今這種“情懷”的漠視，甚或是不解。鄭玄這種重視主體建構的學術觀念值得我們繼續重視。

① 《政和五禮新儀》卷一，影印文淵閣《四庫全書》第647册，上海古籍出版社，1987年，第76頁。

《士昏禮》典禮結構試析

王　勇*

《儀禮》篇目的命名，通例是以一個表示本篇典禮核心事件的動詞作中心語。《士冠禮》之“冠”，《士相見禮》之“相見”，《鄉飲酒禮》之“飲酒”，《鄉射》之“射”，《燕禮》之“燕”，《大射》之“射”，《聘禮》之“聘”，《公食大夫禮》之“食”，《覲禮》之“覲”，《士喪禮》（含《既夕禮》）之“喪”，《士虞禮》之“虞”，《特牲饋食禮》《少牢饋食禮》（含《有司徹》）之“饋食”，都是用一個簡洁的、可以清晰表明本篇典禮核心事件的動詞，來爲典禮命名，并作爲篇名。唯有《士昏禮》例外，它的命名不用表明事件的動詞，而用一個時間名詞“昏”。鄭玄《三禮目録》云：“士娶妻之禮，以昏爲期，因而名焉。必以昏者，陽往而陰來。日入三商爲昏。”① 昏禮的真正事件是“娶妻”，“昏”只是這一事件發生的時間。之所以不用“士娶禮”命名，是因爲昏禮乃二人出於自主意愿相和合之禮，有“陽往”也有“陰來”。如果稱爲“士娶禮”，則是唯有“陽往”而無“陰來”，顯不出女方的意愿，嫌昏禮由男方專斷、不問女氏，如《詩·行露》鄭箋所譏“彊暴之男”，“六禮之來彊委之”，是不成爲昏也；如果稱爲“嫁娶禮”，則嫌男女同

* 王勇，鄭州大學文學院講師。

① 鄭玄注，賈公彦疏：《儀禮注疏》，賈海生點校，《中華禮藏·禮經卷·儀禮之屬》第1册，浙江大學出版社，2016年，第295頁。

等，不分陰陽，顯不出昏禮必由一方帶領、另一方跟隨，如下達、爲期、親迎等儀節，皆不知孰主孰受、孰倡孰和。所以，唯有用舉行親迎這一儀節的時間“昏”，來命名此整個典禮，纔能準確、無嫌疑。昏時陽往而陰來，昏禮象之，是以人事副天道也。

在昏禮這一持續數月的大型典禮中，必須在昏時舉行的儀節，唯有親迎。因此，以“昏”名禮，本身就表明了親迎在整個昏禮中的核心地位。親迎是壻婦相見，所以，昏禮本質上是一特殊的相見禮。我們把握住這個中心，由此向前後推展開去，便可有機地串聯起昏禮的諸多儀節，并明確它們在昏禮這一整體結構中的地位，從而深刻地認識昏禮的內在禮義，并澄清一些沿襲已久的關於昏禮的誤説。

昏禮的全部過程，從媒氏通言一直持續到新婦參與助祭，其間可劃分爲五大節目：一是媒氏通言，二是通使，三是見壻，四是見舅姑，五是對外宣示。下面就依此五大節目，詳解《士昏禮》之結構。這裏先列表如下：

<table>
<tr><th>男家</th><th></th><th>女家</th></tr>
<tr><td>乞媒</td><td>一、媒氏通言</td><td>媒氏通言</td></tr>
<tr><td>命使（納采、問名）</td><td rowspan="5">二、使者行聘</td><td>受采、告名</td></tr>
<tr><td>卜女，命使（納吉）</td><td>受吉</td></tr>
<tr><td>命使（納徵）</td><td>受徵</td></tr>
<tr><td></td><td>笄女、教女</td></tr>
<tr><td>卜日、命使（請期）</td><td>受期</td></tr>
<tr><td>男父醮子，命往迎</td><td rowspan="4">三、壻婦相見</td><td>女父醴女、戒女</td></tr>
<tr><td></td><td>壻見女父</td></tr>
<tr><td></td><td>壻見婦</td></tr>
<tr><td>婦至成禮</td><td></td></tr>
</table>

續表

男家		女家
婦見舅姑	四、婦見舅姑	
婦饋舅姑		
舅姑饗婦		
饗送者		
婦入三月，助祭宗廟		
日月以告君	五、對外宣示	
爲酒食以召鄉黨僚友		

一、媒氏通言

下達，謂男家使媒人至女家通言，女氏許之，然後開始昏禮的預備工作。《士昏禮》篇首即云“下達”，鄭玄注：

> 達，通也。將欲與彼合昏姻，必先使媒氏下通其言，女氏許之，乃後使人納其采擇之禮。……《詩》云：“取妻如之何？匪媒不得。”昏必由媒，交接設紹介，皆所以養廉恥。

昏禮之所以設媒氏，且自納采至請期，亦使使者往來通傳，男女兩家不親相交接者，猶賓禮必設紹介，賓主不親自交接，而使紹介往來傳命也。賈疏云：“云‘昏必由媒，交接設紹介’者，《詩》云‘匪媒不得’，是由媒也；其行五禮，自納采已下，皆使使往，是‘交接設紹介’也。”① 將昏禮與相見禮作比，則“媒氏下達”，相當於相見禮行禮之前的中間人溝通；使使者行納采至請期五禮，相當於相見禮的設紹介傳辭。

① 《儀禮注疏》，《中華禮藏·禮經卷·儀禮之屬》第1册，第296頁。

這裏的“媒氏”，指與男女兩家皆相熟之人，居間先溝通意向。《士相見禮》，客至主人之門，述已欲見之意，云：“某也願見，無由達，某子以命命某見。”鄭注：“無由達，言久無因緣以自達也。某子，今所因緣之姓名也。以命者，稱述主人之意。”客欲見主人，但與主人不相識，故託“某子”先向主人致意，主人許之，“某子”傳命於客，客乃敢執贄造門。昏禮的媒氏，其作用就相當於相見禮的“某子”。昏禮在“達”上冠以“下”字者，以陽動陰静，昏禮之媒，必自男方請託，不可由女氏主動；相見禮則不同，兩人如欲相見，任何一方都可先請託中間人通言，即客可爲主人，主人亦可爲客，不拘也。另外，因爲媒氏與女家原本相熟，所以，媒氏至女家，是以燕見之禮見女父，不必執贄，故昏禮在“下達”這一儀節裏，是不用贄的；用鴈爲贄，始於使者。

媒氏下達是昏禮之始，但其職能也就到此爲止，在此後的過程中，皆由男女兩家自主行事，遣使、親迎等都不再假手媒氏，猶相見禮正式行禮之時，作爲中間人的“某子”是不出現的。

因爲男女之耦合始於媒氏，所以古人遂將管理男女昏姻的官員也稱爲“媒氏”；媒氏之官耦合萬民，猶媒氏耦合兩姓也。以“媒”作爲官名，《周禮・春官》有“媒氏”，《叙官》鄭注云：“媒之言謀也，謀合異類，使和成者。”其職掌萬民之昏姻，如今民政部社會事務司之婚姻管理處。又進一步以“媒”爲神名，《月令》仲春之月“以大牢祠于高禖”，“禖”即媒官之神，鄭玄注：“變媒言禖，神之也。”古之祭高禖，猶後世之拜月老也。人間之官，天上之神，職責都是耦合男女，與下達通言之“媒”實同，故其名亦同。

昏禮實踐中有女方先請者，如《左傳・隱公七年》：“鄭公子忽在王所，故陳侯請妻之，鄭伯許之，乃成昏。”陳侯請妻鄭，也是媒氏通言。但依昏禮通例，仍是應由男方派人去女方通言。制禮必擇其有典型意義、可以垂法後世者，不能將所有特殊情形皆納入，此乃勢所必然。典禮的普徧性與實際行事的特殊性，并不矛盾。且昏禮雖講究陽倡陰和，男方主動，然而最重要者乃是親迎逆女，故《春秋》譏不親迎、譏逆女不遣卿而遣大夫；媒氏下達并非昏禮之重頭，故不妨女方主動，故《春秋》不譏陳侯。

二、使者行聘

媒氏下達之後，接着便是男方遣使至女家納采；由納采至請期凡五禮，在親迎之前，皆由使者行之。在相見禮中，中間人"某子"通言後，客遂造主人之門，但并不徑直與主人相見，而是先由"擯者"往來傳辭；待傳辭畢，主人方纔出迎，與客偕入，行贄見禮。貴族等級越高，"擯者"的人數越多，且區分賓主兩方，賓客所帶來的助手稱"介"，主人的助手稱"擯"；但若混言，則擯、介可通。《聘義》云："介紹而傳命，君子於其所尊，弗敢質，敬之至也。"鄭注："質，謂正自相當。"客尊主人，主人尊客，皆不敢徑當對方之面，故必設擯介以紹接而傳命，以申其敬。昏禮必遣使，不由壻或壻父徑赴女家商量行事，義與此同。

與相見禮設擯介於主人家門不同，昏禮的事務更複雜，男方四番遣使至女家，共行五禮，每一禮有贄。也就是説，納采、問名、納吉、納徵、請期，相當於使者要在女家行五次贄見禮。在士大夫這個等級的交往中，某人以贄見禮見了另一人之後，他們日後的來往是不必執贄的，所以《士冠禮》《鄉飲酒禮》之主人戒賓，皆不用贄；往來謀事，需要每次都執贄的，是國君之間，所以《聘禮》云"若有故，則卒聘，束帛加書將命"。卒讀爲猝，雖是有故急相告請，猶必待聘畢而後言事。納采等五禮皆用贄以將命，是敬重昏事，視之如國事也。

使者行此五禮，也稱爲"聘"。文公四年《左傳》説魯逆出姜於齊，文公不親行，亦不遣卿代迎，故出姜卒不爲魯人所尊，文公薨而見出，其文云："逆婦姜于齊，卿不行，非禮也。君子是以知出姜之不允於魯也，曰：'貴聘而賤逆之，君而卑之，立而廢之，棄信而壞其主，在國必亂，在家必亡。不允宜哉！'""賤逆"與"貴聘"對文，"逆"指親迎，"聘"指遣使於齊行納采至請期五禮。兩國相交，一國遣卿大夫前往另一國通問，曰聘。諸侯國之間的昏禮，其使者往來，儀節與聘禮同，故亦謂之聘。推而廣之，大夫士庶人的昏禮，其遣使往來，也謂之"聘"。《内則》："聘則爲妻，奔則爲妾。"能依禮遣使，逐步通問、循序漸進者，則爲"妻"；自作主張，拋開程序、只求結果者，則爲"妾"。"聘"是賓禮，也是一種相見禮，由此可見，將昏禮視爲相見禮，其義自古已然。

使者之五禮，贄皆用鴈。《士昏禮》云"納采用鴈"，鄭注："用鴈爲贄者，取其順陰陽往來。"賈疏："案《周禮・大宗伯》云'以禽作六摯，卿執羔，大夫執雁，士執雉'，此昏禮無問尊卑皆用鴈，故鄭注其意云'取順陰陽往來'也。順陰陽往來者，雁木落南翔，冰泮北徂，夫爲陽、婦爲陰，今用鴈者，亦取婦人從夫之義，是以昏禮用焉。"① 木落在九月，冰泮在二月。《荀子・大略》云："霜降逆女，冰泮殺止。"霜降亦在九月。《匏有苦葉》箋云："八月之時，陰陽交會，始可以爲昏禮。"八月、九月，時間相近。然則八九月始行納采問名，至次年二月前親迎，昏禮持續時長可達半年以上。賈公彦謂昏禮贄用鴈，適與昏期同法天時也。②

---

① 《儀禮注疏》，《中華禮藏・禮經卷・儀禮之屬》第1册，第295頁。

② 漢人謂昏禮贄所用之鴈爲鴻鴈，清人謂是家鵝，現代學者有人主前説（胡新生：《〈儀禮・士昏禮〉用雁問題新證》，《文史哲》2007年第1期），有人主後説（宋洁、陳戍國：《〈士昏禮〉用雁問題及上古家、野禽之分野考論》，《求索》2004年第2期）。我認爲應從漢人舊説。《詩・匏有苦葉》以"雍雍鳴鴈"興女盼士來親迎，此是女見在野之鳴鴈故然也；若是家鵝，則"鳴鴈"是女家所養，女家之物，男子不得藉爲親迎之贄。

尋常相見禮，主客行禮畢，主人要還贄於客。唯君之於臣，不還其贄，以君臣一體故也。昏禮則女家不還贄，示將合二姓爲一體，與尋常賓主不同，故可受其贄以合其德也。

納采、問名、納吉、納徵四禮，時間上是比較連續的，没有他事插入。而在納徵與請期之間，有三月教女，是女家爲昏禮所做的最大準備。這裏先叙男方使者的五禮，再叙女家教女。

（一）使者所行五禮

使者第一番出使，是行納采與問名。納采、問名雖是二禮，但同日行之，事相先後。

因爲此前已有媒氏通言，女家允諾可以準備昏禮，所以納采之辭云："吾子有惠，貺室某也。某有先人之禮，使某也請納采。"所謂"貺室某也"一語，即承媒氏向男家傳達的女氏許昏之命而來，猶《士相見禮》之"某子以命命某見"；"某有先人之禮"，謂執鴈爲贄也，猶《士相見禮》之"某不以贄，不敢見"。

問名的目的，是爲取得女子名字，以便由男家占卜，看此女與男家之子是否合配，故《士昏禮·記》載問名之辭，云："某既受命，將加諸卜，敢請女爲誰氏。"

納采以示尊敬及誠意，問名則爲占卜。問名與接下來的納吉，二禮都圍繞卜事；請期與親迎，都圍繞取女事。而納采與納徵，則更多的是凸顯情誼。所以，在下達與問卜之間插入"納采"，在問卜與取女之間插入"納徵"，都可視爲是在純事務性活動中間插入純情誼性活動。事與情交替，則人常喜樂而不倦煩。

正禮畢，還有禮使者一節。使者禮畢出門，女父請禮賓。所謂"禮"，即主人之答禮也。此答禮非針對男家，乃針對使者本人也。禮使者用醴，相當於今日有人來帮自己辦事，正事畢，請他喝杯飲料以答謝。後此諸禮，使者行正禮畢，亦皆受禮。

使者第二番出使，行納吉。卜男女之合否，猶士冠禮之筮賓、祭禮之筮尸也。吉禮之卜筮，不外乎筮日、筮人兩類。筮短龜長，重昏禮，故不用筮，用卜。昏禮卜日，在請期節；卜人在納徵節。若卜女得吉，則使使者至女家告吉，名曰納吉。

媒氏通言，説明男女兩家都已同意，於人情已無碍；卜得吉兆，説明鬼神也已同意，於幽明難測之地亦已無碍。所以使者第三番出使，便行納徵，將昏事以一件象“徵”物定下來。

納吉之後，擇日納徵。使者所行五禮，納徵爲最重。請期是親迎的預備，而納徵是媒氏下達以來諸禮的總結、結論。納采等禮，贄皆用鴈，而納徵之贄用儷皮束帛，使者執束帛，兩皮爲庭實。古代絲織品要比野物貴重很多，所以《召南・野有死麕》説亂世不能備禮，以白矛包裹麕鹿之肉，用來代替“束帛”。因爲納徵以結信，重於他禮，所以其贄亦最重。納徵，相當於今日的訂婚，故納徵又謂之“女子許嫁”。《曲禮上》云：“女子許嫁，纓，非有大故不入其門。”鄭玄注：“女子許嫁系纓，有從人之端也。”

在女方笄女教女，準備妥當後，男家又第四番遣使，行請期。

請期其實就是告期。在此之前，男家先卜日。卜得吉日，則使使者至女家請示。女父再辭，然後使者告以吉日。日爲陽，擇日當由男家，亦陽倡陰和之義也；不稱告期、納期，而稱請期者，昏禮有平等之義，不可一方專斷，尊女家故曰請。

請期是與親迎緊密相連的一個儀節，親迎而夫妻之道成。請期示有親迎之端，所以請期之後，男女始有夫妻之端。《曾子問》云：

曾子問曰：“取女有吉日而女死，如之何？”孔子曰：

"壻齊衰而弔，既葬而除之。夫死亦如之。"

"有吉日"即已行請期之禮也。《喪服》夫爲妻當服齊衰期。此時有夫妻之端而未成夫妻，所以壻齊衰往弔，既葬而除。士禮三月而葬，故實服齊衰三月也，從最短之喪期。

自納采至請期，男家與女家相接，皆遣使者；女家受命，皆於廟。《昏義》云：

> 昏禮者，將合二姓之好，上以事宗廟而下以繼後世也，故君子重之。是以昏禮納采、問名、納吉、納徵、請期，皆主人筵几於廟，而拜迎於門外，入，揖讓而升，聽命於廟，所以敬慎重正昏禮也。

聽命於廟，因爲此女乃先祖遺體，雖爲己女，己不敢專，故今將嫁之，必告先祖之神，示嫁女之命出於先祖，亦"齊戒以告鬼神"之義也。

至親迎時，女父迎賓、授女，仍在廟，義與此同也。故男父醮子而命之迎，其辭亦云"承我宗事"。昏禮"合二姓之好"，是上溯於先祖而貫達於後世的，不僅僅是"父母之命"而已。如果説喪祭禮是"慎終追遠"，那麽冠昏禮便是"慎始追遠"。

（二）附論笄女教女

納徵之後，女家爲昏禮做的準備，主要是笄女與教女二端。

笄女。男子二十而成人，女子則以許嫁爲成人。僖公九年《公羊傳》云："婦人許嫁，字而笄之。死則以成人之喪治之。"許嫁之年，是十五歲，故《内則》云："十有五年而笄。"《喪服小記》亦云："丈夫冠而不爲殤，婦人笄而不爲殤。"在納徵之後，女家爲女子舉行笄禮，其禮猶男子之冠禮，主婦主之，使女賓加笄，畢，女賓醴之，并爲之取字。《士昏禮・記》云："女子許嫁，笄而醴之，稱字。"《雜記下》："女雖未許嫁，年二十而笄，禮之，婦人執其禮。""禮之"即"醴之"。孔疏引賀瑒云："十五許嫁而笄者，則主婦及女賓爲笄禮。主婦爲之著笄，女賓以醴禮之。未許嫁而笄者，則婦人禮之，無主婦、女賓，不備儀也。"①

笄禮之後，有三月教女，教成有告祖之祭。笄女行於女父家，教女則就本宗尊者之家。《昏義》云："古者婦人先嫁三月，祖禰未毀，教于公宫；祖禰既毀，教于宗室。教以婦德、婦言、婦容、婦功。教成祭之，牲用魚，芼之以蘋藻。所以成婦順也。"對於天子諸侯同姓之女，如果現任國君還保留着女子先祖之廟，未遷毀，那麼女子就在公宫受教；如果祖廟已遷，女子與今君親盡，那麼就到女子所屬的大宗宗子之家受教。非君同姓，則自於本族宗子家受教。教皆必就尊者，因爲昏禮是"合二姓之好"，不僅涉及女子父母，其所屬宗室也須出力。昏禮廟見之辭云"某氏來婦"，不云"某之子"，即繫宗族而言，不繫女父。

教的内容是德、言、容、功，自天子達於士，一也，所以《周禮・九嬪職》亦云："掌婦學之灋，以教九御婦德、婦言、婦容、婦功。"教成之祭，祭女所出之祖，告以女將出嫁。凡女父受男家之禮，皆於廟，且爲神設几筵，示神監臨其事也。士唯有禰廟，則彼時所告，乃女之祖父也。此教成之祭，則進一步告女之遠祖也。《曲禮上》云昏禮須"齊戒以告鬼神"，此類是也。告祭禮簡，故不立尸，亦無牲牢，唯用魚；魚爲陰類，與女相宜。《詩・采蘋》云："于以奠之？宗室牖下。誰其

① 鄭玄注，孔穎達疏：《禮記正義》，龔抗雲整理，王文錦審定，北京大學出版社，2000年，第1436頁。

尸之，有齊季女。”説的正是教成之祭。尸，主也，謂此少女主設蘋藻之羹於神位前。主持祭禮的，是宗子（國君則使有司），少女的職責只是設羹。常祭皆主人主持，主婦設羹，此時少女尚未適人，尚未成婦，而能主設羹者，以此告祭本爲她舉行，故使之設羹以接神，亦且預教之以至壻家後主祭之法也。

《昏義》説這一段教女、行祭之後，便可以“成婦順”。“成婦順”并不是指聽話。德言容功，四德皆備，然後能以順行之，知其是非善惡，不失己職，不違於世，此之謂順。這是教育的結果。能自治，然後能治人；能自順，然後可以順人。故《昏義》將“男教”與“女順”並列，順亦教也，教亦順也。其文云：“天子聽男教，后聽女順；天子理陽道，后治陰德；天子聽外治，后聽內職。教順成俗，外內和順，國家理治，此之謂盛德。”笄女、教女，分別在形式與實質兩方面完成了女方的準備。教女完成，女方以燕見之禮通知男家，男家卜日，而後正式請期，定下日子。請期已叙，接下來就是親迎了。

三、壻婦相見

到了請期約定的吉日，即行親迎。親迎是昏禮的主典禮，其下又可分爲男父醮子，女父醴女、戒女，壻迎女，婦至成禮四個小節。其中男父醮子與女父醴女、戒女，是親迎的前奏，男女方家長分别對自己的孩子進行最後叮囑。壻迎女這個小節，是親迎的核心，也可以説它就是狹義的“親迎”；此如廣義的“聘禮”包括從選使到使者反命的所有儀節，而狹義的“聘禮”僅指使者以圭璋聘於主國國君。狹義的“親迎”，如果細緻分析，它實際包括了兩個分禮：一是壻見女父之禮，二是壻見婦之禮。壻見婦，與接下來的夫妻同牢巹，即婦至成禮節，緊密銜接：前者是後者的必要前提，後者是前者的自然延展；前者是成禮於女家，後者是成禮於壻家。

親迎以前諸禮，皆以長輩之命遣使往來，親迎則是少男與少女親自交接。在男方，父醮子而命之往迎；在女方，父醴女，且戒之，以俟迎。二者皆爲親迎之預備。

士昏禮親迎，男服爵弁，從者玄端；女服緣衣，姆宵衣。爵弁、緣衣，乃助祭於君之服，爲士之諸服中最上者。重昏禮，故服之。士自祭家廟，服玄冠，主婦宵衣，降昏禮一等。《郊特牲》云："玄冕齋戒，鬼神陰陽也，將以爲社稷主，爲先祖後，而可以不致敬乎。"玄冕，五冕之總稱，天子諸侯親迎，亦皆服其上服。齊戒而著上服，如事鬼神，以成夫婦陰陽之道，由此可見，親迎之爲禮，至重也。親迎實質上是由兩個相見禮組成的，即壻見女父與壻見婦。

壻見女父之禮：女父迎於門外，壻執鴈從入，揖讓升堂，賓奠鴈，再拜稽首，降，主人不答。這是一個保留了主體儀節的贄見禮，它與使者所行納采諸禮不殊；親迎的鴈贄，與前此諸禮的贄一樣，是給少女父母的，不是給少女的。因爲緊接壻見女父之禮後，便是壻見婦，少女要跟隨新壻離開，所以此禮不得完整行畢，只能保留主體而去其枝葉。如果壻不親迎，待事後補行此禮，則可以從容不迫，履行完所有贄見的儀節。《士昏禮・記》云："若不親迎，則婦入三月，然後壻見。……主人再拜受（贄），壻再拜送（贄），出。見主婦，主婦闔扉立于其内，……壻出。主人請醴，……壻出，主人送，再拜。""醴"亦當作"禮"。先以贄見女父而後受禮，儀節完整如待使者；又兼見女母，不由女父一人并受，皆因時無他事，可從容也。

壻見婦之禮：壻奠鴈降出後，新婦從降自西階，出門就車；壻御婦車，輪行三周而止，御者代之，壻就己車；然後壻車在前，婦車在後，一前一後，發行歸家。《詩・鄭風・有女同車》兩章分别言“有女同車”“有女同行”，前者即謂壻御婦車三周也，後者謂壻就己車，婦車從之，同道而歸也。夫妻有同財之義，無執贄之禮，故壻見婦不用贄。御輪三周，親而下之；男先女從，帅而行之。夫婦之道由此而始，直到合巹後三月，新婦助祭於宗廟，然後婦道大成。

新郎至女家後，始與女父爲禮，故《士昏禮》稱女父爲“主人”，稱新郎爲“賓”；奠鴈之後，賓降出，女父與新郎之間的禮儀結束。《昏義》云：

> 父親醮子而命之迎，男先於女也。子承命以迎，主人筵几於廟而拜迎于門外，壻執鴈入，揖讓升堂，再拜奠鴈，蓋親受之於父母也。

女降自西階，從新郎而出，此時經文不再稱“女”，改稱“婦”；新郎出門後，經文不再稱“賓”，始稱“壻”。名稱的改變，彰顯由子女到夫妻的身份轉换，在此時發生。女方父母不降堂，不干擾新人之禮也；壻爲逆婦而來，不主爲相見，所以主人迎而不送，授女而止。“婦”，本是對舅姑之稱，“妻”纔是對夫之稱，男子親迎，將“上以事宗廟而下以繼後世”（《昏義》），非爲己一人而已，故經文言“婦”而不言“妻”。“壻”，本是對妻之父母之稱，故《爾雅·釋親》云：“女子子之夫爲壻。”“夫”纔是對“妻”之稱，新郎雖爲取妻而來，但受女於女父，非徑直與女爲禮，故經文言“壻”不言“夫”。

迎女，是昏禮的核心事項。迎女便象徵着夫婦之道的開始，故《郊特牲》云：

> 出乎大門而先，男帥女，女從男，夫婦之義由此始也。婦人，從人者也；幼從父兄，嫁從夫，夫死從子。夫也者，夫也；夫也者，以知帥人者也。

女從男而出，便是脱離了父兄，變成了新婦；男帥女而行，從此便不再只打理個人之事，真正變成丈夫，要考慮“以知帥人”。

假如迎女之後，因故不能舉行同牢，則昏禮亦視爲已成，不可作廢。《曾子問》有一段問答，極好地説明了這個道理，可以作爲《士昏禮》經文改稱“婦”“壻”即昭示禮成的注解，其文云：

> 曾子問曰：“親迎，女在塗而壻之父母死，如之何？”孔子曰：“女改服，布深衣、縞總，以趨喪。……”
>
> “如壻親迎，女未至，而有齊衰大功之喪，則如之何？”孔子曰：“男不入，改服於外次；女入，改服於内次。然後即位而哭。”
>
> 曾子問曰：“除喪則不復昏禮乎？”孔子曰：“祭，過時不祭，禮也，又何反於初？”

女子出父門從男子，即成婦，與壻之父母、親屬不再是路人，所以要爲之服喪。所異者，壻之父母重，故聞喪即改服；齊衰大功差輕，不得即奪昏禮，所以仍著昏禮盛服，至家方纔改服。昏禮之同牢合卺，雖因遭喪而未能舉行，但吉日已過，故除喪後不再追補，仍爲夫婦如常人也。相比之下，親迎之前，雖已請期，定下吉日，尚不成夫婦，故《曾子問》前文又云：

> 曾子問曰：“昏禮，既納幣，有吉日，女之父母死，則如之何？”孔子曰：“壻使人弔。如壻之父母死，則女之家亦使人弔。父喪稱父，母喪稱母。”

唯使人弔，身則不服也。且弔禮，也以父母之名義，對方父喪則己父命弔，對方母喪則己母命弔，不以子女之名義，明未交接，不成夫婦也。

親迎時，女方父母不參與壻婦交接之禮；至男家後，男方父母也不參與壻婦同牢之禮。《内則》："由命士以上，父子皆異宫。"昏禮同牢之處，在壻之宫；次日見舅姑之處，則在父之宫。所以，婦始至，是不與舅姑爲禮的。既然同牢合巹仍是婦與壻爲禮，那它就應視爲"親迎"的自然展開，而非獨立於親迎的另一個分典禮。整個親迎，由父醮子始，中經迎女，到婦至壻家同牢而結束，在空間上呈現"男家—女家—男家"的轉换。前此諸禮，納采、問名、納吉、納徵、請期，先是使者受命於男家，然後使者至女家行事，最後使者反命於男家，也呈現"男家—女家—男家"的空間轉换，與親迎一致。

婦至成禮這部分，可分爲同牢、三酳、餕餘三個小節。同牢是夫婦共食。牢者，牲也。常時飲食，每人異俎。昏禮則夫婦共俎，謂之同牢，示合體也；其醬與飯，仍各自有之。同牢之牲，用特豚；有三鼎，正鼎一以升豚，陪鼎二以升魚與腊。豚分左右兩胖，共載於一俎，即"同牢"。此特豚三鼎，用祭禮之饌也。《王制》云："諸侯無故不殺牛，大夫無故不殺羊，士無故不殺犬豕，庶人無故不食珍。"鄭注："故，謂祭饗。"士常食不用豕，唯祭禮用之。尊昏禮，故用祭禮之牲。食則有黍有稷，亦與祭禮同。

飯後有酳，酳之言演也，謂飯後飲酒以演安食氣。前二酳用爵，末一酳用巹。巹者，破匏也，其盛放在篚時，兩半相合，謂之"合巹"；用時，夫婦各執一半以飲酒，亦示合體，且有反古復始之義。《郊特牲》云："共牢而食，同尊卑也。故婦人無爵，從夫之爵，坐以夫之齒。器用陶匏，尚禮然也。三王作牢，用陶匏。"鄭玄注："言大古無共牢之禮，三王之世作之，而用太古之器，重夫婦之始也。"三王始創爲夫婦同牢之禮，而器則沿襲上古，用陶匏，不用時器。孔疏云："此乃貴尚古之禮自然也，陶是無飾之物，匏非人功所爲，皆是天質而自然也。”①

從親迎時壻婦相見以至合卺，是一個親愛遞增的過程。《昏義》對此闡述道：“降出，御婦車而壻授綏，御輪三周，先俟于門外。婦至，壻揖婦以入，共牢而食，合卺而酳，所以合體同尊卑，以親之也。”《郊特牲》云：“壻親御授綏，親之也。親之也者，親之也。”壻之親婦，乃欲使彼親己。欲使彼親己，必以其道，必“敬而親之”，如接嚴賓，不敢質直，委曲循序，由敬漸親。故《哀公問》云：“古之爲政，愛人爲大。所以治愛人，禮爲大。所以治禮，敬爲大。敬之至矣，大昏爲大，大昏至矣。大昏既至，冕而親迎，親之也。親之也者，親之也。是故君子興敬爲親，舍敬是遺親也。”敬與親，似相反，而實相通。合卺之後，徹室中之饌，設於房中，以便卧息。御布妻之卧席，媵布夫之卧席，夫婦卸下盛服，就寢於室。其時媵御就房中餕餘，媵餕夫之餘、御餕婦餘。禮成。

昏禮進行到同牢合卺，其核心事項便完成了。《昏義》於此總結昏禮“敬”與“親”之道，云：“敬慎重正而后親之，禮之大體，而所以成男女之别，而立夫婦之義也。男女有别而后夫婦有義，夫婦有義而后父子有親，父子有親而后君臣有正，故曰：‘昏禮者，禮之本也。’”

《詩·草蟲》云：

> 喓喓草蟲，趯趯阜螽。未見君子，憂心忡忡。亦既見止，亦既覯止，我心則降。
>
> 陟彼南山，言采其蕨。未見君子，憂心惙惙。亦既見止，亦既覯止，我心則説。
>
> 陟彼南山，言采其薇。未見君子，我心傷悲。亦既見止，亦既覯止，我心則夷。

---

① 《禮記正義》，第951—952頁。

《詩序》説此詩是“大夫妻能以禮自防也”。其三章所咏，皆昏禮核心事項。“喓喓草蟲，趯趯阜螽”，毛傳釋云：“卿大夫之妻，待禮而行，隨從君子。”草蟲喓喓而鳴，則阜螽趯趯然隨之，此謂親迎時也。見與覯，鄭箋釋之云：“既見，謂已同牢而食也。既覯，謂已昏也。……《易》曰：‘男女覯精，萬物化生。’”至夫家，先同牢合巹，既而卧息，則昏禮成。初時親迎，以敬爲主，不知夫婦情志合否，若不合則恐貽父母憂；合巹就卧，以親爲主，情志諧合，不言已明，故心下喜悦踏實。

《周禮·媒氏》云：“中春之月，令會男女，於是時也，奔者不禁。”奔，謂不備禮而取。不備禮而可以爲夫婦者，以其兩情相悦、男倡女隨，雖然在程序上不能備足威儀，但在事實上已經履行了親迎合巹這一核心事項，所以可視爲成昏。如果情志不諧而强取，則是《行露》所咏，不可以成昏也。其詩譏彊暴之男，云：“誰謂雀無角，何以穿我屋？誰謂女無家，何以速我獄？”女，汝也。男子在表面上備足了六禮，似有室“家”之道於女子，但“物有似而不同”。雀之穿屋，原不以角，人見其穿屋，遂謂雀有角，其可乎？男子之來，原不本忠信，人見其彊行納采、請期，遂謂其備禮，有室家之道，其可乎？所以女子不同意，自云：“雖速我獄，室家不足。”“雖速我訟，亦不女從。”鄭箋解釋道：“室家不足，謂媒妁之言不和，六禮之來彊委之。”所以，昏禮的核心，是男女情志相合。相合的體現，便是親迎合巹。其餘的儀式，都是圍繞這個核心來開展的。

四、婦見舅姑

請期以前，是男方使者見女父；親迎，是壻見女父，也是壻婦相見。接下來，就是新婦融入男家，故有婦見舅姑。見舅姑，實亦統攝了男方的其他家人，代表着男方家族成員對新婦的認可。見舅姑後，待時過三月，新婦與男家彼此完全熟悉，婦道大成，昏禮纔徹底結束。

見舅姑這一大節，又可分爲三小節。一是婦見舅姑、贊禮婦，此爲“成婦禮”，表示女子正式確認了她與男方父母的關係。二是婦饋舅姑，此爲“明婦順”，表示新婦從此開始供養舅姑。三是舅姑饗婦，此乃對婦饋的回報，表示舅姑敬新婦，饗畢授室“著代”，表示以後要將宗廟、家庭的重任交給她。

婦見舅姑。在成昏的第二日，新婦前往舅姑所居之寢，以婦人的贄見禮見舅姑。見舅，以棗栗爲贄；見姑，以腶脩爲贄。一般情况下，贄的選擇，依據自己的身份，而不考慮所見之人的差異。棗栗、腶脩，都是婦人之贄，男子所不用，故《曲禮》云：“婦人之摯，椇、榛、脯、脩、棗、栗。”這裏之所以區分見舅之贄與見姑之贄，不是因爲贄的選擇繫於所見之人，而是爲了彰疑别微。舅姑雖合體同尊卑，然而德實不同，禮主别異，故舅姑别贄，此猶《聘禮》聘於君用圭、聘於夫人用璋也。夫婦有當統合者，有不當統合者。所以下文贊禮婦，是由一個贊者同時代表舅姑禮婦；婦饋舅姑時，舅姑同席；舅姑饗婦時，舅姑一起設饌。皆是舅姑夫婦統合，不分别其禮也。在婦見舅姑這個分禮裏，以贄見最爲重要。贊禮婦，是對贄見的回報。婦饋舅姑，有似於相見禮中的燕見；舅姑饗婦，則是對婦饋的回報。

贊禮婦，是由一名贊者代表舅姑，致醴於婦。舅姑分别受婦贄，而合并以報禮。前文男家使者至女家，女父皆親自禮之，以此使者非少男之使，乃其父之使，與已等尊故也。此舅姑不親自禮婦者，以尊卑不敵，猶《燕禮》使膳宰爲主人，示臣不敢敵君也。禮婦之後，婦取脯出門，授人於門外，顯示第一輪的贄見禮結束。新婦第二次入門時，即行饋禮。

婦饋舅姑，牲用特豚而無魚腊，食無稷，皆降於取女之禮也。舅姑異俎，舅俎載右胖，姑俎載左胖，不同牢，亦異於取女。舅姑共席於奥，皆東面，與婦至同牢時夫東面、新婦西面對座，亦不同。可見，饋舅姑的禮，不如新婦與新郎共食之禮盛大、正式。舅姑卒食，新婦一酳；取女有三酳，盛禮也，此亦降殺。禮畢，婦餕姑之饌，姑酳之；餕畢，徹於房中，媵餕舅餘，御餕姑餘。《郊特牲》云："厥明，婦盥饋，舅姑卒食，婦餕餘，私之也。"餕餘，顯示舅姑對新婦的私親。常時飲食，子婦亦餕父母之餘，故《内則》云："父母在，朝夕恒食，子婦佐、餕。既食恒餕。"

饋禮的後一個儀節是饗婦。因見遂有禮婦，因饋遂有饗婦。饗者，兼有酒食。見主敬，禮質，故用棗栗腶脩而已，其報之亦僅用醴；饋主養，禮文，故用特豚且有酳酒，其報之亦有酒有食。新婦食畢，舅姑以一獻之禮酳之，舅獻酒、姑薦脯醢。禮畢，舅姑降自西階，婦降自阼階，宣示日後將要授室於此婦，使代舅姑爲家主也。

從見至饗，是一個連續的完整過程，不可分割。《昏義》對此闡發道：

> 夙興，婦沐浴以俟見。質明，贊見婦於舅姑，婦執笄棗栗段脩以見，贊醴婦，婦祭脯醢，祭醴，成婦禮也。舅姑入室，婦以特豚饋，明婦順也。厥明，舅姑共饗婦以一獻之禮，奠酬，舅姑先降自西階，婦降自阼階，以著代也。成婦禮，明婦順，又申之以著代，所以重責婦順焉也。

在饋與饗之間，饋是主要方面，饗是次要方面，所以整個儀式的主旨落在"婦順"上。

與婦見舅姑相附隨的，還有一個分禮，即舅姑饗送者。

舅姑饗送者，也以一獻之禮，并酬以束錦。男送者舅饗之，婦送者姑饗之。饗送者的意義，與男家使者每次至女家，事畢女父禮之，是一樣的。所以，舅姑饗送者，時間上雖與饗婦相鄰，但它其實不是饗婦的延續，而是上探親迎時，是對女家送女一節的回應，感謝女家人將新婦送來。

去迎女的是壻，而最後饗送者的卻是舅姑。這是因爲家統於尊者，壻雖已取新婦，而他在家中的地位仍是人子，尚非家主。能對外代表這個家庭的，還是他的父母，而非他本人。《坊記》云："父母在，不敢有其身，不敢私其財，示民有上下也。"《喪服傳》："子不私其父，則不成爲子，故有東宮、有西宮、有南宮、有北宮，異居而同財。"子雖與父異宮而居，其家財則統於父，故以家財爲酒食饗人，必自父出，所以《曲禮上》云："爲人子者……食饗不爲槩。"鄭玄注："槩，量也。不制待賓客饌具之所有。"

婦見舅姑之時，男家家屬立於堂下侍禮，這就相當於新婦已見過諸人了；如果有伯父叔父之類的旁尊，則特就其家見之。故《雜記下》云："婦見舅姑，兄弟、姑、姊妹皆立于堂下，西面北上，是見已。見諸父，各就其寢。"經過與舅姑以下諸親戚相見，新婦便被男家之人認同和接受了。《昏義》云："婦順者，順於舅姑，和於室人，而后當於夫。"兄弟、姑姊妹、諸父，都可以算是"室人"。

剩下的三月之後參與宗廟助祭，嚴格説，是昏禮的自然延展，不對昏禮的成立與否起決定作用。因爲主婦最高、最重要的職責，便是助祭宗廟，猶男子之大事在承重也，所謂"國之大事，在祀與戎"。男女既結爲夫妻，最重要的一項任務便是共承宗廟。當新婦參與助祭，即是履行了主婦最高、最重要的職責，使"婦"這一身份充分化、完備化，所以昏禮以助祭爲其最終完成，因爲此時"婦"的身份大成。故《士昏禮·記》云："婦入三月，然後祭行。"鄭注："入夫之室三月之後，於祭乃行，謂助祭也。"接事鬼神必待三月者，以三月一時，人事之成熟取法天時，三月則新婦於男家宗族盡熟，婦道大成。

《白虎通·嫁娶篇》云："娶妻不先告廟者，示不必安也。……婦入三月，然後祭行。舅姑既没，亦婦入三月，奠采於廟。三月一時，物有成者，人之善惡，可得知也，然後可得事宗廟之禮。"新婦以從夫爲婦道之始，同牢合卺而成"妻"，見舅姑而成"婦"，婦道小成，及至接事宗廟而婦道大成，蓋由近即遠、自卑升高之義也。

如果舅姑尚未傳家，仍然主持祭祀，則新婦便不需要在三月之末以主婦身份助祭。因爲此時在這個家庭中，已存在一個助祭宗廟的"主婦"，即姑。一家不可有二主，所以新來的女子，獲得舅姑認同，便是其"婦"身份的大成，不能再往上一步了。

主祭的男子，與主祭的婦人，理應是夫妻。所以，若舅在姑没，舅仍主祭，則不立主婦，子婦不可與舅相對執祭也；若舅没，則姑不能再主祭，《内則》"舅没則姑老"是也，主人由其子充任，主婦由子之妻充任，母不可與子相對執祭也。

倘若舅姑既没，已爲鬼神，居宗廟，則見舅姑不能在合卺次日，當依鬼神之禮，往後延至三月之末，方可行廟見禮，故《士昏禮》云："若舅姑既没，則婦入三月，乃奠菜。"此乃重宗廟、敬鬼神之義也。廟見之後，亦必於宗廟常祭時以主婦身份參與助祭，纔是婦道大成。

廟見之禮，不用棗栗腶脩，彼乃生人相見之贄，而用菜，鄭玄以爲蓋堇菜，奠於神坐前，謂之"奠菜"。在廟中室内，舅席西面、姑席南面。祝爲之告神，稱"某氏來婦"。婦先奠菜於舅，後奠菜於姑。分别其禮，象生時見舅與見姑分别行之也；所奠之物，則舅姑同用菜，異於生時别贄，此告祭之禮，不可同於贄見也。① 奠菜畢，老醴婦於房中，如舅姑存時贊禮

① 廟見奠菜，象生時以棗栗腶脩見；祭禰象盥饋。二者不同。賈公彦、孔穎達皆謂《士昏禮》"奠菜"即《曾子問》"祭禰"，誤。

婦也。

生時見舅姑畢，新婦當饋舅姑，舅姑當饗新婦。今舅姑既没，則無饋與饗。廟見之後，擇日而祭宗廟，新婦作爲主婦助祭，獻尸、受尸酢，這便代替了舅姑存時的饋與饗。故《曾子問》云："三月而廟見，稱來婦也；擇日而祭於禰，成婦之義也。"鄭玄注："謂舅姑没者也。必祭成婦義者，婦有供養之禮，猶舅姑存時盥饋特豚於室。"

其饗送者之禮，則由壻主持，不區分丈夫、婦人，皆壻饗之。以舅姑既没，則壻爲家主，當主持祭饗；不以新婦饗婦人送者，爲其原本是一家人，饗之則恐傷恩，嫌新婦遽以壻家女主人身份待本家人，忘本太速也。

人們通常所説的昏禮"六禮"，不包括見舅姑。之所以説見舅姑是昏禮的一個重要組成部分，《曾子問》有一段話：

> 曾子問曰："女未廟見而死，則如之何？"孔子曰："不遷於祖，不祔於皇姑，壻不杖、不菲、不次，歸葬于女氏之黨，示未成婦也。"（鄭注：壻雖不備喪禮，猶爲之服齊衰也。）

未廟見，也就是未見舅姑。"不遷於祖，不祔於皇姑"，"歸葬于女氏之黨"，這表明新婦尚未被男家宗廟所接納，故死後不得入宗廟，而應反歸於本宗。同時，"壻不杖、不菲、不次"，仍爲之服齊衰，而威儀有減殺。喪服，夫爲妻服齊衰期。此女雖未成"婦"，卻已成"妻"，故夫必爲之服妻之喪服。杖、菲、次皆否者，夫厭於宗廟，不敢申私恩，故減殺威儀，猶之童子之禮也。《雜記下》云："童子哭不懷，不踊，不杖，不菲，不廬。""不次"即"不廬"，夫減殺衣服居處，自同於童子居喪。

現在把舅姑存没的不同，再梳理一下。舅姑既没，必待婦入已滿三月，然後可以廟見，廟見後遂助祭於禰廟，象生時婦饋養，於此婦道大成；“廟見”是爲新婦特地舉行的告祭，而“祭禰”則是宗廟四時常祭，只不過因有昏禮而推遲至三月之末舉行罷了。舅姑存時，則在合巹的次日，即以婦人之贄見舅姑，隨後婦盥饋以示養。由此時以至於三月之末，又分兩種情況：一是宗廟由夫主持，則夫要在三月之末帶領新婦祭祀，新婦以主婦身份助祭；二是宗廟仍由舅主持，則宗廟之祭不關新昏夫婦，任由舅姑安排，昏禮不能影響廟祭的時間。

舅姑存時，有告老傳家。“七十曰老，而傳”（《曲禮上》），傳家事於子，不任宗廟。這時見舅姑及饋養雖已行於合巹之後，而婦道尚難稱大成，故不能即時助祭於宗廟，必須等待滿三月之後，纔能“祭行”。也就是説，宗廟祭祀雖然是每個季度都要舉行的，但比如十二月取女，不能在次年正月即行春祭，必待至三月方可。祭祀可能因爲昏禮而推遲。[1] 那麽，我們便不能説見、饋禮畢，便是昏禮的終點，是婦道大成。此猶喪禮，必待至禫祭結束，諸事皆不受喪事影响，可自由安排，纔能説喪禮終結；若葬虞之後，死者尸體雖已入土，而人間諸事尚不自由，仍籠罩在喪親的悲痛控制之下，那是不能宣告喪禮結束的。這裏祭禮的舉行受制於昏禮三個月，可見昏禮必待婦入三月纔完全結束，新婦於彼時乃婦道大成。

接下來再看舅姑存時的另一種情況，舅姑未老，仍主家事。這個時候，《士昏禮》經文終結於見舅姑與饋養，可見昏禮至此大成，不必待三月也。

賈逵、服虔謂大夫昏禮與士不同。《曾子問》孔疏：“隱八年鄭公子忽‘先配而後祖’，鄭以祖爲祖道之祭，應先爲祖道然後配合。今乃先爲配合，而後乃爲祖道之祭。如鄭此言，是

---

① 韋協夢釋“婦入三月，然後祭行”，云：“祭謂四時常祭，祭行謂至是遇有祭事，婦乃行也。若然，則三月之前，雖有祭事，婦亦不行與。不行者，未成婦也。”（韋協夢：《儀禮蠡測》卷二，《續修四庫全書》第 89 册，上海古籍出版社，2002 年，第 568—569 頁。）

皆當夕成昏也。若賈、服之義，大夫以上，無問舅姑在否，皆三月見祖廟之後，乃始成昏。”[①]《左傳》“先配而後祖”，鄭玄以爲適他國親迎，雖路途遥遠，不能當夕即至，亦必待至壻家行同牢合巹之禮後，男女方可同寢，不能尚在女子之國，未祖道發行，即男女同寢。此深合昏禮禮義。賈、服以爲“祖”指見祖廟，推其義，應是指壻之王父之廟，因爲父廟不宜稱“祖”。新婦除了見舅姑，還要見壻之王父，此乃無根之説。《喪服》夫之祖父母與世父叔父同服，則見祖父母固已包於《雜記》“見諸父”之内，不得尊於見舅姑。若謂賈、服解“祖”爲禰廟，則是以大夫以上昏禮，必待見舅姑而後可以同寢。前文分析士昏，區分了成“妻”與成“婦”兩個概念。成“妻”即可同寢，不待成“婦”；要在死後入宗廟，纔需要成“婦”。賈、服没有意識到這個區别。後世有學者誤從賈、服之説[②]，只因未釐清昏禮的真正結構。

五、對外宣示

如果把昏禮比作一篇文章，那麽其文本内容便是從納采至見舅姑，有起承轉合之結構：納采是起，納徵是承，親迎是轉，見舅姑是合。媒氏下達是起筆之前打腹稿，告君、告友鄰是成文发表。昏禮的本質，是確立一種社會關係，而這種社會關係要穩定存續，除了家族内部的認可，還需要有對外的宣

---

① 《禮記正義》，第 683 頁。

② 劉毓崧：《通義堂文集》，《續修四庫全書》第 1546 册，上海古籍出版社，2022 年，第 304—317 頁；胡新生：《試論春秋時期貴族昏禮中的“三月廟見”儀式》，《東岳論叢》第 21 卷第 4 期（2000 年 7 月）；王青：《“三月廟見”説平議——兼論對古代禮制的理解方法》，《湖湘論壇》2016 年第 2 期。虞萬里認爲大夫以上三月廟見成昏説，源於西漢經師對《春秋》伯姬嫁宋一事的誤解。（虞萬里：《昏禮階級異同説平議：以〈士昏禮〉與〈春秋三傳〉、〈列女傳〉爲中心》，《中正漢學研究》2014 年第 1 期。）

示，獲得社會的認可。告君、告友鄰就是對外宣示。

昏禮的意義，不限於兩家人。對内而言，昏禮是結兩姓之好；對外而言，昏禮就是一場宣示。《曲禮》述昏禮大義，云："日月以告君，齊戒以告鬼神，爲酒食以召鄉黨僚友，以厚其别也。""齊戒以告鬼神"，我們在上文已經説過了，也屬對内；其餘二者，則是對外的宣示，通過對外宣示而使此昏姻成爲被廣泛認同、受保护的一種社會關係，猶冠禮之以贄見君、見鄉大夫鄉先生也。

《周禮·媒氏》："掌萬民之判。凡男女，自成名以上，皆書年月日名焉。……凡娶判妻入子者，皆書之。"國家要掌握人口數據，其中昏姻狀况是很重要的一項。男女成昏後，便可組成"夫家"，受田地、服徭役皆由此而出。"日月以告君"，正是向官方的宣示、備案。"日月"，謂親迎合巹、成夫婦之日月也。如果路遠，親迎與合巹不同日，則疑當書合巹之日，因爲夫妻之禮成於合巹；若因故未能行合巹，則可書親迎之日，以夫妻之義始於親迎也。

向民間的宣示，就是"爲酒食以召鄉黨僚友"。居地相近者爲鄉黨，同官曰僚，同志曰友。鄉黨僚友，包括了人在家族外的一切平等社會關係。《郊特牲》云："昏禮不賀，人之序也。"鄭注："序猶代也。"因爲昏禮意味着新一輩人已經成熟，老一輩人即將故去，人世代謝，不可逆轉，有似喪禮，故不可稱賀。參與昏禮的人有此序代之悲，故《曾子問》云："嫁女之家，三夜不息燭，思相離也；取婦之家，三日不舉樂，思嗣親也。"嫁女者已骨肉相離，取婦者將代親承重，皆有威儀以表達内心哀思。所以，昏禮爲酒食以召僚友，其辭令要注意修飾，不可以尋常喜事慶賀之。

《曲禮上》云："賀取妻者曰：'某子使某，聞子有客，使某羞。'"鄭注："謂不在賓客之中，使人往者。羞，進也，言進於客。古者謂候爲進。其禮蓋壺酒束脩若犬也。不斥主人，昏禮不賀。”孔疏云：“古時謂迎客爲進，漢時謂迎客爲候。”①賓客若不親到，使人持禮物往賀取妻者，其辭不斥言昏事，不曰某人賀某人，而徑曰“聞子有客，使某羞”。“有客”，謂來取妻者家中之鄉黨僚友。“羞”，謂使者此來之目的，是將要助主人候迎此等諸客，且以所携壺酒、束脩若犬招待之，進於其前供其享用。换言之，在名義上，遣使之人派使者來，是給取妻者打下手帮忙的，不是因昏禮而來道賀。如果是道賀，其辭當云“使某賀”，“賀”的對象是取妻者，即主人，不應言“使某羞”，“羞”的對象是“客”；不以主人爲行禮的對象，所以鄭注云“不斥主人”。

禮辭的改變，意味着禮儀性質的差異。士的三次虞祭，程序皆同，唯禮辭有異。其始虞曰“哀薦祫事”，再虞曰“哀薦虞事”，三虞曰“哀薦成事”。改變禮辭以彰顯典禮的不同意義，這與賀取妻者不稱“賀”以别於賀慶之禮，其理相同。《周禮・大宗伯》：“以賀慶之禮，親異姓之國。”賈疏：“言賀慶者，謂諸侯之國有喜，可賀可慶之事，王使大夫往，以物賀慶之。可施及異姓之國，所以親之也。雖王異姓，其同姓有賀慶可知，故舉異姓包同姓也。”②《大行人》亦云：“賀慶以贊諸侯之喜。”賀、慶二字互訓。賀慶之禮，是嘉禮中的一類。在遣使至取妻之家時，不採用賀慶之禮的禮辭，也就是“昏禮不賀”之義。之所以做這樣委曲的規定，是爲了照顧取妻者深層次的情感，即嗣親序代之思。當事人不因眼前之觀喜而忘本，他人亦探其最深層、最本質之情感從而確定自己的言行，不求媚於表面，此禮之周到精妙處。

鄉黨僚友對結昏的主人不稱賀而稱羞，實質是助主人舉行一場飲酒禮。飲酒禮不同於賀慶之禮。《左傳》僖公二十七年，

---

① 《禮記正義》，第 63 頁。

② 鄭玄注，賈公彦疏：《周禮注疏》，彭林整理，上海古籍出版社，2010 年，第 674 頁。

楚國子文治兵賢於子玉，“國老皆賀子文，子文飲之酒”。因國老以禮物來賀子文，子文報之，遂飲之酒，這是附帶了飲酒的賀慶禮，不是飲酒禮。假如客來賀而主人不飲之酒，仍不失爲賀慶禮。《檀弓下》：“晉獻文子成室，晉大夫發焉。張老曰：‘美哉輪焉，美哉奐焉！歌於斯，哭於斯，聚國族於斯。’文子曰：‘武也得歌於斯，哭於斯，聚國族於斯，是全要領以從先大夫於九京也。’北面再拜稽首。君子謂之善頌善禱。”趙文子新室落成，晉大夫張老等人發禮往賀。此唯叙其賀對之辭，不言有飲酒於新室之事，而它仍是一場賀慶禮。此猶燕禮之末可以行射或投壺以娱宾，而整場典禮仍是附帶了射或投壺的燕禮，不是射禮或投壺禮。附帶了射或投壺的燕禮，其射或投壺可以取消，如《燕禮》篇即不叙射事；至於射禮或投壺禮，其前或有燕飲以營造氣氛，燕飲可有可無，如《投壺》即不叙燕飲事。在楚國國老對子文的賀慶禮中，蔿賈“後至不賀，子文問之，對曰：‘不知所賀云云。’”蔿賈等到子文的賀慶正禮結束、已經開始飲酒後，纔姍姍遲來，故意把子文舉行的儀式當作一場單純招待賓客的飲酒禮，故而子文問其爲何不稱賀、不行正禮。假如是一場單純的飲酒禮，如鄉飲酒禮，則後來之客徑就己位，主人不會如此詰問。昏禮中“爲酒食以召鄉黨僚友”，其不可或缺的主體是爲酒食以待客，不僅不要求、而且要避賓客道賀，可見，它是一場主人款待賓客的飲酒禮，而不是賓客致禮物於主人的賀慶禮。

總之，昏禮“爲酒食以召鄉黨僚友”，是主人的主動對外宣示，而“昏禮不賀”，來賓不以賓客自居，也是來賓的主動自覺。此猶喪禮，主人赴鄉黨僚友，是他的宣示；來賓弔且助喪，不以賓客自居，自同於執事，是他的自覺。清人俞正燮以《曲禮》之文爲昏禮有賀慶之證，謬矣。①

理論上，對外宣示當在婦入三月之内，召鄉黨僚友宜趁喜

---

① 俞正燮：《癸巳存稿》，商務印書館，1937年，第36頁。

慶氣氛尚在，若三月過後，則婦禮大成，昏禮徹底完畢，無緣由再爲昏禮而饗食賓客也。但若有他事，亦不妨在三月之後，如今日領證與辦昏宴不同時也。

本文通過分析士昏禮的層次結構，釐出組成這一大型典禮的各個小“分禮”，一一界定它們各自在昏禮整體中的地位和作用，從而認識昏禮的本質及其制禮的内在禮義。如此，有助於做到從整體來把握部分。同時，大型典禮中的各個小“分禮”，實質上都是圍繞、服務於一件核心事項的。首先確定某一大型典禮中最重要的核心事項，然後由此推展開去，便可摸清它的整體。

過去學者爲《儀禮》一書分節，關注的是“文本”的層次，而非“典禮”的層次。《儀禮》文本在叙述時，會考慮到諸多因素，或詳或略，或順或倒，因此它并不能被視爲“典禮”的等價物。當我們的關注點從文本結構轉向典禮結構時，可能會有很多新的發現和認識。

這裏對《士昏禮》的闡發，嚴格依照鄭義，可以説只是發明鄭玄一家之旨。不過，如果我們跳出經師的藩籬，以别種眼光來考察《士昏禮》，或許會有不一樣的意見。比如昏禮中歷代聚訟的大夫以上三月成昏説，它與《士昏禮》當夕成昏的本質差異，不是有些人提出的什麼驗證是否懷孕。從典禮結構的整體來看，三月成昏是以宗廟爲至重，而當夕成昏則是以當事人一夫一妻的小家庭爲重，昏姻成立的基礎不同。賈、服異説的出現，是否有一個社會機制或思想學派爲根源？另外，本文屢屢提到的昏禮與相見禮或賓禮的同構性，這裏只是從理論邏輯上作出解釋，説它們都是交接禮，故結構相似。但若從歷史發展進程看，昏禮和賓禮哪個更早，究竟是誰模仿誰？凌廷堪早已注意到賓禮與祭禮的相似性，也存在同樣的問題。按照沈文倬的看法，是先有典禮的實行，後有記載典禮的書本的撰作。經師對禮義的解釋，都是基於已成文的書本，他們無須考慮歷史發展進程的問題，也就是禮典書本形成之前的從無到有、從粗糙到精密的過程。古代經師留下的遺産固然豐富且精微，至矣盡矣，似不可加矣，但并不能説他們堵死了後來人的路。有人以爲經學研究至清代已臻極致，今日實無路可走，恐怕并不準確。經師的經説中尚留有廣闊的開發餘地。

不過在此之前，必以吃透、讀懂經師爲前提。本文只是將舊日經説申釋明白，立下一個可以進一步分析的基礎。限於體例及篇幅，有些問題，如昏禮不賀，還没能講透徹。這不是因爲鄭玄在這個問題上錯了，而是依照鄭玄的學説，只能講到這一步爲止。鄭玄學説的理論嚴密性很强，但也正因爲如此，習慣了以歷史眼光看問題的人對它極易不滿。畢竟，理論性愈强，經驗性愈弱，愈邃密的學説，愈容不下例外。今日如果要將經學“接着講”，我以爲這種嚴密經説和經驗證據之間的裂縫，正是極佳的切入點之一。

鄭玄《周禮》學的三重世界

陳壁生 *

鄭玄解經，以《周禮》爲本。正是因爲《周禮》在鄭玄經學體系中的特殊地位，使鄭玄的《周禮》學在一定程度上決定了他對整個經學體系的基本理解。也就是説，鄭玄以《周禮》爲本注解群經，不但是一個方法論問題，更與鄭玄的整個經學謀劃密切相關，對《周禮》的理解同時關聯着對其他經書，以及經書背後諸種思想觀念的理解。

要從整體的"經學"概念來把握鄭玄，便不但要把《周禮》放在鄭玄經學中來理解，而且要把《周禮》放在周公之法中來理解。把《周禮》放在鄭玄經學中，在文獻上與之相平行的是鄭玄的《詩經》學、《尚書》學、《易》學、《春秋》學、讖緯學等等。把《周禮》放在周公之法中來理解，在性質上與之相貫通的是鄭玄所理解的堯、舜、夏、殷之法等等。對鄭玄而言，經學之所以成爲不同于諸子、史乘、文集之學而獨立的經書文獻，靠的是前者。而經學之所以成爲可以内在貫通、彼此並無異義的"經學"，必須依靠後者。而後者的基本理論背景，則是"王官學"。

鄭玄綜合今古文經典，以六經爲王官之學與孔子述古、立法相結合的産物，其中，周之典章制度最備，要在《周禮》。

* 陳壁生，清華大學哲學系教授。

而鄭玄之《周禮》，有多重的意義。

一、鄭玄的《周禮注》與《周禮》學

鄭玄對《周禮》性質的理解，遠紹劉歆。馬融《周官序》云劉歆“末年，乃知其周公致太平之迹，迹具在斯”。[①] 此爲劉歆之定讞，而其後杜子春、鄭仲師、賈景伯乃至鄭玄所共尊者也。劉歆確立了《周禮》與周公的關係，並以之爲“經”，鄭玄則把這種關係建構爲一套確定不移的經學體系。如賈公彦《序周禮廢興》云：“唯有鄭玄遍覽群經，知《周禮》者乃周公致大平之變，故能答林碩之論難，使《周禮》義得條通。”[②] 其所“義得條通”者，不但《周禮》六官之條通，亦通於《詩》《書》《易》《春秋》群經。鄭玄之《周禮》觀，其序言云：

> 斯道也，文武所以綱紀周國，君臨天下，周公定之，致隆平龍鳳之瑞。[③]

此之謂“道”，即劉歆之謂“迹”，周公“致隆平龍鳳之瑞”，即劉歆之謂“致太平”。《周禮・天官冢宰》開篇云“惟王建國”，鄭注曰：

> 周公居攝而作六典之職，謂之《周禮》。[④]

《周禮・小宰》“以官府之六屬舉邦治”，鄭注云：

---

① 鄭玄注，賈公彦疏：《周禮注疏》，影阮刻《十三經注疏》，藝文印書館，2007年，第7頁。

② 鄭玄注，賈公彦疏：《周禮注疏》，第9頁。

③ 同上。

④ 同上書，第10頁。

前此者，成王作《周官》，其志有述天授位之義，故周公設官分職以法之。[1]

鄭玄《駁五經異義》云：

《周禮》是周公之制。[2]

鄭玄之説，看似簡易明瞭，然凡先秦兩漢説經之語，放在整個經學史中，因其年代古久，解語衆多，往往簡易即繁富，明瞭即奇崛。《周禮》作爲周公所作“六典之職”“周公之制”，本身有多重意義。

一是從文獻的角度，《周禮》之爲“禮經”，是六經文獻之一。《周官》既出於山崖屋壁，遺文懸絶，並無口傳大義，不像今文博士諸家，皆上溯孔門，代聖立言。遺文懸絶，則唯有據文考義。但是，如何理解“文”本身，便是一個大問題。對鄭玄而言，“文”不僅是文字，而且更包括經文自身的文法結構。鄭玄的《周禮注》非常典型地呈現鄭玄對經文的理解，即經文本身是注解的目的，求取經義，不僅要分析經文的文字内涵，而且要理解經文的文法結構。蓋以生活世界無比繁雜豐富，任何文字記載絶不可能窮盡其事，王官所録同樣不能，聖王時代王官所録政典，至孔子已經是百不存一，且又經秦火，典籍再次遭逢厄劫，所存文獻更無可徵。況且，文獻的紀録，往往有其特定的角度，角度不同，所述便也不同。

相比之下，《周官》惟缺《冬官》，在王官所遺文獻中，相對完整。但其述周公之制，也僅僅是略舉大端而已。因此，解經的責任，首先是經文本身，而不能根據經文所指向的典章制

① 鄭玄注，賈公彦疏：《周禮注疏》，第42頁。

② 皮錫瑞：《駁五經異義疏證》，王豐先點校，中華書局，2014年，第571頁。

度、歷史事實來解經。簡言之，在注經中，經文是最終的目的，而不是文字所指道理、制度的工具。鄭玄的《周禮注》極爲典型地表現出這種“經文主義”的注經特徵，展現出鄭玄《周禮》學的經文世界。

如果要從整體的“經學”的角度來理解鄭玄，《周禮注》便不完全等同于《周禮》學，而只是《周禮》學的一個組成部分。鄭玄的《周禮》學，在文獻上表現爲《周禮注》，在經學上表現爲《周禮》學。《周禮注》是一本經注之作，涉及的是鄭玄對《周禮》經文的獨特理解，《周禮》學則不止是經注内容，更有蘊涵在群經注解中的對“周禮”的整體性理解。這種整體性的理解，包括把《周禮》視爲周公的制度、周公的史實。

二是從制度的角度，《周禮》是周公“作六典之職”，“設官分職”之法，是“周公之制”。首先，《周禮》之法系于周公，鄭玄甚至排比文獻，考證出《周禮》制作、頒行的具體時間。其次，鄭玄注經以《周禮》爲本的根本含義在於，《周禮》制作時間的確定，使鄭玄能夠將其他經書中與《周禮》矛盾的制度，轉變成周公制作前後的制度差别，對堯舜夏殷之制，鄭玄可以《周禮》之周制解釋之。

《周禮》作爲周公之制，專述天、地、春、夏、秋、冬六官之職。作爲制度之書，不同之官，所司之事往往有内在的關聯。而經文的表述，便表現出一定程度的相關性。這樣一來，便出現了對經文的不同理解方向，一是認爲經文完整地表達了制度，不同官職所掌的制度可以互相發明互相對照，二是認爲經文不可能窮盡制度的内容，要從先以經文爲本位來考慮經文問題，再考慮制度問題。如《太宰》云：“以八柄詔王馭群臣：一曰爵，以馭其貴；二曰禄，以馭其富；三曰予，以馭其幸；四曰置，以馭其行；五曰生，以馭其福；六曰奪，以馭其貧；七曰廢，以馭其罪；八曰誅，以馭其過。”[1]《内史》云：“内史

① 鄭玄注，賈公彦疏：《周禮注疏》，第28頁。

掌王之八枋之法，以詔王治。一曰爵，二曰禄，三曰廢，四曰置，五曰殺，六曰生，七曰予，八曰奪。”① 到底是以《周禮》背後有一套完整的制度，從而將《太宰》八柄與《内史》八枋解釋成同一制度，還是尊重經文的結構，容許二官所掌本來就不完全相同，就是兩種完全不同的注經方向。

鄭玄的“經文主義”，更注重經文本身的結構，但是，在注重經文結構的背後，並不意味著經文所表達的不是制度。也就是説，像《太宰》所掌與《内史》所掌不同，只是説明《周禮》的制度更加豐富複雜，而非説明《周禮》所述並非制度。

三是從事實的角度，《周禮》既是周公“致隆平龍鳳之瑞”“周公居攝而作六典之職”，則是有周一代之史實。周公攝政六年，制作《周禮》六官之制，以予成王，而成王位在天子，故能行其政教。因此，《周禮》所述之官職、典禮，皆成有周一代的歷史事實。蓋經學既爲王官之學，則皆非空言，而是實事。以歷史眼光觀之，周之實事，即周之歷史。换言之，如果《尚書》之《堯典》述堯舜之實事，《夏書》述有夏一代之實事，《左傳》述春秋列國之實事，那麽《周禮》即述有周一代之典章、制度、實事。

簡言之，鄭玄的《周禮注》是注經之書，而《周禮》學則是鄭玄經學體系的構成部分。從鄭玄的整個經學體系來看《周禮注》，其《周禮》之學有三重不同的世界。

二、文獻：“望文爲義”與“隨文取義”

唐人言鄭玄注經特徵，有云“望文爲義”，有云“隨文取義”，其説經喬秀岩先生《鄭學第一原理》《論鄭王禮説異同》《論鄭何注〈論語〉異趣》《〈周禮正義〉的非經學性質》數文

---

① 鄭玄注，賈公彦疏：《周禮注疏》，第407頁。

之論證，可成定讞。

喬秀岩先生所採用的基本方法是對比法。尤其是《周禮》的鄭玄學、孫詒讓學之間，鄭玄所特別注出，孫詒讓所特別反對的内容，恰恰彰顯了鄭、孫二家注經的差異。而爲鄭注作疏的賈公彦，孫疏常加援引的金鶚、王引之，在一定程度上代表了六朝義疏之學與清學的不同。在《鄭學第一原理》中，喬秀岩先生詳細地討論《周禮・天官》一系列例子，對比鄭、孫之别，認爲："鄭玄認爲一詞所指範圍因具體經文而異，拒絶脱離具體經文預先確定詞義。……孫詒讓則認爲一經之内，用詞必有通例。"[①] "鄭玄探索經文本身，而孫詒讓僅研究經文所言之事，此其不同。可以説鄭玄研究經文，孫詒讓研究制度，研究物件層次不同。"[②] 由此，喬秀岩得出結論：

> 清人讀經，往往走典章制度的路子，大都遵從"有文字而後有訓詁，有訓詁而後有義理"的方法論，認爲先知詞義，才知道文義，而且以討論内容爲目的。因此清人先確認實詞詞義，據以調整對經文結構及虚詞的解釋，結果往往割裂經文，隨意曲解虚詞。鄭玄不認爲一個詞有固定所指，而認爲一個詞只能提示大致範圍，至於到底所指何義，必須依賴上下文才能確定。因此鄭玄先確認經文上下結構以及顯示經文結構的虚詞，據以調整實詞詞義。鄭玄在解釋經文的層面上，採用"結構取義"之法，用來保證經文的完整性。讀書必須讀字裏行間，只有語境才能産生意義，是上下文决定詞義，並非堆砌詞義即可得句義。清人歸納分析詞義之法，將詞語從經文語境中抽離開來，單獨研究，這種方法適合看報紙，不適合讀經書。應該説鄭

---

① 喬秀岩：《北京讀經説記》，萬卷樓圖書公司，2013 年，第 232 頁。

② 同上書，第 233 頁。

> 玄對文本、詞彙的理論認識，比清人更深刻而複雜。鄭學爲經學，並非典章制度之學，亦非依賴概率的語言學，故以經書、經文爲出發點，亦以理解經書、經文爲終點。筆者願以鄭玄"結構取義"的解經方法，目爲鄭學第一原理。①

自唐代以來，鄭玄"望文求義""隨文取義"之法歷遭詬病，清世小學興盛，更有蕩滌此法以求經書字、詞、制度之真的諸種努力。而喬秀岩先生則轉而在其中發現鄭玄解經的一大奥秘，並且目爲"鄭學第一原理"，其發明鄭學之功可謂大矣。

唐人所定九經新疏，多剿襲六朝、隋之義疏。其中多有言鄭玄"望文爲義""望經爲注"，並且不止於《周禮注》，而視爲鄭玄注經在訓詁字詞中的普遍特徵。唐疏對這種特徵，以肯定爲主。而趙匡辨"禘"之禮制，則云鄭玄"隨文取義"，持批評態度。今據唐人解經之學所見"望文求義""隨文取義"之例，略申喬秀岩先生之説。

(一)"望文爲義"

首先是在解經書文字上，鄭玄之注解經書文字，往往採取喬秀岩先生所言之"結構取義"之法。結構取義意味着把文字放在經文的句子中進行理解，通過整體的經文來理解具體的文字，而不是總結用例確定文字的意義，再通過文字的意義來理解經文的意義。

1. 士庶子

《周禮・宫伯》經文並鄭注云：

> 《宫伯》：宫伯掌王宫之士庶子，凡在版者。

① 喬秀岩：《北京讀經説記》，第247—248頁。

鄭注：玄謂王宫之士，謂王宫中諸吏之嫡子也。庶子，其支庶也。①

又，《大司馬》經文並鄭注云：

《大司馬》：王吊勞士庶子，則相。

鄭注：師敗，王親吊士庶子之死者，勞其傷者，則相王之禮。庶子，卿大夫之子從軍者，或謂之庶士。②

二經皆言“士庶子”，但對鄭玄而言，“士庶子”不是一個可以獨立於經文之外的專有名詞，有明確的所指物件，而是必須放在經文的敘述結構之中，確定其所指爲何。《周禮》宫伯之前是宫正，《宫伯》“士庶子”所指，是受《宫正》所決定的。宫正所掌之職云：“宫正掌王宫之戒令、糾禁。以時比宫中之官府次舍之衆寡，爲之版以待，夕擊柝而比之。”鄭注“宫中之官府”云：“官府之在宫中者，若膳夫、玉府、内宰、内史之屬。”又注“爲之版以待”云：“玄謂版其人之名籍。”③是宫正所掌，包括宫中諸卿大夫、士之名籍。因此，宫伯所掌“王宫之士庶子”，便不能是卿大夫、士，而是卿大夫、士之子。賈疏解鄭云：“‘玄謂王宫之士，謂宫中諸吏之嫡子也’者，吏，謂卿大夫、士之總號。云‘庶子，其支庶也’者，以其宫正掌宫中官府，宫伯掌其子弟故也。”④賈疏可謂得鄭之意也。

而《大司馬》之“士庶子”，士，鄭不出注，自然指天子之上、中、下士。庶子，鄭以爲“卿大夫之子從軍者”，這裏

① 鄭玄注，賈公彦疏：《周禮注疏》，第52頁。
② 同上書，第449頁。
③ 同上書，第50頁。
④ 同上。

的"庶"便不是"嫡庶"之庶，而是泛指未曾受爵的"卿大夫之子從軍者"，嫡子庶子皆在其中。而在此注中，不言士之子，賈疏解釋道："此注不云士之子者，以其卿大夫之嫡子，爲王與后與士同，故親吊勞之。士之子如衆人，不得爲王及后如士，故不吊勞之也。"①

此兩處，賈疏皆言其"望文爲義"、"望經爲注"。《宫伯》賈疏云："案《大司馬》云'王吊勞其士庶子'，文與此同。鄭彼注云：'吊其死者，勞其傷者。庶子，卿大夫之子從軍者。'彼士爲卿大夫士，庶子爲卿大夫之子，則兼嫡庶，與此不同者，彼更無吊勞卿大夫士身，故士爲卿大夫，庶子中兼嫡庶，是鄭望文以爲義，故注與此不同也。"②《大司馬》賈疏云："與《宫伯》注不同者，彼宫正掌卿大夫士身，宫伯别掌士庶子，士庶子爲嫡子、支子明矣。此惟一文云'吊勞士庶子'，不見别有吊勞卿大夫士身，故分之。鄭望經爲注，故不同也。"③ 簡言之，《宫伯》"士庶子"所指物件，根據《宫正》所掌爲卿大夫、士，故《宫伯》所掌爲卿大夫、士之嫡長子與庶子，"庶"是嫡庶之庶。《大司馬》"士庶子"所指物件，因爲没有前文的限制，所以指的是所有未命的卿大夫之子，庶是未命之意，無關嫡庶。

如果將這種注經方法與孫詒讓相對照，鄭君之獨異卓識，乃昭然可見。孫詒讓用清人治經之法，首先尋找"士庶子"在《周禮》中的通例。孫詒讓引金榜之説云："公卿大夫之子弟當學者謂之國子，其職宿衛者則謂之庶子。《周官經》言士庶子者甚衆：《宫伯》'掌王宫之士庶子凡在版者'，《酒正》'凡饗士庶子，皆共其酒'，《外饔》'饗士庶子，掌其割饗之事'，《大司馬》'王吊勞士庶子則相，大會同則帥士庶子而掌其政

① 鄭玄注，賈公彦疏：《周禮注疏》，第449頁。
② 同上書，第52頁。
③ 同上書，第449頁。

令’，《都司馬》‘掌都之士庶子之戒令’，《掌固》‘頒其士庶子及其衆庶之守’。……庶子雖未受爵王朝，而其數已列於群臣之版。如是，蓋已命者謂之士，《司士》所云‘王族故士在路門之右’是也。未命者謂之庶子，《太僕》所云‘聞鼓聲，則速逆御僕與御庶子’是也。”① 金榜通考《周禮》“士庶子”之用例，認爲“士庶子”之所指，“士”指“已命者謂之士”，“庶子”不是“嫡庶”之“庶”，而是“未命者謂之庶子”。孫詒讓認爲“致確”，並概括道：“綜校全經，士庶子内備宿衛，外從巡狩，且歲時有饗，死傷有吊勞，職任既親，恩禮尤備，其爲貴遊子弟，殆無疑義。”②

相對于兩漢今文經學的重家法師法，鄭玄與清人在讀經上完全一樣，那就是讀經是眼手之學，不是口耳之學，口耳之學不完整，不可靠。但是，在具體的讀經方法上，鄭玄與清代學者方向迥異。鄭玄認爲，注經的目的是經書，經書有其整體性，所以，要在經書的整體性中來把握文句、字詞的含義。正因如此，經文的敘述結構、表達方式，極爲重要，解經要在經文的敘述結構中理解文句、字詞的含義。因此，“士庶子”不是一個含義固定的專有名詞，其所指物件，隨着語境的變化而變化。而金榜、孫詒讓則認爲，經書是由文句構成，文句由字詞構成，因此，要先把握字詞的確定含義，再通過對含義確定

① 鄭玄注，孫詒讓疏：《周禮正義》，汪少華點校，中華書局，2015年，第283頁。事實上，至宋人讀經，已不得不用此法。《大司馬》之“士庶子”義，王與之《周禮訂義》引鄭鍔曰：“士庶子，宿衛王宫者也。王親征則從，王在軍而屬司馬。有死者，王親吊之。”又引王氏《詳説》曰：“成周之時，其待士庶子也，至有功則飲之、食之，有不幸之事則吊之、勞之。《外饔》云：‘邦饗耆老、孤子，則掌其割亨之事，饗士庶子亦如之。’是饗之以食也。《酒正》曰：‘饗士庶子，饗耆老、孤子皆共其酒。’是饗之以飲也。此曰吊、曰勞，直謂車甲間有不幸之事。”（王與之：《周禮訂義》，吉林出版集團有限公司，2005年，第840頁。）

② 鄭玄注，孫詒讓疏：《周禮正義》，第284頁。

化的字詞的理解，來理解經文的意義。所以，對金榜、孫詒讓而言，注解“士庶子”，首先要在《周禮》全經乃至群經中尋找“士庶子”的用例，概括此用例之通説，再以此通説去貫穿整部經乃至群經。

2. 次、敘

《周禮・内宰》經文並鄭注云：

> 《内宰》：凡建國，佐后立市，設其次，置其敘，正其肆。
>
> 鄭注：次，思次也。敘，介次也。[①]

《司市》經文並鄭注云：

> 《司市》：以次敘分地而經市。
>
> 鄭注：次謂吏所治舍，思次、介次也，若今市亭然。敘，肆行列也。[②]

二經皆言次、敘，但鄭注《内宰》分次爲思次，敘爲介次，而注《司市》則以次爲思次、介次，以敘爲肆行列。一般注經之法，當以《司市》注爲正，“次”包括了思次、介次，是市官吏所治之舍，如漢制的“市亭”。鄭以漢制説周制，劉善澤先生解釋道：“鄭以漢時市亭爲長丞所居，與周制次爲市吏所治之舍相類，故舉况之。”[③] 孫詒讓亦云：“敘蓋市肆行首當市朝者，胥及肆長所治處，與思次、介次並異。”[④]

此二經，賈疏皆言“望文解之”“望文爲義”，在鄭玄看

---

① 鄭玄注，賈公彦疏：《周禮注疏》，第112頁。

② 同上書，第218頁。

③ 劉善澤：《三禮注漢制疏證》，嶽麓書社，1997年，第121頁。

④ 鄭玄注，孫詒讓疏：《周禮正義》，第636頁。

來，《内宰》分次爲思次，敘爲介次，而《司市》惟言“次敘”而無“肆”，故以次爲“思次、介次”，敘爲“肆行列”。《内宰》賈疏云：“案《司市》注：‘次謂吏所治舍。思次、介次也，若今市亭然。敘肆，行列也。’與此注不同者，鄭望文解之。彼經無肆文，故以敘爲行列，並思次、介次共爲一所解之。此文自有肆文，故分思次、介次别釋也。”① 《司市》賈疏云：“案《内宰職》云‘設其次，置其敘，正其肆’。注云：‘次，思次。敘，介次。’不爲行列，與此注違者，彼文次與敘下更云‘正其肆’，則肆爲行列，故分次爲思次，以敘爲介次也。此文不具，直有次敘，無言正其肆，故並思介同名爲次，敘爲行列。此鄭望文爲義，故注不同。”② 也就是説，在鄭玄看來，經文次、敘所指不必有固定的物件，而必須在經文的具體結構中確定其所指爲何。此即鄭玄“望文爲義”之法。

3. 價

《司市》經並注疏云：

> 《司市》：以量度成賈而徵價。
>
> 鄭注：徵，召也。價，買也。物有定賈則買者來也。
>
> 賈疏：知價爲買者，以言徵召買者，故以價爲買。此字所訓不定。案：下文所云“貴價者”，鄭注“貴賣之”，鄭亦望文爲義，故注不同也。③

《賈師》經注云：

> 《賈師》：凡天患，禁貴價者，使有恒賈。
>
> 鄭注：恒，常也。謂若貯米穀棺木，而睹久雨疫病者

① 鄭玄注，賈公彦疏：《周禮注疏》，第 112 頁。
② 同上書，第 218 頁。
③ 同上書，第 219 頁。

貴賣之，因天災害厄民，使之重困。[1]

《胥師》經並注疏云：

> 《胥師》：察其詐僞、飾行、儥慝者而誅罰之。
>
> 鄭注：鄭司農云："儥，賣也。慝，惡也。謂行且賣奸僞惡物者。"玄謂飾行儥慝，謂使人行賣惡物於市，巧飾之，令欺誑買者。
>
> 賈疏：鄭云"儥，賣也"者，此經云"飾行儥慝"，明儥爲賣，不得爲買。上文每云賣儥，儥不得爲賣，故爲買，是鄭望文爲義，故不定也。[2]

"儥"字之義，《司市》注解爲"買"，《賈師》《胥師》注皆解爲"賣"，各不相同。鄭玄對同一個字，也根據上下文進行解釋，確定其義。故賈公彦以爲此即鄭玄"望文爲義"之法也。孫詒讓引段玉裁云："《説文・人部》：'儥，見也。'鄭訓買，後文又訓賣，皆見之義也。"[3] 表面上看，段玉裁、孫詒讓是以"儥"之確詁，克服鄭玄"望文爲義"的隨意性。但事實上這是兩種解經思路的差别。鄭玄認爲字義必須在語境中確定，所以注《司市》云"儥，買也"，注《胥師》云"儥，賣也"，字詞之義據經文爲定。而段玉裁、孫詒讓則必須先確定字詞之義，再將字詞之義放到經文中解釋。鄭玄之小學，即是經文之學，非有獨立的字詞之學也。

4. 朋友

《大司徒》"以本俗六安萬民"，其中，"四曰連師儒，五曰

---

① 鄭玄注，賈公彦疏：《周禮注疏》，第 227 頁。

② 同上。

③ 鄭玄注，孫詒讓疏：《周禮正義》，第 1273 頁。

聯朋友”。鄭注云：

> 同師曰朋，同志曰友。[①]

若據此義，則“朋”“友”之義甚爲確定，可以質諸群經而不悖。但是，賈疏知鄭君注經之法非如此，故解曰：“云‘同師曰朋，同志曰友’者，案《學而》云‘有朋自遠方來’，是朋者在學之稱。此友與朋連文，則亦是在學之稱。且此朋友之文復在師儒之下。但朋疏而多，友親而少，故云同師曰朋，同志曰友。此朋友據在學。”也就是説，此“聯朋友”之文，在經文結構上，上承“聯師儒”，更加可以看出此“朋友”乃是據在學而言，故曰“同師曰朋，同志曰友”。若不在這一經文結構中，則朋友之義，非不可變。賈疏云：

> 案《尚書·泰誓》，武王云“我友邦冢君”，是謂諸侯爲友。《洛誥》云“孺子其朋”，謂群臣爲朋。朋友之文，所施廣矣，鄭君皆望文爲義，是以所注不同也。[②]

鄭注《大宗伯》“以賓射之禮，親故舊朋友”云：“天子亦有友諸侯之義。武王誓曰‘我友邦冢君’是也。”[③]《尚書》武王云“我友邦冢君”，此“友”不可解爲“同志”，天子友諸侯，不因是否同志而友之也。《洛誥》周公謂成王云“孺子其朋”，此“朋”不可解爲“同師”，成王朋其臣，不因是否同師也。是故賈公彦言鄭注“望文爲義”也。

所列數例，是賈公彦《周禮疏》中言鄭玄“望文爲義”之典型者。但是，在唐人看來，鄭玄“望文爲義”決不止于《周

---

① 鄭玄注，賈公彦疏：《周禮注疏》，第159頁。

② 同上書，第159頁。

③ 同上書，第277頁。

禮》，而是鄭玄注經的一種普遍特徵，今增列其例以明之。

5. 大人

《儀禮·士相見禮》云："與君言，言使臣。與大人言，言事君。與老者言，言使弟子。與幼者言，言孝弟于父兄。與衆言，言忠信慈祥。與居官者言，言忠信。"鄭注云：

> 大人，卿大夫也。[①]

"大人"之義，並非一定，而鄭玄必以爲"卿大夫"者，上文"與君言"，要爲天子、諸侯，此"與大人言，言事君"，則大人不是天子、諸侯，因此，只能是卿大夫。若士則不得稱大人矣。所以，鄭玄把"大人"解釋爲"卿大夫"，是把這一詞語放到整句經文的邏輯結構中，對之進行解釋，"大人"這一詞語，不是一個固定的物件，而僅表達理解的方向、範圍。這種注經方式，使鄭玄對《禮記》《周易》《論語》所涉及的"大人"，皆根據經文結構做出理解。賈疏備列其説云：

> 《禮運》云："大人世及以爲禮。"鄭解爲諸侯者，以彼上文云"天下爲家"，以據天子，明下云大人是諸侯可知。《易·革卦》云"君子豹變"據諸侯，則"大人虎變"是天子可知。又案《論語》云"狎大人"，注爲"天子諸侯爲政教者"，彼據小人，不在朝廷，故以大人爲天子諸侯政教解之。鄭皆望文爲義，故解大人不同。[②]

賈疏所列，《易》《論語》皆鄭注佚文。[③] 鄭玄解《禮記·

---

① 鄭玄注，賈公彦疏：《儀禮注疏》，影阮刻《十三經注疏》，藝文印書館，2007 年，第 74 頁。

② 同上。

③ 袁均《鄭氏佚書》備列之，孫星衍《周易集解》未引此文，是其疏也。

禮運》之“大人”爲諸侯，《周易·革》之“大人”爲天子，《論語·季氏》之“大人”爲天子、諸侯爲政教者，皆據經文結構而解之。

6. 翰

《禮記·檀弓》：“殷人尚白，大事斂用日中，戎事乘翰，牲用白。”鄭注云：“翰，白色馬也。《易》曰：‘白馬翰如。’”鄭注《易》，以“翰”爲“幹”，故孔疏云：

> 所引《易》者，《易·賁卦·六四》：“賁如皤如，白馬翰如。”《賁》離下艮上，鄭注云：“六四，巽爻也。有應於初九，欲自飾以適初，既進退未定，故皤如也。”“白馬翰如”，謂九三位在辰，得巽氣爲白馬。翰猶幹也。見六四適初未定，欲幹而有之，引此者證“翰”爲白色。案彼以幹爲翰者，以“翰如”“白馬”連文，故以翰爲幹，望經爲義，以此不同。①

依孔疏之間，“望經爲義”之法，包括同經異解，《檀弓》“戎事乘翰”，故鄭注解“翰”爲白色馬，《易》“白馬翰如”，經既已言“白馬”，故“翰”便不是白色馬，而解爲“幹”。且可以引《易》證《檀弓》也。

7. 星辰

《尚書·堯典》“乃命羲和，欽若昊天，厤象日、月、星辰，敬授人時。”孔穎達疏云：

> 《周禮·大宗伯》云：“實柴祀日月星辰。”鄭玄云“星謂五緯，辰謂日月所會十二次”者，以星、辰爲二者。

---

① 鄭玄注，孔穎達疏：《禮記正義》，影阮刻《十三經注疏》，藝文印書館，2007 年，第 114 頁。

五緯與二十八宿俱是天星，天之神祇，禮無不祭，故鄭玄隨事而分之。以此"敬授人時"無取五緯之義，故鄭玄於此注亦以星辰爲一，觀文爲説也。[1]

孔疏於此言鄭注"觀文爲説"，即"望文爲義"之意也。《堯典》"厤象日、月、星辰"，《洪范》五紀，"一曰歲，二曰月，三曰日，四曰星辰，五曰歷數。"以日、月、星辰之上下無特别提示之處，故星辰不得分爲二。《大宗伯》賈疏云："《尚書·堯典》云'厤象日月星辰'，《洪范》五紀亦云'星辰'。鄭皆星辰合釋者，餘文於義不得分爲二，故合釋。"[2] 但是，《周禮·大宗伯》"實柴祀日、月、星、辰"，既用緯侯"五緯"解星，則辰是日月所會。簡言之，"星辰"不是一個專有名詞，其具體所指，要放在具體的語境中進行解釋。孫詒讓解《大宗伯》"實柴祀日月星辰"，引金鶚云："《左傳》以歲時日月星辰爲六物，《周語》以歲日月星辰爲五位，是辰與星别，不得以星辰爲一物也。"[3] 此是金鶚、孫詒讓通計經史之書中"星辰"之通例，以爲"星辰"是二物，用以反對《堯典》鄭注。

8. 純衣

《儀禮·士冠禮》云："爵弁服，纁裳，純衣，緇帶，韎韐。""純衣"之義，鄭注云："純衣，絲衣也。餘衣皆用布，唯冕與爵弁服用絲耳。"賈公彦疏云：

云"純衣，絲衣也"者，案鄭解純字或爲絲，或爲色，兩解不同者，皆望經爲注。若色理明者，以絲解之；

① 孔安國傳，孔穎達疏：《尚書正義》，影阮刻《十三經注疏》，藝文印書館，2007年，第23頁。
② 鄭玄注，賈公彦疏：《周禮注疏》，第271頁。
③ 鄭玄注，孫詒讓疏：《周禮正義》，第1576頁。

> 若絲理明者，以色解之。此經玄衣與纁裳相對，上玄下纁，色理自明。絲理不明，則以絲解之。《昏禮》“女次純衣”，注云“絲衣”，以下文有女從者畢袗玄，色理自明，則亦絲理不明，故亦以絲理解之。《周禮・媒氏》云：“純帛無過五兩。”注云：“純，實緇字也。古緇以才爲聲，納幣用緇，婦人陰也。”以經云純帛，絲理自明，故爲色解之。《祭統》云：“蠶於北郊，以共純服。”絲理自明，故鄭亦以色解也。《論語》云：“麻冕，禮也。今也純，儉。”以純對麻，絲理自明，故鄭亦以色解之。[①]

“純衣”到底是絲做之衣還是白色之衣，鄭注不預先確定其義，而是根據上下文確定，《士冠禮》上有“纁裳”，已有其色，故鄭注以爲絲。《士昏禮》亦然。《周禮・媒氏》惟云“純帛”，帛即絲，則純表色。《祭統》：“王后蠶于北郊，以共純服。”鄭注：“純以見繒色。”[②] 蓋服是冕服，則純言其色也。《論語・子罕》：“麻冕，禮也。今也純，儉。”鄭注云：“純，當爲緇，古之緇字以才爲聲，此緇爲黑繒也。”[③]

九經唐疏本於六朝義疏之學，然凡三禮孔、賈疏，《尚書》孔疏等，皆言鄭玄注經“望文爲義”“觀文爲説”“望經爲注”，而且所涉及者不止《周官》，幾乎包括鄭玄的所有注經。可以説，自六朝至隋唐，爲群經鄭注作義疏者，多發現鄭君注經有此明顯特點。

在唐疏所明確指出的“望文爲義”注經方法中，主要涉及的是對經字的理解，也局限在對經字的理解上。在鄭玄看來，經字本身没有確定不變的内涵，所指的内容主要是提示一個解釋的方向，經字的具體含義、指向往往要結合整體的經文進行

---

① 鄭玄注，賈公彦疏：《儀禮注疏》，第 15 頁。
② 鄭玄注，孔穎達疏：《禮記正義》，第 831 頁。
③ 王素：《唐寫本論語鄭氏注及其研究》，文物出版社，1991 年，第 104 頁。

理解。整體的經文結構不同，便會導致經字所指内容的差異。

而這種對經字的理解，背後是對經學的理解。在鄭玄看來，經字並不必然是一個獨立的表意單位，整體的經文才是獨立的表意單位。因此，在讀經、注經時，要真正準確地把握經義，便要在整體的經文中把握經義。就此而言，鄭玄之經學，可稱之爲"經文學"。經文是由經字構成，但是，經文之意並不是經字之意的疊加，而是整體的經文結構決定經字所指的意義。"經文學"意味着經文本身是一個獨立的世界，這一世界固然必定通向其所指的經義（包括義理、制度、事實、歷史等等），但是這一世界首先是獨立的，因此，讀經、注經首先要尊重經文本身的獨立性，再考慮經文所指向的義理、制度、事實、歷史等問題。

如何看待整體的經文與具體的經字之間的關聯，是讀經、注經最基本的問題。在這一問題上，清代學術的主要思路，與鄭玄"望文爲義"恰好形成了非常明確的對比。戴震在《與是仲明論學書》述其學術思路，有云：

> 僕自少時家貧，不獲親師，聞聖人之中有孔子者，定六經示後之人，求其一經，啓而讀之，茫茫然無覺。尋思之久，計於心曰：經之至者道也，所以明道者其詞也，所以成詞者字也。由字以通其詞，由詞以通其道，必有漸。求所謂字，考諸篆書，得許氏《説文解字》，三年知其節目，漸睹古聖人制作本始。又疑許氏於故訓未能盡，從友人假《十三經注疏》讀之，則知一字之義，當貫群經、本六書，然後爲定。①

在經歷了宋明變古鑿空之學之後，清人欲重啓經學研究，

---

① 張岱年主編《戴震全書》第六册，黄山書社，370頁。

最大的問題就是遺文垂絶，古今懸隔，清人與經書之間，既無微言大義之口耳相傳，也無古今通貫的制度實物，只有由文字構成的經書，要尋找一種最確定可靠的讀經之法，其要就在構成經書的文字。因此，戴震的道路是“由字以通其詞，由詞以通其道”。在這一方法中，“字”“詞”本身成爲獨立的表意單位，通過確定字、詞之義，自然而然地匯出對經義的確定理解。

但是，字、詞之義如何確定，仍然是一個大問題。戴震的方法，是通過漢人舊訓，尤其是像《説文解字》這樣的字書。同時，戴震認爲《説文》尚有未盡，還要在《十三經》中，把每一個字都放到所有經文中去考究其義，使每一個字之義能夠“貫群經、本六書”，最終確定其真實的含義。這樣一來，戴震把以《説文》爲基礎的“小學”，確定爲通往經學世界的階梯、實筏、荃蹄。當經字脱離了經文成爲獨立的研究物件，鄭玄的“望文爲義”便成爲清人普遍反對的注經方法。同時，如果每一個字之義能夠“貫群經、本六書”，經文本身的獨立性便徹底消失，而其字詞、文句所指向的義理、制度、事實、歷史等等，便成爲解經的主要對象。

（二）“隨文求義”

六朝至隋唐義疏之學，言鄭玄注經之“望文爲義”“觀文爲説”“望經爲注”，主要是針對經字的解釋。而在經義解釋上，唐人趙匡又批評鄭玄“隨文求義”，此見於趙匡《辨禘義》中對鄭玄關於禘禮學説的批評。陸淳《春秋啖趙集傳纂例》引趙匡《辨禘義》云：

> 鄭玄不能尋本討源，但隨文求義，解此禘禮，輒有四種。其注《祭法》及《小記》則云禘是祭天。注《毛詩頌》則云禘是宗廟之祭，小於祫。注《郊特牲》則云禘當

爲礿。注《祭統》《王制》則云禘是夏殷之時祭名。殊可怪也。[1]

趙匡之"可怪"，正是鄭玄注經特異之處。《祭法》經文及鄭注云：

《祭法》：有虞氏禘黄帝而郊嚳，祖顓頊而宗堯。夏后氏亦禘黄帝而郊鯀，祖顓頊而宗禹。殷人禘嚳而郊冥，祖契而宗湯。周人禘嚳而郊稷，祖文王而宗武王。

鄭注：此禘，謂祭昊天於圜丘也。[2]

此"禘"，鄭玄以爲是祭天於圜丘。又《喪服小記》經注云：

《喪服小記》：王者禘其祖之所自出，以其祖配之。

鄭注：禘，大祭也。始祖感天神靈而生，祭天則以祖配之。自外至者，無主不上。[3]

此"禘"，鄭玄以爲是祭天於南郊。《大傳》文與此同。《毛詩・周頌・雍》序及鄭注云：

《雍》，禘大祖也。

鄭注：禘，大祭也。大於四時，而小於祫。大祖，謂

---

① 陸淳：《春秋啖趙集傳纂例》，鍾謙鈞輯《古經解彙函》（貳），廣陵書社，2012年，第1033頁。

② 鄭玄注，孔穎達疏：《禮記正義》，第796頁。

③ 同上書，第592頁。

文王。①

此"禘"，鄭玄以爲是宗廟之祭。《郊特牲》《王制》經注云：

《郊特牲》：故春禘而秋嘗，春饗孤子，秋食耆老，其義一也，而食嘗無樂。

鄭注：此"禘"當爲"礿"字之誤也。《王制》曰："春礿夏禘。"②

《王制》：天子諸侯宗廟之祭，春曰礿，夏曰禘，秋曰嘗，冬曰烝。

鄭注：此蓋夏、殷之祭名。周則改之，春曰祠，夏曰礿，以禘爲殷祭。《詩·小雅》曰："礿祠烝嘗，于公先王。"此周四時祭宗廟之名。③

《周禮》《毛詩》皆春祠、夏礿，鄭玄據以爲周制，故《王制》《祭統》春礿、夏禘，爲夏殷制。夏殷至周四時祭之變既定，故《郊特牲》《祭義》所云春禘、秋嘗，鄭玄皆以爲其春禘之"禘"當爲"礿"字之誤。

事實上，禘有三禮，分別是"不王不禘"的圜丘與南郊祭天、周制三年一次的宗廟大祭、夏殷時期宗廟四時之祭的夏時之祭。段玉裁繹鄭之意云：

禘有三：有時禘，有殷禘，有大禘。時禘者，《王制》

① 毛公傳，鄭玄箋，孔穎達疏：《毛詩正義》，影阮刻《十三經注疏》，藝文印書館，2007年，第734頁。

② 鄭玄注，孔穎達疏：《禮記正義》，第483頁。

③ 同上書，第242頁。

"春曰礿，夏曰禘，秋曰嘗，冬曰蒸"是也，夏商之禮也。殷禘者，周春祠，夏礿，秋嘗，冬蒸，以禘爲殷祭，殷者，盛也。禘與祫皆合群廟之主，祭於大祖廟也。大禘者，《大傳》《小記》皆曰"王者禘其祖之所自出，以其祖配之"，謂王者之先祖皆感大微五帝之精以生，皆用正歲之正月郊祭之。[①]

趙匡對鄭玄"隨文求義"的批評，實際上是出於他與鄭玄讀經方法的區别。趙氏《春秋》之學，參差三傳，獨抱遺經，其自述讀三傳之法云："凡三傳經文不同，考校義理，必知其誤者，則從理正而定之。若俱無别義，則從多書之内有事蹟。如三傳並不同，亦考其有理者爲定。"[②] 也就是説，趙匡解經，關心的標準是"理"之正與不正。如馮茜所説的："這一解經範式的核心是將經典解釋的標準，包括'禮'的基礎，從經典文本本身轉向獨立於經典的'大義'。"[③] 以這種態度觀禘禮，趙匡以爲，《祭法》之禘並非圜丘祭天，《喪服小記》《大傳》之禘亦非南郊祭天，三者都是天子祭始祖廟。鄭玄對禘禮的理解，背後是"聖人感生""天有六天""郊丘爲二"，而趙匡完全没有這些觀念。對趙匡而言，王者禘其祖之所自出，只不過是在始祖廟中，以禘禮祭祀始祖，並及始祖之父。細繹趙匡對禘禮的理解方法，他是把禘禮理解爲一種固定的制度，通過這種制度考察經文的合理性，從而對經文做出更加"合理"的理解。在這種思路中，首先重視的是制度的合理性，而後再以經文遷就制度的合理性。因此，禘禮是天子宗廟之禮，無關於祭天。

---

① 段玉裁：《説文解字注》，上海古籍出版社，1988年，第5頁。

② 陸淳：《春秋啖趙集傳纂例》，鍾謙鈞輯《古經解彙函》（貳），第1129頁。

③ 馮茜：《唐宋之際禮學思想的轉型》，生活·讀書·新知三聯書店，2020年，第73頁。

但是，鄭玄對禘禮的解釋，並不事先預設禘禮是某一種固定的制度，而是先通過經文自身的邏輯考察禘禮的理解方式。因此，《祭法》經文之禘、郊、祖、宗，既有嚴整的敘述結構，必有相應的典禮順序。而且，既然禘、郊在祖、宗之上，則非宗廟祭祀，只能是祭天大典。

而《喪服小記》《大傳》“王者禘其祖之所自出，以其祖配之”，所禘對象不是其祖，而是其祖之所自出，趙匡解釋道：“禘者，帝王立始祖之廟，猶謂未盡其追遠尊先之義，故又推尊始祖所出之帝而追祀之。以其祖配之者，謂於始祖廟祭之，而便以始祖配祭也。”① 然“始祖所出之帝”若非天帝，始祖何以是始祖？始祖之廟若祭其父，何以父子同廟？所祭既是始祖所出之帝，何以仍稱“始祖廟”？趙匡先有對禘禮的制度性認識，再用以解釋《小記》《大傳》之文，在制度上自有其合理性，而在經文上則缺乏解釋力。而對鄭玄而言，不能犧牲經文自身邏輯的合理性，來遷就經文背後制度的合理性。故《小記》《大傳》之“禘”，既是禘“始祖之所自出”，即是感生帝，在周爲東方青帝靈威仰。此禘便是南郊祭天之禮。

鄭玄爲了注解經文，不憚於把經文所述的各種制度分開，使經文所述的制度變得無比複雜，甚至看起來完全不可操作。“隨文求義”，即是首先考慮經文的合理性而不是經文所指對象的合理性，並以經文本身的合理性去重新規範所指的物件。在鄭玄的注解中，“禘”之義並不相同。禘禮依漢人舊説，要以爲審諦昭穆，故《後漢書·張純傳》云：“禘之爲言諦，諦定昭穆、尊卑之義也。”② 但是，此説只能解釋周制超越於宗廟四

---

① 陸淳：《春秋啖趙集傳纂例》，鍾謙鈞輯《古經解彙函》（貳），第 1030 頁。趙匡此意，實略本王肅，《聖證論》云：“以此禘黄帝，是宗廟五年祭之名，故《小記》云‘王者禘其祖之所自出，以其祖配之’，謂虞氏之祖出自黄帝，以祖顓頊配黄帝而祭，故云以其祖配之。”

② 范曄：《後漢書》，中華書局，2000 年，第 1195 頁。

時祭之外的三年一禘之禘。若《王制》“夏曰禘”，作爲四時祭的禘禮，皇侃《禮記義疏》云：“禘者，次第也。夏時物雖未成，宜依時次第而祭之。”[①] 此是鄭玄之“夏殷禮”夏祭之禘。《喪服小記》“禮，不王不禘”，鄭注云：“禘謂祭天。”則是直接以祭祀物件解禘，而不云禘禮之禮儀實質。以禘禮爲例，鄭君“隨文取義”之法，乃表明在經文與制度的關係中，必須考慮經文自身的獨立性，以經文爲本，去規定制度，而非相反。此鄭君“經文主義”之明確特徵。

在經文與制度的關係問題上，鄭君之“隨文取義”，更典型表現在《周禮注》中。《周禮》六官所職，多有相似之語，若以制度觀之，其相似之語是制度相同，表述略差，若以經文觀之，其相似之語是表述不同，制度有别。

> 《大宰》：以八柄詔王馭群臣：一曰爵，以馭其貴；二曰禄，以馭其富；三曰予，以馭其幸；四曰置，以馭其行；五曰生，以馭其福；六曰奪，以馭其貧；七曰廢，以馭其罪；八曰誅，以馭其過。

> 《内史》：内史掌王之八枋之法，以詔王治。一曰爵，二曰禄，三曰廢，四曰置，五曰殺，六曰生，七曰予，八曰奪。

大宰詔王之八柄，與内史之八枋，相同者有爵、禄、予、置、生、奪、廢，其不同者，一是順序不同，二是大宰有誅，内史有殺。無論是一般的讀經常識還是傳統注疏上最嚴格的“以經證經”，而且是以本經證本經之法，大宰之官所詔王馭群臣的八柄，正是内史之官所掌的八枋之法，至於“誅”與“殺”的

① 鄭玄注，孔穎達疏：《禮記正義》，第242頁。

不同，只不過是用字的差異，本來就可以互訓。《大宰》孫詒讓疏引劉敞云："誅者，殺也。過當作禍。"並云"王安石、王昭禹、姜兆錫説並同"。[①] 《内史》孫疏亦云："云'五曰殺'者，此殺即《大宰》之誅，誅殺義同。"[②] 在這種注解中，經文本身没有獨立的意義，經文的目的是指向周公所立的官制，而且既然是同一套官制，其内容必定互相關聯，可以互相證明。[③]

而鄭注與此不同。鄭注看到了經文的相似，故《内史》注云："大宰既以詔王，内史又居中貳之。"[④] 但是，兩處經文，首先在結構上不同，《内史》所言，是爵禄、廢置、生殺、予奪。而《大宰》八柄，經文順序不同，具體所"馭"有別，因此，首先要考慮的是八柄經文結構的對應性，而不是與《内史》内容的對應性。其次，《大宰》曰"八曰誅，以馭其過"，有過，不至於"殺"，因此，鄭君注云："誅，責讓也。《曲禮》曰'齒路馬有誅'。"[⑤] 鄭君解"誅"爲"責讓"，猶恐人欲以《内史》用"殺"疑此注，特别引用《曲禮》，證明"八曰誅"是責讓之意。可以説，在孫詒讓等人看來，經文没有獨立的意義，經文所指向的制度才是解經的目的，因此，《大宰》之八柄與《内史》之八枋，順序不同没關係，文字有差也没關係，只要内容大體相同，就是同一種制度。而在鄭君看來，經文結構、文字表達才是注經的真正物件，因爲經文本身有獨立的意義，就算經文背後有制度、歷史、事實，一切要服務於經文的合理性，而不是用制度、歷史、事實的合理性來調整經文。因此，賈疏解云："案《内史》亦言此八柄之事，唯'一曰爵，

---

① 鄭玄注，孫詒讓疏：《周禮正義》，第 92、93 頁。

② 同上書，第 2561 頁。

③ 言孫詒讓《周禮正義》爲制度之學，參見橋本秀美的文章《〈周禮正義〉的非經學性質》，見《北京讀經説記》第 53 頁。

④ 鄭玄注，賈公彦疏：《周禮注疏》，第 407 頁。

⑤ 同上書，第 28 頁。

二曰禄’，與此同，‘三曰廢，四曰置，五曰殺，六曰生，七曰予，八曰奪’，文亂，與此不同者，彼欲見事起無常，故所言不次也。”① 賈疏此説，深得鄭意。

鄭玄“隨文取義”的背後，是認爲解經首先必須尊重經文自身的敘述結構與表達邏輯，不能預先設定制度再來解經。而這種“隨文取義”的結果，是其制度看起來更加複雜，甚至不夠合理。如鄭玄不以《大宰》與《内史》一一相應，賈疏講明《大宰》與《内史》爲何不同，所以又説：“彼變誅言殺，欲見爲惡不止則殺之。或可見此過失，則圜土之刑人也，出圜土則殺之，故《内史》變誅言殺也。”② 賈疏提供了兩種可能性，一是《大宰》言誅之事，如果爲惡不止，在《内史》則殺。一是引入《司圜》所云“不能改而出圜土者，殺之”，有過而不能改，最後殺之。鄭注並不説明經文之間差别的原因，賈疏進一步解釋這種原因。因此，鄭玄的“隨文取義”之法，並非言《周禮》不是制度，而是説不能先預設制度再來解釋經文。而且，這種方法，不是使制度更加“合理”化，而是使制度更加複雜化。

> 《大宰》：以九職任萬民：一曰三農，生九穀；二曰園圃，毓草木；三曰虞衡，作山澤之材；四曰藪牧，養蕃鳥獸；五曰百工，飭化八材；六曰商賈，阜通貨賄；七曰嬪婦，化治絲枲；八曰臣妾，聚斂疏材；九曰閒民，無常職，轉移執事。
>
> 鄭注：鄭司農云：“閒民，謂無事業者，轉移爲人執事，若今傭賃也。”③

---

① 鄭玄注，賈公彦疏：《周禮注疏》，第29頁。

② 同上。

③ 同上。

《大司徒》：頒職事十有二于邦國都鄙，使以登萬民：一曰稼穡，二曰樹藝，三曰作材，四曰阜蕃，五曰飭材，六曰通財，七曰化材，八曰斂材，九曰生材，十曰學藝，十有一曰世事，十有二曰服事。

鄭注：鄭司農云："生材謂間民無常職，轉移執事。"玄謂生材，養竹木者。①

《大宰》九職，與《大司徒》十二職事，在經文表達上《大宰》前八職與《大司徒》前八事基本相同，惟"九曰間民，無常職，轉移執事"，與"九曰生材"，經文不同，而其事可以往相同的方向解釋。故鄭司農所注，即以《大司徒》之"生材"爲《大宰》之"間民"之事。

但是，鄭玄注《大司徒》，引鄭司農之言，並特别下己意，云"九曰生材"不可對應於《大宰》"九曰間民"，而是"養竹木者"。由此觀之，鄭玄注經，於兩職相似之語，有時可以互相貫通以發明之，若二經之前八職，經文相似，别無歧義，故鄭注亦從司農之説，轉向證明。但是，最重要的仍然是經文本身，而不是所述職事。故二經雖有八職相通，而其九之經文不同，鄭玄更加尊重經文本身，寧願以不同解之，使二官所掌之事顯得更加複雜，也不願强此以解彼，使二官所職之事顯得那麼嚴整。

賈疏發明鄭意云："云'生材謂間民無常職，轉移執事'者，司農之意，此間民在第九，當《大宰》'九曰閑民無常職'，故以閑民解生財也。但周公制禮，大宰任民無常職，於此頒職事，不可頒無常職使民行之，故後鄭易之，以爲養竹木解之。"② 賈疏是據鄭注而發明之，而江永云："先鄭得之。間民執事於農工商賈虞衡之家，皆所以生材。後鄭謂養竹木者，

① 鄭玄注，賈公彦疏：《周禮注疏》，第160頁。

② 同上。

非是。”孫詒讓引之並云：“江說是也。閒民雖無常識，而轉移執事即是其職，故《大宰》列之九職，此列之十二職事，明非無識也。”[①]

對比諸説，鄭玄、賈公彦的解經邏輯，是因爲《大宰》與《大司徒》第九之經文本不相同，解釋方向自然不應相同，亦不必相同。故鄭玄寧願以《夏官》中林衡所掌養竹木之事來解此“九曰生材”，以尊重經文本身的表述理路，也不願意用《大宰》來解此《大司徒》。而江永、孫詒讓重視的不是經文，而是經文所指的制度，若如此，則“九曰閒民，無常職，轉移執事”，與“九曰生材”，在經文所指的制度這一層面，自然可以互相解釋。[②] 簡言之，在解經中，解釋物件只是經文，則在制度上常常顯得不夠“合理”。解釋物件是制度，則常常顯得比較“合理”，這種合理性往往犧牲了經文的獨立性，使經文成爲表意的工具而已。

對《周禮》一書的理解，有幾種不同的方向。一是把《周禮》理解爲周制，按照這一方式，讀《周禮》讀到的是文本背後的制度，這樣，《周禮》諸官所掌互相呼應，職能内容相與相合，使其書既相對完整，又非常嚴密。按照這種讀法，讀《周禮》如讀《唐六典》。孫詒讓《正義》之學，正是如此。二是在理解爲周制的基礎上，把《周禮》理解爲周史，按照這種理解，《周禮》上承堯、舜、夏、殷之官制，下接秦、漢、六朝之職官。如此，《周禮》實爲正史《職官》之祖。《通典》之學，正是如此。三是把《周禮》理解爲經書，如此，《周禮》列在《诗》《書》六經之中，理解《周禮》，要在六經之中進行

---

① 鄭玄注，孫詒讓疏：《周禮正義》，第913、914頁。

② 如《大司徒》江永解之云：“職事十有二，稼穡至生材，即大宰之九職。其學藝、世事、服事，此三職非生材之人。”孫詒讓云：“大宰任民，主於理財，故止有九職。此官主於教民，故十二職通頒之。”（鄭玄注，孫詒讓疏：《周禮正義》，第912、913頁。）

理解。鄭玄之學，正是如此。

六朝隋唐義疏之學言鄭玄對經字的解釋“望文爲義”，趙匡等人言鄭玄在經文與制度的關係上“隨文取義”，都揭示出鄭玄注經的獨特手法。但是，鄭玄的《周禮注》與《周禮》學不同，無論是“望文爲義”還是“隨文取義”，都是注經特徵，而鄭玄的《周禮》學則跳出《周禮注》，而涉及鄭玄對《周禮》一書的整體認識。

三、制度：“周公居攝而作六典之職”

鄭玄處於漢末之世，經史尚未河漢分畛。然經書與非經書，則判然有别。鄭玄將禮學放在群經之中解釋，故注解禮書，用群經注解，偶參《老子》《春秋外傳》之類，但絶不執《史記》《漢書》記載不同者解經。

但也因爲經史未分，鄭玄之解經，有類後世之謂歷史者。若鄭玄之《周禮》學，便在這種背景中展開。對鄭玄而言，《周禮》是歷史事件的産物，而且也是歷史本身。

《周禮》之産生，其歷史事件是周公“制作禮樂”。《禮記·明堂位》云：“武王崩，成王幼弱，周公踐天子之位，以治天下。六年，朝諸侯於明堂，制禮作樂，頒度量，而天下大服。七年，致政于成王。”其中，居攝六年，制作禮樂，成爲鄭玄理解《周官》的基本依據。《尚書大傳》亦云：“周公將制禮作樂，優遊之，三年不能作。君子恥其言而不見從，恥其行而不見隨，將大作，恐天下莫我知也；將小作，恐不能揚父祖功業德澤。然後營洛，以觀天下之心。於是四方諸侯率其群黨，各攻位於其廷。周公曰：‘示之以力役，且猶至，况導之以禮樂乎！’於是然後敢作禮樂。”[①] 周公制作禮樂的時間，《尚

① 皮錫瑞：《尚書大傳疏證》，吴仰湘整理，《皮錫瑞全集》第一册，中華書局，2015年，第247頁。

書大傳》云：

> 周公攝政，一年救亂，二年克殷，三年踐奄，四年建侯衛，五年營成周，六年制禮作樂，七年致政成王。[①]

這一時間序列，正與《明堂位》相合。且《大傳》又有云："周公居攝六年，制禮作樂，天下和平。"[②]《尚書・洛誥》周公曰："王肇稱殷禮，祀於新邑。"鄭注云："王者未制禮樂，恒用先王之禮樂。伐紂以來，皆用殷之禮樂，非始成王用之也。周公制禮樂既成，不使成王即用周禮，仍令用殷禮者，欲待明年即取，告神受職，然後班行周禮。班訖，始得用周禮，故告神且用殷禮也。"[③] 是故鄭注《尚書・康誥》云："攝政六年，頒度量，制其禮樂。成王即位，乃始用之。"[④] 也就是說，周公所制作的禮樂，主要就是《周禮》。而《周禮》，正是周公攝政六年所制作，七年致政成王、成王始以天子之位行於天下的有周一代典章制度。

周公"制作禮樂"之時間、文獻既定，《周禮》之制便成爲周公所立的有周一代政教大典。在鄭玄看來，周代之法，《周禮》前後可以有不同。也就是說，《周禮》制作時間的確定，爲鄭玄彌合周公制禮之前與之後的文獻矛盾，提供了基本依據。

《尚書・顧命》成王篇章，其文有云："胤之舞衣、大貝、鼖鼓，在西房。兑之戈、和之弓、垂之竹矢，在東房。"此言成王寢制也。然鄭注《周禮・考工記》以宗廟、路寢、明堂同

---

① 皮錫瑞：《尚書大傳疏證》，《皮錫瑞全集》第一册，第 262 頁。
② 同上書，第 244 頁。
③ 孫星衍：《尚書今古文注疏》，陳抗、盛冬鈴點校，中華書局，1986 年，第 406 頁。
④ 鄭玄注，孔穎達疏：《禮記正義》，第 576 頁。

制，經注云：

> 夏后氏世室〔注〕世室者，宗廟也。……殷人重屋〔注〕重屋者，王宫正堂若大寢也。……周人明堂〔注〕明堂者，明政教之堂。……此三者或舉宗廟，或舉王寢，或舉明堂，互言之，以明其同制。[1]

《玉藻》“玄端而朝日於東門之外，聽朔于南門之外”，鄭注有云：“天子廟及路寢，皆如明堂制。”[2]《周禮》作爲周公之制，宗廟、路寢、明堂同制。但周制明堂有五室，無《顧命》所説的“西房”“東房”。是《顧命》之文與周制矛盾也。鄭君注《考工記》，惟解釋經義，不須過多考慮其與《顧命》關係。蓋以《周禮》是《周禮》，《尚書》是《尚書》也。但統合群經，則必然要考慮《考工記》與《顧命》的差别，此經注與經説之差，經注旨在解釋經義，使經義煥然明瞭，而經説必多疏通壅滯，釋其疑難。所謂“經學”，是經注與經説的結合，鄭玄之《周禮》學，是《周禮注》與《周禮》鄭説的結合。在《鄭志》中，鄭玄答弟子問，用周公制作禮樂的具體時間，解决了《顧命》與《周禮》的矛盾問題。《鄭志》録與此相關者有二則：

> 張逸以此問。鄭答云：“成王崩在鎬京。鎬京宫室因文、武，更不改作，故同諸侯之制，有左、右房也。”
>
> 答趙商云：“成王崩之時在西都。文王遷豐，作靈台、辟廱而已。其餘猶諸侯制度。故喪禮設衣物之處，寢有夾室與東、西房也。周公攝政致太平，制禮作樂，乃立明堂

---

① 鄭玄注，賈公彦疏：《周禮注疏》，第 643、644 頁。

② 鄭玄注，孔穎達疏：《禮記正義》，第 543 頁。

於王城。”①

曹元弼《古文尚書鄭氏注箋釋》解鄭之意云：

> 明堂者，王者之堂，文王未嘗稱王，故不作明堂。武王觀兵，尊文考爲王，蓋於豐立文王廟，爲明堂制，世世不毁。故《樂記》曰：“祀乎明堂而民知孝。”然其他寢廟，尚仍舊制。周公制禮，於洛邑立明堂、宗廟、路寢，三者同制，備天子禮。故《洛誥》云：“祭歲，文王騂牛一，武王騂牛一。王入太室祼。”明宗廟與明堂制同。既以洛邑爲正都，則鎬京舊都自可仍先王舊貫，不重煩勞百姓。故《覲禮》言廟制，曰户牖之間，曰東箱，此經言寢制曰東序、西序，曰東房、西房，曰側階，皆與明堂制異。鄭説各依經立義，不可易也。②

曹氏之説，得鄭之意。同是宗周之制，鄭玄根據《明堂位元》《尚書大傳》等文獻，把周公制作《周禮》的時間精確到周公攝政六年，遂使《周禮》與周初制度的矛盾，在這一時間序列中得到合理的解釋。

又，《周禮・族師》經注云：

> 《族師》：四閭爲族，八閭爲聯。使之相保相受，刑罰慶賞相及相共。

---

① 皮錫瑞：《鄭志疏證》，《皮錫瑞全集》第三册，第 175 頁。
又，《詩・斯干》云：“西南其户。”箋云：“路寢制如明堂。”《鄭志》答張逸云：“周公制禮，建國土中，《洛誥》云‘王入大室祼’是也。《顧命》成王崩於鎬京，承先王宫室耳。宣王承亂，未必如周公之制。”（皮錫瑞：《鄭志疏證》，《皮錫瑞全集》第三册，第 242 頁。）

② 曹元弼：《古文尚書鄭氏注箋釋》，《續修四庫全書》，上海古籍出版社，2002 年，第 298 頁。

鄭注：相共，猶相救相賙。[1]

然《尚書·康誥》云："元惡大憝，矧惟不孝不友。子弗祗服厥父事，大傷厥考心。于父不能字厥子，乃疾厥子。于弟弗念天顯，乃弗克恭厥兄。兄亦不念鞠子哀，大不友于弟。惟吊兹，不於我政人得罪，天惟與我民彝大泯亂。曰，乃其速由。文王作罰，刑兹無赦。"此經鄭注已佚，經文之意，言不以父不慈罪其子，不以子不祗罪其父，兄弟亦然。《康誥》與《族師》之説，互相矛盾。乃至於連鄭玄弟子趙商，也不知是非，《鄭志》録其答問云：

趙商問："《族師職》曰：'四閭爲族，八閭爲聯。使之相保相受，刑罰慶賞相及。'在《康誥》曰：'父不慈，子不孝，兄不友，弟不恭，不相及也。'族師之職，鄰比相坐。《康誥》之云，門内尚寬。不知《書》《禮》孰錯，未達指趣。"答曰："族師之職，周公新制禮，使民相共敕法。《康誥》之時，周法未定天下，又新誅三監，務在尚寬，以安天下。先後異時，各有云爲，乃謂是錯也？"[2]

趙商有疑而問，足可見按照一般看法，《周禮》《尚書》之文同在周世，其法不能有異，二者必有一是一非，不可兩存。但是，對鄭氏而言，經文制度的矛盾往往是時間的差别。《康誥》一篇，《書序》云："成王既伐管叔、蔡叔，以殷餘民封康叔，

---

① 鄭玄注，賈公彦疏：《周禮注疏》，第 186 頁。

② 皮錫瑞：《鄭志疏證》，《皮錫瑞全集》第三册，第 273、274 頁。《康誥》之説，皮錫瑞《今文尚書考證》云："《左》僖三十三年傳引《康誥》曰：'父不慈，子不祗，兄不友，弟不恭，不相及也。'又昭二十年傳引《康誥》曰：'父子兄弟，罪不相及。'《後漢書·肅宗紀》、《鄭志》趙商問引同僖三十三年傳。"（皮錫瑞：《今文尚書考證》，盛冬鈴、陳抗點校，中華書局，2004 年，第 316 頁。）

作《康誥》《酒誥》《梓材》。"[1] 則《康誥》是周公致政成王之前所作。而《周禮》則是周公攝政六年所制作的新禮。舊禮新禮，自可有異。而且，鄭氏還爲《康誥》政寬、《周官》政嚴找到依據，認爲是當時"周法未定天下，又新誅三監"，所以"務在尚寬，以安天下"。鄭氏以"先後異時"，解決了《康誥》與《族師》的制度矛盾，而《周官》制作的確切年代，正是鄭氏的基本依據。

鄭君注經，基本框架是王官之學，理解王官學之基本方式是一代大典之總體規模，而非一時制度之遷變沿革。以經書爲一代大典，則考文、議禮，發明前聖之法，是爲經學之常法。以經書爲一時制度，則觀其沿革，考其遷變，則易流在史學之畛域。雖然，鄭玄對這種方式，非常謹慎。例如《王制》云：

> 古者公田藉而不税，〔注〕藉之言借也。借民力治公田，美惡取於此，不税民之所自治也。《孟子》曰："夏后氏五十而貢，殷人七十而助，周人百畝而徹。"則所云古者，謂殷時。市廛而不税，〔注〕廛，市物邸舍，税其舍，不税其物。關譏而不征，〔注〕譏，譏異服，識異言。征亦税也。《周禮》："國凶札，則無門關之征，猶譏也。"林麓川澤，以時入而不禁。[2]

此處制度，皆與《周官》相反。鄭注以"籍"爲"借"，即借民力之義，合於《孟子・滕文公上》"殷人七十而助"之"助"，故鄭注以爲"殷時"。此"古者"連至"以時入而不禁"，則整句異於《周官》者，皆是殷法。此鄭君仍以一代法典注此經也。然鄭既引《孟子》，《孟子・梁惠王下》云："昔者文王之治岐也，耕者九一，仕者世禄，關市譏而不征，澤梁

---

① 孫星衍：《尚書今古文注疏》，第 601 頁。
② 鄭玄注，孔穎達疏：《禮記正義》，第 246 頁。

無禁，罪人不孥。”[①] 凡言“關市譏而不征，澤梁無禁”，合于《王制》之制。注《王制》者，嚴陵方氏曰：“文王之治岐也，澤梁則無禁者，方紂在上，害虐烝民，姑以紓一時之急，權一時之宜而已。”石林葉氏曰：“周公之時，門關猶征，而文王則不征者，蓋紂方虐民，而文王寬以待之，則不征，所以趨時。天下已治，而周公制禮以定之，則有征，所以抑末。”[②] 方氏、葉氏皆援《孟子》之言，以爲《王制》文王之時救弊之法，《周禮》與《王制》，轉而爲經與權之異。若方氏、葉氏之生於宋世，經書之法典，轉成爲古聖之實録，故雖如《王制》之制度嚴整，也可以視爲一代之法、一時之法。而鄭玄的審慎，正在於雖然認爲《王制》雜夏殷之法、文襄霸制，但畢竟是多代之法之雜合，而不可執其他經、子之文，疑爲一時之制。

在鄭玄的《周禮》學中，《周禮》作爲“周公居攝而作六典之職”所遺留下來的文獻，本身便是周公之法的記載。既然周公是一個歷史人物，這套法的制定、施行便有其具體的時間、地點。鄭玄根據《明堂位元》《尚書大傳》等文獻，確定《周禮》爲周公攝政六年所作，七年致政成王所行，使群經文獻中，這套制度有了明確的歷史起點。在群經中，《書》述堯舜三代之事，《詩》有殷周之篇，如果强調孔子删削的意義，則《詩》《書》既經孔子删削，同在孔子立法之中，雖爲前聖禮法遺存，也合素王制作新法。但如果將之回歸到王官之學的基本框架之中，則《詩》《書》爲前聖所遺文獻，既是前聖所遺文獻，則周詩、周書皆可以與《周官》相證。周公致政成王之前，爲文、武遺法，致政成王之後，爲《周官》新法。此張逸、趙商之所疑惑不解，鄭氏之所分判《尚書》《周禮》之異者也。

鄭玄的《周禮注》是在内部看經文，故其“望文爲義”

---

① 焦循：《孟子正義》，沈文倬點校，中華書局，2004年，第133頁。

② 衛湜：《禮記集説》，吉林出版集團有限責任公司，2005年，第248頁。

"隨文取義"，不預設經字有確解，也不預設經文直接指向一套制度。鄭玄的《周禮》學，則是把《周禮》放在群經之中，從外部看其經文，故《周禮》是一套周公之制，可以據之上考周公以前，下考盛周之後。簡言之，孫詒讓認爲《周禮》本身就是周公制度，就如《唐六典》是唐代制定的制度，而在鄭玄看來，《周禮》是以經文爲基礎構建起來的一套周公制度。

四、歷史：成王即位，乃始用之

鄭玄注經，以《周官》爲本。然群經題目不同，旨意殊別，以《周官》爲本之意亦自不同。若《儀禮》《禮記》，本多周法，以《周官》爲本固宜也。若《詩》《書》之周世遺留文獻，以《周官》爲本，也可以互相發明。如《詩》《書》中非周世之經，而用《周官》注之，是在王官學的背景下，以相對完備之周制，理解更爲殘缺之堯舜夏殷之制。在"以《周官》爲本"注解群經中，鄭玄《論語注》最爲特殊，由玆可見鄭玄《周禮》學的另一個維度。

1. 制度

鄭玄之注《論語》，首先是把《論語》納入《周官》的制度框架之中。

> 《雍也》：原思爲之宰，與之粟九百，辭。子曰："毋，以與爾鄰里鄉黨乎。"
>
> 鄭注：五家爲鄰，五鄰爲里，萬二千五百家爲鄉，五百家爲黨。[①]

---

① 何晏注，邢昺疏：《論語注疏》，影阮刻《十三經注疏》，藝文印書館，2007年，第52頁。

鄭玄注“鄰里鄉黨”，分別闡明其範圍。而這一範圍的依據，正在《周官》。《地官·遂人》職云：“以土地之圖經田野，造縣鄙形體之法。五家爲鄰，五鄰爲里，四里爲酇，五酇爲鄙，五鄙爲縣，五縣爲遂，皆有地域，溝樹之。”此“鄰里”之所據也。《地官·大司徒》職云：“令五家爲比，使之相保。五比爲閭，使之相受。四閭爲族，使之相葬。五族爲黨，使之相救。五黨爲州，使之相賙。五州爲鄉，使之相賓。”鄭注云：“閭二十五家，族百家，黨五百家，州二千五百家，鄉萬二千五百家。”[①] 此“鄉黨”之所據也。

又：

> 《衛靈公》：子張問行。子曰：“言忠信，行篤敬，雖蠻貊之邦，行矣。言不忠信，行不篤敬，雖州里，行乎哉?”
>
> 鄭注：萬二千五百家爲州，五家爲鄰，五鄰爲里。[②]

此“州里”，在經文結構上對“蠻貊”而言，故大致指四海之内，本不必嚴格限定在多少家的範圍之中，里、州分別爲王畿遠郊内外。但是，鄭注必將之限定在《周官》所提供的單位中。鄭注之“萬二千五百家爲州”，劉寶楠云：“《弟子傳集解》作‘二千五百家爲州’，此有‘萬’字，衍也。”[③] 此與上引鄭注《大司徒》“州二千五百家”相合，劉說是也。故鄭解“州里”，也是根據《周官》之《遂人》《大司徒》爲說。

鄭玄注“鄰里相黨”“州里”，皆嚴格遵循《周官》制度，這種注經方式，如果從文獻角度，鄭玄既“以《周禮》爲本”，那麽《論語》所涉及的制度可以以《周禮》之說證之。但問題

---

① 鄭玄注，賈公彦疏：《周禮注疏》，第 159 頁。

② 何晏注，邢昺疏：《論語注疏》，第 137 頁。

③ 劉寶楠：《論語正義》，高流水點校，中華書局，1990 年，第 616 頁。

並非如此簡單。孔子之世，禮樂崩壞，政不在天子，乃至陪臣執國命，禮樂制度既廢，非一時也。即便《周禮》是周公致太平之書，其制也早已崩潰，當孔子説"鄰里鄉黨""州里"，也已經没有嚴格的"五家爲鄰，五鄰爲里"之制度。

而鄭玄認爲可以用《周官》制度來解釋《論語》，並非因爲文獻，而是因爲歷史。也就是説，《周官》之制度，既然曾經行於天下，那麼，類似於"鄉黨鄰里""州里"這樣的説法，便是一種固有文化的歷史積澱形成的言語習慣，而這種固有文化的源頭就是《周官》。《論語》是一本高度情景化的書，而鄭玄以《周官》爲本對這些制度的注解，是一種溯源式的理解，而非情景化的理解。

2. 師儒

《論語》多涉孔子行教，故鄭玄之觀《論語》，也往往將之放在《周禮》的制度背景中進行理解。

> 《雍也》：子謂子夏曰："女爲君子儒，無爲小人儒。"
>
> 僞孔安國注：君子爲儒，將以明道。小人爲儒，則矜其名。①
>
> 鄭玄注：儒主教訓，謂師也。子夏性急，教訓君子之人則可，教訓小人則慍恚，故戒之。《周禮》曰："儒以道德教人。"②

若將《論語》獨立看待，此言"君子儒"與"小人儒"之别，僞孔注區分甚是。但問題在於，君子或以德言，或以位言，皆難與"儒"相連。儒若爲儒家之儒，與之相對者，寧有"君子墨""小人墨"乎？况孔子作爲"儒家"之始祖，《詩》《書》

---

① 何晏注，邢昺疏：《論語注疏》，第53頁。

② 王素：《唐寫本論語鄭氏注及其研究》，第59頁。

《儀禮》《易》《春秋》皆不見"儒"名，《禮記》有言"儒"者如《儒行》，固孔門後學所記，不足爲據。

而《周官》有二"儒"字，鄭玄將《論語》放到《周官》之中，《周禮》之"儒"及鄭注：

《大宰》：以九兩繫邦國之名：……四曰儒，以道得民。

鄭注：儒，諸侯保氏，有六藝以教民者。[①]

《大司徒》：以本俗六安萬民：一曰媺宫室，二曰族墳墓，三曰聯兄弟，四曰聯師儒，五曰聯朋友，六曰同衣服。

鄭注：師儒，鄉里教以道藝者。[②]

鄭玄根據《周禮》中的"儒"有教導之義，遂解《論語》中"君子儒""小人儒"爲君子之師、小人之師。而且，爲了説明孔子何以如此誡子夏，鄭玄乃推出"謂子夏"的針對性，是"子夏性急"。

鄭玄據《周禮》之儒爲老師，以之注解《論語》，在其理解中，《周禮》既是成王頒行天下的一代大典，其基本内容，必是孔門師弟習常對話的基本背景。因此，才會出現孔子對子夏"爲君子儒，無爲小人儒"的告誡。

鄭注對《論語》所言"道""藝"，也皆放到《周官》中理解。

《述而》：子曰："志於道，據於德，依於仁，游

---

① 鄭玄注，賈公彦疏：《周禮注疏》，第32頁。
② 同上書，第159頁。

於藝。”

何晏注：志，慕也。道不可體，故志之而已。據，杖也。德有成形，故可據。依，倚也。仁者功施於人，故可倚。藝，六藝也，不足據依，故曰遊。[①]

鄭玄注：道，謂師儒之所以教誨者。藝，六藝。[②]

孔子此言，凡道、德、藝，皆爲泛説，何晏所解，云道不可體，藝不足依，純爲玄學之言，而鄭注則直接將“道”嫁接到《周禮》之中。《大宰》言“四曰儒，以道得民”，鄭玄認爲是諸侯保氏之官以六藝教民，而孔子作爲“儒”，向弟子説“志於道”，這“道”放在周代歷史中，便是“以道得民”之道。

鄭注“藝”爲“六藝”，六藝之名，《周官》主禮、樂、射、御、書、數，《史記》諸書主六經，鄭注雖然無明確其指，但聯繫上下文，可知此六藝，正是“六藝以教民”的禮樂射御書數。《禮記・少儀》“士依於德，游於藝”，鄭注云：“藝，六藝也。一曰五禮，二曰六樂，三曰五射，四曰五馭，五曰六書，六曰九數。”[③]“六藝”内容，此出於《周禮・地官・保氏》。

《學而》：子曰：“弟子入則孝，出則弟，謹而信，汎愛衆，而親仁。行有餘力，則以學文。”

馬融注：文者，古之遺文。[④]

鄭玄注：文，道藝也。[⑤]

就《論》觀《論》，馬融所注，明顯更合《論語》文意，蓋孝、

---

① 何晏注，邢昺疏：《論語注疏》，第60頁。

② 王素：《唐寫本論語鄭氏注及其研究》，第75頁。

③ 鄭玄注，孔穎達疏：《禮記正義》，第630頁。

④ 何晏注，邢昺疏：《論語注疏》，第7頁。

⑤ 劉寶楠：《論語正義》，第19頁。

弟、謹、信等德行，見於日用之間，屬於“行”，既能如此，方學“文”，則此文專指讀書而言，故馬融注以“古之遺文”。

單就《論語》而言，鄭玄此注殊不可解。但細思其意，方見鄭君注經之精妙。對鄭君而言，經無廢字，此處言“弟子”，則是弟子之事，劉寶楠用鄭義解“弟子”曰：“弟子者，對兄父之稱，謂人幼小爲弟爲子時也。《儀禮》特牲饋食禮注：‘弟子，後生也。’大射儀注：‘弟子，其少者也。’”① 也就是説，“弟子”不是孔子的學生，孔子所説的，不是給學生們講一個普遍道理，而是幼學。若如此，則把“文”理解爲古之遺文，決非幼學所能爲。② 鄭玄把“文”理解爲“道藝”，不是就《論》觀《論》的結果，而是以周制觀《論語》的結果。

《學而》此文是“弟子”之事，而在《周官》制度中，鄉里入學者，即是弟子。《周禮》地官大司徒職“四曰聯師儒”，鄭注云“師儒，鄉里教以道藝者。”③ 這正是《論語》此注所據。鄉里有序庠，師儒所教正是“道藝”。而此“道藝”與“德行”相對，《鄉大夫》經注言考比之法云：

> 《鄉大夫》：正月之吉，受教灋于司徒，退而頒之於其鄉吏，使各以教其所治，以攷其德行，察其道藝。……三年則大比，攷其德行、道藝，而興賢者、能者，鄉老及鄉大夫帥其吏與其衆寡，以禮禮賓之。
>
> 鄭注：賢者，有德行者。能者，有道藝者。④

---

① 劉寶楠：《論語正義》，第 18 頁。

② 劉寶楠注意到這一點，而又不言馬融之非，故强爲解釋道：“馬以弟子所學，别有一書，如《弟子職》之類，後或失傳，故只言古之遺文而已。”（劉寶楠：《論語正義》，第 19 頁。）此説特别牽强。事實上按照馬融的理解，經文應於“弟子”下斷句，是孔子言其學生，非言爲人弟爲人子者。

③ 鄭玄注，賈公彦疏：《周禮注疏》，第 159 頁。

④ 同上書，第 180 頁。

鄉大夫之職中，“考其德行，察其道藝”，德行與道藝並稱，正是“賢能”的基本標準。《論語》中“行有餘力”，是指前文“入則孝、出則弟”之類，即“德行”也。而“則以學文”，此文，即鄉里師儒所教之道藝也。而“道藝”的具體内容，《保氏》云：“而養國子以道，乃教之六藝：一曰五禮，二曰六樂，三曰五射，四曰五馭，五曰六書，六曰九數。”即《周官》之六藝。

當鄭玄把《論語》放到周制中進行理解，《論語》之空言，變成周制之實政，孔子之教弟子行事學文，變成孔子紹述周禮政教。

3. **德行**

除了具體的制度、名稱，對抽象的道德，鄭玄同樣把《論語》簡樸之言放到《周官》繁富之制中。

> 《爲政》：道之以政，齊之以刑，民免而無恥。道之以德，齊之以禮，有恥且格。
>
> 包咸注：德，謂道德。[1]
>
> 鄭玄注：六德，謂知、仁、聖、義、忠、和。[2]

《論語》此文泛言政刑、德禮，没有任何證據可以證明，孔子所言之“德”有具體德目所指，是故東漢初年之包咸注解，亦泛言“道德”。甚至可以説，幾乎一切正常的理解方式，都會認爲“德”是對所有德目的抽象概括，正如“政”是對所有政事的抽象概括一樣。

而鄭玄則將泛言之德，具體化爲明確的“六德”，而且此六德之目在《論語》中並無體現，況如“聖”之爲德，雖孔子

---

① 何晏注，邢昺疏：《論語注疏》，第 16 頁。

② 宋翔鳳輯《論語鄭注》，《浮谿精舍叢書》，聖環圖書印行，1998 年，第 2 頁。

亦言“若聖與仁，則吾豈敢”。鄭玄此“六德”之名，同樣來自《周禮》：

《大司徒》：以鄉三物教萬民而賓興之：一曰六德，知、仁、聖、義、忠、和；二曰六行，孝、友、睦、姻、任、恤；三曰六藝，禮、樂、射、御、書、數。

鄭注：知，明於事。仁，愛人以及物。聖，通而先識。義，能斷時宜。忠，言以中心。和，不剛不柔。善於父母爲孝，善於兄弟爲友。睦，親於九族。姻，親於外親。任，信於友道。恤，振憂貧者。①

細味鄭君注《論語》之意，孔子言政、刑、德、禮，既可以作概括性理解，也可以作具體化理解。今此句鄭注雖佚，但可以肯定的是四者不可能都以《周禮》之文進行解釋。鄭注《論語》許多“德”字，也不用《周禮》，如《里仁》“君子懷德，小人懷土”，《述而》“志於道，據於德，依於仁，游於藝”，鄭玄於“德”字皆無注，《里仁》“德不孤，必有鄰”，鄭注也不言六德。而此文“道之以德”，則是爲政者教民之法，《大司徒》之“教萬民”者有“六德”，故可以《大司徒》注《論語》。在鄭玄看來，孔子之“從周”，並非理論之空言，而是教化之實政。

《述而》：子以四教：文、行、忠、信。

鄭玄注：行，謂六行：孝、友、睦、姻、任、恤。②

此處“文、行、忠、信”並列，則“行”字之義，不能如“三

① 鄭玄注，賈公彦疏：《周禮注疏》，第160頁。
② 王素：《唐寫本論語鄭氏注及其研究》，第79頁。

人行必有我師”之行，而是德行。但如果泛言德行，則德行也包含了“忠”“信”之類，而《大司徒》所教有“二曰六行，孝、友、睦、姻、任、恤”，故鄭玄把《論語》中一個“行”字，放到《周禮》的制度體系中，“行”變成大司徒教萬民的“六行”。

鄭玄以爲，《周禮》是周公所作，它不止是一套價值理論，而且是一套具體制度，最終落實在周代的政治社會之中。而何以要援《周禮》以注《論語》呢？那是因爲《論語》是孔子及其弟子的言行實録，而孔子及其弟子言説的背景正是崩壞中的周代禮樂制度。而周代禮樂制度的基本形態，就在《周禮》一書之中。所以，孔子無論是講“德”説“藝”，言“儒”語“行”，都是在《周禮》的意義上説的。理解了這一點，便可以看出，鄭玄對《論語》性質的理解，是把《論語》放在《周禮》的大框架之中，將孔子視爲周制崩壞過程中的天生聖人，孔子言辭中的道德、名稱、制度等方面，都與周制有着密切的關係。

在鄭玄看來，《周禮》並不是存在於文獻世界中的空言，而是存在於歷史世界中的文獻。《禮記・明堂位》云周公攝政“六年，朝諸侯於明堂，制禮作樂，頒度量而天下大服”，次年，周公致政成王，《周禮》也因之行於天下。鄭注《尚書・康誥》云：

> 攝政六年，頒度量，制其禮樂。成王即位，乃始用之。①

周公攝政期間，天下太平，制作禮樂，然後把制作禮樂的成果，即《周禮》交付成王，成王有王位，故能使《周禮》行

① 鄭玄注，孔穎達疏：《禮記正義》，第576頁。

於天下。這樣，《周禮》一書，成爲周制的組成部分。而《論語》一書，則是孔子應答弟子時人所録，因此，《論語》所説的内容，不論是典章制度還是名物度數，如果有可以與周制相對應的，便可以用周制進行解釋。在這一意義上，《周禮》不是停留於文獻世界的書籍，而且落實在歷史世界之中。

五、結語

喬秀岩先生的《鄭學第一原理》等論文，爲今人閲讀鄭玄、反思清人提供了一個非常好的角度，使今人治鄭學，可以更加深入、綿密地閲讀鄭玄。而喬秀岩先生所説的鄭玄《周禮注》存在“結構取義”的特徵，容易使人以爲鄭玄純粹是文獻學家，只是構建了一套方法注經。

而事實上，鄭玄不單是文獻學家，而且是經學家，並且他的經學體系有一個基本的大框架，這個框架把文獻、制度、歷史等多個層面的問題都收納於其中。鄭玄經學的背後，是劉歆以來把經學理解爲王官學的大框架，正是在這一框架的基礎上，鄭玄才得以構建以周公所作的一代大典《周禮》爲基礎的經學體系。

“（聖）人者天地之心”的鄭學詮釋

——以“氣性”與“煦嫗”爲線索

蔣　鑫*

孔穎達解釋鄭玄“六天”説之結構曰：“指其尊極清虛之體，其實是一；論其五時生育之功，其別有五。以五配一，故爲六天。據其在上之體謂之天，天爲體稱，故《説文》云：‘天，顛也。’因其生育之功謂之帝，帝爲德稱也，故《毛詩傳》云：‘審諦如帝。’”[①] 所析頗精。天體不以德稱，意味著昊天既不直接生成萬物，亦不感生聖人，此皆五帝之功。太一之天渾圇無別，當其分化出五德之帝乃有所謂“審諦”：辨別分殊。而這要求本體從“天是大虛，本無形體”[②] 的形上幽隱維度下降而自我形著出顯明發用的天地萬物。陳贇先生曰：“總體上只有‘一天’，它被稱爲‘昊天’或‘皇天’，又被名爲‘太一’，五帝只是‘一天’的不同顯現。由於這裏的‘顯現’發生在‘大地’上，因而它與五方、五色、五行形成了某種結構性的對應關係。在這個意義上，五帝乃是昊天在大地上的區域性顯現方式。”[③]

---

* 蔣鑫，華東師範大學哲學系博士研究生。本文列入國家社會科學基金重點項目“禮運學的綜合研究”（18AZX009）。

① 《郊特牲》疏，鄭玄注，孔穎達疏：《禮記正義》，部同麟點校，浙江大學出版社，2019 年，第 664 頁。

② 《月令》疏，《禮記正義》，第 381 頁。

③ 陳贇：《周禮與“家天下”的王制：以〈殷周制度論〉爲中心》，中國人民大學出版社，2019 年，第 252 頁。

審諦之帝就是昊天在審諦之地①上的分殊化顯現。鄭君曰："帝謂五德之帝"②，"五帝主五行"③，"木神則仁，金神則義，火神則禮，水神則信，土神則知"④。黄以周總結曰："以其氣言，謂之五精之帝可也（《月令》鄭注）。以其性言，謂之五德之帝可也（《王制》鄭注）。"⑤ 木金火水土，氣也；仁義禮信智，性也。五帝即顯現於天地之際的五行氣性生成之德的神格化身。順此義理架構展開，則五帝煦嫗而生萬物，感帝煦嫗而生聖人，聖人煦嫗而化烝民，反於效天之氣以顯天之心矣。

一、氣性：天地之心見於（聖）人形色

昊天者在天之天，五帝者在地之天，歸根究柢，又統爲在人之天。這不僅是説"六位一體"的天之結構於人之視域乃得完整彰顯，而且是指天地之心於人身上方獲充分實現。人誕生於天地煦嫗，反身以效法天地。天道無端而以人爲端，借人爲中介實現了自識吾理、自成己誠的存在之圜環。《禮運》論人之生曰：

> 人者，其天地之德，陰陽之交，鬼神之會，五行之秀氣也。

① 地亦以"審諦"爲德。《白虎通》曰："地之言易也，諦也，言養萬物懷任，佼易變化，審諦不誤，敬始重終，故謂之地也。"参見劉師培：《白虎通義斠補》，陳立：《白虎通疏證》，中華書局 1994 年版，第 699 頁。又《釋名》曰："地……諦也，五土所生，莫不審諦也。"参見王先謙：《釋名疏證補》，中華書局，2008 年，第 25 頁。

② 《王制》注，《禮記正義》，第 322 頁。

③ 《禮器》注，《禮記正義》，第 652 頁。

④ 《中庸》注，《禮記正義》，第 1245 頁。

⑤ 黄以周：《五帝郊》，程繼紅輯校《黄式三黄以周禮學文獻輯箋》，鳳凰出版社，2017 年，第 573 頁。

注：言人兼此氣性純也。

疏：人感天地鬼神而生，聖王還因天地鬼神作其法則以化人，所以人情萬物可知也……據其氣謂之陰陽，據其形謂之天地。獨陽不生，獨陰不成，二氣相交乃生……鬼謂形體，神謂精靈。《祭義》云：“氣也者，神之盛也。魄也者，鬼之盛也。”必形體、精靈相會，然後物生。①

“含生之類，皆感五行生矣。唯人獨稟秀氣”② 而“氣性純”。“天地之德，陰陽之交，是其氣也”，謂金木水火土；“鬼神之會，五行之秀，是其性也”，謂仁義禮智信。③ 人乃五德之帝生成萬物中之最秀者，其秀著於“性識”純備。《祭義》鄭注曰：“氣，謂噓吸出入者也。耳目之聰明爲魄。”孔疏：“氣在口噓吸出入，此氣之體，無性識也。但性識依此氣而生，有氣則有識，無氣則無識，則識從氣生，性則神出入也。故人之精靈而謂之神。”④ 神爲陽氣，成人之精神；鬼爲陰氣，成人之體魄。無形神氣出入於有形體魄而生性識，神形分離則身死而無識。性識之顯露，有一個從植物到動物到人類的由無而有而備的等級序列。“莊氏云：‘天地絪緼，和合二氣，共生萬物。’然萬物之體，有感於天氣偏多者，有感於地氣偏多者。故《周禮·大宗伯》有‘天産’‘地産’，《大司徒》云‘動物’‘植物’。本受氣於天者，是動物含靈之屬，天體運動，含靈之物亦運動，是親附於上也。本受氣於地者，是植物無識之屬，地體凝滯，植物亦不移動，是親附於下也。”⑤ 萬物感天地二氣交易而生，植物受地氣多而無識，動物受天氣多而含靈。故鄭君

---

① 《禮運》注疏，《禮記正義》，第 596 頁。

② 《中庸》疏，《禮記正義》，第 1246 頁。

③ 《禮運》疏，《禮記正義》，第 596 頁。

④ 《祭義》注疏，《禮記正義》，第 1155 頁。

⑤ 《乾》疏，王弼、韓康伯注，孔穎達疏：《宋本周易注疏》，于天寶點校，中華書局，2018 年，第 27 頁。

曰："天産者動物""地産者殖物"。[①] 又《樂記》"方以類聚，物以群分，則性命不同矣"鄭注曰："方，謂行蟲也。物，謂殖生者也。性之言生也。"孔疏："行蟲有性識道理"，"殖生無心靈，但一物而已"。[②] 亦以性識、心靈之有無區別動植。至於人，《祭義》曰："衆生必死，死必歸土，此之謂鬼……其氣發揚於上爲昭明，焄蒿悽愴此百物之精也，神之著也。"鄭注："上言衆生，此言百物，明其與人同也，不如人貴爾。"孔疏："人氣揚於上爲昭明，百物之精氣爲焄蒿悽愴。人與百物共同，但情識爲多，故特謂之神。"[③] 就人物死皆體魄歸土而言，可同謂"鬼"。但人情識爲多，特具昭著之神。更進一步，就人之精神獨識天道而能魂歸"元莫"而言，則萬物連"鬼"亦不算："大凡生於天地之間者皆曰命，其萬物死皆曰折，人死曰鬼。"鄭注："折，棄敗之言也。鬼之言歸也。"孔疏："萬物無知，死者皆曰折。人爲有識，故死曰鬼。"[④] 萬物無知，非謂没有基於形魄小體（耳目）的感性知覺（聰明），乃指没有心官大體的理性思維；故而雖能自然地隨順天道，卻不能自覺地認識性理。天道之於萬物，雖存若亡，雖明若幽，萬物尚未開啓認識形而上的視域；惟於人，纔充分顯露以及實現自己。惟人死之鬼能"上通元莫"[⑤]，亦惟人有祭祀之禮以"合莫"死者魂

① 《大宗伯》注，《周禮注疏》，彭林整理，上海古籍出版社，2018 年，第689 頁。

② 《樂記》注疏，《禮記正義》，第 949 頁。

③ 《祭義》注疏，《禮記正義》，第 1156 頁。

④ 《祭法》注疏，《禮記正義》，第 1131 頁。

⑤ 《禮運》："以嘉魂魄，是謂合莫。"鄭注："莫，虚無也。《孝經説》曰：'上通无莫。'"孔疏："人之精靈所感，上通元氣寂寞……《正本》'元'字作'无'。"點校者郜同麟曰："則疏所據本作'元'。"參見《禮記正義》，第 577、586 頁。段注"無"曰："鄭引'上通元莫'，顔師古《定本》作'无莫'也。"參見段玉裁：《説文解字注》，許惟賢整理，鳳凰出版社，2007 年，第 1102 頁。"无莫"據改爲"元莫"。以"元"而非"无"指稱最高本體，意味著昊天不是實體化的虚無，而是真實的存在本身；它與五帝以及有形萬物的關係不是"有生於無"，而是"夫微之顯"。詳論參見筆者《六位一體兩面：鄭玄"六天説"的天道結構》，《原道》2022 年第 1 輯。

魄，“以降上神與其先祖”[①]。“上神謂天神也”[②]，天神與人鬼同在，萬物棄敗者不得與，稟受性命不同故也。故人爲萬物之靈秀，《禮運》又稱之曰“天地之心”：

> 故人者，天地之心也，五行之端也，食味、别聲、被色而生者也。
>
> 注：此言兼氣性之効也。
>
> 疏：王肅云：“人於天地之間，如五藏之有心矣。人乃生之最靈，其心，五藏之最聖也。”[③]

心是人體的思維器官，人是天地的思維器官。在人這裏，天地最充分地認識與實現了自己。孔疏：“効猶驗實也，即五味、五聲、五色是其効也”，“五行有此三種最爲彰著”，“而人氣性有之，故云兼氣性之効也”，“前（氣性純）明之始，此（氣性効）明之末”。[④]“効”即效驗、實有，是説五德氣性在人這裏獲得了存在層面（末）的真實，而不僅停留爲形上層面（始）的道理。本體發而爲用，乃反證其爲本體。人乃傚易之德[⑤]發用至極的産物，故曰“天地之德”。疏又引王肅曰：“端，始用五行者也。”[⑥] 人未必是時間上利用五行最早的存在者，但必是程度上利用五行最深的存在者。五行之德（品質與屬性），

---

① 《禮運》，《禮記正義》，第577頁。

② 《禮運》疏引皇侃、熊安生語，參見《禮記正義》，第581頁。

③ 《禮運》注疏，《禮記正義》，第603、604頁。

④ 《禮運》疏，《禮記正義》，第604頁。

⑤ 鄭注《易緯・乾鑿度》“易者，以言其德也”曰：“傚易無爲，故天下之性，莫不自得也。”又注“傚易立節”曰：“傚易者，寂然無爲之謂也。”參見安居香山、中村璋八輯《緯書集成》，河北人民出版社，1994年，第3—4頁。“傚易”乃昊天本體的德性，意即自我效法、自我實現（效驗），其效用結果即五帝。詳論參見筆者《六位一體兩面：鄭玄“六天説”的天道結構》。

⑥ 《禮運》疏，《禮記正義》，第604頁。

亦於人這裏方得其最大彰著。具體展開，即五味、五聲、五色：

> 生其六氣，用其五行。氣爲五味，發爲五色，章爲五聲。
>
> 疏：天用氣味聲色以養人……五行之氣，入人之口爲五味，發見於目爲五色，章徹於耳爲五聲……水味鹹，火味苦，木味酸，金味辛，土味甘也。五行本性自有此氣，氣至於人乃爲五味，味之爲異，入口乃知。言氣爲五味，謂氣入人口，與下章也、發也者，據人知爲文。味爲性所有，色是形之貌，聲是質之響，色可近視，聲可遠聞，自近以及遠，故以口、目、耳所知味色聲爲次也。[①]

天以五行養人而自養。五行之德自隱而顯，次第展現爲無形而有性的“味”、可以是表象的“色”、需要實體作用的“聲”。孔疏又云：“味則嘗而可知，未有形。色可視，發見而爲五色也。色既不同，其聲亦異，徵驗而爲五聲也。此味、聲、色也，皆本諸上天，所以養人。”[②] 自味而色而聲，其展現維度逐漸驗實而彰著。所謂入口、見目、徹耳，則又點出“據人所知”的視域角度。水土草木無知無識。禽獸雖具口耳目之小體，惟可本能而盲目地從感性欲求出發感知某些味道（能吃與否）、色彩（危險與否）而已，“甘”“苦”“蒼”“赤”的概念並未能成立於其“心”，因其無大體之“心”（理性思維官能）。惟人能分辨而命名之，曰此“赤”也、彼“蒼”也，在形上層面識別其理。更能制作五聲宮商，繼天籟以人籟，在生

---

① 昭公二十五年疏，左丘明傳，杜預注，孔穎達疏：《春秋左傳正義》，浦衛忠、龔抗雲、胡遂、于振波、陳咏明整理，楊向奎審定，北京大學出版社，2000 年，第 1668、1669 頁。

② 昭公元年疏，《春秋左傳正義》，第 1342 頁。

活世界中落實其理。故《禮運》在“天地之德”與“天地之心”兩段經文間歷舉天道之五行、五聲、五味、五色，而配以人道之“四時十二月”“六律十二管”“六和十二食”“六章十二衣”。① 五行是天地自然之運，時月曆法則是人察天地之理所制人爲之文，自然之理最終展現於人文之禮。而“形色，天性也”，人不僅獨具大體之心、形上視域而能認識五德之理，更能推進、落實之於五氣流行的形下世界。因人之小體亦愈於禽獸，人所能“食味别聲被色”的感性經驗層次遠較禽獸豐富而爲成性顯道之基。鄭注《樂記》“感於物而動，故形於聲”曰“宫商角徵羽雜比曰音，單出曰聲”②，又曰“八音並作，克諧曰樂”③。孔疏：“單者謂之聲，衆聲和合成章謂之音，金石干戚羽旄謂之樂。則聲爲初，音爲中，樂爲末也。”④ 物皆有聲。然能運用理性組織音調者惟人，能制作器物演奏樂曲者更惟人，而耳目之聰明足以欣賞舞姿樂曲者又惟人。由聲而音而樂的聽覺表現形式，正是五德之理在氣化世界中端賴人而得以開顯的一個呈現維度。在萬物之耳（若有的話）中，它注定是堙没寂歷的。色、味諸維度亦然。人之氣（形色之小體）性（心靈之大體）最爲純備而最能充分實現（効）、彰著五德氣性之存在。故《樂記》曰：“知聲而不知音者，禽獸是也。知音而不知樂者，衆庶是也。唯君子爲能知樂。”鄭注：“禽獸知此爲聲耳，不知其宫商之變也。”孔疏：“君子，謂大德聖人，能知極樂之理。”⑤ 知天命的聖人並不挩棄小體而耽於玄不可知的在天之天，卻是返回耳順，返回與萬物共處的形下自然世界，“還因天地鬼神”之理制禮作樂而化之爲人文精神世界，爲人

① 《禮運》，《禮記正義》，第 597 頁。
② 《樂記》注，《禮記正義》，第 931 頁。
③ 同上書，第 932 頁。
④ 《樂記》注疏，《禮記正義》，第 933 頁。
⑤ 同上書，第 932、938 頁。

類開出一條以踐形而上達“從心所欲不逾矩”之境域的道路。矩者方也，乃大地之道，非渾圜天道。在形上維度中，昊天尚是幽隱未見的。及至落實於人尤其聖人從容中道的形色（身、氣）中，真實存在（誠）的世界（天地）纔終於找到了其精神（心、性）的表現方式：“使耳、目、鼻、口、心知、百體皆由順正，以行其義。”① 食味別聲被色而生的人是“聰明”“心術”“身體”② 的統一體，一如昊天是形上（幽隱）、形下（顯明）的統一體③。在人正心修身的存在論實踐中，存在（誠）意識（心知）到了自己的實在（効）——通過以具體存在者“人”爲思維器官的方式。

二、煦嫗：五帝生人、感帝降聖、王政化民

（聖）人之心所以能見天地之心④，又不外乎是因其效法天地自身而生。鄭注《烝民》曰：

> 天生烝民，有物有則。
>
> 注：天之生衆民，其性有物象，謂五行仁、義、禮、智、信也。其情有所法，謂喜、怒、哀、樂、好、惡也。

---

① 《樂記》，《禮記正義》，第 961 頁。

② 同上。

③ 《易緯·乾鑿度》“太易者，未見氣也”鄭注曰：“以其寂然無物，故名之爲太易。”又注“太初者，氣之始也”曰：“元氣之所本始。太易既自寂然無物矣，焉能生此太初哉？則太初者，亦忽然而自生。”參見安居香山、中村璋八輯《緯書集成》，第 11 頁。“太易而太初”或曰“無而有”，不是實體之間的創生模式，而是全體之内的隱顯模式。換言之，五帝即昊天之顯，昊天即五帝之隱，其實是一體的不同展現，而非生與被生的兩層實體。詳論參見筆者《六位一體兩面：鄭玄“六天説”的天道結構》。

④ 天的被人發見，就是天的主動顯現。

疏：五性本於五行，六情本於六氣。[①]

溯其來源，則“人之情性共稟於天”[②]；表其内容，則人之性情法象於天。烝民之性總稟於五帝生成，聖人之性則獨感於感帝降精。這便涉及六天説中的感生説。鄭君曰：“王者之先祖，皆感大微五帝之精以生。蒼則靈威仰，赤則赤熛怒，黄則含樞紐，白則白招拒，黑則汁光紀。皆用正歲之正月郊祭之，蓋特尊焉。《孝經》曰‘郊祀后稷以配天’，配靈威仰也；‘宗祀文王於明堂以配上帝’，汎配五帝也。”[③] 周祖后稷始感蒼帝、肇興木德，故於夏正郊祀配享感帝；文、武受命實有天下、終成其功，故於明堂宗祀配享五帝。孫詒讓曰：“圜丘昊天，爲天之全體，百王同尊；南郊上帝，則於五天帝之中，獨尊其德運之帝，以示受命之所由。”[④] 辨昊天尊於感帝、感帝尊於餘四帝甚明。然孫氏又疑云：“若如鄭説，以此（蒼璧禮天）爲圜丘之祭，《典瑞》四圭有邸爲祭南郊。則昊天尊於受命帝，反降用璧，而不用四圭有邸之重器，不亦傎乎？”[⑤] 則未辨天帝體用之義。圜璧象渾圜天體[⑥]，四圭象體發出用。“鋭首曰圭，凡物鋭則利用，故鋭圭以象其用之利。必四圭者，象天德之覆無乎不周。”[⑦] 天體之用即五德之帝。就用料、工藝而言，四圭有

---

① 《烝民》注疏。疏又曰：“六情有所法者，服虔《左傳》之注以爲‘好生於陽，惡生於陰，喜生於風，怒生於雨，哀生於晦，樂生於明’是也。”參見毛亨傳，鄭玄箋，孔穎達疏：《毛詩注疏》，朱傑人、李慧玲整理，上海古籍出版社，2015年，第1782、1783頁。

② 《烝民》疏，《毛詩注疏》，第1783頁。

③ 《大傳》注，《禮記正義》，第871頁。

④ 《大司樂》疏，孫詒讓：《周禮正義》，汪少華點校，中華書局，2015年，第2103頁。

⑤ 《大宗伯》疏，孫詒讓：《周禮正義》，第1679頁。

⑥ 《月令》疏：“渾天，形如彈丸，地在其中，天包其外，猶如雞卵白之繞黄……鄭義以渾天爲説。”參見《禮記正義》，第381頁。

⑦ 趙溥語，秦蕙田：《五禮通考》，方向東、王鍔點校，中華書局，2020年，第185頁。

邸比璧更加碩大、繁複而顯貴重。以之"祀天、旅上帝"，豈不正象"儆易"昊天落實爲"審諦"五帝方能自我徵驗其爲"德"?"體"而成"德"，乃得其真實的存在（誠）。進一步分析，感帝與五帝又别。《周禮·大宗伯》"國有大故，則旅上帝"鄭注曰："故，謂凶烖。旅，陳也。陳其祭事以祈焉，禮不如祀之備也。上帝，五帝也。"賈疏："風雨寒暑，非一帝之所能爲，此祈請亦是求風雨寒暑時，非一帝，故知是五帝也。"① "旅"是遇事祈禱，不如定期常祀隆重，然則五帝常祀不得用四圭有邸也。感帝身份有二：獨祭於南郊，是以王朝授命者之身份；作爲五帝一員而受祭明堂，則是以自然主宰者之身份②。前者用四圭有邸，後者當各用其圭、璋、琥、璜③。惟人突遭饑饉水火而祈五帝以紓天烖時，乃用四圭有邸臨時旅之。可見作爲授命者之感帝尊於主宰者之五帝。五帝生成萬物雖先於感帝授命王者，然感帝於人事關係更密，而五帝乃天事之主。相應的，聖人便不但作爲人類一員共本五行秀氣，抑且作爲天之元子獨稟天德帝精，所謂"聖人繼天而王，其性雖無不全，其曆數受命必各得其氣之盛"④ 也者。鄭君因論聖人感生之原理曰：

> 聖人……有父感神而生者也。且夫蒲盧之氣，嫗煦桑蟲成爲己子。况乎天氣，因人之精，就而神之，反不使子賢聖乎?⑤

---

① 《大宗伯》注疏，《周禮注疏》，第 696 頁。

② 《月令》疏曰"九月大饗以報功"，報萬物生成之功也。參見《禮記正義》，461 頁。

③ 《郊特牲》疏："五時迎氣，東方用青圭，南方用赤璋，西方用白琥，北方用玄璜，其中央無文，先師以爲亦用黄琮，熊氏以爲亦用赤璋。"參見《禮記正義》，第 666 頁。

④ 王應電語，秦蕙田：《五禮通考》，第 1302 頁。

⑤ 陳壽祺、皮錫瑞：《五經異義疏證　駁五經異義疏證》，王豐先點校，中華書局，2014 年，第 474 頁。

何謂“嫗煦”？《周禮·大宗伯》“天地之化，百物之産”鄭注曰：“能生非類曰化，生其種曰産。”① 萬物各有種類，陰陽覯精②，以形生形，是曰“産”，亦曰“形化”，鄭君亦稱“形變”③。然萬物之初“本無舊形，非類而改”④，直由天地之氣凝聚而成，是曰“化”，亦曰“氣化”，鄭君亦稱“氣變”⑤。氣化與形化，既是兩個生化階段，前後相繼；亦是兩種生化模式，同時並有。任啓運曰：“后稷母履大人跡而生，故《詩》止言姜嫄⑥。《周禮》‘享先妣’⑦ 不及高辛，是周非高辛後。人之生，始以氣化，後以形化。后稷有母而無父，受氣於天，成形於母，故周禘所自出⑧。”⑨ 鄭君以姜嫄之夫爲帝嚳高辛氏之子孫⑩。宗廟所以敬祖，周人特立姜嫄之廟而不及其夫，顯見其與后稷無血緣關係。然則帝嚳一系血脈之於后稷，若有實

---

① 《大宗伯》注，《周禮注疏》，第 691 頁。

② 《繫辭》“男女覯精”鄭注曰：“覯，合也。男女以陰陽合其精氣。”參見《周易鄭氏注通釋》，林忠軍：《周易鄭氏學闡微》，上海：上海古籍出版社，2019 年，第 407 頁。

③ 《易緯·乾鑿度》鄭注曰：“（九）乃復變爲二，亦謂變而爲太初。二變爲六，亦謂變而爲太始也。六變爲八，亦謂變而爲太素也……二，陰數也，言形變之始。”參見安居香山、中村璋八輯《緯書集成》，第 30 頁。

④ 《月令》疏：“本無舊形，非類而改，亦謂之化。故鄭注《周禮》云‘能生非類曰化’也。”參見《禮記正義》，第 419 頁。

⑤ 《易緯·乾鑿度》鄭注曰：“太易變而爲一，謂變爲太初也。一變而爲七，謂變爲太始也。七變而爲九，謂變而爲太素也……九，陽數也，言氣變之終。”參見安居香山、中村璋八輯：《緯書集成》，第 30 頁。

⑥ 《生民》：“履帝武敏歆。”鄭注：“大神之跡，姜嫄履之……心體歆歆然。其左右所止住，如有人道感己者也。於是遂有身，而肅戒不復御。後則生子。”參見《毛詩注疏》，第 1523 頁。

⑦ 《大司樂》：“享先妣。”鄭注：“周立廟自后稷爲始祖，姜嫄無所妃，是以特立廟而祭之。”參見《周禮注疏》，第 841 頁。

⑧ 《大傳》：“禮，不王不禘。王者禘其祖之所自出，以其祖配之。”鄭注：“大祭曰禘……大祭其先祖所由生，謂郊祀天也。”參見《禮記正義》，第 871 頁。

⑨ 轉引自黄式三《説禘灌》，《黄式三黄以周禮學文獻輯箋》，第 240 頁。

⑩ 鄭注《生民》“時維姜嫄”曰：“爲高辛氏之世妃。”孔疏：“謂爲其後世子孫之妃也。”參見《毛詩注疏》，第 1523、1525 頁。

無也。鄭注《蓼莪》“父兮生我，母兮鞠我”曰：“父兮生我者，本其氣也。”孔疏：“父兮本疏氣以生我，母兮以懷任以養我。”① 意謂烝民“形化”者，外受陽精之氣於父，内成胎體之形於母。然有“氣化”者則外受非類之氣，不由本種族之親代覯精。鄭注《小宛》“螟蛉有子，蜾蠃負之”曰：“蒲盧取桑蟲之子，負持而去，煦嫗養之，以成其子。”孔疏：“謂負而以體煖之，以氣煦之，而令變爲己子也。”② 螟蛉即桑蟲，一種緑色小蟲；蜾蠃即蒲盧，一種寄生蜂。蒲盧捕捉桑蟲而産卵於其體内，以作幼蟲食物；古人則相信蒲盧不産子而養育桑蟲變爲己子。蒲盧以非類之氣吹“煦”桑蟲之體而變化之，“煦”即氣化模式，以非類之氣相生也。“煦嫗”出自《樂記》“天地訢合，陰陽相得，煦嫗覆育萬物”，鄭注：“訢讀爲熹，熹猶烝也。氣曰煦，體曰嫗。”孔疏：“天體無形，而降其氣以養物”“天以氣煦之”；“地體有形”“地以形嫗之，是天煦覆而地嫗育”。③ 當天地初開、未有種類時，“非類”之天地直接以其陽氣賦神、陰氣成體而凝造萬類，是爲氣化階段；迨及同類覯精之形化階段，雖仍仰賴天地二氣交易烝動運轉生態，但畢竟各以其親代爲直接母體。故孔疏又云：“此（煦嫗）對文爾，其實地氣矣。”④ 言地上有形衆生，以形生形，實循“地嫗”，“嫗”即形化模式，以同類之氣相生也。然形化階段中，又非無氣化模式之發生，古人以爲蒲盧煦變桑蟲即一例。鄭君以“嫗煦”（即煦嫗）解聖人感生，其義則明矣：聖人之生不由父氣，而直稟非類之天氣也，此即感帝之精氣。

若謂人者天地之心，聖人則人類之心也。人類氣稟雖秀於萬物，就中仍分清濁賢愚。鄭君曰：“賢愚之所行，各由其

① 《蓼莪》注疏，《毛詩注疏》，第 1118 頁。

② 《小宛》注疏，《毛詩注疏》，第 1070、1071 頁。

③ 《樂記》注疏，《禮記正義》，第 967、968、969 頁。

④ 《樂記》疏，《禮記正義》，第 969 頁。

性”，“受性於天，不可變也”。[①] 孔穎達曰：“人性不同，固容多品。”[②] 而聖人氣性最純：“岐邦之君有佼易之道故也。《易》曰：‘乾以易知，坤以簡能。易則易知，簡則易從。易知則有親，易從則有功。有親則可久，有功則可大。可久則賢人之德，可大則賢人之業。’以此訂大王、文王之道，卓爾與天地合其德。”[③] 蓋自“天授命周家之有神”[④] 而感生后稷，先公先王莫非神聖家族之成員而累積德運。其卓然者如太王、文武[⑤]，莫不以佼易（即“傚易”）之德法象乾坤。然“聖人不空生，必有所制，以顯天心”[⑥]。鄭君亦云：“天用是馮依而降精氣……姜嫄用是而生子后稷，天神多予之福……言其不空生也。”孔穎達曰：“謂生必濟世，不徒然也。”[⑦] 是則天生聖人，不僅命其自法天德，而且命其變化民性之愚濁不肖難以自移者共法天德而一歸至善。如此，天心乃得最大彰顯，天之意志乃得最大實現。然形化衆生氣性既稟，清濁難改，惟有“煦嫗”之道可以奪之：蒲盧煦嫗可奪桑蟲本性，天氣煦嫗可奪凡胎本性，政教煦嫗可奪烝民本性。《中庸》“政也者，蒲盧也”鄭注曰：“蒲盧取桑蟲之子，去而變化之，以成爲己子。政之於百姓，若蒲盧之於桑蟲然。”[⑧] 又曰：“今有教誨女之萬民用善道者，亦似蒲盧。”[⑨] 繼善成性者，上本陰陽天道。王政聖教所以能重塑人性者，亦以上本天氣。《禮運》“政必本於天，殽以降

---

① 《桑柔》注，《毛詩注疏》，第 1736 頁。

② 《思齊》疏，《毛詩注疏》，第 1454 頁。

③ 《天作》注，《毛詩注疏》，第 1901 頁。

④ 《文王世子》注，《禮記正義》，第 563 頁。

⑤ 《大明》：“有命自天，命此文王……篤生武王。”鄭注：“天降氣於大姒，厚生聖子武王。”孔疏：“聖人雖則有父，而聖性受之於天。”參見《毛詩注疏》，第 1397、1398 頁。

⑥ 《春秋演孔圖》，安居香山、中村璋八輯《緯書集成》，第 580 頁。

⑦ 《閟宫》注疏，《毛詩注疏》，第 2079、2082 頁。

⑧ 《中庸》注，《禮記正義》，第 1261 頁。

⑨ 《小宛》注，《毛詩注疏》，第 1070 頁。

命”鄭注曰：“殽天之氣以下教令，天有運移之期、陰陽之節也。”① 殽者，效也。王者非僅一世俗統治者，更是一燮理陰陽、佼（通“交”，亦通“效”）易天人之神性代理者。地上無物處即天，天地之際至密；天下有心者惟人，人天之心本通。天乃以聖人政教爲中介宣導其氣於民物，俾形化衆生更受一番煦嫗氣化而得改易其“惡有本性”②。蓋天道既形著矣，“著則明，明則動，動則變，變則化”③。顯明運動的形下世界之萬物不能無差忒錯亂而有待於聖人之參贊位育。鄭君曰：“動，動人心也。變，改惡爲善也，變之久則化而性善也。”孔穎達曰：“變盡舊體而有新體，謂之爲化。如《月令》‘鳩化爲鷹’，是爲鷹之時非復鳩也，猶如善人無復有惡也。”④“惡人全化爲善人”⑤、鳩化爲鷹，“皆謂身在而心化”⑥；桑蟲化爲蒲盧、“田鼠化爲鴽、雀雉化爲蛤蜃之等，皆據身亦化”⑦。然不論外形變化與否，本性已化則無疑。其所以能化，同出於非類之氣之煦嫗。揚雄《法言》曰：“螟蛉之子殪，而逢蜾蠃祝之曰：‘類我，類我。’久則肖之矣。速哉！七十子之肖仲尼也。”⑧ 七十賢人親炙聖人氣象乃得煦嫗而化。然聖人若不受命在位而作禮樂，亦無由得化天下之人。孔穎達曰：“政從神下”⑨，“神降於人君，君又降之於民”⑩，“禮以稟天氣以成於物”⑪。人君得以效天化民之具者，禮樂是也。《樂記》“樂由天

① 《禮運》注，《禮記正義》，第 590 頁。
② 《桑柔》疏，《毛詩注疏》，第 1736 頁。
③ 《中庸》，《禮記正義》，第 1268 頁。
④ 《中庸》注疏，《禮記正義》，第 1268、1269 頁。
⑤ 《中庸》疏，《禮記正義》，第 1268 頁。
⑥ 《大宗伯》疏，《周禮注疏》，第 691 頁。
⑦ 同上。
⑧ 汪榮寶：《法言義疏》，陳仲夫點校，中華書局，1987 年，第 9 頁。
⑨ 《周頌譜》疏，《毛詩注疏》，第 1877 頁。
⑩ 同上書，第 1878 頁。
⑪ 《樂記》疏，《禮記正義》，第 951 頁。

作，禮以地制”鄭注曰：“言法天地也。”① 孔穎達曰：“禮是形化，故言制，樂是氣化，故言作。”② 氣化階段，天地煦嫗凝成萬物；形化階段，其實地氣以形生形。聖人既感生於天氣，復作樂以法天之氣化、制禮以法地之形化，上效天氣而下施政教，以吹煦貫注於凡民之成侀舊體而善其新性，此聖人交接天人③、更化天下之功也。

三、統論：政效天氣與聖顯天心

《淮南子 · 原道訓》曰：“其德優天地而和陰陽，節四時而調五行。呴諭覆育，萬物羣生。”④ “呴諭”即“煦嫗”，此謂天地之生萬物也⑤。《莊子 · 駢拇》曰：“屈折禮樂，呴俞仁義，以慰天下之心。”⑥ “呴俞”亦“煦嫗”，此謂政教之化烝民也⑦。鄭君復以“煦嫗”解感生，正以聖人爲交接天事人事之

① 《樂記》注，《禮記正義》，第 944 頁。

② 《樂記》疏，《禮記正義》，第 946 頁。

③ 《文王》：“文王陟降，在帝左右。”孔疏：“人君在人之上，在天之下，其升降惟天人耳。故知（毛傳）言‘文王升接天，下接人’，謂與之交接。天則恭敬承事以接之，人則恩禮撫養以接之。”鄭不破毛。參見《文王》疏，《毛詩注疏》，第 1370、1372 頁。

④ 集釋曰：“呴諭即煦嫗，古字通用。”參見何寧：《淮南子集釋》，中華書局，1998 年，第 8 頁。

⑤ 《原道訓》後曰：“潤於草木，浸於金石，禽獸碩大，豪毛潤澤，羽翼奮也，角觡生也，獸胎不贕，鳥卵不毈。”參見何寧：《淮南子集釋》，第 8 頁。而《樂記》於“煦嫗覆育萬物”後曰：“然後草木茂，區萌達，羽翼奮，角觡生，蟄蟲昭蘇，羽者嫗伏，毛者孕鬻，胎生者不殰，而卵生者不殈。”參見《禮記正義》，第 967 頁。兩者大同。

⑥ 集解曰：“禮樂周旋，是屈折也。呴俞，猶煦嫗。”參見王先謙：《莊子集解》，沈嘯寰點校，中華書局，1987 年，第 79 頁。

⑦ 《釋文》曰：“屈折支體爲禮樂也”，“呴喻顏色爲仁義之貌”。參見王叔岷：《莊子校詮》，中華書局，2007 年，第 315 頁。

中介。而《廣雅·釋詁》曰："嘔、煦，色也。"① "嘔煦"亦"嫗煦"。錢大昭曰："此兼采色、顔色言之。"② 顔色就人而言，彩色就物而言，人物皆有形色。鄭君曰："物，色也"③；"物地，占其形色"④。鄭司農云："五帝，五色之帝。"⑤ 盈天地間者萬物，顯現於天地之際的五德之帝各有其方色而賦予萬物。"《易》曰：'乾坤毁則無以見易。'乾坤，形色也；易，天性也。"⑥ 没有現實性、分殊性的萬物存在者，則五帝審諦之德不顯，進而昊天僘易之體亦無由顯。但若没有人尤其是聖人的認識與實踐，則物之形色亦不能見。《中庸》曰："聖人之道洋洋乎發育萬物，峻極于天。優優大哉。禮儀三百，威儀三千，待其人然後行。故曰：苟不至德，至道不凝焉。"鄭注："育，生也"；"言爲政在人，政由禮也。凝猶成也"。⑦ 抽象的道德仁義非具體之禮則不能成就、承載，正是在人"辨其名物與其用事"⑧ 的命名、制作、治理活動中，形上性理在它的感性形式"形色"中被意識到進而實踐出。缺失了人的視域，萬物只是冥然不自知。進而聖人的屈折周旋中禮亦不是展現在自然世界中，而是展現在人文世界中，因爲"禮者，體也，履也"⑨，正是通過聖人的踐形而履禮，一個自覺的文化（文明教化）世界從自然自在的萬物中轉化而出，人的精神遂亦表現於其中。《郊特牲》曰："義生，然後禮作；禮作，然後萬物安。無别無

① 疏義曰："嘔、嫗、煦、呴，皆音義同。"参見錢大昭：《廣雅疏義》，中華書局，2016 年，第 152 頁。

② 錢大昭：《廣雅疏義》，第 152 頁。

③ 《保章氏》注，《周禮注疏》，第 1022 頁。

④ 《卝人》注，《周禮注疏》，第 597 頁。

⑤ 《掌次》注，《周禮注疏》，第 203 頁。

⑥ 《船山經義》，《船山全書》第 13 册，嶽麓書社，2011 年，第 681 頁。

⑦ 《中庸》注，《禮記正義》，第 1273 頁。

⑧ 《典瑞》，《周禮注疏》，第 765 頁。

⑨ 《禮記正義》大題疏引鄭玄《周官序》，《禮記正義》，第 5 頁。

義，禽獸之道也。”鄭注：“言人倫有別，則氣性醇也。”[①]“義”是無形之理，“禮”是有形之制。聖人以義起禮，然後可以化醇烝民之氣性。《禮運》曰：“故禮之於人也，猶酒之有蘖也，君子以厚，小人以薄。”鄭注：“皆得以爲美味。性善者醇耳。”孔疏：“君子性識純深，得禮而彌深厚。小人智慮淺薄，得禮自虛薄。”[②] 無麴不成酒，無禮不成人。酒有醇醨，人有大小。從其大體爲大人，從其小體爲小人。小人縱未能主動運用大體之心開啓形上視域，但當他的整個身心統一體不自覺地浸潤於倫常禮俗之煦嫗而變化時，亦已遠離了“禽獸之心”[③]。至於“天地之心”，更有待於聖人乃得真正開顯。

《長發》曰：“帝命不違，至於湯齊。湯降不遲，聖敬日躋。昭假遲遲，上帝是祗。帝命式於九圍。”鄭注曰：“天之所以命契之事，世世行之，其德浸大，至於湯而當天心。”[④] 又曰：“湯升爲君，又下天之政教甚疾……其明道至於民。”[⑤] 契感生而湯受命，共爲一累積德運的神聖家族之成員，“聖性受之於天”[⑥]。契雖未王，已能治民；至於湯更得效氣於天而下其政教於九州以溥化烝民，天地之心於焉乃表露無遺。原因何在？回到《禮運》。在“天地之德”與“天地之心”中間，《禮運》歷舉“五行四時十二月”云云，而概之曰“五行之動”。[⑦]王船山曰：“動者，所效於氣味聲色以成用者也。”[⑧] 這就是説，五行五聲五味五色是天地五德在自然世界中的顯現方式，雖禽獸亦能部分感知。人則具備完全感知的氣性基礎，故曰“氣性

---

① 《郊特牲》注，《禮記正義》，第 710 頁。

② 《禮運》注疏，《禮記正義》，第 613 頁。

③ 《曲禮上》，《禮記正義》，第 14 頁。

④ 《長發》注，《毛詩注疏》，第 2143 頁。

⑤ 《孔子閒居》注，《禮記正義》，第 1221 頁。

⑥ 《大明》疏，《毛詩注疏》，第 1398 頁。

⑦ 《禮運》，《禮記正義》，第 597 頁。

⑧ 《禮記章句》，《船山全書》第 4 册，第 562 頁。

純”。但此“純”還是應然之理，尚非實然之“効”，即五德之帝的功用成就。於小人而言，氣性稟賦之完全實現只是一種潛在可能性，若其自淪於禽獸則猶或失之。聖人有以憂之，乃制禮教民以使其食味别聲被色之人道生活一依於禮而“知自别於禽獸”①。烝民的心知性識，經過聖人之政教煦嫗而日趨善化。聖不空生，故鄭君曰“聖人制作，其德配天地”② 也。蓋於聖人而言，“氣無不效，則不復戒小體之奪，而渾然合於一矣”③，小體與大體之分别、對峙不復存在，即身顯道，即氣呈性，四體不言而喻。但聖人既體德於身，天地之德所内藴的普遍化育要求便促使聖人不容已地推擴其德化於天下而不止於自德其身。聖人體貼天心而合一，天地之心便透過聖人之心生長出來而自我實現（効）於人類的禮樂生活世界中。“天地絪緼，萬物化醇。”禽獸自能生生不息。但由於大體之心的缺失，天地之德是自在而不自覺的。在烝民，循禮之然便能别於禽獸之行跡；在君子，心知禮之所以然之理纔能上希天道本體；在聖人，卻又返回小體，返回氣性的實在（効）層面而醇化之。制禮作樂就是聖人自化而化人的踐形活動，其結果就是作爲世代性（可久）、公共性（可大）之德業而綿延不息的人類精神。“文王之所以爲文也，純亦不已。”④ 文王以其氣性純備的完全之德不僅爲“王”，更爲“文”；不僅創造了政治性、現實性的文明，而且開拓了精神性、超越性的境域，而這正是在水土動植等存在者層面中隱而未顯的存在之維度。鄭君曰：“文王精神已在天矣。”⑤ 終於，在人尤其是聖人自覺而覺他的精神中，（天的）精神湧現出來與（人的）精神相遇“而渾然合於一矣”，是謂“（聖）人者天地之心”也。

---

① 《曲禮上》，《禮記正義》，第 14 頁。

② 《中庸》注，《禮記正義》，第 1278 頁。

③ 《讀四書大全説》，《船山全書》第 6 册，第 1134—1135 頁。

④ 《中庸》，《禮記正義》，第 1272 頁。

⑤ 《清廟》注，《毛詩注疏》，第 1885 頁。

鄭玄受命説探賾

劉　斌*

漢代儒家特别關注天下秩序建構的問題，“天命”概念往往成爲漢人思考政治合法性的出發點。由“天命”而來的“受命”概念是儒家政治哲學的重要概念，是天命落實爲政治的關鍵環節。魏晉尤其宋明以來，天命、受命的概念受到新的學術範式的挑戰。步入近代以來，這些概念逐漸成爲歷史陳跡。對這些概念的理解並没有因爲“科學”的傳入而得以深入，事實恰相反，對這些概念的理解反而有了新的障礙。時至今日，重新梳理漢儒的“受命”概念就具有正本清源的意義。鄭玄作爲漢代經學的殿軍，其受命説有豐富的涵義，然而尚缺乏相關研究。① 本文通過梳理鄭玄注述來研究鄭玄的受命説，有助於反觀漢人的天命觀。

* 劉斌，北京大學哲學系暨《儒藏》編纂與研究中心博士生。

① 相關研究有：[日] 間嶋潤一：《禪讓と受命——緯書における夏禹の受命神話》，《中村璋八博士古稀記念：東洋學論集》，汲古書院，1996 年，第 221—242 頁；曾德雄：《讖緯中的帝王世系及受命》，《文史哲》2006 年第 1 期；宫志翀：《古今革命之間的“文王稱王”問題——以曹元弼爲中心》，《開放時代》2019 年第 2 期；秦東京：《鄭玄“文王受命”問題考論》，陳明、朱漢民主編《原道》第 39 輯，湖南大學出版社，2020 年；等等。

一、讖緯與鄭玄的受命説

鄭玄受命説的一個重要來源是緯書。天命不是空泛而言，而是有其文本，即《河圖》《洛書》。①《春秋演孔圖》云："天子皆五帝精，寶各有題序，次運相據起，必有神靈符紀，諸神扶助，使開階立遂。王者常置圖籙坐旁以自正。"② 此言受命王之名及其德運已著於《河圖》《洛書》。《論語》"鳳鳥不至，河不出《圖》，吾已矣夫"：

> 鄭玄注：有聖人受命，則鳳鳥至，河出《圖》，今天無此瑞。吾已矣者，傷不得見用也。③
>
> 邢昺引鄭玄意曰："《河圖》《洛書》，龜、龍銜負而出，如《中候》所説'龍馬銜甲，赤文緑緑色。甲似龜背，袤廣九尺。上有列宿斗正之度，帝王録紀興亡之數'是也。"④

《尚書刑德放》曰："《河圖》，帝王終始存亡之期。"《洛書靈準聽》曰："《河圖》，本紀圖帝王終始存亡之期。"⑤ 可知帝王之終始存亡都已被天所規定。故《論語》"天之曆數在爾躬"，鄭

---

① 可參閲秦東京：《鄭玄"文王受命"問題考論》，第 36 頁；陳明恩：《東漢讖緯學研究》，花木蘭文化事業有限公司，2018 年，第 295 頁。顧頡剛亦認爲《河圖》、《洛書》是受命的必要條件，並歸納出受命王獲得《河圖》、《洛書》的步驟，參顧頡剛：《中國上古史研究講義》，《顧頡剛古史論文集》卷三，中華書局，2011 年，第 354—355 頁。陳明恩認爲天命似乎有"圖"、"書"的區别，"圖"指"天帝符璽"之類的文字，"書"指記載帝王興亡的具體文本，參陳明恩：《東漢讖緯學研究》，第 297 頁。

② 安居香山、中村璋八輯《緯書集成》，河北人民出版社，1994 年，第 581 頁。

③ 王素：《唐本論語鄭氏注及其研究》，文物出版社，1991 年，第 105 頁。

④ 安作璋主編《鄭玄集》下册，齊魯書社，1997 年，第 595 頁。

⑤ 安居香山、中村璋八輯《緯書集成》，第 1261 頁。

玄注曰："曆數在汝身，謂有圖録之名。"[①]《祭法》鄭玄注云："共工氏無録而王，謂之霸。"[②] 可知受命必須有圖録，否則不能稱爲皇、帝、王，只能稱爲霸。因而，圖録上是否記載，是帝王受命的先決條件。[③]《尚書中候・苗興》曰："堯受《圖》《書》，已有稷名在録，言其苗裔當王。"[④]《尚書中候・考河命》曰："蒼耀稷生感跡昌。"鄭玄注云："堯受《河圖》《洛書》，后稷有名録，苗裔當王。"[⑤] 鄭玄注當取自《苗興》，説明后稷及其後裔之興已被天神言語即《河圖》《洛書》所記載，《河圖》《洛書》有名録是帝王受命的先決條件。故《易乾鑿度》"昌以西伯受命"，鄭玄注云："受《洛書》，命爲天子也。"[⑥] 孔穎達論《河圖》《洛書》皆爲天命：

> 按《春秋説題辭》云："河以通乾出天苞，雒以流坤吐地符。"又《易坤靈圖》云："法地之瑞，黄龍中流見於雒。"注云："法地之瑞者，《洛書》也。"然則《河圖》由天，《洛書》自地。讖緯注説皆言文王受《洛書》，而言天命者，以河、洛所出，當天地之位，故託之天地，以示法耳。其實皆是天命，故《六藝論》云："《河圖》《洛書》皆天神言語，所以教告王者也。"是《圖》《書》皆天所命，故文王雖受《洛書》，亦天命也。[⑦]

---

① 安作璋主编《鄭玄集》下册，第 613 頁。

② 鄭玄注，孔穎達疏：《禮記正義》卷四十六，龔抗雲整理，王文錦審定，北京大學出版社，2000 年，第 1524 頁下欄。

③ 孔穎達謂《月令》無共工爲無録，見鄭玄注，孔穎達疏：《禮記正義》卷四十六，第 1527 頁上欄。按，此説不確，應當是《河圖》《洛書》無録。

④ 安居香山中村璋八輯《緯書集成》，第 449 頁。

⑤ 安作璋主編《鄭玄集》下册，第 519 頁。

⑥ 安居香山中村璋八輯《緯書集成》，第 40 頁。

⑦ 毛亨傳，鄭玄箋，孔穎達疏：《毛詩注疏》卷十六，朱傑人、李慧玲整理，上海古籍出版社，2013 年，第 1364 頁。

鄭玄謂“《河圖》《洛書》皆天神言語，所以教告王者”，則《河圖》《洛書》既是記載帝王當興及其德運的憑據，又是教導帝王治理天下的訓條。

既然《河圖》《洛書》是受命的根據，那麼得《河圖》《洛書》與成爲受命王之間先後關係如何?《詩經·節南山》鄭玄箋：

> 昊天不自出政教，則終窮苦百姓。欲使昊天出《圖》《書》，有所受命，民乃得安。①

鄭玄所説的昊天當爲《駁五經異義·天號》中所説的昊天，②而非六天帝系統中的昊天上帝。孔穎達注意到先王乃受《圖》《書》與先受《圖》《書》乃王的差别，其疏云：

> 《圖》《書》者，即《中候》説堯、舜及周公所授《河圖》《洛書》是也。彼所授者，非既受乃王，皆先王乃受之。與此不同者，此所受，若湯得黑鳥，文王得丹書之類，皆先有名籙，故舉《圖》《書》以言之。③

孔穎達是説堯、舜、周公皆先王乃受《圖》《書》，此詩序云“家父刺幽王”，幽王時新的受命王尚未出現，而箋云“欲使昊天出《圖》《書》，有所受命”，是先出《圖》《書》乃稱王，如湯得黑鳥，文王得丹書之類，因《圖》《書》已有受命王之名，故有黑鳥、丹書之符命。故先王乃受命與先受命乃王並不矛

---

① 毛亨傳，鄭玄箋，孔穎達疏：《毛詩注疏》卷十二，第1011頁。

② 陳壽祺、皮錫瑞：《五經異義疏證 駁五經異義疏證》，王豐先點校，中華書局，2014年，第273—274頁。

③ 毛亨傳，鄭玄箋，孔穎達疏：《毛詩注疏》卷十二，第1011頁。

盾，皆因爲《圖》《書》已記載了受命之王。

除《河圖》《洛書》之外，受命的標誌還有符瑞。《春秋感精符》曰："帝王之興，多從符瑞。周感赤雀，故尚赤。殷致白狼，故尚白。夏錫玄圭，故尚黑。"① 《尚書中候·考河命》曰："周文王爲西伯。季秋之月甲子，赤雀銜丹書入豐，止於昌户。王再拜稽首受。"② 赤雀銜丹書，是文王受命之符瑞。《六藝論》云：

> 太平嘉瑞，《圖》《書》之出，必龜龍銜負焉，黄帝、堯、舜、周公是其正也。若禹觀河見長人，皋陶於洛見黑公，湯登堯臺見黑鳥，至武王渡河白魚躍，文王赤雀止於户，秦穆公白雀集於車，是其變也。③

可知《河圖》《洛書》爲受命之正，只有在太平世（黄帝、堯、舜、周公時）纔出現，其他如長人、黑公、黑鳥、白魚、赤雀、白雀之類則爲受命之變，在非太平世（禹、皋陶、湯、文王、武王、秦穆公等時）出現。《六藝論》曰："軒皇有景雲之瑞，用雲紀官。少昊帝有鳳鳥之瑞，故以鳥名官焉。"④ 此"瑞"即受命之符瑞，爲受命之變。然不論是受命之正還是受命之變，一旦受命則可稱王，故《尚書·太誓》"太子發升舟中流，白魚入于王舟"，鄭玄注："白魚入舟，天子瑞也。魚無手足，象紂無助。白者，殷正色。……得白魚之瑞，即變稱王，應天命，定號也。"⑤ 由此還可知，受命符瑞之色除受命王

---

① 安居香山、中村璋八輯《緯書集成》，第 746 頁。

② 安作璋主编《鄭玄集》下册，第 519 頁。

③ 皮錫瑞：《六藝論疏證》，吴仰湘編《皮錫瑞全集》第 3 册，中華書局，2015 年，第 509 頁。

④ 同上書，第 538 頁。

⑤ 安作璋主編《鄭玄集》下册，第 481—482 頁。

德運之色外，還可以是先朝德運之色。有時，受命之變反而比受命之正更具有受命的意義，如《易乾鑿度》所云：

> 今入天元二百七十五萬九千二百八十歲，昌以西伯受命。鄭玄注：受《洛書》，命爲天子也。入戊午蔀二十九年，伐崇侯，作靈臺，改正朔，布王號於天下，受籙應《河圖》。鄭玄注：受命後五年而爲此者。①

入戊午蔀二十四年文王受《洛書》，此受命之正，然而當年文王並未稱王。五年後赤雀銜丹書至文王之所，此是受命之變，明年文王即稱王改元。江曉原指出："符命與古人常説的符瑞或祥瑞不同，後者一般僅被視爲政治修明的表徵，並不具有天命轉移、改朝換代的意義。"② 以上所論符瑞皆是就符命而言，而非一般意義上的祥瑞。此外，一些獨特的天象也是受命的標誌，如《易坤靈圖》"至德之萌，五星若連珠，日月如合璧"，鄭玄注："至德之萌，謂將興之時。連璧，謂無朔望之異也。""謂聚一舍，以德得天下之象也。"③ 漢人常以高祖入關時"五星聚於東井"爲高祖受命的標誌，也是此説的表現。

檢案諸緯，參考諸家成果，可將緯書中涉及帝王、聖人受命的記載列表於下：④

---

① 安居香山中村璋八輯《緯書集成》，第 40 頁。

② 江曉原：《天學真原》，上海交通大學出版社，2018 年，第 96 頁。

③ 瞿曇悉達：《開元占經》卷五，九州出版社，2012 年，第 42 頁；又卷十九，第 199 頁。

④ 有的緯書提到某一帝王的符瑞之色超過一色，而包羅其他四德之色，甚至超出五德的範圍，顧頡剛稱之爲"多瑞説"，見氏撰：《中國上古史研究講義》，第 356—357 頁，則不收入本表。

讖緯中的帝王受命

帝王	授命帝	受命方式	出處①
伏羲	蒼帝	龍馬負圖出於河，又龜書，洛出之也；天應以鳥獸文章，地應以《河圖》《洛書》。	《尚書中候》《尚書中候握河紀》《禮含文嘉》《春秋内事》《龍魚河圖》
女媧	蒼帝	（未見）	（未見）
神農	赤帝	（未見）	（未見）
黄帝	黄帝	黄龍負圖，從河中出，赤文緑字；龍圖中有璽章，文曰"天黄符璽"；黄雀赤頭；兩龍挺白圖，授於河之都；鳳凰銜圖置帝前；黄雲升於堂；黄帝先臨，白狐、白虎諸神物乃下。	《尚書中候》《禮含文嘉》《春秋考異郵》《春秋佐助期》《春秋演孔圖》《春秋合誠圖》《春秋元命包》《春秋運斗樞》《河圖挺佐輔》《龍魚河圖》
帝宣、少昊	白帝	（未見）	（未見）
顓頊	黑帝	（未見）	（未見）
嚳	蒼帝	（未見）	（未見）
堯	赤帝	赤龍負圖至，圖赤色如錦狀，赤玉爲匣；赤龍負圖授慶都；大龜負圖來出授堯；鳳凰負圖，圖以赤玉爲柙，其章曰"天赤帝符璽"五字；青雲起，龍馬（赤熛怒之使）銜甲，其身赤色，赤文緑地，甲似龜背，帝王録紀，興亡之數；赤光起，玄龜負書出，赤文成字；赤龍銜玉苞，舒圖刻版；滅蒼帝者翼也（堯，翼之星精，在南方，其色赤）。	《尚書中候》《尚書中侯握河紀》《孝經援神契》《春秋感精符》《春秋元命包》《春秋合誠圖》《春秋運斗樞》《論語比考讖》《河圖表記》《河圖龍表》《龍魚河圖》

① 此據《緯書集成》。

续表

帝王	授命帝	受命方式	出處
舜	黄帝	黄龍負圖出，赤文緑錯，圖以黄玉爲匣如櫃，章曰“天黄帝符璽”五字，圖玄色而綈狀；鳳皇儀，黄龍感，朱草生；黄雲升於堂。	《尚書中候考河命》《尚書中候運衡》《春秋演孔圖》《春秋運斗樞》《河圖》《河圖挺佐輔》《洛書靈準聽》
禹	白帝	夏錫玄圭；禹受啓，握玄珪出；靈龜穴處，玄龍御雲；大禹之興，黑風會紀；觀于河，見白面長人魚身，出；禹見白狐九尾；湯牽白狼，握禹録。	《詩含神霧》《尚書中候》《尚書中候考河命》《尚書中候雒予命》《尚書璇璣鈐》《禮稽命徵》《春秋感精符》《春秋演孔圖》
湯	黑帝	湯觀於洛，沈璧，而黑龜與之書，黄魚雙躍，黑烏（汁光紀之使）以雄隨，魚亦止，化爲黑玉，赤勒“玄精天乙受神福”；玄玉赤勒；白狼銜鉤；白雲入房，白虎戲朝。	《尚書中候雒予命》《尚書中候》《尚書璇璣鈐》《禮稽命徵》《春秋演孔圖》《春秋感精符》
文王	蒼帝	赤雀銜丹書，曰“姬昌，蒼帝子”；蒼牙通靈；五星聚於房（蒼神之精）；天命文王以九尾狐。	《易乾元序制記》《易坤靈圖》《易是類謀》《尚書中候》《尚書中候我應》《尚書帝命驗》《詩緯》《禮稽命徵》《春秋元命包》《春秋感精符》《河圖》《洛書靈準聽》
武王	蒼帝	白魚躍入王舟，① 赤文有字；青雲浮洛，赤龍臨壇，銜玄甲之圖；有火自天止王屋爲赤烏；鳳皇銜書，武王受鳳書。	《尚書帝命驗》《尚書中候合符后》《尚書中候》《春秋元命包》

① 據《尚書·太誓》鄭玄注，此白魚之色是殷正之色。

续表

帝王	授命帝	受命方式	出處
周公	蒼帝	青雲浮至，青龍（靈威仰之使）銜玄甲。	《尚書中候摘雒戒》
孔子	黑帝	天下血書魯端門，血書飛爲赤烏，化爲白書；有烏化爲書，赤爵集書上，化爲黄玉；黑龍生，爲赤告；丘，水精；赤雀銜丹書。	《易乾鑿度》《春秋演孔圖》《春秋漢含孳》《春秋説題辭》《春秋緯》
秦穆公	白帝	秦伯出狩，天震大雷，有火流下，化爲白雀，銜籙丹書，曰“秦伯霸也”。	《尚書中候顗期》《尚書中候》
秦始皇	白帝	秦王政以白璧沈河，有黑頭公從河出；[1] 祈（鄭玄改爲晳）旦失籥，亡其金虎；秦失金鏡。	《易通卦驗》《尚書考靈曜》《尚書帝命驗》《春秋説題辭》《河圖考靈曜》
漢高祖	赤帝	赤爵集書上，化爲玉；卯金刀，赤帝後；赤受命，蒼失權，周滅火起；赤虹自上而下，化爲黄玉；周亡，赤氣起，火曜興；沛豐之邦，有赤煙氣起；劉受紀，昌光出軫，五星聚井。	《易通卦驗》《尚書中候日角》《尚書考靈曜》《春秋演孔圖》《春秋漢含孳》《春秋文曜鉤》《孝經右契》《孝經援神契》《河圖》《河圖稽命徵》
漢光武帝	赤帝	劉秀發兵捕不道，四七之際火爲主；赤漢德興，九世會昌；帝劉之秀，九名之世。	《河圖赤伏符》《河圖會昌符》《河圖合古篇》

① 《河圖考靈曜》，安居香山、中村璋八輯《緯書集成》，第 1195 頁。《尚書考靈曜》“黑頭公”作“黑公”，同上書，第 358 頁。

二、經書與鄭玄的受命説

鄭玄授命説的另一個重要來源是經書，主要是《詩經》《尚書》的相關記載，如《大雅·文王有聲》"文王受命，有此武功"，《皇矣》"皇矣上帝，臨下有赫，監觀四方，求民之莫……"，《周頌·昊天有成命》"昊天有成命，二后受之"，《商頌·玄鳥》"古帝命武湯，正域彼四方"，《長發》"湯降不遲，聖敬日躋，……帝命式于九圍"。案：

> 《尚書·太誓》："大子發升舟中流，白魚入于王舟。王跪取，出涘以燎之。""至於五日，有火自上復於下，至於王屋，流之爲雕，其色赤，其聲魄。五至以穀俱來。"鄭玄注："白魚入舟，天之瑞也。魚無手足，象紂無助。白者，殷正也。……""五日，燎後日數。王屋，所在之舍上。流猶變也。雕當爲鵶，鵶，烏也。燎後五日，而有火爲烏。天報武王以此瑞。"①

> 《尚書·洛誥》"惟周公誕保文武受命，惟七年"，鄭玄注："文王得赤雀，武王俯取白魚，皆七年。"②

> 《尚書中候·合符后》鄭玄注："文王得赤雀丹書，今武王致赤烏，俱應周尚赤。"③

此以白魚爲殷正之色，赤雀、赤烏爲周正之色，此是鄭玄以三統之色爲受命的符瑞。

---

① 安作璋主編《鄭玄集》下册，第481—482頁。

② 同上書，第496頁。

③ 同上書，第521頁。

上所列表之各帝王的五德之運與其授命帝相同。在鄭玄的歷史系統中，“女媧修伏犧之道，無改作”，① 女媧的五德之運與伏羲相同。需指出，三統中女媧自成一統，五德中女媧屬於伏羲之德，則三五之序纔可相配。保留女媧在三統中的獨立一統，纔能使女媧成爲聖王，而不至於成爲旁氣。而且三統與感生相關，五德與受命、政教相關，② 女媧有獨立的三統之運，而其五德之運與伏羲相同，正可反映女媧繼承伏羲的制度而無所改作。

《周易・繫辭》：黄帝、堯、舜垂衣裳。

鄭玄注：金天、高陽、高辛遵黄帝之道，無所改作，故不述焉。③

少昊、顓頊、帝嚳繼承黄帝的制度而無所改作，與鄭玄所云“女媧修伏犧之道，無改作”相似。然而《繫辭》將黄帝與堯、舜連言，暗含舜繼承堯的制度，就像少昊、顓頊、帝嚳繼承黄帝的制度一樣，然堯、舜的五德之運並不同，可推知黄帝、少昊、顓頊、帝嚳的五德之運也應當不同。

《周禮・大司樂》有黄帝、堯、舜、禹、湯五代樂舞，而未言其他帝王的樂舞。賈公彦疏曰：

---

① 《禮記》、緯書記載女媧也有所改作，如《明堂位》“女媧之笙簧”，鄭玄注：“女媧，三皇承宓羲者。……《世本・作》曰：‘女媧作笙簧。’”（鄭玄注，孔穎達疏：《禮記正義》卷三十一，第1106頁上欄。）《春秋保乾圖》曰：“女媧氏命娥陵氏制都梁管，以一天下之音。命聖氏爲班管，以合日月星辰，名曰充樂。又令隨作笙簧。”（趙在翰輯《七緯（附論語讖）》卷三十，鍾肇鵬、蕭文郁點校，中華書局，2012年，第584頁）

② 可參閲拙文：《鄭玄的感生説與聖人有父説再探——兼論鄭玄對感生受命、三統五德的整合》（待刊）。

③ 鄭玄注，賈公彦疏：《周禮注疏》卷二十五，彭林整理，上海古籍出版社，2010年，第836頁。

伏犧已下皆有樂，今此惟存黄帝、堯、舜、禹、湯者，案《易·繫辭》云："黄帝、堯、舜垂衣裳。"鄭注云："金天、高陽、高辛遵黄帝之道，無所改作，故不述焉。"則此所不存者，義亦然也。然鄭惟據五帝之中而言，則三皇之樂不存者，以質故也。[①]

則今存緯書中之所以無女媧、神農、少昊、顓頊、帝嚳受命的記載，原因可能與此相似，也可能是因爲帝嚳以上遥遠，緯書略之，實則帝嚳以上的聖王皆曾受天命。

《祭法》：大凡生於天地之間者皆曰命，其萬物死皆曰折，人死曰鬼，此五代之所不變也。七代之所更立者，禘、郊、宗、祖，其餘不變也。

鄭玄注：五代，謂黄帝、堯、舜、禹、湯，周之禮樂所存法也。七代，通數顓頊及嚳也。所不變者，則數其所法而已，變之則通數所不法，爲記者之微意也。少昊氏修黄帝之法，後王無所取焉。[②]

鄭注"周之禮樂所存法"是指《周禮·大司樂》所言五代樂舞，周皆將其留存下來而未更改，而禘、郊、祖、宗則各朝代皆更改（少昊除外），周不留存之。少昊未更改黄帝之樂舞和禘、郊、祖、宗，顓頊、帝嚳則改了禘、郊、祖、宗，而鄭玄以爲"金天、高陽、高辛遵黄帝之道，無所改作"，可知即使部分地更改先代之法，也不妨稱之"無所改作"。然則雖然舜改堯之樂舞、禘、郊、祖、宗，舜與堯的五德之運不同，但是不妨以爲舜遵堯之道而無所改作。少昊與黄帝同屬五帝，漸有

---

① 鄭玄注，賈公彦疏：《周禮注疏》卷二十五，第 836 頁。

② 鄭玄注，孔穎達疏：《禮記正義》卷四十六，第 1514 頁上欄。

禮樂，而女媧屬於三皇，尚無禮樂，故少昊對黄帝之法有所更改而與黄帝的五德之運不同，而女媧對伏羲之法無可改者，因循之而已，故其五德之運相同。神農處於三皇之末，漸有禮樂，《禮記》所言“伊耆氏之樂”便是，故神農有其獨立的五德之運。[1]

三、感生帝與受命帝的關係

始祖有其感生帝，受命王有其授命帝，受命王與其始祖是同一個“神聖家族”，[2] 然則此一姓宗族的感生帝與授命帝是何關係？“鄭玄的感生説”節所引《大傳》《喪服小記》《喪服傳》之鄭玄注皆以上帝爲感生帝。鄭玄又於《大司樂》注云：“王者又各以夏正月祀其所受命之帝於南郊，尊之也。”[3] 是鄭玄又以南郊所祀爲授命帝。則鄭玄所言南郊所祭之上帝既可指感生帝，又可指授命帝，感生帝即授命帝，始祖既感天而生，又受天之命。由“鄭玄的感生説”節可知，夏、商、周的受命王禹、湯、文王、武王亦感天而生，故王者既受天之命又感天而生，授命帝亦是感生帝。陳贇注意到這一點：

> 但鄭玄對郊之禘所祀“上帝”的理解具有兩個不同的版本：一是《禮記正義》中注《大傳》《喪服小記》時所表述的感生帝；一是《周禮注疏》“大司樂”章所記述的

---

① 可參閲拙文《三統五德與古史整理：鄭玄帝德譜考論》（待刊）。

② “神聖家族”一詞見陳贇：《鄭玄“六天”説與禘禮的類型及其天道論依據》，《陝西師範大學學報（哲學社會科學版）》2016年第2期。案，《易是類謀》“易姓代出，輔佐應期”，鄭玄注：“易姓者，四十二姓，更王代出。”（安居香山、中村璋八輯《緯書集成》，第285頁）則亦可稱之爲“一姓宗族”。

③ 鄭玄注，賈公彦疏：《周禮注疏》卷二十五，第838頁。

受命帝。[①]

陳贇又認爲“始祖之所自出”包含感生、受命二義：

> 上帝是王者及其神聖家族的所自出之帝，這裏的“所自出”似可分爲兩義：一爲感生，始祖感之而生，此即神聖家族的開始，而此家族的神聖化則是三代政治生活中王者受命有天下的前提；二爲受命而有天下，這意味著上帝實爲其神聖家族之有天下的根據，受命於五帝之一，則此帝即爲該神聖家族的上帝。上帝於五帝之中特尊，故而感生帝與受命帝雖然同爲一帝，但其意義不同。[②]

鄭玄的感生帝即授命帝之説常見於其注和經説之中。《駁五經異義》云：“言‘所存二王之後’者，命使郊天，以天子禮祭其始祖受命之王，自行其正朔服色。”[③] 在鄭玄的祀天禮體系中，郊祀是祀感生帝而以始祖配，此處《駁異義》認爲郊祀是祭“始祖受命之王”，當理解爲祭感生授命帝而配以始祖受命之王，“始祖”與“受命之王”連言，可知始祖亦是受命王，則感生帝亦是授命帝。《大明》“篤生武王，保右命爾”，鄭玄箋：“天降氣於大姒，厚生聖子武王，安而助之，又遂命之爾。”[④] 天降氣於太姒以生武王，又遂命武王，是感生帝即授命帝。《昊天有成命》“昊天有成命，二后受之”，鄭玄箋：“昊天，天大號也。有成命者，言周自后稷之生而已有王命也。”孔穎達疏以昊天爲周之感生帝蒼帝靈威仰，“周自后稷之生而已有王命”，説明后稷不僅感天而生，而且已受天之命。孔穎

① 陳贇：《鄭玄“六天”説與禘禮的類型及其天道論依據》。
② 同上。
③ 安作璋主編《鄭玄集》下册，第701頁。
④ 毛亨傳，鄭玄箋，孔穎達疏：《毛詩注疏》卷十六，第1397頁。

達疏又云：

> 以此郊天之歌，言其所感蒼帝。蒼帝非大帝，而云昊天，昊天與帝名同，故解昊天是天之大號，故蒼帝亦得稱之也。后稷以大跡而生，是天之精氣。《中候・苗興》稱："堯受《圖》《書》，已有稷名在録，言其苗裔當王。"是周自后稷之生，已有王命，言其有將王之兆也。①

此是后稷已受命之證。《長發》"帝命不違，至於湯齊"，鄭玄箋："帝命不違者，天之所以命契之事，世世行之，其德浸大，至於湯而當天心。"鄭玄言契受命，湯又受命。是感生之始祖也受命。然而孔穎達曰："契無受命之事矣，而云天命契者，正謂授以上智之性，使之佐舜有功，建國於商，德垂後裔，是天所以命契之事也。"② 孔穎達認爲契無受命之事，蓋因經緯傳記未言契受命，故而認爲契只是感生之始祖，而非受命王，以鄭玄箋所言之"天命契"爲授以上智之性。以此可知，始祖雖亦受命，然而與受命王之受命不盡相同，始祖之受命偏指受上智之性，受命王之受命則偏指受天下之政。

既然王者各有其授命帝，授命帝是五天帝之一，那麼王者受命過程中其授命帝與其餘四天帝是何關係？鄭玄的天帝觀認爲五天帝分掌天之五宫之政、地之五行之運及天下之五方之政。③ 天有五宫五帝，一天帝感生人間一帝王，天之政是五宫五帝共同所掌，人間帝王則順五行之氣統御五方，雖然人間帝王由一天帝感生授命，但是統御五方則象五天帝掌五宫之政，故帝王受天之命，當是五天帝將天下之五方之政授予該帝王。以此言之，受命不僅限於授命帝之授命，實際上五天帝皆參與

① 毛亨傳，鄭玄箋，孔穎達疏：《毛詩注疏》卷十九，第 1911、1912 頁。
② 同上書卷二十，第 2143、2144 頁。
③ 可參閲拙文：《鄭玄六天説析論》，《中國典籍與文化論叢》第 24 輯。

授命。感生由一帝所感，受命（政）由五帝所授。《孝經緯》云："太微天廷，帝以紀録出圖，五坐並設，神靈集謀。"[①] 又《詩含神霧》云："五帝並設，神靈集謀者也。"[②] 可知《河圖》《洛書》出於太微天庭，天命由五天帝共謀，而非出於一天帝，則受命是受五天帝之命。《春秋元命包》"殷紂之時，五星聚於房。房者，蒼神之精，周據而興"，注云："周起於房，而五星聚之，得天下之祥。"[③] 周興的標誌是五星聚於房的天象，而房是蒼神之精，五星是五天帝之精，五星聚於蒼精之星，説明五天帝皆參與周之受命，與緯書所言太微五帝"神靈集謀"之義相符。

四、鄭玄對商、周受命的注釋

由於經緯傳記中關於商、周二代受命的記載較爲集中，而鄭玄對商、周受命的注述亦較多，故下面對商、周的受命作一簡單梳理。上文已論及商、周之始祖契、后稷亦受命，故考察商、周的受命須從其始祖開始。

周之始祖已受天命。鄭玄《毛詩譜・小大雅譜》曰：

> 始祖后稷，由神氣而生，有播種之功於民。公劉至於大王、王季，歷及千載，越異代，而別世載其功業，爲天下所歸。文王受命，武王遂定天下。盛德之隆，《大雅》之初，起自《文王》，至於《文王有聲》，據盛隆而推原天命，上述祖考之美。[④]

---

① 安居香山、中村璋八輯《緯書集成》，第 1059 頁。
② 同上書，第 467 頁。
③ 同上書，第 593 頁。
④ 毛亨傳，鄭玄箋，孔穎達疏：《毛詩注疏》卷九，第 768 頁。

這總結了自后稷初受命，經公劉遷豳、太王遷岐而王跡起，至文王受命、武王再受命的整個過程。《尚書中候·考河命》云“文王立后稷配天，追王大王亶父、王季歷”，鄭玄注：“文王受命祭天，立稷以配之。”[①]《尚書中候·合符后》“文王立后稷配天，追王大王亶父、王季歷”，注云：“文王受命祭天，立稷配之。”[②] 文王受命之後祭天，是爲了昭示受命，並報天之德；以后稷配天，是由於文王之功起於后稷。

> 《生民序》：后稷生於姜嫄，文、武之功起於后稷，故推以配天焉。
>
> 孔穎達疏：言“文、武之功起於后稷”者，《周語》云：“后稷勤周，十五世而興。”是后稷勤行功業，爲周室開基也。《中候稷起》注云：“堯受《河圖》《洛書》，后稷有名録，苗裔當王。”是后稷子孫當王，名見《圖》《書》也。文既因之，武亦因之，故並言“文、武之功起於后稷”也。[③]

后稷之名既在《圖》《書》，則后稷已受天命，文王、武王成此天命，故返本原始，必推后稷以配天。

> 《昊天有成命》：昊天有成命，二后受之。成王不敢康，夙夜基命宥密。
>
> 鄭玄箋：昊天，天大號也。有成命者，言周自后稷之生而已有王命也。文王、武王受其業，施行道德，成此王功，不敢自安逸，早夜始信順天命，不敢解倦，行寬仁安

① 安作璋主編《鄭玄集》下册，第520頁。

② 安居香山、中村璋八輯《緯書集成》，第443、444頁。此注不知是否鄭玄所作。

③ 毛亨傳，鄭玄箋，孔穎達疏：《毛詩注疏》卷十七，第1522頁。

> 静之政以定天下。[①]

可知周之始祖后稷已有天命，文王、武王最終成此王業。

相較於后稷的受命，文王的受命更爲正式、重要，因而成爲周真正意義上的受命王。《文王》：

> 文王在上，於昭於天。周雖舊邦，其命維新。
>
> 鄭玄箋：文王初爲西伯，有功於民，其德著見於天，故天命之以爲王，使君天下也。大王聿來胥宇而國於周，王跡起矣，而未有天命。至文王而受命。[②]

從王跡起到最終受命有一個過程，就周而言，太王遷岐爲王跡之起，至文王時鳳鳴岐山爲周興之兆，然而天尚未降《圖》《書》予文王，故文王尚未獲得天命。至文王得赤雀所銜之丹書，方得受天命。然則天降《圖》《書》是受命的最終標誌，而祥瑞如鳳鳴岐山等只是將受命之兆，而非受命的標誌。鄭玄採納緯書以天降《圖》《書》爲受命的標誌，而非將《尚書大傳》所言文王斷虞芮之訟視爲受命的標誌，[③] 可知鄭玄突出了天在聖王受命中的核心地位。《鄭志》："張逸問：'王者之風，王者當在《雅》，在《風》何?'答曰：'文王以諸侯而有王者之化，卒以受命，述其本，宜爲《風》。'"[④] 此言文王先有王者之化，然後纔受天命。

文王受命之後，武王又復受命。《大明序》云："文王有明

---

① 毛亨傳，鄭玄箋，孔穎達疏：《毛詩注疏》卷十九，第 1911 頁。

② 同上書卷十六，第 1370 頁。

③ 可參閱秦東京：《鄭玄"文王受命"問題考論》，陳明、朱漢民主編《原道》第 39 輯，第 30 頁。

④ 皮錫瑞：《鄭志疏證》，吴仰湘編《皮錫瑞全集》第 3 册，第 183 頁。

德，故天復命武王也。”[①]

《大明》：有命自天，命此文王，于周于京。纘女維莘，長子維行，篤生武王。保右命爾，燮伐大商。

鄭玄箋：天爲將命文王君天下於周京之地，故亦爲作合，使繼大任之女事於莘國，莘國之長女大姒則配文王，維德之行。天降氣於大姒，厚生聖子武王，安而助之，又遂命之爾，使協和伐殷之事。[②]

此是天命文王，復命武王之事。孔穎達據緯書，將文王受命與武王受命的過程具體化：“文王之受丹書，已云降德滅殷。發誅紂及渡盟津，白魚入舟，是又遂命之也。”[③] 然則文、武再受命是否與“一姓不再命”矛盾？孔穎達云：

《尚書帝命驗》曰：“自三皇以下，天命未去饗善，使一姓不再命。”然則文王已受赤雀，武王又得白魚者，一姓不再命，謂子孫既衰之後，天不復重命使興耳，非謂創業之君也。文王雖天意與之，而仍未克紂，復命武王，使之統一，故再受命焉。[④]

可知文、武再受命不違背一姓不再命。《維天之命》鄭玄箋：“文王受命，不卒而崩。”文、武受命，不卒而崩，以其未致太平、制作新禮，故曰“不卒”。周公受命而攝政，權稱天子，致太平而制禮作樂，以成功告於文王，以卒其命。故孔穎達疏曰：“聖人之受天命，必致天下大平，制作一代大法，乃可謂

---

① 毛亨傳，鄭玄箋，孔穎達疏：《毛詩注疏》卷十六，第 1388 頁。
② 同上書卷十六，第 1397 頁。
③ 同上書卷十六，第 1398 頁。
④ 同上書卷十六，第 1370 頁。

之終耳。”①

不僅周有再受命，商亦有再受命。

> 《長發》：帝命不違，至於湯齊。湯降不遲，聖敬日躋。昭假遲遲，上帝是祗。帝命式於九圍。
>
> 鄭玄箋：帝命不違者，天之所以命契之事，世世行之，其德浸大，至於湯而當天心……天於是又命之，使用事於天下，言王之也。②

此是天命契，復命湯之事。契受命，是始祖亦受命之證。

> 《玄鳥》：天命玄鳥，降而生商，宅殷土芒芒。
>
> 鄭玄箋：自契至湯，八遷始居亳之殷地而受命，國日以廣大芒芒然。湯之受命，由契之功，故本其天意。③

“自契至湯，八遷始居亳之殷地而受命”，似言契未受命，然而鄭玄將契、湯連言，契相對於湯自非受命王，而非言契未受命。

由商、周的受命過程可知，受命不是一蹴而就的，從始祖初受命，受命王正式受命，到繼位者再受命，天命在帝王累世功德的積累下一再授予始祖及其後裔，直至王業的最終完成。關於受命王與其後的繼位者之間的關係，陳贇認爲受命並非限於受命王一人，而是整個家族，他説：

> 受命的主體並不是始祖個人或創始之王的個人，而是

---

① 毛亨傳，鄭玄箋，孔穎達疏：《毛詩注疏》卷十九，第1886、1887頁。

② 同上書卷二十，第2143頁。

③ 同上書卷二十，第2125頁。

> 整個家族，而始祖與王者不過是神聖家族的成員，他是以神聖家族整體性的名義而受命的，他們作爲個體僅僅是代表家族的。①

此説意在强調受命在一姓宗族上的連續性，這是正確的。進一步可以説，受命王與後繼爲王者在受命的意義上不是等同的，他們不是受了同等意義的天命，受命王應該在尊尊上具有超然地位，是尊尊之義的承載者。受命應該突出受命王，突出受命王就能突出天命，突出尊尊。雖然受命王的後代也擁有天命，但只有受命王纔是政教的創制者，其地位顯然較其後繼者更爲重要。始祖的意義主要在感生上，雖然始祖也受命，但是其受命的意義與受命王不在同一層次。

餘論

孫詒讓曰：

> “王者又各以夏正月祀其所受命之帝於南郊，尊之也”者，《大傳》注云：“王者之先祖，皆感大微五帝之精以生，蒼則靈威仰，赤則赤熛怒，黄則含樞紐，白則白招拒，黑則汁光紀，皆用正歲之正月郊祭之，蓋特尊焉。《孝經》曰‘郊祀后稷以配天’，配靈威仰也。”《公羊》宣三年何注云：“上帝，五帝，在太微之中，迭生子孫，更王天下。”此即鄭受命帝之説。②

可知孫詒讓不信感生説，亦不承認有感生帝，否定授命帝即感

---

① 陳贇：《鄭玄“六天”説與禘禮的類型及其天道論依據》。

② 孫詒讓：《周禮正義》卷四十二，王文錦、陳玉霞點校，中華書局，2013年，第1741—1742頁。

生帝，而將鄭玄所謂感生帝視爲授命帝。然而孫詒讓承認受命説：

> 然德運終始之説，其原甚古，王者之興，自當各有受命之帝。蓋圜丘昊天，爲天之全體，百王同尊；南郊上帝，則於五天帝之中，獨尊其德運之帝，以示受命之所由。此亦聖人治神制禮之精義，特不必爲感生之説耳。①

可知孫詒讓試圖將郊祀由祀感生授命帝轉變爲單純祀授命帝，剝離感生説對郊祀的影響。孫詒讓取受命説而棄感生説，一是導致始祖感生而配天無所著落，二是導致由尊祖到尊天的政教意涵難以落實。在孫詒讓看來，上帝與帝王只有受命的關係，而無感生的關係，以祖配天只是由於上帝與帝王之間的受命關係。若然，上帝與帝王將缺失父子一倫，《孝經》所云"嚴父配天"也會失去基礎，從而導致親親與尊尊的割裂。感生説的重要意義在於它是構建以孝爲紐帶的親親尊尊體系的出發點。否定感生説而只保留受命説，會破壞這一出發點。因而，承認感生説是鄭玄構建郊祀禮的重要前提。從這方面來説，鄭玄的感生説和受命説，於政教意義重大，感生與受命不可偏廢。

一旦王者受命而擁有天下，如何保有天命成爲一個重要問題。《詩經·文王》云"天命靡常"，鄭玄箋："無常者，善則就之，惡則去之。"② 可知天命無常，唯以善惡爲準，行善則得天命，作惡則失天命。然而《文王》又云"駿命不易"，鄭玄箋："天之大命，不可改易。"③ 既言天命無常，又言天命不易，無常與不易似矛盾，實則兩者皆就有德（行善）與失德（作

① 孫詒讓：《周禮正義》卷四十二，王文錦、陳玉霞點校，中華書局，2013年，第1746頁。

② 毛亨傳，鄭玄箋，孔穎達疏：《毛詩注疏》卷十六，第1378頁。

③ 同上書卷十六，第1381頁。

惡）而言，失德則天命無常，有德則天命不易。因爲天命賞善罰惡，故行善即配天命而行，則福禄自來，反之則災殃即臻。故《文王》云“無念爾祖，聿修厥德。永言配命，自求多福”，鄭玄箋：“王既述修祖德，常言當配天命而行，則福禄自來。”[①]《大明》“天監在下”，鄭玄箋：“天監視善惡於下。”[②] 可知天有監視人間善惡的能力。然而天道難知，不明天道則善惡無所法，鄭玄將善惡所法指爲“述修祖德”，即述修文王之德，從而引入法祖的維度。文王因有德而受命，因受命而配天，因而法文王即法天，法祖與法天獲得統一。故《文王》云“上天之載，無聲無臭。儀刑文王，萬邦作孚”，鄭玄箋：“天之道難知也，耳不聞聲音，鼻不聞香臭。儀法文王之事，則天下咸信而順之。”[③] 行動的主體是人，最高的裁判是天，裁判的標準是德，有德的榜樣是祖，法祖之德即法天之道，從而把天命、善惡、受命王、受命王的繼任者融爲一體。

綜上所述，受命由五天帝之一即授命帝主導，其餘四天帝參與，一再授予一姓宗族，天的意志即天命記載在《河圖》《洛書》中，獲得《河圖》《洛書》或相關的符瑞爲受命的標誌。授命帝即感生帝，受命王亦感天而生，始祖亦受命，感生與受命對一姓宗族來説缺一不可。天命無常，只有有功德者纔能獲得並保有天命。受命對體現尊尊之義至關重要。受命之義落實在鄭玄的祀天禮中，就是以受命王配天的明堂祀天禮；落實在鄭玄的宗廟禮中，就是以受命王作爲祧廟的祭祖禮。

---

① 毛亨傳，鄭玄箋，孔穎達疏：《毛詩注疏》卷十六，第 1380 頁。
② 同上書卷十六，第 1392 頁。
③ 同上書卷十六，第 1382 頁。

敬：試論鄭玄經學中孝的本質

黃少微*

鄭玄《六藝論》云："六藝者，圖所生也。《河圖》《洛書》，皆天神言語，所以教告王者也。"六藝，即《易》《書》《詩》《禮》《樂》《春秋》，六者均可視爲天神對王者的教告，也可以説，六者均爲先王之政教典章。《六藝論》又載："孔子以六藝題目不同，指意殊别，恐道離散，後世莫知根源，故作《孝經》以總會之。"從經、傳的不同位置來看，《孝經》是聖人孔子講述政治生活中不同的人群應該如何行孝，爲傳，傳從屬於經。鄭玄卻以爲從屬於經的《孝經》能夠總會六藝，究明六藝之根源。這不得不令人好奇，以"孝"爲記述中心的《孝經》如何能夠總會"指意殊别"的六經？這也是在追問，鄭玄如何理解孝的本質？探討這一話題，從鄭玄如何審視孝的言説背景開始。

一、"孝"的言説背景

考察孝的言説背景，乃至成爲一個被討論的重要話題，可從孝首先出現的那個時代的人與事著手分析。《孝經》孔子論孝，始于"先王"，鄭玄解先王爲夏禹。如《孝經·開宗明義章》：

---

* 黃少微，中山大學哲學系博士後。本文係 2022 年國家社科基金後期資助項目"思想史的鄭玄天命觀研究"階段性成果。

子曰：先王有至德要道。

鄭注：子者，孔子。禹，三王最先者。至德，孝悌也。要道，禮樂也。

以順天下，民用和睦，上下無怨。

鄭注：以，用也。睦，親也。至德以教之，要道以化之，是以民用和睦，上下無怨也。

女知之乎？[1]

鄭玄解“先王”爲“禹，三王最先者”，是專指。唐明皇注《孝經》，訓“先王”爲“先代聖德之主”，[2] 是泛稱非專指。據皮錫瑞疏證，鄭玄解先王爲禹，首先因《孝經》乃“孔子作”，如《六藝論》云：“孔子以六藝題目不同，指意殊別，恐道離散，後世莫知根源，故作《孝經》以總會之”，而孔子爲周人。其次，《孝經注》乃鄭玄早年所著，而鄭玄早年學今文經學，《孝經注》對明堂、社稷等禮制的注解又多援用緯書，故其注《孝經》亦用今文，“鄭君先治今文，後治古文。《大唐新語》《太平御覽》引鄭君《孝經序》云‘避難於南城山’，嚴鐵橋以爲避黨錮之難，是鄭君注《孝經》最早。其解社稷、明堂大典禮，皆引《孝經緯・援神契》《鉤命決》文。鄭所據《孝經》本今文，其注一用今文家説；後注《禮》、箋《詩》，參用古文。”[3] 最後，又據董仲舒《春秋繁露》“通三統”説，聯繫《孝經》的“作者”孔子乃周人，故鄭玄釋“先王”爲“夏禹”，“後世稱舜以上爲五帝，禹以下爲三王，言承周制言之。孔子周人，其稱先王，當以禹爲三王最先者矣。”[4] 皮氏立論的

---

① 皮錫瑞：《孝經鄭注疏》，吴仰湘點校，中華書局，2016 年，第 9—10 頁。

② 李隆基注，邢昺疏：《孝經注疏》，金良年整理，上海古籍出版社，2009 年，第 3 頁。

③ 皮錫瑞：《孝經鄭注疏》，第 1 頁。

④ 同上書，第 10 頁。

關鍵在兩處：一，鄭玄注《孝經》乃早年所爲，其依據是鄭玄“避難於南山”。然而據王利器先生考證，鄭玄居南山注《孝經》，乃因六十四歲時遭黄巾之亂而寄客徐州，[①] 此間鄭玄箋《詩》已“宗毛爲主”，則鄭玄注《孝經》當無用今文經的説法。二，鄭玄援用緯書解《孝經》中之明堂、社稷等禮制，而緯書又屬今文經，皮氏據以爲鄭玄注《孝經》亦當從今文經。《孝經注》之緯書思想，如《聖治章》“昔者周公郊祀后稷以配天”，鄭云：“郊者，祭天之名。后稷者，周公始祖。東方青帝靈威仰，周爲木德，威仰木帝，以后稷配蒼龍精也。”[②] 在鄭玄的思想體系中，南郊祭天帝——蒼帝靈威仰，以始祖后稷配祀，乃因后稷由蒼帝感生而生。蒼帝既爲周之感生帝，亦爲周之授命帝。感生思想貫穿于鄭玄對《詩經·生民》《玄鳥》諸篇的闡釋，也表現在鄭玄三禮注所呈現的天神世界。但歷代注家與研究者很少據此禮制而認爲《毛詩箋》乃以今文經思想爲主。由此可見，皮氏以禮制來判定鄭玄《孝經注》以今文爲主，並不十分允當。鄭玄解先王爲禹，當另有深意。

鄭玄注經極注重不同經義的整合，視六經爲一整體，因此其解先王爲禹的用意，也可從六經及其注釋中“禹”的形象書寫來審視。一方面，就《孝經》而言，其文本自身便預設了“先王”當指“夏禹”。《孝經·孝治章》言：“故得萬國之歡心，以事其先王。”又《左傳》載：“禹會諸侯于塗山，執玉帛者萬國。”則禹時有“萬國”。《史記·周本紀》載“周武王之東伐，至盟津，諸侯叛會周者八百”，則殷商末年當僅有千二百諸侯國，《公羊》又説“殷三千諸侯”。由此諸經的記載來看，《孝經》之“萬國”可以專就夏禹而言，因此鄭玄解先王爲禹，本有其内在的文本依據。另一方面，既然鄭玄從六經之

---

① 王利器：《鄭康成年譜》，齊魯書社，1983 年，第 138—139 頁。

② 皮錫瑞：《孝經鄭注疏》，第 72 頁。

整體審視禹，論孝又始于禹，因此，探討孝的言説背景，可從分析禹與孝的關係入手，亦即夏禹及其開創的時代，如何與孝發生、建立關聯。

夏禹所處時代的特徵，集中見於《禮記・禮運》篇“小康世”的記載。“家天下”的小康世與“公天下”的大同世相對，爲更貼切地理解小康世的獨特性，且以大同世爲參照。

首先，就權力的傳承而言，大同世“天下爲公，選賢與能”，根據個人的才幹才能，禪讓授賢，權力的繼承不專主於一家一姓，如鄭玄注：“禪位授聖，不家之。”而小康世則“天下爲家”，權力基於先天的血緣來傳承，只主於一家一姓，如鄭玄注：“傳位於子。”此爲大同、小康最顯著與根本的區别。

其次，就社會關係而言，大同世並不嚴格區分“自我”與“他人”，小康世則有嚴密區分。這一區别，呈現於“貨力”之占用上。大同世之人“不獨親其親，不獨子其子”，“貨惡其棄於地也，不必藏於己；力惡其不出於身也，不必爲己”，人不專爲己，仁厚之至，有“泛愛衆”的傾向，如鄭玄注“孝慈之道廣也”。小康世則“各親其親，各子其子，貨力爲己”，因此權力專於一家一姓，“大人世及以爲禮”；修築城牆溝池以守護各自的貨力，防備亂賊，“城郭溝池以爲固”。

復次，在“計謀”的使用上，大同、小康世也各自不同。因社會關係中主體意識的突顯程度不同，一者是“不必爲己”，一者是“爲己”，所以在貨力的占有上，一者並不嚴格界定貨力的權屬，一者則有明確的貨力專己占有意識。而對貨力之不同程度的占有意識，相應的防禦守衛意識也不同。大同世“謀閉不興，盜竊亂賊而不作”，小康世則“謀用是作，而兵由此起。”

最後，就社會之整體風俗制度而言，在鄭玄看來，大同世所以能夠“謀閉不興”，是因大同世對“辭讓”的尊尚。如“是故謀閉而不興，盜竊亂賊而不作”鄭注所云“尚辭之故也”，亦即“讓德”是大同社會最高的政治德性。相應的，小康世所以“謀用是作”，乃“以其違大道敦樸之本也。教令之稠，其弊則然”，禹、湯、文、武、成王、周公即應接此種“謀用是作，兵由此起”的社會風俗而起。在鄭玄看來，禹、湯此六君子，“用禮義以成治”，亦即使用禮義來應對“謀用”與“興起的兵事”，禮義成爲小康世實現良好秩序的樞杻。而在大同世中，鄭玄並未言及禮義問題。這意味着，大同世以辭讓實現治理，小康世則須使用禮義成就治，“用禮義以成治”。禮義背後的德性代替了大同世之讓德，成爲小康世最高的政治德性，而禮義也成爲小康世維繫、實現統治的關鍵。小康世始于夏禹，所以，禮義當是夏禹時代的主要話題。

關於禮義的功用與内容，《禮運》小康世又載：“禮義以爲紀，以正君臣，以篤父子，以睦兄弟，以和夫婦，以設制度，以立田里。”禮義爲小康世及其往後之社會的綱紀，其首要在於端正確立君臣、父子、兄弟、夫婦這四種人倫關係，其中，君臣倫理之確立是此中首要的一環。其次，禮義又包含了“制度”與“田里”兩層内容，制度指民衆均以統一的規章制度作爲生活世界的框架，田里指耕種的田地和居宅之地，“立田里”意味着民衆對於土地占有有明確的劃分，這與大同世之“貨惡其棄於地也，不必藏於己，力惡其不出於身也，不必爲己”有明確區别。

夏禹時始立田里，劃分土地權屬，同時確定田地賦税，賦税意味着政權力量對民衆的人身管控，而這也是鄭玄對夏禹及其時代的基本認識。如《詩經·小雅·信南山》載“信彼南山，維禹甸之”，“甸”，毛公釋爲“治”，指南山旁之田地乃夏禹治水所得，這與孟子之禹的形象與功績相合，如《滕文公下》載，洪水滔天，禹掘地而注之海，使人得土而居之。則禹之功在於平水土，恢復人類在大地上的居止。然而此處鄭玄根據《周禮·地官·小司徒》“四丘爲甸”的記載，增字解

“甸”，訓“甸”爲“治而丘甸之”，《箋》云：“信乎南山之野，禹治而丘甸之。今原隰墾辟，則又成王之所佃。言成王乃遠修禹之功，今王反不修其業乎？六十四井爲甸，甸方八里，居一成之中，成方十里，出兵車一乘，以爲賦法。”① 《詩經·大雅·韓奕》鄭玄同樣以“治水土且定貢賦”的思路解“甸”，“奕奕梁山，維禹甸之”，《傳》云：“奕奕，大也。甸，治也。禹治梁山，除水災。”毛公的解釋與《信南山》一樣，仍從治水土來界定禹之功績。鄭玄則依循《信南山》“治而定賦稅”的思路審視禹，《箋》云：“梁山之野，堯時俱遭洪水。禹甸之者，決除其災，使成平田，定貢賦于天子。”② 可見，在鄭玄看來，夏禹治水土同時也劃分土地的權屬，並確立了民衆土地的賦稅。而賦稅的有效劃分、確立、徵收，又要求有相應的行政機制，包括君主集權與有效的行政階層，這二者無不涉及君臣關係的端正與確立。在鄭玄看來，當夏禹以禮義作爲社會綱紀成就其治時，君臣倫理也成爲此時倫理生活中之首要倫理，這與此時民衆的統一性生活與管控有密不可分的關係。

由上可知，夏禹之世有如下明顯特徵：一，家天下並傳位於子，基於血緣的世襲制替換了公天下時代的禪讓制；二，禮義及其背後的德性代替了大同世的辭讓或讓德，成爲政治生活中最重要的內容。三，君臣倫理成爲小康世的首要倫理。四，擁有統一的制度與明確劃分權屬及賦稅的田里。質言之，在鄭玄看來，較大同世之敦朴，夏禹開創的小康世已是一個衰落的時代，此種歷史進程的相似描述也見於鄭玄《六藝論》中。

《六藝論·詩論》云：“詩者，弦歌諷諭之聲也。自書契之興，朴略尚質，面稱不爲諂，目諫不爲謗，君臣之交如朋友然，在於懇誠而已。斯道稍衰，奸僞以生，上下相犯，及其制

---

① 毛亨傳，鄭玄箋，孔穎達疏：《毛詩正義》，龔抗雲、李傳書、胡漸逵、肖永明、夏先培整理，劉家和審定，北京大學出版社，1999年，第964頁。

② 同上書，第1442—1443頁。

禮，尊君卑臣，君道剛嚴，臣道柔順，於是箴諫者希，情志不通，故作詩者以誦其美而譏其過。”書契之興，即人類社會開始有文字記載時。《六藝論·易論》載，文字的發明始於五帝時代的黄帝，“黄帝有佐官七人，蒼頡造書字，大撓造甲子，隸首造算數，容成厯日，岐伯造醫方，鬼諛區造占侯，奚仲造車作律管與壇墠禮也。”人類始有文字時，社會風俗“朴略尚質”，如同大道流行時大同世的敦朴，彼時君臣相處和諧友好，“君臣之交如朋友然，在於懇誠而已。”君臣間以一種“弱支配”的關係呈現。而到了“斯道稍衰”時，“奸僞以生”，如同小康世之“謀用是作”；“上下相犯”，因此須“制禮”以正君臣之義，“尊君卑臣，君道剛嚴，臣道柔順”，君臣間呈現一種“强支配”。此時又如同小康世之“禮義以爲紀，以正君臣”，同時也是禮義興起時，《六藝論·禮論》又云：“禮者，序尊卑之制，崇敬讓之節也。其初起，蓋與詩同時。”由此可見，禮之興起，乃在斯道稍衰的時代。從鄭玄對斯道稍衰的描述來看，此時代與小康之世極爲相近，而小康世時，禮也成爲一個主要的社會話題。禮之興起，始于三王，這幾乎是鄭玄一貫的思想。《曲禮》載：“大上貴德，其次務施報。”鄭注：“三王之世，禮始興焉。”①

綜上可知，在鄭玄看來，夏禹之時代乃斯道稍衰之時。這個時代中，權力基於血緣傳承，而非依靠個人才能；在社會關係上，自我和他人有着明顯區分；在人倫關係上，君臣是首要的倫理，君尊臣卑，呈現一種强支配的關係；在社會風俗上，謀用興，盜賊起，君主用禮義以成治，此爲禮的言説背景。

禮，泛言之也可指禮樂。《孝經》中鄭玄以禮樂爲“要道”。“先王有至德要道”，鄭玄又解“先王”爲“夏禹”，“至

---

① 鄭玄注，孔穎達正義：《禮記正義》，吕友仁整理，上海古籍出版社，2008年，第6頁。

德”爲“孝悌”。“至德”與“要道”、“孝悌”與“禮樂”，鄭玄並提二者，二者同爲夏禹時所有，這似乎也可以説，在鄭玄看來，禮的言説背景亦爲孝的言説背景，則上述斯道稍衰的種種特徵與表現也是孝的言説背景。斯道稍衰時，禮義爲社會綱紀。鄭玄並提禮樂與孝悌，那麼斯道稍衰時，孝的意義又是什麼？探討這一問題，且從與孝悌緊密相連的禮樂來看，亦即“至德”“要道”二者的内在關係。

二、從“要道”到“至德”

鄭玄解“至德”爲“孝悌”，“要道”爲“禮樂”，二者内容指稱不同。唐明皇在泛稱“先王”之後，又泛解“至德要道”，統指“孝”，其注云：“孝者，德之至，道之要也。言先代聖德之主能順天下人心，行此至要之化，則上下臣人和睦無怨。”① 唐明皇的注釋源于與鄭玄作對的王肅。② 皮錫瑞則認爲鄭玄據《周禮》爲説。“注以‘至德’爲孝悌、‘要道’爲禮樂者，《周禮·鄉大夫》‘考其德行、道藝’，疏云：‘德行，謂六德六行；道藝，謂六藝。是德與行爲一類，道與藝爲一類。六行以孝、友爲首，六藝以禮、樂爲首，故鄭君分别‘至德’爲孝悌，‘要道’爲禮樂，據《周禮》爲説也。《廣要道章》首舉孝悌、禮樂，鄭義與經文合。”③

皮氏此説有三處值得商榷。一，如上文所析，皮氏認爲鄭玄注《孝經》主今文，對於《孝經》通篇最爲關鍵的“至德要道”的解釋卻據古文經《周禮》爲説，則皮氏此處疏解與其基本立論似不協調。二，就《周禮》而言，“德行”與“道藝”並非歸爲兩類，而是“六德”“六行”“六藝”三種，《地官·

---

① 李隆基注，邢昺疏：《孝經注疏》，第 3 頁。

② 同上書，第 4 頁。

③ 皮錫瑞：《孝經鄭注疏》，第 11 頁。

大司徒》之職載“以鄉三物教萬民而賓興之。一曰六德，知、仁、聖、義、忠、和；二曰六行，孝、友、睦、婣、任、恤；三曰六藝，禮、樂、射、御、書、數。”若以《周禮》爲文獻依據，則孝屬於行，不屬於德。據鄭玄注，大司徒以此三事——“六德”“六行”“六藝”教民，是爲培養其德行與道藝，從而鄉大夫才得以推舉出合適的賢者與能者。[①] 因此，六德、六行、六藝是教民的内容，德行、道藝是教育的目的與考察的標準，二者並不能混淆。三，就鄭玄《周禮注》而言，德行與道藝的内涵，尤其是道藝，鄭玄並非只就禮樂而言。如《鄉大夫》職載：“三年則大比，考其德行道藝，而興賢者能者。”鄭玄注：“賢者，有德行者。能者，有道藝者。”[②] 能者與道藝相關。《鄉大夫》職又載：“此謂使民興賢，出使長之；使民興能，入使治之。”鄭玄注：“言是乃所謂使民自舉賢者，因出之而使之長民，教以行道藝於外也。使民自舉能者，因入之而使之治民貢賦田役之事於内也。”[③] 所謂能者，指負責民之“貢賦田役”等具體事務，能者又與道藝相關，則道藝當指完成具體政治事務的才藝、才能，而非僅就禮樂而言。由此可見，無論是就皮氏的今文經立場，還是《周禮》文本，或鄭玄《周禮注》的注釋，均難以爲鄭玄解“至德要道”爲“孝悌禮樂”提供合理説明。

不過，皮氏的梳理提示我們，理解鄭玄的孝思想，仍需從鄭玄關注的經、注中尋找。皮氏又云：“《廣要道章》首舉孝悌、禮樂，鄭義與經文合。”皮氏注意到鄭玄注《孝經》，常以《孝經》自身文本爲證，又如上文對“先王”的分析，鄭玄解“先王”爲“夏禹”的一個憑證，當即《孝經》所載“故得萬

① 鄭玄注，賈公彦疏：《周禮注疏》，彭林整理，上海古籍出版社，2010 年，第 370 頁。

② 同上書，第 416 頁。

③ 同上書，第 419 頁。

國之歡心”之“萬國”。如劉偉老師所析，“《孝經》是一部論證之書”。[①] 因此，探析鄭玄解“至德要道”爲“孝悌禮樂”的意圖及“孝悌”“禮樂”二者的關係，仍當從《廣至德》與《廣要道章》入手分析。

《廣至德章》載：

子曰：“君子之教以孝也，非家至而日見之也。

鄭注：言教反聞到户至，而日見而語之也，但行孝於内，流化於外也。

明皇注：言教不必家到户至，日見而語之，但行孝於内，其化自流於外。

教以孝，所以敬天下之爲人父者也。

鄭注：天子父事三老，所以敬天下老也。

教以悌，所以敬天下之爲兄弟者也。

鄭注：天子兄事五更，所以教天下悌也。

明皇注：舉孝悌以爲教，則天下之人子弟者不敬其父兄也。

教以臣，所以敬天下之人君者也。

鄭注：天子郊則君事天，廟則君事尸，所以教天下臣。

明皇注：舉臣道以爲教，則天下之爲人臣者無不敬其君也。

《詩》云：“愷悌君子，民之父母。”

鄭注：以上三者教於天下，真民之父母。

明皇注：愷，樂也。悌，易也。義取君以樂易之道化人，則爲天下蒼生之父母也。[②]

---

① 劉偉：《道德論證：〈孝經〉文本的結構與性質初探》，《中山大學學報》（社會科學版）》2015 年第 3 期。

② 李隆基注，邢昺疏：《孝經注疏》，第 67—68 頁。

非至德，其孰能順民如此其大者乎！

鄭注：至德之君能行此三者，教於天下也。[1]

首先，從經文來看，孝、悌、臣均屬“君子之教以孝”中孝的内容，且稱“君子之教以孝”之孝爲大孝，“教以孝，所以敬天下之爲人父者”之孝爲小孝。則小孝、悌、臣三者是大孝在不同層面與人倫關係中的施展、呈現，三者均屬至德，“非至德，其孰能順民如此其大者乎!”因此，鄭玄以“孝悌”解“至德”，有《孝經》自身的文本依據。

其次，若從經文來看，“至德”當包含“小孝”“悌”“臣”三者，然而鄭玄只以“孝悌”解“至德”，意味着在鄭玄看來，“臣”的内容可以被“小孝”和“悌”涵括，“小孝”“悌”二者可推擴出“臣”的内容。只是“臣”也屬於主要、重要内容，因此，尤其在“孝”“悌”之外突出“臣”，則端正君臣之義，其根本仍當從孝悌著手。

最後，君子通過“教以孝”“教以悌”“教以臣”將此至德施教於天下之民。如何教以小孝、悌、臣三者，唐明皇將其理解爲道德倫理的感化作用，如“教以悌”，明皇注曰：“舉孝悌以爲教，則天下之人子弟者不敬其父兄也。”“教以臣”，明皇注曰：“舉臣道以爲教，則天下之爲人臣者無不敬其君也。”明皇依王肅作注。舉，推舉，指天子通過推舉孝悌、臣道作爲道德典範，從而實現天下民臣自然而然的效仿、學習、感化。如其注“君子之教以孝也，非家至而日見之也”所言：“言教不必家到户至、日見而語之，但行孝於内，其化自流於外。”一方面，君子只須行孝於内，實現家内部的孝悌之德；另一方面，此種内部的孝悌具有典範意義，能夠化人，自流於外。化是一種漸進的、不知不覺的改變，並無過多的强制性。自，强

[1] 皮錫瑞：《孝經鄭注疏》，第104—107頁。

調化的過程乃是一種自覺、自主、自發、自然而然的過程。所以，從明皇注來看，君子在民臣中，主要擔任着道德感化的角色，君民關係趨於弱支配。

鄭玄以禮制解“教以孝”“教以悌”“教以臣”：“教以孝”置於三老之禮的背景下，“教以悌”則置於五更之禮，“教以臣”則置於天子郊祭與廟祭禮中。三老五更之禮，《樂記》云：“食三老、五更于大學，天子袒而割牲，執醬而饋，執爵而酳，冕冕而總幹，所以教諸侯之弟也。”雖無法確切得知三老、五更所指，然而鄭玄對“老”之存在意義的重視卻非同一般。如《詩經 · 文王》“宣昭義問”，鄭玄增字解“問”爲“問老成人”；《大雅 · 蕩》“雖無典刑，尚有老成人”，《箋》云：“老成人，謂若伊尹、伊陟、臣扈之屬。雖無此臣，猶有常事故法可案用也。”可見，在鄭玄處，“老”與“常事故法”具有同等的存在意義。從漢代的社會歷史來看，漢代統治者無論是興兵立國還是安頓地方社會，均離不開衆“老”的配合與扶助，[①] 如《史記 · 高祖本紀》載劉邦最初由“父老”擁立爲沛公，劉邦以難完父兄子弟爲藉口幾次辭讓。“父老”也可稱爲“父兄”，如《史記》載“示魯父老項羽首”，《漢書 · 高帝紀》則作“魯父兄”；《史記》有“沛父兄、諸母、故人，日日樂飲”，《漢書 · 高帝紀》則作“沛父老”。“老”之職掌，《漢書 · 百官公卿表》云“三老掌教化”，《文帝紀》亦云“三老，民衆之師”。在經典中，“老”不僅與“常事故法”有同等意義，在政治社會中，“老”又是政治治理中重要的一環，維繫着地方社會的日常統治。可見，鄭玄以三老五更之禮解“教以孝”“教以悌”，有其經典依據，或也有其現實的關切。

此外，由鄭玄的解釋也可見，君子施行小孝、悌、臣於天

① 參［日］守屋美都雄：《父老》，黄金山譯，劉俊文主編《日本學者研究中國史論著選譯》第三卷《上古秦漢》，中華書局，1993年，第564—584頁。

下臣民，並非如唐明皇一樣——以道德倫理化天下臣民的方式來實現，而是通過大學中天子食養三老五更禮，或郊祭中事天禮，或廟祭中事尸禮等禮制來實現。孝、悌、臣屬於至德，而太學中的三老五更禮、郊祭事天禮、廟祭事尸禮，爲禮樂的一部分，屬於要道。這似乎也可以説，孝悌之德須藉助禮樂的場域來實現，亦即至德通過要道來呈現。

鄭玄注解《卿大夫章》時再次反映了此種思想。《卿大夫章》“非先王之德行不敢行”，鄭注：“禮以檢奢，不合《禮》《樂》，則不敢行。”皮錫瑞認爲此處鄭玄以“《禮》《樂》”解“德行”，一方面是源于上文“非先王之法言不也道”，另一方面是源于《文王世子》所載：“順先王《詩》《書》《禮》《樂》以造士。春秋教以《禮》《樂》，冬夏教以《詩》《書》。”皮氏稱“是《詩》《書》《禮》《樂》皆先王所遺，法言、德行即在其内”。[①] 鄭玄是否據《文王世子》來解“法言”“德行”暫且不論，此處最值得注意者在於鄭玄以“禮樂”解“德行”。如《孝經》開篇所示，鄭玄區分“至德”與“要道”，亦即區分“德”與“禮”。然而此處卻以“禮樂”解“德行”，則再次證明“禮樂”與“孝悌”在本質相通。

那麼，禮樂之本指何？《廣要道章》又載：

教民親愛，莫善於孝。教民禮順，莫善於悌。

鄭注：人行之次也。

移風易俗，莫善於樂。

鄭注：夫樂者，感人情者也。樂正則心正，樂淫則心淫也。

安上治民，莫善於禮。

鄭注：上好禮，則民易使也。

---

① 皮錫瑞：《孝經鄭注疏》，第33—34頁。

禮者，敬而已矣。

鄭注：敬者，禮之本，有何加焉？

故敬其父則子說，敬其兄則弟說，敬其君則臣說。敬一人而千萬人說，

鄭注：盡禮以事。

所敬者寡而所說者衆，

鄭注：所敬一人，是其少；千萬人說，是其衆。

此之謂要道也。

鄭注：孝弟以教之，禮樂以化之，此謂要道也。[①]

由經文及鄭注可知，禮之本在敬。而敬又源於人情的培育所得。《聖治章》“聖人因嚴以教敬，因親以教愛”，鄭注：“因人尊嚴其父，教之爲敬，因親近於其母，教之爲愛，順人情也。”[②] “因”與“順”相應，則“因人情”之“人情”，當指“尊嚴其父”的“尊嚴”與“親近於其母”的“親近”。父親天然就是尊者與嚴者，聖人因沿、順承着子對於父親之尊嚴的人情，通過禮樂培養、教導人如何爲敬。這也是《廣至德章》君子教以孝的目的，是爲培養天下人對爲人父者的敬。鄭玄也正從敬的培養來審視教以孝的意義，“教以孝，所以敬天下之爲人父者也”，鄭玄注：“天子父事三老，所以敬天下之老也。”在鄭玄看來，禮之本在敬，孝悌的核心精神也在敬，孝悌之敬通過禮樂的場域得以培育、塑造、呈現。敬是孝悌與禮樂的共同追求，至德與要道實質是相通的。所以《廣要道章》最後“此之謂要道也”，鄭玄注：“孝悌以教之，禮樂以化之，此謂要道也。”《廣要道章》本只講禮樂，然而鄭玄卻在此處將孝悌、禮樂並歸爲要道，則在鄭玄看來，二者是相通的。如皮錫

---

① 皮錫瑞：《孝經鄭注疏》，第 100—102 頁。

② 同上書，第 86 頁。

瑞疏："鄭以要道屬禮樂，此章主廣要道，鄭必兼言孝弟者，以二章義相通。"①

可知，在鄭玄看來，孝悌與禮樂（孝與禮）在本質上是相通的，從要道通往至德，均指向敬的追求。君子因沿人情中源于對父親的尊嚴，通過食養三老五更——一種禮樂的場域，培養、塑造子弟對於父兄的敬，此即"教以孝""教以悌""教以臣"的根本追求。質言之，在鄭玄處，禮之本在敬，孝的根本也在敬。"敬"也是鄭玄《孝經注》的主旨。

三、"敬"與"孝"

在鄭玄看來，"敬"乃"孝"的核心，則盡孝者均須行敬。《孝經》將政治生活中的人群列爲五個等級：天子、諸侯、卿大夫、士和庶人。士與庶人之行敬、盡孝，自不待言，如《士章》"資于事父以事君，而敬同。故母取其愛，君取其敬，兼之者父也"。父兼愛敬，士取對於父之敬以事君，父子爲天然的人倫關係，君臣以義合，則君臣爲比附父子而成的社會倫理關係，這意味着敬不僅維繫着家族内部之人倫關係，也維繫着家之外——社會倫理關係。士取對父之敬以事君、事長——入仕，得其禄位，守其祭祀。庶人則"謹身節用，以養父母"，此爲庶人之行敬與盡孝。對於作爲至尊之君的天子、一國之君的諸侯，鄭玄同樣認爲其當行敬以盡孝。

就政治生活的秩序層級而言，天子已是等級的至高者。如《天子章》末"《甫刑》云'一人有慶，兆民賴之'"，鄭注："億萬曰兆。天子曰兆民，諸侯曰萬民。天子爲善，天下皆賴之。"② 鄭玄于天子與諸侯相應的民衆數量，一直有明確嚴格的區分，如《禮記·内則》"降德於衆兆民"，鄭注："萬億曰兆。

---

① 皮錫瑞：《孝經鄭注疏》，第104頁。

② 同上書，第20頁。

天子曰兆民，諸侯曰萬民。”天子統治下的民數始終遠多於諸侯。鄭玄此區分的文獻依據可能源于《左傳》閔公元年“天子曰兆民，諸侯曰萬民”的記載。鄭玄于不同經傳中貫通此説，説明：一，天子之位尊于諸侯；二，天子是天下民衆包括諸侯治下之民的統率、法度。由此在鄭玄看来，天子已是至尊者。

敬的對象乃是更尊貴者，那麼作爲至尊之君的天子當如何行敬？鄭玄以爲，以先祖配天而祭，此爲天子之敬的集中表達，也是敬的最高層級。如《聖治章》“嚴父莫大于配天”，鄭注：“尊嚴其父，莫大于配天，生事敬愛，死爲神主也。”鄭玄以西周早期這段具有典範意義的歷史爲例，以父（父祖）配天而祭，具有多層内容與意義。其一，父祖能配天，乃因父祖由天帝感生。就周而言，始祖后稷與受命王文王均爲蒼帝靈威仰之精氣所生，爲天帝蒼帝子。其二，經由父祖之感生，家族始與天建立關聯；先祖受天命，始稱天子；繼位者繼承受命先祖，亦統稱天子。借由天帝之“感生—授命”，天子在事實層面成爲天帝之子。因此，“尊嚴其父，莫大于配天”，周公以文王遍祭五帝於明堂、以始祖后稷配祀南天，既是呈現父祖之尊嚴，彰顯文王作爲天帝之子——父之敬天帝，也是表達子孫之敬父。先祖之敬天和子孫之敬父，在配祀祭天的場域中得以集中呈現。敬爲孝的核心，孝貫通於天帝、天子及其繼位子孫間。如“夫聖人之德，又何以加於孝乎”鄭玄注所言：“孝弟之至，通於神明，豈聖人所能加？”可見，在人世政治中，天子爲至尊者。然而，繼位天子作爲受命先祖的子孫，受命先祖乃天帝之子，天帝恒在，因此，天子以先祖配祀祭天，則天子仍有其敬的永恒物件——敬天，此是孝之最高者，孝貫通于天地神人之間。天子既能爲此至孝，那也能爲天下臣民之統率、法度，因此天子又于太學中舉食養三老五更之禮，以教導天下子弟如何行孝、敬其父兄。

就作爲一國之君的諸侯而言，鄭玄闡釋時同樣突顯諸侯當行敬，如《諸侯章》：

在上不驕，高而不危。

鄭注：諸侯在民上，故言在上。敬上愛下，謂之不驕。故居高位而不危殆。

明皇注：諸侯，列國之君，貴在人上，可謂高矣，而能不驕則免危也。

制節謹度，滿而不溢。

鄭注：費用儉約，謂之制節。奉行天子法度，謂之謹度。故能守法而不驕逸也。奢泰爲溢。

明皇注：費用約儉謂之"制節"，慎行禮法謂之"謹度"。無禮爲驕，奢泰爲溢。

高而不危，所以長守貴也。

鄭注：居高位而不驕，所以長守貴也。

滿而不溢，所以長守富也。

鄭注：雖有一國之財而不奢泰，故能長守富。

富貴不離其身，

鄭注：富能不奢，貴能不驕，故能不離其身。

然後能保其社稷，

鄭注：上能長守富貴，然後乃能安其社稷。社，謂后土也。句龍爲后土。

而和其民人，

鄭注：薄賦斂，省傜役，是以民人和也。

明皇注：列國皆有社稷，其君主而祭之。言富貴常在其身，則長爲社稷之主，而人自和平也。

蓋諸侯之孝也。

鄭注：列土分疆，謂之諸侯。

《詩》云："戰戰兢兢，如臨深淵，如履薄冰。"

鄭注：戰戰，恐懼。兢兢，戒懼。如臨深淵，恐墜。

如履薄冰，恐陷。義取爲君恒須戒懼。[1]

明皇注：戰戰，恐懼。兢兢，戒慎。臨深恐墜，履薄恐陷，義取爲君恒須戒懼。[2]

細繹鄭玄與唐明皇對此章的注解，發現二者對於諸侯的身份界定有微妙差異，相應的對於諸侯所行的理解也有細微差異。何爲諸侯？鄭玄云“列土分疆，謂之諸侯”，此當是漢儒對諸侯身份的共識。如《漢書・谷永傳》曰：“方制海内，非爲天子；列土封疆，非爲諸侯，皆以爲民也。”《潛夫論・三式篇》亦云：“封疆立國，不爲諸侯；張官設府，不爲卿、大夫。必有功於民，乃得保位。”《白虎通・封公侯》篇亦載：“列土爲疆，非爲諸侯；張官設府，非爲卿大夫，皆爲民也。”由此可知，諸侯均與列土封疆相關，列土分疆是從民的角度考慮，而並非爲了諸侯。三者的論説重點均落在保民、爲民上。鄭玄只援用“列土分疆”一語界定諸侯，但並未言及“爲民”的層面。“溥天之下，莫非王土。率土之濱，莫非王臣”，則列土分疆可指列于天子之土、分于天子之疆，諸侯是天子域内之諸侯，則諸侯既是其封域内的君主，也可視爲王臣，鄭玄于《諸侯章》首句的注釋再次表達了此種思想。“在上不驕，高而不危”，鄭玄既解“在上”爲“在民上”，又以“敬上愛下”解“不驕”，諸侯所敬之上即天子，鄭玄于此有意突顯天子至尊、諸侯位卑于天子，由此區分、確定諸侯敬的對象——天子。諸侯敬上，便須奉行天子法度。如“制節謹度，滿而不溢”鄭玄注：“費用儉約，謂之制節。奉行天子法度，謂之謹度。故能守法而不驕逸也。”

唐明皇注《諸侯章》似難見天子的維度。如首句“在上不

① 皮錫瑞：《孝經鄭注疏》，第24—30頁。

② 李隆基注，邢昺疏：《孝經注疏》，第13—15頁。

驕，高而不危”的解釋：“諸侯，列國之君，貴在人上，可謂貴矣，而能不驕則免危也。”首先，唐明皇從列國之君的角度審視諸侯身份的首要特點，而非列土分疆——從“普天之下，莫非王土”的天子視角下界定諸侯。其次，諸侯作爲一國之君，居於萬民之上，身份尊貴。最後，諸侯雖然身份尊貴卻能不驕——謹守禮法，所以能夠免於危難。不驕是從諸侯自身能夠循禮而言。如“制節謹度，滿而不溢”唐明皇注所言：“費用約儉謂之制節，慎行禮法謂之謹度。無禮爲驕，奢泰爲溢。”謹度，鄭玄解爲“奉行天子法度”，唐明皇改“奉行”爲“慎行”，改“天子法度”爲“禮法”，由對天子法度的遵循轉向個人在禮法上的謹慎修行，弱化天子的存在意義。這既突顯了諸侯自身的主體性，一定程度上也消解了諸侯當敬上——敬天子、奉行天子法度的内涵。而在鄭玄看來，即使是貴爲一國之君的諸侯，身處萬民之上，但也只是列土分疆之諸侯——居於天子之域内，其上有更尊貴的天子。因此，諸侯當敬上——尊敬天子，奉行天子之法度，“居高位而不驕，所以長守貴也”。

由上可知，在鄭玄看來，敬作爲孝的本質，天子至於庶人無不須盡孝，則無不須行敬。居於至尊之位的天子的敬，呈現于以祖配祀的郊天禮中，受命先祖是天帝感生，以先祖配天既呈現先祖之敬天，也表達繼位者之敬祖、敬天。天子又將此敬之德教施于百姓，通過太學食養三老五更之禮，教導天下子弟敬養其父兄，如《天子章》“而德教加于百姓”，鄭玄注：“敬以直内，義以方外，故德教加于百姓也。”一國之君的諸侯之敬，則呈現于諸侯之敬上——尊敬天子與奉行天子之法度。卿大夫之敬，則呈現于對先王禮法德行的遵循。質言之，不僅士與庶人須行敬，君主也恒須行敬，如《諸侯章》末尾“戰戰兢兢，如臨深淵，如履薄冰”，鄭注：“義取爲君恒須戒懼。”戒懼，即警誡、畏懼。鄭玄釋“敬”爲“警”，如《詩經·大雅·常武》“既敬既戒，惠此南國”，鄭箋云：“敬之言警也。

警戒六軍之衆，以惠淮浦之旁國。謂勑以無暴掠爲之害也。”①可見戒懼乃敬的狀態。君恒須戒懼，亦即君主都必須恒常處於敬的狀態。“敬”於政治生活的意義非同一般。

四、餘論

可以説，在鄭玄的經學體系中，孝在夏禹開創的小康世才真正成爲一個被關注的話題。轉入小康世後，禮義及其相應的德性取代了大同世尊尚的辭讓與讓德，成爲政治生活中的主要內容。而禮之本在敬，意味著小康世的禮義與敬取締了大同世的辭讓與讓德。自天子至于庶人，無不須行敬，敬取代了大同世的讓德，成爲斯道稍衰之世中備受推崇的德性。

大同世與小康世最顯著的區別，乃政治權力的傳承制度。大同世選賢與能，基於個人的賢德才幹。小康世世襲繼承，基於先天的血緣關係。這是兩套不同的稍顯矛盾的原則，西漢中晚期盛行的禪讓説和再受命理論也與此有關。然而，無論是在經典的記敘中還是往後中國的社會歷史中，這兩套不同原則卻始終共存。那麼，這兩套不同原則的矛盾如何調解？

從《孝經》經文而言，父集愛、敬於一身，是孝最完滿的表達。但細繹鄭玄《孝經注》，其闡釋的重點始終落在敬的層面。因此，考察鄭玄思想中《孝經》何以總會六藝，更多地也須從敬著眼，亦即探討敬于權力繼承與秩序延續性的意義。

① 毛亨傳，鄭玄箋，孔穎達疏：《毛詩正義》，第1469頁。

改制與復禮

——何休、鄭玄三統文質論析義

高瑞傑 *

三統論强調先代聖王受命更嬗，遵循黑、白、赤三統循環更替規律運行，并匹配相應的政教符號，以應天命。此由董仲舒所創獲，并成爲一套獨特的歷史哲學，[①] 其後漢世諸儒三統論思想，皆由其説展開，影響可謂深遠。

一、文質三統觀之探析

《漢書・五行志》載"景武之世，董仲舒治《公羊春秋》，始推陰陽，爲儒者宗"，將《春秋》與"陰陽"二者相結合，可謂董仲舒思想之綱維所在。董仲舒面對漢世政權合法性及治道恒常性之問難，[②] 以

* 高瑞傑，上海師範大學哲學系副教授。本文係國家社科基金青年項目"東漢制禮困局下的今古文經學思想互動研究"（21CZX029）階段性成果。

① 馮友蘭指出，董仲舒的"三統"説，"在哲學史上不失爲一有系統的歷史哲學"。（《中國哲學史》，中華書局，1961 年，第 537 頁。）黄開國指出，在春秋公羊學發展史上，董仲舒"三統説"標誌著春秋公羊學歷史哲學的初步形成。（《公羊學發展史》，人民出版社，2013 年，第 174 頁。）汪高鑫亦指出"三統説"創始人當歸於董仲舒，是一個體大思精的歷史變易學説體系。（《"三統"説與董仲舒的歷史變易思想》，《齊魯學刊》2002 年第 3 期。）

② 漢武帝鋭意進取，對漢世合法性及治道恒常性皆有猶疑，故訪賢問能，董仲舒是以上"天人三策"，詳參《漢書・董仲舒傳》。亦可參李申：《漢武帝的天人三策與儒術獨尊》，《中國儒教史》，上海人民出版社，2000 年，第 208—217 頁；張舉英：《董仲舒〈天人三策〉研究》，山東大學 2008 年碩士論文。

爲“求王道之端”當本之《春秋》，申《春秋》“改制”諸義，[①] 一方面揭櫫先王政教恒常之道，另一方面又點明漢治之具體方向，[②] 最終打動武帝，使其下决心以儒術“更化”漢治，實現儒學官學化轉向。其對天道與政教之勾連主要本于“天人感應”説，而三統論則爲其聖王政教譜系之具體構建，後儒因於其説，又漸趨細密，此下詳述之。

首先，董仲舒强調王道本身“萬世無弊”，後王有“救弊”之舉實因於“失道”，并將先王政教遷嬗分爲兩種形態：“繼治世”與“繼亂世”。禹以上爲“治世”，先王聖聖相因，篤志守

---

① 關於董仲舒“改制”之義，歷來聚訟。如晚清蘇輿、朱一新等儒者否認董仲舒有改制之義，認爲《三代改制質文》一篇“但述師説”，而將《春秋》改制諸義歸爲何休創解；而康有爲等人又極力推崇董仲舒改制思想，以爲“《春秋》專爲改制而作”，“幸有董子之説，發明此義”，雙方似皆“有爲而發”，但平心而論，董仲舒思想本身有改制理論無疑，朱一新等人爲反駁康有爲奇崛之論，而試圖切斷董仲舒與《春秋》改制諸論，顯然不符情實。可参段熙仲：《春秋公羊學講疏》，南京師範大學出版社，2002 年，第 461—462 頁。黄銘對此亦辨之甚詳，其以爲董仲舒所論改制層次，可分爲“受命應天”“救衰補弊”“改制而不變道”三個層面。所論精賅。（《董仲舒春秋學研究》，復旦大學 2013 年博士論文，第 100—124 頁。）不過三個層次實有重疊，且“受命應天”之改制當貫徹先王政教始終，此爲其論未及處。

② 《漢書 · 董仲舒傳》載漢武帝問册曰：“三王之教所祖不同，而皆有失，或謂久而不易者道也，意豈異哉?”董仲舒對云：“臣聞夫樂而不亂、復而不厭者謂之道；道者萬世亡弊，弊者道之失也。先王之道必有偏而不起之處，故政有眊而不行，舉其偏者以補其弊而已矣。三王之道所祖不同，非其相反，將以救溢扶衰，所遭之變然也。故孔子曰：‘亡爲而治者，其舜乎!’改正朔，易服色，以順天命而已；其餘盡循堯道，何更爲哉！故王者有改制之名，亡變道之實。然夏上忠，殷上敬，周上文者，所繼之救，當用此也。孔子曰：‘殷因於夏禮，所損益可知也；周因於殷禮，所損益可知也；其或繼周者，雖百世可知也。’此言百王之用，以此三者矣。夏因於虞，而獨不言所損益者，其道如一而所上同也。道之大原出於天，天不變，道亦不變，是以禹繼舜，舜繼堯，三聖相受而守一道，亡救弊之政也，故不言其所損益也。繇是觀之，繼治世者其道同，繼亂世者其道變。今漢繼大亂之後，若宜少損周之文致，用夏之忠者。”

道，道未有失，政亦無弊；自禹以降三代爲“亂世”，道漸有偏弊，故末世常有失道亂政之事，後王需更作損益，以救道之失。

其次，無論是繼治世還是繼亂世，王者始受命，皆當“改正朔”，進行象徵性的儀式性變革，明其受命于天，與“繼體之君”不同。故“正朔之變”實爲常道，當貫徹始終。其目的有二：一有“顯揚天志”之意，① 二有“新民耳目”之效。②《春秋繁露》據《春秋》書“王正月”之辭明此改正朔之義，可知此論本于《春秋》。③ 正朔之改當合三正，《春秋》於春三月每月書王，即所謂“三正説”，溯其源實有天道自然之理據，如《白虎通·三正》云：

> 正朔有三何本？天有三統，謂三微之月也。明王者當奉順而成之，故受命各統一正也。敬始重本也。朔者，蘇也，革也。言萬物革更于是，故統焉。《禮·三正記》曰：“正朔三而改，文質再而復也。”三微者，何謂也？陽氣始施黄泉，動微而未著也。十一月之時，陽氣始養根株黄泉之下，萬物皆赤，赤者，盛陽之氣也。故周爲天正，色尚

① 《春秋繁露·楚莊王篇》云：“受命之君，天之所大顯也。事父者承意，事君者儀志。事天亦然。今天大顯己，物襲所代而率與同，則不顯不明，非天志。故必徙居處、更稱號、改正朔、易服色者，無他焉，不敢不順天志而明自顯也。”蘇輿：《春秋繁露義證》卷一，鍾哲點校，中華書局，1992年，第18頁。《白虎通·三正篇》又云：“是以禹舜雖繼太平，猶宜改以應天。”可見改正朔順天應人，五帝、三王皆當遵之，具有普適性。

② 《白虎通·三正篇》云：“王者受命必改朔何？明易姓，示不相襲也。明受之于天，不受之于人，所以變易民心，革其耳目，以助化也。”陳立：《白虎通疏證》卷八，吴則虞點校，中華書局，1994年，第360頁。

③ 《春秋繁露·三代改制質文》：“《春秋》曰：‘王正月。’《傳》曰：‘王者孰謂？謂文王也。曷爲先言王而後言正月？王正月也。’何以謂之王正月？曰：王者必受命而後王。王者必改正朔，易服色，制禮樂，一統於天下，所以明易姓非繼人，通以己受之於天也。”蘇輿：《春秋繁露義證》卷七，第184—185頁。

> 赤也。十二月之時，萬物始牙而白，白者，陰氣，故殷爲地正，色尚白也。十三月之時，萬物始達，孚甲而出，皆黑，人得加功，故夏爲人正，色尚黑。……不以二月後爲正者，萬物不齊，莫適所統，故必以三微之月也。[①]

此處一方面點明重“三正”有“敬始重本”之意，需尊重先代之統，且有不忍之意。[②] 另一方面指出三統源於“三微之月”，與陰陽二氣交感生發萬物相關，是萬物生生之本源。其理本于陰陽，亦承董氏之説而來。《白虎通》又吸收劉歆《三統歷》、緯書諸説，[③] 將三正與天地人相配，使天道與政教結合更爲緊密，亦豐富三統説之形上理據，其神聖性與權威性皆得以加强。

再次，概言之，改正朔通賅治世與亂世；細析之，亦有分

---

① 陳立：《白虎通疏證》卷八，第362—363頁。

② 此又當引出所謂“存二王之後”之説。《白虎通・三正》云：“王者所以存二王之後何也？所以尊先王，通天下之三統也。明天下非一家之有，謹敬謙讓之至也。”陳立：《白虎通疏證》卷八，第366頁。蘇輿言：“古者易代則改正，故有存三統、三微之説，後世師《春秋》遺意，不忍先代之遽從絀滅，忠厚之至也。”（《春秋繁露義證》卷七，第191頁。）

③ 《漢書・律歷志上》所載本自劉歆《三統歷》，其云：“三統者，天施，地化，人事之紀也。……其於三正也，黄鐘子爲天正，林鐘未之衝丑爲地正，太族寅爲人正。三正正始，是以地正適其始紐於陽東北丑位。《易》曰‘東北喪朋，乃終有慶’，荅應之道也。”又云：“天統之正，始施於子半，日萌色赤。地統受之於丑初，日肇化而黄，至丑半，日牙化而白。人統受之於寅初，日孽成而黑，至寅半，日生成而青。……其於人，皇極統三德五事。故三辰之合於三統也，日合於天統，月合於地統，斗合於人統。”其論將建子、建丑、建寅三正分别對應天、地、人三統，天道與政教系統緊密勾連。緯書亦與之同，如《春秋感精符》云：“天統十一月建子，天始施之端也，謂之天統者，周以爲正。地統十二月建丑，地助生之端也，謂之地統，商以爲正。人統十三月建寅，物大生之端也，謂之人統，夏以爲正。”（趙在翰輯《七緯》，鍾肇鵬、蕭文郁點校，中華書局，2012年，第517頁。）天統始施，地統助生，人統大生，共同構成生物施化之進程，具有本體論與生成論意義。

殊：禹以上先王治世相嬗，其道不改，但爲順天命仍需改正朔，更側重象徵性意義；三代以降，其道有失，其治皆有偏弊，於是産生三教與文質之判，使三正遞嬗不僅有變易民心、顯揚天志之象徵義，亦有實質性變革義，黑、白、赤三統與忠、敬、文三教相結合，使得每一統皆匹配相應政教制度，以救前代之失，[①] 并周而復始。由此而言，《春秋》改制義實可兼三統論象徵義與實質義兩重意涵。[②]

先言“三教”。漢時三教説頗爲流行，[③] 董仲舒以此與孔子所言三代損益相聯繫，以申三王救弊之法，并給出漢治方向爲“少損周之文致，用夏之忠者”，此亦是三教説提出用意所在。[④] 三教可與三正相比附，但與三正相比，其爲救道之失而設，更具實質性改制意涵，《白虎通·三教》云：

---

① 不過需指出，即使三統各有教理，但也只是“王道”的不同表現形式，董仲舒强調其所損益皆爲救道之失，而并無“易道”之實。

② 段熙仲即指出：“改制蓋有二義：其一以新民之耳目，以明受命，所謂‘所以神其事’也；其一則承前代之敝而不可不有以救之，此則文質之説也。因三統改制，於是有三教之説。”（《春秋公羊學講疏》，第 461 頁。）

③ 如《禮記·表記》云：“子曰：夏道尊命，事鬼敬神而遠之，近人而忠焉。先禄而後威，先賞而後罰，親而不尊。其民之敝，惷而愚，喬而野，朴而不文。殷人尊神，率民以事神，先鬼而後禮，先罰而後賞，尊而不親。其民之敝，蕩而不静，勝而無恥。周人尊禮尚施，事鬼敬神而遠之，近人而忠焉。其賞罰用爵列，親而不尊。其民之敝，利而巧，文而不慚，賊而蔽。”《史記·高祖本紀》：“太史公曰：夏之政忠。忠之敝，小人以野，故殷人承之以敬。敬之敝，小人以鬼，故周人承之以文。文之敝，小人以僿，故救僿莫若以忠。三王之道若循環，終而復始。周秦之閒，可謂文敝矣。秦政不改，反酷刑法，豈不繆乎？故漢興，承敝易變，使人不倦，得天統矣。”另外，《説苑》《白虎通》多載此三教，可見其爲漢儒通説。

④ 《漢書·董仲舒傳》董仲舒對策言：“至周之末世，大爲亡道，以失天下。秦繼其後，獨不能改，又益甚之，重禁文學，不得挾書，棄捐禮誼而惡聞之，其心欲盡滅先王之道，而顓爲自恣苟簡之治，故立爲天子十四歲而國破亡矣。自古以倈，未嘗有以亂濟亂，大敗天下之民如秦者也。其遺毒餘烈，至今未滅，使習俗薄惡，人民嚚頑，抵冒殊扞，孰爛如此之甚者也。”可知其時漢治染周、秦兩代之弊政，董仲舒實欲以《春秋》之道革除之。

《樂稽耀嘉》曰："顔回問三教變，虞夏何如？"曰："教者，所以追補敗政，靡弊溷濁，謂之治也。舜之承堯，無爲易也。"或曰：三教改易，夏后氏始。……三教所以先忠者，行之本也。三教一體而分，不可單行，故王者行之有先後。何以言三教並施、不可單行也？以忠、敬、文無可去者也。[①]

此處言三教當僅指三代以下，以忠爲首（夏道即尚忠），循環往復。且指出三教雖各有其治，但亦是"一體而分"，不可單行，即强調其雖對前代之弊政有所補救，但目的仍爲實現道之本身。據此，三教説亦當從三統説而有"存二王"之義，如此斗建子丑寅三正、黑白赤三統、忠敬文三教相承而復，[②] 方體現"尊統重正"之意，亦體現天道往復至公無私之理。

在此基礎上，董仲舒進一步對先代聖王皆作安置，形成其頗具動態、差等特色的三統説：

故湯受命而王，應天變夏，作殷號，時正白統，親夏、故虞，絀唐，謂之帝堯，以神農爲赤帝，作宫邑於下洛之陽，名相官曰尹，作濩樂、制質禮以奉天。

（周）文王受命而王，應天變殷，作周號，時正赤統，親殷、故夏，絀虞，謂之帝舜，以軒轅爲黄帝，推神農以爲九皇，作宫邑于豐，名相官曰宰，作武樂、制文禮以奉天。[③] ……

---

① 陳立：《白虎通疏證》卷八，第370—371頁。

② 《白虎通·三正》云"三正之相承，若順連環也。"（陳立：《白虎通疏證》卷八，第364頁。）

③ 《春秋繁露·三代改制質文》下文又言："是故周人之王，尚推神農爲九皇，而改號軒轅謂之黄帝，因存帝顓頊、帝嚳、帝堯之帝號，絀虞而號舜曰帝舜，録五帝以小國，下存禹之後於杞，存湯之後於宋，以方百里爵稱公。使服其服，行其禮樂，稱先王客而朝。"（蘇輿：《春秋繁露義證》卷七，第199頁。）

> 故《春秋》應天作新王之事，時正黑統，王魯，尚黑，絀夏、親周、故宋，樂宜親《招武》，故以虞録親，爵制宜商，合伯子男爲一等。……《春秋》作新王之事，變周之制，當正黑統。而殷周爲王者之後，絀夏改號禹謂之帝，録其後以小國。故曰：絀夏、存周，以《春秋》當新王。不以杞侯，弗同王者之後也。[①]

此三統説亦可分兩個層次：籠統而言，據魯而釋三代聖王，即以商、周、《春秋》三代爲三統，論其應天改制黜陟之事，與後來公羊家所論“新周、故宋、以《春秋》當新王”之三統説若合符契。析言之，其三統説又頗具動態化功能，即所謂三代改制之三代，當隨時王而變，而各溯其先王後，其稱謂亦隨時而遷。以商而言，其二王後爲夏和虞，黜更遠一代唐堯爲五帝（分别爲神農、黄帝、顓頊、帝嚳、堯），則伏羲當爲九皇。[②]以周而言，其二王後爲商和夏，黜更遠一代舜爲五帝（五帝則爲黄帝、顓頊、帝嚳、堯、舜），則神農爲九皇。以《春秋》而言，其二王後爲周和商，黜夏爲五帝（五帝爲顓頊、帝嚳、堯、舜、禹），杞非二王後，黄帝遷爲九皇。由是，以時王爲基點，上推二王後與時王合爲三統，又絀五帝、九皇之差降，[③]形成一套具有“差序格局”的帝王政教體系。需要强調，無論是具體的《春秋》三統説，還是普適化的動態三統説，皆屬於

① 蘇輿：《春秋繁露義證》卷七，第186—200頁。

② 蘇輿引錢塘説云：“絀唐爲帝，唐爲五帝之末，則神農爲五帝之首，而庖羲爲九皇。此當有推庖羲以爲九皇句，文脱耳。”（《春秋繁露義證》卷七，第186頁。）

③ 《春秋繁露・三代改制質文》云：“帝，尊號也，録以小何？曰：遠者號尊而地小，近者號卑而地大，親疏之義也。……故聖王生則稱天子，崩遷則存爲三王，絀滅則爲五帝，下至附庸，絀爲九皇，下極其爲民。”（蘇輿：《春秋繁露義證》卷七，第200—202頁。）可見先代聖王，距時王愈遠則愈疏，體現遠近親疏之倫理義。

繼亂世領域，其所黜陟更嬗，皆因其教有失，其政有弊，不能完整呈現道之全體，故實質性變革的三教嬗變，當歸束於三王以下。

最後，三教論表面上似由三正引申而來，但論其實質，則應是"文質觀"之推衍。文質理論蓋出於孔子，[①] 董仲舒將此理論落實于禮制上，并衍生"親親""尊尊"爲代表的兩大不同政教體系。因於文質遞嬗之推衍，形成其"二而復""三而復""四而復"等等聖王往復理論。[②] 其最爲典型且最具争議者，即"四而復"説：

> 主天法商而王，其道佚陽，親親而多仁樸；故立嗣予子，篤母弟，妾以子貴；昏冠之禮，字子以父，别眇夫婦，對坐而食……
>
> 主地法夏而王，其道進陰，尊尊而多義節，故立嗣與孫，篤世子，妾不以子稱貴號；昏冠之禮，字子以母，别眇夫婦，同坐而食……
>
> 主天法質而王，其道佚陽，親親而多質愛，故立嗣予子，篤母弟，妾以子貴；昏冠之禮，字子以父，别眇夫婦，對坐而食……
>
> 主地法文而王，其道進陰，尊尊而多禮文，故立嗣予孫，篤世子，妾不以子稱貴號；昏冠之禮，字子以母，别眇夫妻，同坐而食……[③]

此説頗令人困惑：首先，"四而復"與"三正""三統""三教"

---

① 彭美玲：《漢儒三代質文論脈絡考察》，《漢學研究》第32卷第3期，2014年。

② 董仲舒：《春秋繁露·三代改制質文》。亦可參黄銘：《董仲舒春秋學研究》，第107—114頁。

③ 蘇輿：《春秋繁露義證》卷七，第205—311頁。

往復似有扞格,[①] 以四配三，無法相配；其次，所謂法商、夏當如何理解，其與質、文概念有何關聯[②]；再次，此説又可比附虞夏商周四代,[③] 其理據更難琢磨。其實，四者看似相異，細察之則可分爲二類,[④] 即“文質論”之推衍。徐興無先生指出,[⑤] 董仲舒據陰陽説而分出文質兩種禮制類型，二者又遵循天、地、商、夏四條原則，其中，天、地代表自然次序（天），商、夏代表歷史次序（古），有奉天法古之義。需指出，文質論並非線性的歷時序列，而是分屬天地的二分式空間交替序

① 如顧頡剛即認爲商夏文質四而復“這種的排列法，形式是整齊極了，内容是荒謬極了”，“就是在形式上也講不通”。（《中國上古史研究講義》，中華書局，2002 年，第 111 頁。）

② 一般認爲，“四而復”中的“商”、“夏”並非指具體的朝代之名，而是與“文”、“質”對應，皆爲制度之名。如劉向《説苑・修文》即云：“商者，常也。常者質，質主天。夏者，大也。大者文也，文主地。故王者一商一夏，再而復者也。”參黄銘：《董仲舒春秋學研究》，第 110 頁。

③ 黄銘指出：可從歷史的角度理解四代之變，並可與“三世説”相比附，頗有啓益。（《董仲舒春秋學研究》，第 110—112 頁。）然其所據康有爲之説顯然不當，故其結論亦值得懷疑。

④ 如段熙仲先生即言“（商夏文質）其目則四，其實則二”。（《春秋公羊學講疏》，第 458 頁。）康有爲更指出“天下之道，文質盡之”。（《春秋董氏學》，中華書局，1990 年，第 121 頁。）要之皆將四者歸於文質觀中。

⑤ 據此而言，三教相嬗亦可在文質體系下來理解。故《禮記・表記》論三教云：“夏道尊命，事鬼敬神而遠之，近人而忠焉。先禄而後威，先賞而後罰，親而不尊。……殷人尊神，率民以事神，先鬼而後禮，先罰而後賞，尊而不親。……周人尊禮尚施，事鬼敬神而遠之，近人而忠焉，其賞罰用爵列，親而不尊。……”此雖言三教相嬗，但夏道尊命之特色，與周道頗爲相似之處。又《禮記・表記》又云：“子曰：‘虞、夏之質，殷、周之文至矣。虞、夏之文，不勝其質。殷、周之質，不勝其文。’”孔穎達疏：“案《三正記》云：‘文質再而後始。’則虞質夏文，殷質周文。而云‘虞夏之質，殷周之文’者，夏家雖文，比殷家之文猶質。殷家雖質，比夏家之質猶文於夏。故夏雖有文，同虞之質，殷雖有質，同周之文。”鄭玄注，孔穎達疏：《禮記正義》卷五四，影阮刻《十三經注疏》，中華書局，2009 年，第 3565 頁上欄。可見細較之，虞夏殷周各有文質；略言之，則虞夏與殷周判然爲兩類。

列，商、夏、文、質在天地框架下可分爲兩組——商、質屬天，夏、文屬地，據此，周當法文而主地，《春秋》當法質而主天，如此，三代以降王朝往復皆可在文質遞嬗的天地系統中得到妥帖安置。其論頗爲通達。仍需强調，文質相復亦當在繼亂世狀態下運行。①

綜上，董仲舒將先王政教譜系分殊爲繼治世與繼亂世兩種模式，以爲堯舜禹三聖相守一道，三王以降則有損益，而改正朔明受命于天，可通貫先王全體，具有普適性，漢儒將三正之變本于天道，更具神聖性。就繼亂世而言，其道既有偏弊，故加入三教説，使三統論兼有象徵義與實質變革義。董仲舒又將《春秋》三統説推拓至整個聖王譜系中，以《春秋》當新王，則商、周、《春秋》爲三統；以此上溯先代聖王，亦各有統緒，先王政教譜系由此完備。此外，其諸多歷史變易説皆爲文質觀之推衍。需指出，董氏雖强調繼治世萬世無弊，有恒常之道；但所論三統諸義則主要針對繼亂世展開，體現其王道理想主義與政治實踐現實主義相結合的思想特色。② 事實上，三正相嬗爲常道，而三教損益亦未離道，如此使繼亂世通往繼治世不乏

① 不過令人詫異的是，《春秋繁露・三代改制質文》文末將商夏質文又分屬於舜禹商周四代，并賦予受命聖王諸感生異表，十分突兀，黄震即疑此"不當于理"，蘇輿亦"疑非董子原文"，可謂有識。（蘇輿：《春秋繁露義證》卷七，第 184、213 頁。）《漢書・董仲舒傳》及《春秋繁露・楚莊王》諸篇皆言虞夏相襲其道同，此處卻言二代相繼有文質之别，顯然違異，段熙仲先生亦疑二者不合，當以班《書》爲正，虞夏相襲"無損益之道"，應爲達詁。（《春秋公羊學講疏》，第 462 頁。）

② 汪高鑫即指出，董仲舒認爲三皇五帝道不變，堯舜禹三聖相守一道，這只是儒家理想主義和崇聖觀在其歷史觀上的一個表現；而三代變道救弊是歷史主義和現實主義的理解。其説頗有發覆。不過，其僅從思想來源分析，且認爲董仲舒"治世"道不變，體現其虚幻的歷史觀，並能理解其政教意涵。略有偏失。（《"三統"説與董仲舒的歷史變易思想》，《齊魯學刊》2002 年第 3 期。）

可能性；而孔子作《春秋》，應天而正黑統，以爲漢法，可革先代之弊，或爲通往治世之門徑。

二、何休三統與文質論析義

何休三統論多承董仲舒等先儒之説，但也並非一味因循，[①]只是由於隨文釋注的解經體例，使其觀點不易釐清，但若深入其思想體系，可知其説並非“理論失誤”，[②] 而有謹嚴之邏輯。其三統論大致有四個特色：

首先，何休强調三正説，明王者遞嬗，當通過改正朔等禮儀變革形式布告於天下，明其非以强力奪天下，實因天命受天下。《公羊傳》隱公元年何休解詁：

> 王者受命，必徙居處，改正朔，易服色，殊徽號，變犧牲，異器械，明受之於天，不受之於人。夏以斗建寅之月爲正，平旦爲朔，法物見，色尚黑；殷以斗建丑之月爲正，雞鳴爲朔，法物牙，色尚白；周以斗建子之月爲正，夜半爲朔，法物萌，色尚赤。

此論王者受命改制，以改正朔爲核心。其三正説既有政教變易

① 學者或以爲董學醇深，而何休多“非常異義可怪之論”，所謂《春秋》改制之説多出於何，以切斷董、何關聯；或以爲董仲舒與何休在“三科九旨”等《春秋》大義上別無二致，兩人最大的差異在於“家法”“師法”差異，故對二者“大義”方面的比較多未措意。以上論斷應當有皆有偏弊之處。詳參黄銘：《春秋學中的董何之異》，《董仲舒春秋學研究》，第 125—146 頁。

② 黄開國論何休“三統論”，以《“通三統”及其矛盾》爲標題，指出何休所言“王正月、王二月、王三月”之“通三統”與《春秋》“一月、十二月、十一月”相悖，何休所論陷入“理論失誤的泥潭”，又言“‘通三統’作爲一種歷史觀，在孔子爲赤制已經成爲定論的東漢，已經是一種不合時宜的理論”，因此何休也並不重視該理論，其説頗具代表性，但甚爲偏頗。（《公羊學發展史》，第 377—380 頁。）

義，又兼董仲舒所言“統正”之意。[①] 并强調“三正”以斗建三微之月爲正，法日始、物初，及相應正色，可見始受命王實受于天地之道，具有神聖性來源。何休又承《白虎通》“三正”之説，亦將其配以“天地人”之道：

> 《公羊傳》文公二年：練主用栗。
>
> 何休解詁：謂期年練祭也，理虞主於兩階之間，易用栗也。夏后氏以松，殷人以柏，周人以栗。松猶容也，想見其容貌而事之，主人正之意也。柏猶迫也，親而不遠，主地正之意也。栗猶戰慄，謹敬貌，主天正之意也。

何休以爲《論語》宰予所問主即《春秋》此處所言練主，與鄭氏别，[②] 并在承續《白虎通》三正不相襲義基礎上，[③] 更以夏商周三代與天地人之道相貫通，亦有發明。

其次，何休强調正月爲政教之始，在政教體系中居於核心位置。《春秋》開篇言“王正月”，《公羊傳》以爲即大一統義，何休解詁：

> 統者，始也，總繫之辭。夫王者，始受命改制，布政

---

① 《春秋繁露·三代改制質文》云：“其謂統三正者，曰：正者，正也，統致其氣，萬物皆應而正，統正，其餘皆正，凡歲之要，在正月也。”（蘇輿：《春秋繁露義證》卷七，第 197 頁。）

② 《論語·八佾》篇：“哀公問主於宰我。宰我對曰：‘夏后氏以松，殷人以柏，周人以栗，曰使民戰栗。’”鄭玄注：“主，田主，謂社。哀公失御臣之權，臣見社無教令于人，而人事之，故問。樹之田主，各以其土地所宜木，遂以社于其野。然則周公社以栗木者，是乃土地所宜木。”（陳金木：《唐寫本論語鄭氏注研究：以考據、復原、詮釋爲中心的考察》，臺北文津出版社，1996 年，第 436—437 頁。）是鄭玄以主爲“社主”，與何休異。

③ 《白虎通·三正篇》云：“《論語》云：‘哀公問主于宰我，宰我對曰：夏后氏以松，松者，所以自竦動。殷人以柏，柏者，所以自迫促。周人以栗，栗者，所以自戰慄。’亦不相襲。”（陳立：《白虎通疏證》卷一二，第 576 頁。）

> 施教於天下，自公侯至於庶人，自山川至於草木、昆蟲，莫不一一繫於正月，故云政教之始。

其意是將天地間一切人事與自然物，皆總繫於正月，使得政教得以一本，由此可見正月之溥博貫通與權威性。因此，改正朔雖有象徵性意涵，但其啓動亦需極爲矜慎。①

此處尤需注意《春秋》作爲新王，其所"改正"之特殊意涵。在何休看來，《春秋》非實王，而是"假魯以爲王法"，其將"西狩獲麟"事件視爲天命絶周之異、授漢之瑞，既代表《春秋》制作之始，又可代表《春秋》王法之終備。以王法言，《春秋》王魯，其將王法寓於魯十二公世系内，以備足天數，②并分三世，以衰亂而漸至太平，於衰亂之時，王道未備，用心麤粗，符瑞未至，故仍用周時；至西狩獲麟時，王道大備，崇德致麟，太平已至，於是可改制應天，但《春秋》非實王，不得"顯然以改周正"，③ 故以書法表達"行夏之時"義。《春秋》哀公十四年"春，西狩獲麟"，何休解詁云：

> 據天子諸侯乃言狩，天王狩于河陽，公狩于郎是也。河陽冬言狩，獲麟春言狩者，蓋據魯變周之春以爲冬，去周之正而行夏之時。

---

① 《白虎通·三正篇》即云："王者改作，樂必得天應而後作何？重改制也。"蘇輿疑"樂"字爲衍文。（《春秋繁露義證》，第 361 頁。）可見帝王改制，當有符應方可進行，可見此制之嚴苛。

② 《公羊傳》隱公元年何休解詁："《春秋》據哀録隱，上治祖禰。所以二百四十二年者，取法十二公，天數備足，著治法式。"《論衡·正説篇》亦云："或説《春秋》[十二公，法] 十二月也。"（黄暉：《論衡校釋》卷二八，中華書局，1990 年，第 1129 頁。

③ 凌曙：《公羊禮説》，黄銘點校，《春秋公羊禮疏（外五種）》，上海古籍出版社，2015 年，第 303 頁。

其先以《春秋》桓公四年“王正月，公狩于郎”、僖公二十八年“冬，天子狩於河陽”二事明狩之主體當爲王者。復結合二年狩例可知：狩例時，具體則在周十二月（夏之孟冬月）爲得禮，[①] 餘皆例月以譏之。此處“春狩”而不例月，示《春秋》不譏，即在“不顯然改周正”的前提下變周春爲夏冬，以行夏正，[②] 在書法中實現《春秋》改正應天之目的。可知何休以爲，《春秋》雖言“作新王”之事，但王法的歷史化書寫方式，[③] 使其在西狩獲麟符瑞降臨之前，一直沿用周正，是其對改正朔之事極爲矜慎。又《公羊傳》文公十三年何休解詁：“白牡，殷牲也。周公死有王禮，謙不敢與文、武同也。不以夏黑牡者，嫌改周之文當以夏，辟嫌也。”此言周公雖因功德至重而死可有王禮，但爲避實王而不得用周之赤牲，亦因有“三王改復”之嫌而不得用夏之黑牡，故用白牡，可見改正説在何休《公羊》改制思想中頗爲重要。

再次，何休不“顯用夏正”，亦與其《春秋》爲漢制法之理念轉變相關。董仲舒屢言“今漢繼大亂之後，若宜少損周之文致，用夏之忠者”，“《春秋》應天作新王之事，時正黑統”，皆是在“三統相復”框架下視《春秋》爲繼周之黑統，與夏道忠同。然而若如此論，《春秋》實與繼周之實際王朝無異，則其亦當遵循三統往復之規律，不可避免失道衰亡之命運，此既

① 《春秋》桓公四年：“春，王正月，公狩于郎。”《公羊傳》曰：“冬曰狩。”何休解詁：“狩例時，此月者，譏不時也。周之正月，夏之十一月，陽氣始施，鳥獸懷任，草木萌牙，非所以養微。”此既以正月陽氣始施爲非禮，則當以冬十二月狩爲正。結合《春秋》僖公二十八年，天王冬狩不譏。可知此處例月以譏桓公狩不時。

② 段熙仲云：“按何君之意，蓋謂春不當曰狩，此以將行夏之時，周之春則夏之冬也，故言狩以示當用夏正，以爲後王法，非顯然改周正也。”（《春秋公羊學講疏》，第442頁。）

③ 參楊乃喬：《口傳注經與詮釋歷史的真值性——兼論公羊學的詮釋學傳統和體例及其他》，《學術月刊》2016年第9、10期。

與漢之德運相悖，又不足爲漢治所取法。[①] 何休面對此一理論困境，力圖淡化《春秋》作爲黑統的局限性，而突出《春秋》具有萬世法的普適性。[②] 這種强調，使《春秋》作爲漢世國憲的説服力更强，可謂匠心。據此，其《春秋》三統説有兩重意涵：

一方面，在不顯改周正前提上，以“周正月、二月、三月”爲三統，此雖似“主周”而言，然實藉此闡發“尊聖重統”之義。

> 《公羊傳》隱公三年何休解詁：二月、三月皆有王者，二月，殷之正月也；三月，夏之正月也。王者存二王之後，使統其正朔，服其服色，行其禮樂，所以尊先聖，通三統，師法之義，恭讓之禮，於是可得而觀之。

據三正説，周二月爲殷正月，周三月爲夏正月，周時春三月正好代表王道三正之全體，時君立，當法二代先王，故《春秋》於春三月俱書“王”，可謂尊重三王之道。需指出，言“春王三月”，其實質仍是以《春秋》作爲後王法而言，强調《春秋》書法折衷三代，具有萬世法之特質：

> 《公羊傳》桓公三年何休解詁：二月非周之正月，所以復去之者，明《春秋》之道，亦通于三王，非主假周以爲漢制而已。

---

① 事實上，漢武帝所問實爲尋找“久而不易之道”，但如董仲舒所言漢當用“夏之忠”制，則仍爲一時權宜之制，非常道。董氏雖亦有質文相救之法，但實未提升到漢世治道之高度。

② 事實上，《春秋》在《公羊》學理論中，實包含兩重意涵：作爲黑統，是將其視爲一朝；作爲孔子法，則突出其普適性。此兩者在董仲舒那裏往往合一，而何休極力將其分殊，作爲與三代並列之一朝與作爲經世大法，意涵頗不同，需謹慎區别。何休更突出《春秋》爲孔子制法的常道性質。

何休以爲《春秋》譏桓公"無王而行"，故於春時三月皆去"王"以貶之。是其非僅假周制法，亦有通三王之義，此尤爲值得注意。《春秋》不顯改周正，實有矜慎謹戒之意；若假周制法，則當通于二代，仍當尊夏殷兩代爲二王後，并博徵夏、殷二正；但以《春秋》而言，此爲假周，與實周不同，故周與夏、商實處於同等位置，故稱"通于三王"，與萬世法趨同。《公羊傳》哀公十四年云："制《春秋》之義以俟後聖，以君子之爲，亦有樂乎此也。"何休解詁："待聖漢之王以爲法。樂其貫于百王而不滅，名與日月並行而不息。"此爲全經末句，其終將《春秋》"貫於百王而不滅"之義和盤突出，頗足尋味。需指出，何休强調《春秋》作爲萬世法之特質，與其堪爲漢法，[①] 二者並不矛盾。在其看來，漢治需要一套恒常完備之法，而《春秋》所制通于三王之法正可爲其取法。這一點與鄭玄力圖使美備之"周禮"作爲漢治綱法之用心，可謂異曲同工。

另一方面，强調新周、故宋、以《春秋》當新王之三統論，并突出《春秋》"王魯"之義。[②]《春秋》以魯爲王，即以魯隱公爲始受命王，當上黜杞，而視周、宋爲新二王後，形成新"三統"說。

《春秋》莊公二十七年："冬，杞伯來朝。"

---

① 《宋書・禮志》："孔子云'行夏之時，乘殷之輅，服周之冕，樂則韶舞'，此聖人集群代之美事，而爲後王制法也。"（沈約：《宋書》卷一四，中華書局，1974年，第328頁。）

② 董仲舒雖然亦曾言"王魯""緣魯以言王義"（《春秋繁露・奉本篇》），但其説"假託"義强，而無"黜周王魯"之義。參蘇輿：《春秋繁露義證》卷九，第279—280頁。相較而言，何休更爲强調"王魯"義，其"尊本重始"、"存二王之後"諸説亦由此推衍。參拙作《試析〈禮記〉"自某始"與〈公羊〉"托始"之義——兼論賢聖改制義》，《復旦政治哲學評論》2019年第11輯。

何休解詁："杞，夏後，不稱公者，《春秋》黜杞，新周而故宋，以《春秋》當新王。黜而不稱侯者，方以子貶，起伯爲黜。"

《春秋》僖公二十三年："冬，十有一月，杞子卒。"

何休解詁："卒者，桓公存王者後，功尤美，故爲表異卒録之。始見稱伯，卒獨稱子者，微弱爲徐、莒所脅，不能死位。《春秋》伯、子、男一也，辭無所貶。貶稱子者，《春秋》黜杞不明，故以其一等貶之，明本非伯，乃公也。又因以見聖人子孫有誅無絶，故貶不失爵也。不名不日不書葬者，從小國例也。"

以《春秋》當新王，則杞應黜出二王後，但仍以聖人之後視之。故《春秋》以伯爲杞國本爵，如此其雖因失道而遭譏貶，亦只是於一等中貶爲子（《春秋》制爵三等，伯、子、男爲一等），並未失爵，即體現"聖人子孫有誅無絶"之意。[①] 黜杞之後，以周、宋爲二王後，《春秋》宣公十六年："夏，成周宣謝災。"何休解詁："孔子以《春秋》當新王，上黜杞，下新周而故宋，因天災中興之樂器，示周不復興，故系宣謝于成周，使若國文，黜而新之，從爲王者後記災也。"此處書周災，與宋災、齊災等諸侯國有災辭例略同，是將周視爲一新諸侯國，以示魯已受命爲王，故尊周爲王者後之意。此《春秋》"新三統"説雖有黜陟，然其用意實爲"假魯以言王法"，"尊本重始""尊重聖王子孫"諸義亦由此而推衍。需指出，據魯而言，《春

① 徐彦疏："正以一等貶之，明是王者之後，本非伯爾。莊二十七年'杞伯來朝'之時，所以不稱侯，正欲此處以一等貶之，故彼不稱侯也。聖人子孫有誅無絶者，若其有過，但當誅責，不合絶去其爵，是以雖微弱見貶，仍但從伯至子，不失其爵矣。"（何休解詁，徐彦疏：《春秋公羊傳注疏》卷一二，影阮刻《十三經注疏》，中華書局，2009 年，第 4906 頁上欄。）

秋》黜杞、新周、故宋、以《春秋》當新王，以周、宋、《春秋》爲三統；以《春秋》爲漢制法而言，《春秋》“折衷三王，非主假周以爲漢制”，二者施受對象雖有不同，但可皆稱爲三統，並無扞格。①

最後，何休藉助《春秋》三統説確立其新王地位，又自覺切割新王之法與三教法之關聯，强調《春秋》“損文益質”之特色，有意避免其重蹈夏道忠之舊轍，跳出“三統改復”之歷史循環論，② 從治道損益的實際運作舉措入手，主張文質兼備，以爲後王之法。③ 其説一方面强調《春秋》“變周之文，從殷之質”，另一方面又不廢尊尊之義，可見其融通性，此理論轉折不僅具有方法論的突破，亦具有現實意義。此下分述之，先論其文質屬性之分殊：

---

① 黄開國以爲何休以夏商周三正之月（即王正月、王二月、王三月之説）來釋“通三統”，與《春秋》三科九旨之“三統”説相悖，故其理論將陷入“理論失誤”。（《公羊學發展史》，第 379 頁。）其説有誤。何休所論實爲漢代今文家通説。如《後漢書・章帝紀》：“元和二年詔曰：《春秋》於春每月書王者，重三正，慎三微也。”雖以《春秋》當新王，但經書春王三月，法夏商周三代正朔，本無不當。

② 蔣慶言“通三統之説，絶無三統循環之義”，“依《白虎通》，二王之後若有聖德天下所安可復受命而王，不必按照黑白赤的‘運次’循環，故三統説中新王王天下取決於天下所安，而不取决于所謂‘運次’”。（《公羊學引論——儒家的政治智慧與歷史信仰》（修訂本），福建教育出版社，2014 年，第 257 頁。）此説仍需斟酌。《白虎通・三正》云：“二王之後，若有聖德受命而王，當因其改之耶？天下之所安得受命也，非其運次者。”盧文弨云：“此有脱誤，疑是‘當因其故，抑改之耶’，下云‘天之所廢，安得受命也’。且‘非其運次者’，蓋卽一姓不再興之義。”以此而言，此處宣揚“一姓不再興”之義，顯然與蔣氏所推結論有間，“三統論”當有一定規律無疑。（陳立：《白虎通疏證》卷八，第 367 頁。）

③ 不過，董仲舒亦曾以質文相救定位《春秋》。如《春秋繁露・玉杯篇》云：“《春秋》之序道也，先質而後文，右志而左物。”《十指篇》云：“承周文而反之質。”《王道篇》云：“救文以質。”蘇輿即言：“此董説《春秋》旨。”（《春秋繁露義證》卷一，第 27 頁。）只是由於董氏所言《春秋》正黑統學説更爲系統，反而使得《春秋》文質相救説隱而不彰。

何休所言文質屬性表

《春秋》及《公羊傳》	何休所言質家	何休所言文家	附注
《公羊傳》隱公元年："立適以長不以賢，立子以貴不以長。"	質家親親，先立娣。	文家尊尊，先立侄。	
	嫡子有孫而死，質家親親，先立弟。	文家尊尊，先立孫。	
	其雙生也，質家據見立先生。	文家據本意立後生。	皆所以防愛争。
隱公七年："齊侯使其弟年來聘。"《傳》："母弟稱弟，母兄稱兄。"	公别同母者，《春秋》變周之文，從殷之質。質家親親，明當親厚異于群公子也。		
隱公十一年："春，滕侯、薛侯來朝。"	滕序上者，《春秋》變周之文，從殷之質，質家親親，先封同姓。		
桓公二年："夏，四月，戊申，納於大廟。"	質家右宗廟，上親親。	文家右社稷，尚尊尊。	據《春秋説》文。[1]《禮記·祭義》：建國之神位，右社稷而左宗廟。鄭玄注：周尚左也。
桓公八年："春，正月，己卯，烝。"	殷人先求諸明，	周人先求諸幽。	質文之義也。何休又注："大夫求諸明，士求諸幽，尊卑之差也。"

① 何休解詁，徐彦疏：《春秋公羊傳注疏》卷四，第 4806 頁下欄。

續表

<table>
<tr><th>《春秋》及《公羊傳》</th><th>何休所言質家</th><th>何休所言文家</th><th>附注</th></tr>
<tr><td rowspan="4">桓公十一年："鄭忽出奔衛。"《傳》："《春秋》伯子男一也。"</td><td>《春秋》改周之文，從殷之質，合伯子男爲一。</td><td></td><td>《春秋繁露・三代改制質文》：周爵五等，《春秋》三等。</td></tr>
<tr><td>王者起所以必改質文者，爲承衰亂救人之失也。天道本下，親親而質省；</td><td>地道敬上，尊尊而文煩。</td><td rowspan="2">《樂緯稽耀嘉》：天道本下，親親而質省；地道敬上，尊尊而文煩。故王者始起，先本天道以治天下，質而親親，及其衰敝，其失也親親而不尊；故後王起，法地道以治天下，文而尊尊，及其衰敝，其失也尊尊而不親，故復反之於質。[1]</td></tr>
<tr><td>故王者始起，先本天道以治天下，質而親親，及其衰敝，其失也親親而不尊；</td><td>故後王起，法地道以治天下，文而尊尊，及其衰敝，其失也尊尊而不親，故復反之於質也。</td></tr>
<tr><td>質家爵三等者，法天之有三光也。</td><td>文家爵五等者，法地之有五行也。</td><td>何休解詁：合三從子者，制由中也。</td></tr>
<tr><td>莊公二十二年："冬，公如齊納幣。"</td><td>《春秋》言納幣者，《春秋》質也。</td><td>納幣即納徵。《禮》曰"人受幣，士受儷皮"是也。《禮》言納徵。</td><td></td></tr>
</table>

① 趙在翰輯《七緯》，第362頁。

續表

《春秋》及《公羊傳》	何休所言質家	何休所言文家	附注
文公二年："春，王二月，丁丑，作僖公主。"《傳》："用栗者，藏主也。"	藏于廟室中，常所當奉事也。質家藏於室。		文家尊尊，故藏於堂；質家親親，故藏於室。
文公五年："春，王正月，王使榮叔歸含且賵。"	緣生以事死，不忍虛其口：天子以珠，諸侯以玉，大夫以碧，士以貝，《春秋》之制也。	文家加飯以稻米。	
宣公八年："夏，六月，壬午，猶繹。萬入去籥。"	殷曰肜，肜者，肜肜不絶，據昨日道今日，斥尊言之，質意也。	周曰繹。繹者，據今日道昨日，不敢斥尊言之，文意也。	
成公十五年："三月，乙巳，仲嬰齊卒。"《傳》："叔仲惠伯，傅子赤者也。"	經云仲者，明《春秋》質家，當積于仲。	叔仲者，叔彭生氏也。文家字積于叔，叔仲有長幼，故連氏之。	
昭公二十五年："九月，齊侯唁公于野井。"《傳》："以舞《大夏》。"		《大夏》，夏樂也。周所以舞夏樂者，王者始起，未制作之時，取先王之樂與己同者，假以風化天下，天下大同，乃自作樂。取夏樂者，與周俱文也。	

何休以文質屬性賅備天地之道——天道尚質，重親親；地道尊文，重尊尊——以此範圍王者迭興之不同形態，各救前代之失，亦爲通説。[①] 殷質周文，《春秋》繼周，亦當尚質而重親親。何休謹守此親親義，並有所創獲。試舉如下：

《春秋》表達"親親之恩"首先要體現在區分"同母兄弟"身上。如《春秋》隱公七年：

> 夏，齊侯使其弟年來聘。
>
> 《公羊傳》：母弟稱弟，母兄稱兄。
>
> 何休解詁：公别同母者，《春秋》變周之文，從殷之質。質家親親，明當親厚異于群公子也。

《春秋》爲申質家重親親之意，故區分諸侯同母、異母兄弟，凡單言"兄""弟"者，皆指同母兄弟，以别於群公子，此亦合儒家愛有差等之原則。

《春秋》僖公五年：

> 春，晉侯殺其世子申生。
>
> 《公羊傳》：殺世子、母弟直稱君者，甚之也。
>
> 何休解詁：甚之者，甚惡殺親親也。《春秋》公子貫于先君，唯世子與母弟以今君録，親親也。今舍國體直稱君，知以親親責之。

---

① 如《公羊傳》桓公十一年何休解詁："故王者始起，先本天道以治天下，質而親親，及其衰敝，其失也親親而不尊；故後王起，法地道以治天下，文而尊尊，及其衰敝，其失也尊尊而不親，故復反之於質也。"此論即當循董氏"文質再而復"之常法，即王者皆各有其文質屬性，其興因此特質，其敗亦因其特質，後王繼起以救前代之失，周而復始。

此又分殊世子與公子，世子即“世世子”，① 其將承宗廟之重；與群公子有别。此處晉侯殺其世子，直稱君以殺，即惡其失親親之道。不唯諸侯需改質，天子亦當守“新王”法度。

如《春秋》宣公十年：

秋，天王使王季子來聘。

《公羊傳》：王季子者何？天子之大夫也。其稱王季子何？貴也。其貴奈何？母弟也。

何休解詁：子者，王子也。天子不言子弟，故變文，上季系先王以明之，著其骨肉貴，體親也。

天子當以任賢爲尚，故不書“在位子弟”，② 爲禮之通例。但爲區分親疏之别，故同母兄弟稱伯仲、異母兄稱“且字”以殊之，③ 此二者皆書“子”并系“王”，明其爲先王之子，尊之；其餘庶兄弟則不系“王”以疏之。此處書“王季子”則爲今王同母弟無疑，亦可明親親之恩。

《春秋》襄公三十年：

五月，天王殺其弟年夫。

何休解詁：王者得專殺，書者，惡失親親也。未三年

① 《春秋》僖公五年：“夏，公及齊侯、宋公、陳侯、衛侯、鄭伯、許男、曹伯會王世子于首戴。”《公羊傳》云：“曷爲殊會王世子？世子貴也。世子，猶世世子也。”

② 《公羊傳》文公元年何休解詁：“不系‘王’者，不以親疏録也。不稱‘王子’者，時天子諸侯，不務求賢而專貴親親，故尤其在位子、弟，刺其早任以權也。”子即王子，弟即王弟，今皆不得如此稱。

③ 《春秋》宣公十年：“王札子殺召伯、毛伯。”《公羊傳》云：“王札子者何？長庶之號也。”何休解詁：“天子之庶兄。札者，冠且字也。禮，天子庶兄冠而不名，所以尊之。子者，王子也。天子不言子弟，故變文，王札系先王以明之。不稱伯仲者，辟同母兄弟，起其爲庶兄也。”

不去王者，方惡不思慕而殺弟，不與子行也。不從直稱君者，舉重也。

周天子本屬文家，親親非其所宗，但因《春秋》新王尚質之故，亦責其殺母弟，此處天王又處居喪三年期間，當思慕而擅殺戮，[①] 故三年内稱“王”以譏貶之。[②] 襄公三十年“王子瑕奔晉”，何休解詁亦云：“稱王子者，惡天子重失親親。”母弟或死或出奔，皆因天子失親親而起，故《春秋》惡之。[③] 另外，立愛當自親始，而征伐則不當先施及同姓至親。

《春秋》昭公十二年：

冬，晉伐鮮虞。

何休解詁：謂之晉者，中國以無義，故爲夷狄所强。今楚行詐滅陳、蔡，諸夏懼然去而與晉會于屈銀，不因以大綏諸侯，先之以博愛，而先伐同姓，從親親起，欲以立威行霸，故狄之。

夷狄侵擾諸夏，晉欲立威行霸，卻先伐同姓，亦失親親之義。可見，推己及人的推拓之道，只能限於親愛綏和之事，征伐當不與之。

---

① 徐彦疏：“然則靈王之崩，在二十八年十有二月，則於此時未三年也。未合稱王，而稱王者，責其在父服之内，方當思慕而已，而殺其母弟，非人子之義，是以直稱天王，不與其子行也。”何休解詁，徐彦疏：《春秋公羊傳注疏》卷二一，第 5025 頁上欄。

② 《公羊傳》文公九年：“以諸侯之逾年即位，亦知天子之逾年即位也。以天子三年然後稱王，亦知諸侯于其封内三年稱子也。逾年稱公矣，則曷爲于其封内三年稱子？緣民臣之心，不可一日無君；緣終始之義，一年不二君。不可曠年無君。緣孝子之心，則三年不忍當也。”

③ 又《春秋》莊公六年：“春，王三月，王人子突救衛。”何休解詁：“據王子瑕不稱人。本當言王子突，示諸侯親親以責之也。”以爲此處本當據“王子瑕”例而作“王子突”，亦示親親義。

事實上，《春秋》文質説不僅强調損文益質之道，亦重視周文尊尊之義，并凸顯其繼承周文之面向，可謂文質備于一身。[①] 何休在此用《春秋》三世説將文質觀消解於其中，即《春秋》“新王”雖亦因前代之衰而起，但其運行規律卻並非如一般王朝呈現“興—衰”路徑，而爲“起衰—升平—太平”之漸進進程，其特點爲日新日成之狀態，這種文著太平的歷史漸進觀與奉天法古的本體論結合起來，從而呈現一種嶄新的儒家歷史哲學，此於下節詳述。需指出，《春秋》文質兼重的制度設計，最難處理的就是兩者同時出現且有扞格的情形。如《春秋》莊公三十二年：

> 秋，七月，癸巳，公子牙卒。
>
> 《公羊傳》：君親無將，將而誅焉。然則善之與？曰：然。殺世子母弟直稱君者，甚之也。季子殺母兄，何善爾？誅不得辟兄，君臣之義也。然則曷爲不直誅而酖之？行誅乎兄，隱而逃之，使托若以疾死然，親親之道也。
>
> 何休解詁：以臣事君之義也。唯人君然後得申親親之恩。明當以親親原而與之，於治亂當賞疑從重，于平世當罰疑從輕。莊不卒大夫而卒牙者，本以書國將弒君。書日者，録季子遏惡也。行誅親親，雖酖之猶有恩也。
>
> 徐彦疏：欲道殺世子母弟，所以直稱君甚之之義。言得申親親之恩而不申之，故甚其惡耳。[②]

公子慶父、公子牙、公子季友同爲莊公母弟，前兩人在莊公彌

---

① 郜積意以爲三統論强調《春秋》尚忠，文質觀則强調《春秋》從質，皆以否棄周制爲前提。（《漢代今古學的禮制之分——以廖平〈今古學考〉爲討論中心》，《“中研院”歷史語言研究所集刊》第七十七本，2006 年，第 58 頁。）失于片面。

② 何休解詁，徐彦疏：《春秋公羊傳注疏》卷九，第 4869 頁上欄。

留之際，整備兵械，合謀簒位，《春秋》緣心定罪，二人之罪當誅；但公子季友爲其母弟，《春秋》尚質，若其殺母弟、母兄，失親親之恩，亦當譏之。可謂兩難。事實上，莊公二十七年“公子友如陳葬原仲”，實因“不忍見親親之亂”避難而出，[①] 而此時二兄簒械已成，間不容髮，故不得不立即制止。公子友選擇鴆殺其兄以遏其難，實亦含親親之恩。此舉不僅可使其如因病而死，避免因謀逆之罪而被殺；而且其子亦可繼承爵禄如故，惡止其身而已，如此，恩義得以兩全。

不過，上所言似有“不以親親害尊尊”之傾向，然《春秋》尚質，其親親之情亦未稍減。如《春秋》閔公元年：

> 春，王正月。
>
> 《公羊傳》：公何以不言即位？繼弒君不言即位。孰繼？繼子般也。孰弒子般？慶父也。殺公子牙今將爾，季子不免。慶父弒君，何以不誅？將而不免，遏惡也。既而不可及，因獄有所歸，不探其情而誅焉，親親之道也。惡乎歸獄？歸獄僕人鄧扈樂。
>
> 何休解詁：論季子當從議親之辟，猶律親親得相首匿，當與叔孫得臣有差。

公子牙雖被鴆死，公子慶父依然指使鄧扈樂弒世子般，季友雖知鄧扈樂必受公子慶父挑唆，但並未深究，亦緣親親之恩，既然獄有所歸，便不必再追究其兄之罪。《春秋》閔公二年，慶父又弒閔公，爲惡甚重，但《公羊》依然主張“緩追逸賊”，何休亦强調與前“不探其情”同理，[②] 以申親親之道，可見

① 何休解詁，徐彦疏：《春秋公羊傳注疏》卷八，第4862頁上欄。

② 《春秋》閔公二年：“秋，八月，辛丑，公薨。”《公羊傳》云：“慶父弒二君，何以不誅？將而不免，遏惡也。既而不可及，緩追逸賊，親親之道也。”何休解詁：“與不探其情同義。”

《春秋》尚質之表徵。又《春秋》閔公元年：

> 冬，齊仲孫來。
>
> 《公羊傳》：齊仲孫者何？公子慶父也。公子慶父，則曷爲謂之齊仲孫？繫之齊也。曷爲繫之齊？外之也。曷爲外之？《春秋》爲尊者諱，爲親者諱，爲賢者諱。
>
> 何休解詁：爲季子親親而受之，故諱也。以季子有遏牙不殺慶父之賢，故爲諱之。

此所謂齊仲孫實爲慶父，《春秋》將其繫之于齊，亦有褒揚季友遏牙、釋慶父之意，因其有親親之情，故諱其納兄之舉。此處將尊、親、賢并舉，亦可見《春秋》兼重文質之意。[①] 又魯莊公夫人哀姜"淫泆二叔，殺二嗣子"，亦爲弑君之幫凶，齊桓公"誅不阿親親"，於僖公元年"召而縊殺之"。[②] 此處齊桓公似"大義滅親"，失親親之恩，與季友義反，而何休卻云哀姜"誅得其罪，因正王法所加"。徐彥疏：

> 季子之逸慶父，齊桓之討哀姜，二義相違，而皆善之者，誅不辟親，王者之道；親親相隱，古今通式。然則齊桓之討哀姜，得伯者之義；季子之縱慶父，因獄有所歸，遂申親親之恩，義各有途，不可爲難矣。[③]

可見親親尊尊當並重之，在王法公義得以維持的前提下，盡可

---

① 《公羊傳》莊公十九年云："諸侯娶一國，則二國往媵之，以侄娣從。"何休解詁："必以侄娣從之者，欲使一人有子，二人喜也。所以防嫉妒，令重繼嗣也。因以備尊尊、親親也。"此從選后妃角度亦闡發《春秋》兼備文質之義。可參拙作《〈春秋傳〉"母以子貴"辨正》，《中華文史論叢》2018年第4期。

② 何休解詁，徐彥疏：《春秋公羊傳注疏》卷一，第4878頁下欄。

③ 同上書，第4879頁下欄。

能施展親親之恩，① 當爲《春秋》所申大義所在。

又置於《公羊》三世説框架下，文質屬性實可視爲一個動態過程。如《春秋》隱公元年："夏，五月，鄭伯克段于鄢。"何休解詁："不從討賊辭者，主惡以失親親，故書之。"此開篇記兄弟相殘之事，段雖不弟而篡國，但鄭莊公坐視其弟之篡，無爲兄之任，亦失親親之情，故不以討賊辭書之。②《春秋》昭公十四年："冬，莒殺其公子意恢。"何休解詁："莒無大夫，書殺公子者，未逾年而殺其君之子，不孝尤甚，故重而録之。稱氏者，明君之子。"莒爲小國，依"三世異辭"例，於所傳聞世小國略，不書大夫，③ 至所見世天下小大若一，故《春秋》皆詳録之，此小國殺公子亦書，以明廣親親之義。④ 可知在《春秋》尚質前提下，三世内部實有内外、大小、詳略之别。同時，在三世説體系中，文質亦有俱備之趨勢。《春秋》昭公三十二年：

冬，仲孫何忌會晉韓不信、齊高張、宋仲幾、衛世叔

---

① 何休解詁："唯人君然後得申親親之恩。"陳立疏："何氏此注可息千古疑獄。君臣之義，父子之恩，兩不相妨。故公族有死罪，王三宥之，有司舉大辟。亦即人君可以申親親，而人臣不廢法義也。周公誅管蔡而大誥天下，皆周公辭，無成王語，亦即此義。"（陈立：《公羊義疏》卷二六，劉尚慈點校，中華書局，2017 年，第 979 頁。）

② 徐彦疏："若作討賊辭，當稱人以討，如齊人殺無知然。今不如此者，經本主爲惡鄭伯失親親而書，故曰鄭伯而不稱人也。"（何休解詁，徐彦疏：《春秋公羊傳注疏》卷一，第 4770 頁下欄。）

③《春秋》莊公二十七年："冬，莒慶來逆叔姬。"《公羊傳》："莒慶者何？莒大夫也。莒無大夫，此何以書？譏。何譏爾？大夫越竟逆女，非禮也。"

④ 孔廣森云："《春秋》承衰周之敝，文勝而離，人知貴貴，莫知親親，開端首見鄭段之禍，將大矯其失，非因人情所易親者而先示之親，則其教不易成。蓋由父言之，凡我兄弟，豈有同異？由母言之，雖愛無差等，亦施由親始。特撥亂之漸，不得已之志耳。故至所見之世，且録責小國殺公子，以廣親親之義，明非專厚於同母也。"（《春秋公羊經傳通義》卷一，上海古籍出版社，2014 年，第 278 頁。）此言得之。

> 申、鄭國參、曹人、莒人、邾婁人、薛人、杞人、小邾婁人城成周。
>
> 何休解詁：書者，起時善，其脩廢職，有尊尊之意也。孔子曰："謹權量，審法度，脩廢官，四方之政行焉。"言成周者，欲起正居，實外之。

此時爲太平世，魯率諸侯城成周，以申尊尊之意，即太平世重文之一端。[①]《春秋》昭公二十三年何休解詁亦云："中國所以異乎夷狄者，以其能尊尊也。"亦可略窺《春秋》文質兼備之狀態。至太平世，文與質皆臻於至善，所謂民胞物與而愛無差等，此當爲《春秋》所尚至高境地。段熙仲亦言：

> 等而上之，仁輕而義重，尊尊之道也。故曰：禮，不王不禘。王者禘其祖之所自出，以其祖配之，尊尊也，《春秋》所以張三世也。竊以爲建五始、大一統，俱尊尊之義；善善惡惡，絶惡誅始，則賢賢之教。雖然，《春秋》撥亂之書也。孟子曰："天下惡乎定？定於一。"此《春秋》之所以雖救文以質，而尊尊之義仍從周也。……《春秋傳》曰：誅不避母兄，君臣之義也。《春秋》之時，恩衰義缺，故大親親之仁，嚴尊尊之義，以振起弊也。[②]

可見，《春秋》雖承周文之弊而以質救之，但其旨趣實兼親親、尊尊、賢賢之教，既大親親之仁，又嚴尊尊之義，最終情文俱

---

① 雖城成周，亦"實外之"之意，早在宣公十六年《公羊傳》已言"新周"，示周"不復興"之意。此處尊尊，當從尊二王後角度理解。如《禮記·郊特牲》言："天子存二代之後，猶尊賢也。"《白虎通·三正篇》云"王者所以存二王之後何也？所以尊先王，通天下之三統也。"與此同。

② 段熙仲：《春秋公羊學講疏》，第609—610頁。

至、文質兼備，故可爲萬世美善之法。

綜上，何休三統論承先儒之説，强調三正説之政教意涵；爲克服三統論陷入歷史循環論之窠臼，故賦予《春秋》三統説“通于三王”之義；又突出《春秋》“假魯以爲王法”諸義，使《春秋》法更具普適性。而且，何休以文質論取代三教法，强調《春秋》損文益質之義，并在《春秋》三世説漸進歷史脈絡中，呈現《春秋》文質兼備的動態進程，使得《春秋》法更具完備性與恒定義。此既可爲萬世法，亦可爲漢世所取法，其理論構建可謂用心良苦。

然而，東漢自“新五德終始”説盛行以來，孔子爲赤制，作《春秋》爲漢立法諸説早已深入人心。[①] 其可代表實際的政教更嬗，且有更爲深刻的天文星象、經典讖緯理論作爲依據，[②] 故而幾乎成爲東漢朝野關於王朝遞嬗觀念之共識。在此理論衝擊下，“三正改復”説越來越僅具有形式意義上“新民耳目”之功用，而無王朝實際政教變易之效力，鄭玄所論即多承此一風氣。又由於“夏數得天”理論出現，“行夏之時”具有曆法、實際應用等層面的普適性，[③] 更使“三統改復”效力大打折扣，完全成爲形式化禮儀象徵符號。

---

① 參楊權：《新五德理論與兩漢政治——“堯後火德”説考論》，中華書局，2006 年，249—300 頁。

② 參何大海：《鄭玄讖緯學研究》，中國人民大學 2018 年博士論文。

③ 參黄銘：《“行夏之時”的〈春秋〉學解讀》，未刊稿。又《三國志・魏書・三少帝紀》詔曰：“烈祖明皇帝以正月棄背天下，臣子永惟忌日之哀，其復用夏正，雖違先帝通三統之義，斯亦禮制所由變改也。又夏正於數爲得天正，其以建寅之月爲正始元年正月，以建丑月爲後十二月。”（陳壽：《三國志》卷四，第 118—119 頁。）由詔書可知，齊王曹芳認爲明帝所用的殷正，屬於通三統的範疇，與夏正得天數之正不是一個層面的問題，然而改殷正爲夏正，則已將通三統的意義消解，段熙仲先生云：“自斯之後，一用夏正，不復紛紛改正朔矣。”（《春秋公羊學講疏》，第 448 頁。）

三、鄭玄三統説及其比較

鄭玄早年入太學受業，即“通《公羊春秋》《三統歷》”，故浸漬其説，《公羊》學强調“通天三統”之義，鄭玄即因之。在讖緯文獻影響下，鄭玄“三王改正”説既强調天道曆數之理據，又賦予一定政教意涵，足資考究。

首先，鄭玄有意重塑一套三正賅備的聖王文明譜系，并對“改正”持矜慎態度。《尚書·堯典》鄭玄注：“帛必三者，高陽氏之後用赤繒，高辛氏之後用黑繒，其餘諸侯用白繒。”① 此亦當本自《緯候》，② 《禮記·檀弓》疏推鄭君義云：“如鄭此意，卻而推之，舜以十一月爲正，尚赤。堯以十二月爲正，尚白，故曰：‘其餘諸侯用白繒。’高辛氏以十二月爲正，尚黑。故云：‘高辛氏之後用赤繒。’高陽氏以十一月爲正，尚赤，故云：‘高陽氏之後用赤繒。’帝少皞以十二月爲正，尚白。黄帝以十三月爲正，尚黑。神農以十一月爲正，尚赤。女媧以十二月爲正，尚白。伏犧以上，未有聞焉。《易·説卦》云‘帝出乎震’，則伏羲也。建寅之月，又木之始。其三正當從伏羲以下。”③ 所列三正，如表所示：

---

① 王鳴盛：《尚書後案》卷一，顧寶田、劉連明點校，北京大學出版社，2012年，第31頁。

② 《尚書中候·勑省圖》云：“高陽氏尚赤，以十一月爲正，薦玉以赤繒。高辛氏尚黑，以十三月爲正，薦玉以黑繒。陶唐氏尚白，以十二月爲正，薦玉以白繒。有虞氏尚赤，以十一月爲正。”見皮錫瑞：《尚書中候疏證》，吴仰湘整理《皮錫瑞全集》，第585頁。

③ 又《禮緯·稽命徵》載此文，喬松年云：“愚按《路史·後紀九》注内有此文，未言是緯，《通典》引崔靈恩之言相同，亦未言是緯，孫氏摭作《稽命徵》，妄也。”（喬松年：《緯攟》卷一三，《續修四庫全書》第一八四册，上海古籍出版社，2002年，第618頁上欄。）可從。《宋書·禮志》高堂隆云：“以前檢後，謂軒轅、高辛、夏后氏、漢皆以十三月爲正；少昊、有唐、有殷皆以十二月爲正；高陽、有虞、有周皆以十一月爲正。後雖百世，皆以前代三而復也。”（沈約：《宋書》卷一四，第329頁。）

聖王譜系三統三正序列表

受命者名氏	皇、帝、王之屬	三統所尚正色	三正
伏羲（太皞氏）	三皇	尚黑	十三月（正月）
女媧		尚白	十二月
炎帝（神農氏）①		尚赤	十一月
黃帝（軒轅氏）	五帝②	尚黑	十三月
帝宣（少皞氏）		尚白	十二月
顓頊（高陽氏）		尚赤	十一月
帝嚳（高辛氏）		尚黑	十三月
帝堯（陶唐氏）		尚白	十二月
帝舜（有虞氏）		尚赤	十一月
禹（夏后氏）	三王	尚黑	十三月
湯（殷）		尚白	十二月
文王（周）		尚赤	十一月

《白虎通·三正篇》云："三正之相承，若順連環也。"鄭玄所論即因于此，其《尚書·堯典》注云："帝王易代，莫不改正建朔。"③ 此亦表明王者受命改正，具有普適性。不過，改

---

① 又稱大庭氏。孔穎達《禮記正義》引"鄭玄以大庭氏是神農之別號"，見鄭玄注，孔穎達疏：《禮記正義》序，影阮刻《十三經注疏》，第 2654 頁上欄。

② 《尚書中候·勑省圖》鄭玄注："《運斗樞》'伏羲、女媧、神農爲三皇也'，德合五帝座星者稱帝，則黃帝、金天氏、高陽氏、高辛氏、陶唐氏、有虞氏是也。實六人而稱五帝，以其俱合五帝坐星也。"見皮錫瑞：《尚書中候疏證》，《皮錫瑞全集》，第 585 頁。

③ 王鳴盛：《尚書後案》卷一，第 23 頁。
又《尚書·甘誓》"三正"引馬融注亦爲"建子、建丑、建寅"，與鄭略同。而王肅注："月正元日，猶言正月上日，變文耳。夏而上，皆寅正。"是取消受命必改正之政教意涵，當爲魏晉以下之"夏正得天"思潮所影響，與此異。

正必待受命王天下之後，若未受命即位，則當仍用前代之正朔。故《尚書・堯典》："正月上日，（舜）受終於文祖。"鄭玄注："堯正建丑，舜正建子。此時未改堯正，故云正月上日。即政，乃改堯正，故云月正元日。"[①] 此時堯雖禪位，舜未即政，故仍用前代正朔（即堯正）。甚至天下未太平亦不得改正，《召誥》："惟二月既望。……越若來三月。"鄭玄注云："是時周公居攝五年。二月、三月當爲一月、二月。不云正月者，蓋待治定制禮乃正言正月故也。"[②]《召誥》頒佈于周公攝政五年，其時尚未太平，故不敢改元立正，仍用前代之正朔，可見其矜慎。又《洛誥》鄭玄注：

> 王者未制禮樂，恒用先王之禮樂，言伐紂以來，皆用殷之禮樂，非始成王用之也。周公制禮樂既成，不使成王即用周禮，仍令用殷禮者，欲待明年即政，告神受職，然後班行周禮。班訖，始得用周禮，故告神且用殷禮也。[③]

鄭玄以爲，周雖受天命，但仍暫用前代禮樂（即殷禮），至太平後方可制作周禮，可知其對王者制作禮樂之事亦極爲矜慎。[④]《漢書・董仲舒傳》載其對策云："王者未作樂之時，乃用先王之樂宜於世者，而以深入教化于民。"强調需用宜於時世之先王禮樂。[⑤]《白虎通・禮樂篇》云："《春秋傳》曰：'曷爲不修

---

① 王鳴盛：《尚書後案》卷一，第 23 頁。

② 同上書卷一八，第 426 頁。

③ 同上書卷一九，第 445 頁。

④ 《尚書・太誓》鄭玄注："文王受命，武王伐紂，時日皆用殷曆。"（安作璋主編《鄭玄集》（下），齊魯書社，1997 年，第 481 頁。）可見其論一以貫之。

⑤ 具體就《春秋》所取先王之制而言，《春秋繁露・三代改制質文》云："《春秋》應天作新王之事。……樂宜親《韶》舞，故以虞録親，爵制宜商，合伯子男爲一等。"由此可知董仲舒以爲《春秋》所宜用爲虞舜之制，商爲虞舜之制的特點。參陳蘇鎮：《漢代政治與春秋學》，中國廣播電視出版社，2001 年，第 156 頁。

乎近而修乎遠？同己也。可因先以太平也。’”[①] 《公羊傳》隱公五年何休解詁亦云：“王者治定制禮，功成作樂，未制作之時，取先王之禮樂宜於今者用之。”昭公二十五年解詁又云：

> 周所以舞夏樂者，王者始起，未制作之時，取先王之樂與己同者，假以風化天下，天下大同，乃自作樂。取夏樂者，與周俱文也。

可知何休仍强調未制作時所採禮樂當取與己同類者，周、夏同屬文，故周取夏樂，與鄭玄有別。此亦可佐證何休尚文質相救說，而不用三教之法。

其次，鄭玄在將三正説上溯於上古聖王文明譜系的同時，既承認通天三統的完整性與普適性，又對其他聖王採取遠近差降之態度，其説頗具法理性：

> 《異義》：“《公羊》説：存二王之後，所以通天三統之義。引《禮·郊特牲》云：‘天子存二代之後，猶尊賢也。尊賢不過二代。’古《春秋左氏》説：周家封夏殷二王之後以爲上公，封黄帝、堯、舜之後謂之三恪。”
>
> 謹案：“治魯詩丞相韋玄成、治易施犨等説，引《外傳》曰：‘三王之樂，可得觀乎？’知王者所封三代而已。不與《左氏》説同。”
>
> 駁曰：“言所存二王之後者，命使郊天，以天子禮祭其始祖，受命之王自行其正朔服色，此之謂通天三統。三恪，尊於諸侯，卑於二王之後。恪者，敬也。敬其先聖而封其後，與諸侯無殊異，何得比夏、殷之後？”[②]

---

① 陳立疏證：“此兼存今文家異説也。”（《白虎通疏證》卷三，第100頁。）

② 皮錫瑞：《駁五經異義疏證》卷八，王豐先點校，中華書局，2014年，第533頁。

《左氏》説認爲周以夏、殷後爲上公，封黄帝、堯、舜爲三恪；或言周以夏、殷二王後與舜並爲三恪，[①] 諸説所封者廣，有失通天三統之意。鄭玄雖兼取“二王後”與“三恪”二説，但仍以受命時王與二王後構成三統爲核心，存二王後保證天道統一性，王者當尊之；以上三恪則有黜降。此三統亦合三正，本于天道宇宙觀與自然觀之規律，頗具神聖意涵。[②]

再次，鄭玄力圖追尋先聖禮意，將文質論充拓於整個聖王禮樂文明譜系中，并又成爲美備之周禮體系的重要資源。[③] 禮有文質隆殺，質者重情實而少威儀，文者多威儀而少情實，二者本身側重於價值導向，而鄭玄則使其深具歷史化色彩。[④] 禮起於天道，天道本質，故先王禮質，後王漸文。《禮記·檀弓上》云：“有虞氏瓦棺，夏后氏堲周，殷人棺槨，周人牆、置翣。”鄭玄注：“凡此言後王之制文。”[⑤] 是時代愈後，而紋飾禮

① 《左傳》襄公二十五年杜預注：“周得天下，封夏、殷二王後，又封舜後謂之恪，並二王後爲一國，其禮轉降，示敬而已，故曰三恪。”（杜預集解，孔穎達疏：《春秋左傳正義》卷三六，影阮刻《十三經注疏》，中華書局，2009年，第4310頁下欄。）當與《外傳》説同。

② 《尚書大傳·略説》：“王者存二王之後，與己爲三，所以通三統，立三正。……天有三統，土有三正。三統者，所以序生也。三正者，所以統天下也。天有三統，物有三變，故正色有三。”鄭玄注：“是故周人以日至爲正，殷人以日至三十日爲正，夏以日至六十日爲正。是故三統、三正若循連環，周則又始，窮則反本。”皮錫瑞：《尚書大傳疏證》卷七，第328—330頁。天道往復於“三微之月”，物色變化於三色之間，故“通三統”所涵“三正”説背後具有天道宇宙觀與自然觀的支持。

③ 其説亦受漢代質文文明大傳統影響，此爲漢儒改制更化的共通知識資源。參彭美玲：《漢儒三代質文論脈絡考察》，《漢學研究》第32卷第3期，2014年。

④ 具有價值導向的文質意涵，並不牽涉諸多歷史化傾向，也依然存在，只是本節强調鄭玄文質觀的歷史化傾向，故對這一部分意涵闕而不書。可參李雲光：《三禮鄭氏學發凡》，華東師範大學出版社，2013年，第663—676頁。

⑤ 馬晞孟云：“聖人之法，相待而後備，故周人則緣商人之棺槨，飾之以牆，置翣。棺椁以比化，牆、置翣以爲觀美。”轉引自衛湜：《禮記集説》卷一五，《景印文淵閣四庫全書》第一一七册，臺灣商務印書館，1983年，第320頁下欄。

數愈繁複。大略而言，虞夏偏質，而殷周偏文。《禮記・表記》："子曰：'虞、夏之道，寡怨於民。殷、周之道，不勝其敝。'子曰：'虞、夏之質，殷、周之文至矣。虞、夏之文，不勝其質。殷、周之質，不勝其文。'"鄭玄注："勝，猶任也。言殷、周極文，民無恥而巧利，後世之政難復。言後有王者，其作質、文，不能易之。言王者相變，質、文各有所多。"此以文質相變，作爲王者迭代之特性。細較之，三王以下，夏殷相因處多，而殷周頗有質文之變。復析之，鄭玄又以美備之周禮上推三王之禮，經籍所載禮制與周禮不合而又不知其所出何時者，皆可目以爲夏殷禮。

在文質嬗變説前提下，鄭玄據經典所存，强調三代以降，至周文質兼備，周禮當兼存三王之禮。事實上，此義經典本自有之。《禮記・檀弓》云："周人以殷人之棺槨葬長殤，以夏后氏之堲周葬中殤、下殤，以有虞氏之瓦棺葬無服之殤。"周人棺槨雖漸文，然又以殤之差等使其兼備虞夏殷三代之禮，可見周禮文質兼備之特質。《檀弓》又云："夏后氏用明器，示民無知也。殷人用祭器，示民有知也。周人兼用之，示民疑也。"①原憲所言周人猶疑之説雖爲無據，但周人兼用夏殷二代禮至爲明晰。鄭玄尊周禮，因于諸經記而張大之。《禮記・王制》：凡養老，有虞氏以燕禮，夏后氏以饗禮，殷人以食禮，周人脩而兼用之。"鄭玄注："兼用之，備陰陽也。凡飲養陽氣，凡食養陰氣。陽用春夏，陰用秋冬。"② 此言養老禮，虞夏殷各有偏

① 孔穎達疏："言二代用此器送亡者，非是爲有知與無知也，正是質文異耳。夏代文，言鬼與人異，故純用鬼器送之，非言爲無知也。殷世質，言雖復鬼與人有異，亦應恭敬是同，故用恭敬之器，仍貯食送之，非言爲有知也。説二代既了，則周兼用之，非爲疑可知，故不重説。尋周家極文，言亡者亦宜鬼事，亦宜敬事，故並用鬼敬二器，非爲示民言疑惑也。然周唯大夫以上兼用耳，士唯用鬼器，不用人器。崔靈恩云：'此王者質文相變耳。'"（鄭玄注，孔穎達疏：《禮記正義》卷八，第2795頁。）

② 此又見於《禮記・内則》。

重，而周兼用之，且備陰陽之理。《王制》又云："有虞氏皇而祭，深衣而養老。夏后氏收而祭，燕衣而養老。殷人冔而祭，縞衣而養老。周人冕而祭，玄衣而養老。"

> 鄭玄注：皇，冕屬也，畫羽飾焉。凡冕屬，其服皆玄上纁下。有虞氏十二章，周九章，夏、殷未聞。凡養老之服，皆其時與群臣燕之服。有虞氏質，深衣而已。夏而改之，尚黑而黑衣裳。殷尚白而縞衣裳。周則兼用之，玄衣素裳。其冠則牟追，章甫，委貌也。

此言四代祭服及養老著服之禮。有虞氏質樸著以深衣，夏后氏著黑衣裳，殷人著白衣裳，皆與其所尚正色相關。而周兼用夏殷之色，故著"玄衣素裳"，① 可見鄭玄有意使周兼取三正之色，凸顯其美備之特質。

然而春秋以降，由於禮壞樂崩，經籍多有散亂，"周禮"或有殘缺；獨魯禮樂典章多未散失，且因周公之故，其可攝行"王禮"，故鄭玄常以魯禮比況或推致天子禮，以全周禮美備之全體。《禮記・禮運》篇云："孔子曰：於呼哀哉！我觀周道，幽、厲傷之，吾舍魯，何適矣！"鄭玄注："政亂禮失，以爲魯尚愈。"是其以爲魯禮數尚備，可相資補證。《禮記・郊特牲》鄭玄注："周衰禮廢，儒者見周禮盡在魯，因推魯禮以言周事。"此由魯之郊祀禮而推知天子郊祀禮；其《魯禮禘祫義》

---

① 《考工記・鍾氏》云："三入爲纁，五入爲緅，七入爲緇。"鄭玄注："染纁者，三入而成。又再染以黑，則爲糸取。緅，今禮俗文作爵，言如爵頭色也。又復再染以黑，乃成緇矣。鄭司農説以《論語》曰'君子不以紺糸取飾'，又曰'緇衣羔裘'。《爾雅》曰：'一染謂之縓，再染謂之竀，三染謂之纁。'《詩》云：'緇衣之宜兮。'玄謂：此同色耳。染布帛者，染人掌之。凡玄色者，在緅緇之間，其六入者與？"此言染纁之法，黑紅相配，鄭玄以爲玄色在緅緇之間，當爲六入，即三入紅，三入黑，可見玄色本來含有紅色，又與周之正色相合。

云："《明堂位》曰：'魯，王禮也。'以相準況，可知也。"此由《春秋》禘祫記事推致周禮宗廟之祭禘祫禮。可見鄭玄以爲探研魯禮，實可彌補周禮之闕漏，此亦是其重視魯禮之緣由。事實上，經記所載，往往以魯兼備三王之禮，[①] 非僅行周禮，而鄭玄往往將其嫁接至周禮，使周禮亦獲兼通三王之義。如《禮記・明堂位》云：

> 灌尊：夏后氏以雞夷，殷以斝，周以黄目。
>
> 鄭玄注：夷讀爲彝，《周禮》：春祠夏禴，祼用雞彝鳥彝。秋嘗冬烝，祼用斝，祼用彝黄彝。

此載魯禮兼三代祼尊之器。鄭玄以此三代禮器與《周禮・春官・司尊彝》四時宗廟祭所用禮器相對應，推知周禮宗廟祭器，亦當兼三代而用之。又如《明堂位》云：

> 有虞氏之旂，夏后氏之綏，殷之大白，周之大赤。
>
> 鄭玄注：四者，旌旗之屬也。綏當爲緌，讀如冠蕤之蕤。有虞氏當言緌，夏后氏當言旂，此蓋錯誤也。緌，謂注旄牛尾於杠首，所謂大麾。《書》云："武王左杖黄鉞，右秉白旄以麾。"《周禮》："王建大旂以賓，建大赤以朝，建大白以即戎，建大麾以田也。"

此載魯禮兼四代旌旗之事。鄭玄以爲，禮應先質後文，而《周禮・春官・司常》載"交龍爲旂"，頗爲文縟，可知旂不應爲虞禮，故將虞旂、夏緌互换。[②] 又據《春官・巾車職》夏后氏

① 如《禮記・明堂位》："凡四代之服、器、官，魯兼用之。"其篇多載魯兼采四代之禮事。

② 綏作緌，爲鄭玄定説。參楊天宇：《鄭玄〈三禮注〉中的"聲之誤"、"字之誤"考辨》，《鄭玄三禮注研究》，天津人民出版社，2007年，第724—763頁。

建“大麾”,[①] 亦有綏，則知通言之虞夏禮皆謂綏，單言則綏僅爲虞禮,[②] 言夏旂則加“旒緌”，孔穎達亦同此説。[③] 此處引《周禮》所言“天子五路”，與《禮記》載魯禮兼用四代旗相對讀，自然可明周禮兼用四代之禮。其《周禮》注實將此旨充分發揮，凡此種種，不勝枚舉。[④]

《左傳》昭公二年載韓宣子“觀書於太史氏，見《易象》與《魯春秋》，曰：‘周禮盡在魯矣。’”可知《左傳》以爲魯存周禮，《春秋》所載亦當爲周公遺典，則孔子述先王之道而

---

① 《周禮·春官·巾車》：“王之五路：一曰玉路，鍚，樊纓，十有再就，建大常，十有二斿，以祀；金路，鉤，樊纓九就，建大旂，以賓，同姓以封；象路，朱，樊纓七就，建大赤，以朝，異姓以封；革路，龍勒，條纓五就，建大白，以即戎，以封四衛；木路，前樊鵠纓，建大麾，以田，以封蕃國。”鄭玄注：“大白，殷之旗，猶周大赤，蓋象正色也。……大麾不在九旗中，以正色言之則黑，夏后氏所建。”賈公彦疏又云：“上文大赤據周，大白據殷，則此大麾當夏之正色黑。”（鄭玄注，賈公彦疏：《周禮注疏》卷二七，影阮刻《十三經注疏》，中華書局，2009 年，第 1778 頁上欄。）即鄭氏從文本結構推知三代之正色皆備于此。

② 《周禮·天官·夏采》序官鄭玄注即云：“有虞氏以爲綏。”

③ 又《周禮·天官·夏采》鄭玄注：“綏以旄牛尾爲之，綴於橦上，所謂注旄於干首者。王祀四郊，乘玉路，建大常，今以之復，去其旒，異之於生，亦因先王有徒綏者。”賈公彦以爲鄭言“先王有徒綏者”即指有虞氏之旌旗，與夏旂微異。鄭玄注，賈公彦疏：《周禮注疏》卷八，第 1495 頁下欄。

④ 如《禮記·明堂位》云：“泰，有虞氏之尊也。山罍，夏后氏之尊也。著，殷尊也。犧象，周尊也。”《周禮·春官·司尊彝》：“春祠夏禴，祼用雞彝、鳥彝，皆有舟；其朝踐用兩獻尊，其再獻用兩象尊，皆有罍，諸臣之所昨也。秋嘗冬烝，祼用斝彝、黄彝，皆有舟；其朝獻用兩著尊，其饋獻用兩壺尊，皆有罍，諸臣之所昨也。凡四時之間祀、追享、朝享，祼用虎彝、蜼彝，皆有舟；其朝踐用兩大尊，其再獻用兩山尊，皆有罍，諸臣之所昨也。”鄭玄引先鄭言：“《明堂位》曰：犧象，周尊也。《春秋傳》曰：犧象不出門，尊以祼神。罍，臣之所飲也。《詩》曰：缾之罄矣，維罍之恥。……著尊者，著略尊也，或曰著尊，著地無足。《明堂位》曰：著，殷尊也。壺者，以壺爲尊。《春秋傳》曰：尊以魯壺。……大尊，太古之瓦尊。山尊，山罍也。《明堂位》曰：泰，有虞氏之尊也。山罍，夏后氏之尊。”以此與《禮記·明堂位》鄭玄注相配，即可知“泰用瓦”，故鄭玄注之。等等。

已，非欲制作“新王”之法。鄭玄由魯禮推致周禮之路徑，實與其説有高度契合，其言“《左氏》善於禮”“尊魯”之意，[①]亦當由此而發。

小結

董仲舒創通三統説，强調聖王受命應天，必依據黑白赤三統循環往復，并匹配相應政教禮制符號，實兼禮儀象徵義及實質變革義，且其諸多歷史變易理論實爲文質觀之推衍。其説爲《春秋》改制説奠定理論基礎，并爲漢法提供指導方案。後儒相關文質三統論皆據其説而展開，可見其重要性。然其强調漢仍用夏教，《春秋》亦正黑統，則實無法擺脱失道覆亡之命運，漢治與《春秋》法皆注定失敗。何休《春秋》三統説亦凸顯三正之政教神聖意涵，并强調其兼通三王之義，又將文質論納于三世説體系内，使《春秋》之法文質兼備，無失道之弊，堪爲漢世所取法。鄭玄三統説受《公羊》通天三統説影響，突出政教秩序的合理性；且欲重塑一套三正賅備的聖王文明譜系，對改正頗爲矜慎；在以周禮爲核心的經學體系下，又將文質論納于聖王歷史譜系中，并突出周禮之美備性。需指出，其以魯禮推致美備周禮之路徑，與何休所論《春秋》兼通三王之説，可謂大相徑庭。

① 《禮記・明堂位》云：“命魯公世世祀周公，以天子之禮樂。”鄭玄注：“同之於周，尊之也。”

鄭玄、朱熹“格物”義之差異及其政治哲學含藴

李琪慧 *

一、引言

蒙文通在《宋明之社會設計》一文中指出：“漢儒言政，精意於政治制度者多，究心於社會事業者少。宋儒則反是，于政、刑、兵、賦之事，謂‘在治人不在治法’。其論史于錢、穀、兵、刑之故，亦謂‘則有司存’，而諄諄於社會教養之道。”① 蒙先生此説非常具有啓發性，筆者借此立意。但需先行指出的是，所謂“社會事業”，從宋儒的視角看，仍屬政治問題，只是取徑有所不同而已，非實有政治與社會的區分。蒙先生所指的漢宋言政之差别，與宋代以後均田制廢弛的歷史情勢相關。宋太祖以“黄袍加身”的非暴力形式獲取政權，與手握兵權的武將們進行了“杯酒釋兵權”的政治交易，鼓勵他們以多得好田宅的方式爲其子孫立下富貴根基。這不失爲一種政治權變的智慧，但也意味着失去了重新調整土地不均之民生問題的機會。“是其以官僚地主政策，收拾數百年來糜爛之局；是

---

* 李琪慧，韓山師範學院政法學院講師。

① 蒙文通：《宋明之社會設計》，《蒙文通全集》第 1 册，巴蜀書社，2015 年，第 137 頁。

以甯結怨於民，而未肯失歡於官。”① 由是，“宋以來儒者極多究心於社會救濟事業，固源于理學理論之必然，殆亦有其實際情勢之不得不然者也。”② 蒙先生此處用詞十分精妙，“理學理論之必然”意味着理學自有其内在理路與政治理想，其理論不全爲實際情勢而發；而“實際情勢之不得不然”則爲理論創發與歷史情勢提供一聯結點，説明此種“理學理論”乃宋代儒學中最能呼應於“社會救濟事業”的一脈。如是理論與情勢，反映在政治哲學上，則體現出宋儒與漢儒在均平天下之政治理想的構築方式上的差異。連帶着，對物性與德性的理解也發生了變化。在這個問題上，鄭玄與朱熹對《大學》的不同詮釋給了我們一個理解的入口，尤其是他們對“格物”的不同釋義。

《大學》這一文本在宋明理學的經典體系當中占有非常重要的位置，它爲宋明理學提供了一個“先立乎其大”的結構，被視爲“初學入德之門”。③ 更重要的是，其中雖關涉諸多修身論的問題，但顯然皆可被放置在政治哲學的整體視野中考察。在鄭玄時代，《大學》的位置没有這麽突出，但將其《大學注》中的有關論題與鄭氏其他經典詮釋之文字及漢儒的通行觀念聯結起來，我們仍然可以盡力還原漢代甚至漢代之前的相關政治哲學構想。“格物”是《大學》政治論的起點，通過對鄭玄與

---

① 蒙文通：《宋明之社會設計》，《蒙文通全集》第1册，第138頁。

② 同上。

③ 朱熹《大學章句》引二程語云：“《大學》，孔氏之遺書，而初學入德之門也。於今可見古人爲學次第者，獨賴此篇之存，而《論》《孟》次之。學者必由是而學焉，則庶乎其不差矣。”（朱熹：《四書章句集注》，朱傑人、嚴佐之、劉永翔主編《朱子全書》（修訂本）第6册，上海古籍出版社、安徽教育出版社，2010年，第16頁。）按，原標點引號至“門也”，誤，由“大學”至“差矣”實朱熹糅合二程語而成。《河南程氏遺書》卷二上記程顥語：“《大學》乃孔氏遺書，須從此學則不差。”（程顥、程頤：《二程集》，王孝魚點校，中華書局，2004年，第18頁。）《遺書》卷第二十二上記程頤語云：“入德之門，無如《大學》。今之學者，賴有此一篇書存，其他莫如《論》《孟》。”（《二程集》，第277頁。）

朱熹“格物”義之差異的考察，可以發現，“知”與“物”之關聯方式與政治哲學相關問題的構想有關。當然，在論述此一問題之前，須先説明鄭玄注《大學》時尚未有顯題化的經傳體意識與“三綱領”“八條目”之結構，更没有調整過文本的次序，完全依從於後世所謂的古本《大學》。

二、鄭玄“知能來物”説：一種德性符驗論

《大學》云：“欲誠其意，先致其知。致知在格物。物格而後知至……”“致知”與“格物”的真實含義到底是什麽，在解釋史上衆説紛紜。[①] 其中，朱熹的格物補傳及其釋義是我們最熟悉的，也是影響最爲深遠的。在朱子看來，政治是修身問題之拓展，而修身的效驗是逐漸養成的，那麽，格物即被視爲作爲起點同時作爲意義根源的工夫方式。但如果我們從修身工夫的視角回溯鄭玄的解釋，很有可能會産生誤解。即使我們忽略理學所論工夫的最終目的是“成聖”——而漢魏人士普遍否認學以致聖的可能性——僅僅把工夫解釋爲更具通義的修身，鄭玄《大學注》中的格物也並不具備修身義涵。究其原因，鄭玄的格物釋義所反映的政治哲學理路與朱子有較大差異。鄭玄所理解的“大學之道”並不是“初學入門”的問題，而是針對“學成君子”的政治教育。與此相應，在鄭玄那裏，格物不是工夫階段，而是關乎爲政者的德性符驗問題。由是，筆者將鄭玄的“知能來物”説稱之爲德性符驗論，此種思維結構在漢代思想中並不孤立，以下詳述之。

（一）“大學之道”的言説對象是“學成君子”

鄭玄《三禮目録》云：“名曰《大學》者，以其記博學可

① 可參毛子水：《“致知在格物”：一句經文説解的略史》，《輔仁學志》1982 年第 11 期。

以爲政也。”① 因此，鄭玄《大學注》的基調是闡明具有博學基礎的君子怎樣才能在政治實踐中光顯其明德。孔穎達解釋鄭玄的話説：“此《大學》之篇，論學成之事，能治其國，章明其德於天下。”《大學》所説的“大學之道”，指的是學成君子的爲政之道。孔穎達指出的“學成”二字顯然來自《學記》，用來解釋鄭玄所説的“博學”是什麼樣的水準。《學記》中説：“古之教者，家有塾，黨有庠，術有序，國有學。比年入學，中年考校。一年，視離經辨志。……七年，視論學取友，謂之小成。九年，知類通達，强立而不反，謂之大成。夫然後足以化民易俗，近者説服而遠者懷之。此大學之道也。”② 古代的學校每年都有學子入學，隔年考核他們的德行和學業。到了第九年的時候，學子如果達到了觸類旁通、遇事堅持己志、不違反師道的程度，就叫做“大成”了。學子只有達到了學業“大成”的程度，才具備參與政治實踐（化民成俗）的資質。“大學之道”雖由微積著，離不開初始的培養，但只有到了“大成”的程度才能企及它的原理。回到《大學》，鄭玄、孔穎達都認爲“大學之道”針對的物件是達到了足夠的學業水準，具有了爲政資質的“學成君子”。

此外，“大學之道”的言説對象既是太學學子，如果參考《王制》的表述，那麼被選拔到“大學”中的學子甚至可能已經具有了一定的政治位分。《王制》云：“天子命之教，然後爲學。小學在公宫南之左，大學在郊。天子曰辟廱，諸侯曰頖宫。”太學包括辟廱和頖宫，鄭玄解釋説：“辟，明也。廱，和也。所以明和天下。頖之言班也，所以班政教也。”③ 可見其對太學功能的理解。《王制》又云：“司徒論選士之秀者而升之

① 鄭玄注，孔穎達正義：《禮記正義》卷六十六，吕友仁整理，上海古籍出版社，2008 年，第 2236 頁。

② 同上書卷四十六，第 1426 頁。

③ 同上書卷十七，第 502 頁。

學，曰俊士。升於司徒者不征於鄉，升於學者不征於司徒，曰造士。樂正崇四術，立四教。……王大子、王子、群后之大子，卿大夫、元士之適子，國之俊選，皆造焉。……大樂正論造士之秀者，以告于王，而升諸司馬，曰進士。”[①] 鄭玄注説："不征，不給其徭役。”“國之俊選”指從六鄉選拔上來的俊士、造士，他們已經具有“士”的身份，可以免除徭役。可見，太學學子本身即具有一定政治位分，學成之後可被任以官職。因此，《大學》的言説物件應當是擁有一定政治位分或獲得任官資質的博學君子。鄭玄《大學注》所理解的“大學之道”當指學成君子的爲政之道。這構成了鄭玄“致知格物”説的根基。

（二）“知”與“物”

“致知”與“格物”在鄭玄那裏是一個回環結構。知到達一種極深之境時具有吸引、凝聚事物的能力，而吸引何種事物類聚於此則反過來構成了對知本身的符驗。《大學》云：“欲誠其意，先致其知。致知在格物。”鄭玄注云：

> 知，謂知善惡吉凶之所終始也。
>
> 格，來也。物，猶事也。其知於善深則來善物，其知於惡深則來惡物，言事緣人所好來也。此“致”或爲“至”。[②]

要理解鄭玄的解釋，需要返回到漢代乃至漢代之前對“知”與“物”關係的理解。不過，我們還是依着鄭玄的注釋逐步分解。

“致知”之“致”當取“極至”之義。鄭玄在《大學注》

---

① 《禮記正義》卷十九，第546—547頁。

② 同上書卷六十六，第2237頁。

中雖然没有解釋這一點，但我們可以參考《禮器注》中的釋義。《禮器》“故經禮三百，曲禮三千，其致一也”，鄭玄注云：“致之言至也。一，謂誠也。”① 孔穎達説：“雖三千、三百之多，而行之者皆須至誠，故云‘一也’。”② 可知此處“至”取“極”之義。又《禮器》“禮也者，物之致也”，鄭注云：“致之言至，極也。”③ 亦可爲據。

“致知”之“知”，鄭玄取義爲“知善惡吉凶之所終始”，其含義是對善惡吉凶及其原理的掌握。“知”不僅是知曉，還有主管、掌控的含義。《繫辭》云“乾知大始，坤作成物”，“知”與“作”相對，“知”取“主管”之義。據此，“知”乃引出對物的掌控意義。惟能掌控善惡，才説得上是知善惡。鄭玄所理解的“知”即具有此種吸引、掌控事物的義涵。知善惡是主要的，吉凶是附帶着善惡説的。至於“善”所指向的内容，可參照《大學》文本中的“知止”。《大學》“知止”，“止”即爲“止於至善”，其所“止”處，即文中所説的仁、敬、孝、慈等倫理内容，“爲人君，止於仁；爲人臣，止於敬；爲人子，止於孝；爲人父，止于慈”。總之，“致知”之義爲對善惡吉凶及其原理有極深的掌握。

那麽，“格物”何意？“物”爲何能夠被“知”吸引呢？

王國維在《釋物》中指出，物本雜色牛之名，推之以名雜帛，更因之以名萬有不齊之庶物。④ 因此，物的内在含義之一就是駁雜不齊。又，《玉篇》云：“凡生天地之間皆謂物也、事也、類也。”又，朱駿聲説：“疑物字本訓牛色，轉注爲凡色。凡有形者皆有色，又轉注爲形質，爲事類也。”⑤ 形色相異之物

---

① 《禮記正義》卷三十二，第 986 頁。

② 同上書，第 988 頁。

③ 同上書，第 1000 頁。

④ 王國維：《觀堂集林》（外二種），河北教育出版社，2001 年，第 141—142 頁。

⑤ 朱駿聲：《説文通訓定聲》，中華書局，1984 年，第 632 頁。

之轉注爲形質、事類，則必從不齊中求其共通性，亦即具有相類的構成與品性。泛言之，人亦生天地間，因此人亦物也。别而言之，則人與物相對，知與物相對，所以《孟子》說“明於庶物，察於人倫”，《樂記》云“物至知知”，都是這樣的結構。總而言之，在古典語境中，物與人具有相類的構成與品性，從先秦道論到漢代元氣論、宋明理氣論，對此問題都有所論證。只有在這樣的思想背景下，鄭玄所説的“來物”與朱熹所説的“豁然貫通”才能證成。

鄭玄說：“格，來也。物，猶事也。其知於善深則來善物，其知於惡深則來惡物，言事緣人所好來也。”物、事義通，這並非將形色之物從所招致之物中排除出去，而是表明在“知”“物”關係中所關切的不是静態的、與人二分之物，而與人相感通的物類與事類。“知能來物”的觀念與漢代的感應論相關，但同時也具有更早的淵源。裘錫圭曾經指出，先民有“德能致物”與“知能致物”的觀念，具有神秘性。[①] 此二種觀念固然以前面所説的物與人具有相類的構成和品性之思想爲基礎，但能夠“致物”的並不是普通人，他們具有“生而知之”的神性或者世代相傳的專門知識（實則上古的專門知識亦具有與巫術相聯繫的神秘性）。漢代的感應論雖然具有一定的普遍性，但仍有相當强的“大德者必受命”的思想傾向。因此，在鄭玄“來物”之説的論述中，能夠“知善深”“知惡深”的當是有位甚至是有大位之人。鄭玄《中庸注》中的一段文字可以與此相參照。《中庸》“誠者，物之終始，不誠無物”，鄭玄注云：“物，萬物也，亦事也。大人無誠，萬物不生。小人無誠，則事不成。”[②] 人之誠德與物之關係，大人、小人都能適用，但能夠影響至於萬物之“生”與“不生”的，則是有位之大人。

---

① 裘錫圭：《説“格物”》，王元化主編《學術集林》卷 1，上海遠東出版社，1994 年。

② 《禮記正義》卷六十，第 2027 頁。

經過上面的分析，我們大概可以得到以下判斷。首先，“致知”與“格物”是一回環結構，致知以來物，格物以驗知。但從“知”與“物”的關係上説，“物”由“知”所召，“知”則並一定依賴於“物理”上的累積。其次，鄭玄的“格物”説不是一個工夫論的問題，甚至“致知”亦無明顯的工夫論色彩。“格物”是“致知”的驗證，能否招來善物可以驗知有位者是否“知善”亦即明德是否能夠昭顯。

那麽，“明明德”本身才是一以貫之的政治實踐，其開端則在於“誠意”。所謂“意”者，董仲舒説“心之所之謂意”[①]，心力集中於某處，謂之爲意，與理學所指的遷革不已的一個個念頭有所不同。“誠意”的用力之處即心力所當停留之處，在《大學》看來，當即“明德”“知止”之處。鄭玄《三禮目録》云：“名曰《大學》者，以其記博學可以爲政也。”孔穎達解釋説：“此《大學》之篇，能治其國，章其明德於天下，卻本明德所由，先從誠意爲始。”[②] 人君明明德於天下的政治實踐以“誠意”爲開端，這一解釋是合乎鄭玄《大學注》整體性的問題意識的。但鄭玄對“誠意”的闡釋突出的是“畏敬”的意識，並且直接視之爲在位者的政治實踐，可以舉兩例。其一，《大學》引《詩》“穆穆文王，於緝熙敬止”，“敬止”，朱熹解釋爲“言其無不敬而安所止也”[③]，“敬”是無物件性的，且朱子認爲《詩》的内容是解釋“三綱領”之“止於至善”的；而鄭玄注云“敬其所以自止處”[④]，敬是有對象性的，文王所自止處，即其緝熙之明德，且在古本《大學》中，所引《詩》的内容是解釋“誠意”的，敬其明德即爲君主之“誠意”。其二，

① 董仲舒：《循天之道》，蘇輿：《春秋繁露義證》，鍾哲點校，中華書局，1992年，第452頁。

② 《禮記正義》卷六十六，第2236頁。標點有改動。

③ 《大學章句》，《朱子全書》（修訂本）第6册，第19頁。

④ 《禮記正義》卷六十六，第2240頁。

《大學》引孔子“聽訟，吾猶人也，必也使無訟乎”，解釋説：“無情者不得盡其辭，大畏民志。此謂知本。”鄭玄注：“情，猶實也。無實者多虚誕之辭。聖人之聽訟與人同耳，必使民無實者不敢盡其辭，大畏其心志，使誠其意，不敢訟。本，謂誠其意。”① 使民畏敬心志，即使民誠意，亦可證誠意的重點在於畏敬意識。

（三）德性符驗論

從上文的論述不難看出，鄭玄所論的“知”與“物”的關係，與其對“明德”的理解緊密相關。可以説，“知”雖有“知善深”與“知惡深”的差異，“知惡深則來惡物”也具有警戒的作用，但“致知”“知至”乃指“知”達到極處，那麼“知能來物”與“德能來物”就成爲了同一命題。那麼，鄭玄又是如何理解“明德”與“明明德”的呢？

《大學》開篇：“大學之道，在明明德，在親民，在止於至善。”鄭玄注：“明明德，謂顯明其至德也。止，猶自處也。”② 首先，鄭玄並没有“三綱領”之别，“明明德”“親民”之間没有（時間與邏輯的）先後關係，“至善”也不是指“明明德”“親民”的極則處。更有可能的理解是，鄭玄把“明明德”“親民”“止於至善”視爲同一件事情的不同側面。其次，“顯明其至德”當指“平天下”，那麼“至德”當指君德。且《尚書》《詩經》中多處提到的“明德”指的都是統治者的德行，是得天命或受天祐佑的根據。《大學》文本“明明德於天下”是天子之事，所引《康誥》《大甲》《帝典》也是君王之事。《大學》云：“一家仁，一國興仁；一家讓，一國興讓；一人貪戾，一國作亂，其機如此。此謂一言僨事，一人定國。”鄭玄注：“一

① 《禮記正義》卷六十七，第2249頁。
② 同上書卷六十六，第2236頁。

家、一人，謂人君也。”[①] 顯然認爲只有人君的德行表現才有如此大的影響力。此外，《詩經・皇矣》“帝遷明德”，鄭玄認爲“明德”指周德[②]；而“予懷明德”，鄭玄認爲“明德”指文王之德，[③] 可相參照。最後，早期思想中的“德”，指的是使人、物類聚/歸聚並且安頓好（各得其所）的品質或能力，鄭玄對“德”的理解與此不悖。“德”與“刑”相對，“刑”是用來處置那些無法憑藉“德”的能量團結起來的人的。《大學》説“是故君子先慎乎德，有德此有人，有人此有土，有土此有財，有財此有用”，仍然保留了“德”的這一內涵。《尚書・益稷》舜功成命夔作樂，其效在神則“祖考來格”，在人則“虞賓在位”“群后德讓”，在動物則“鳥獸蹌蹌”“鳳凰來儀”“百獸率舞”，又《文言傳》曰“雲從龍，風從虎，聖人作而萬物睹”，《中庸》云參贊化育，都以此觀念爲背景。鄭玄《中庸注》中也多有體現，如《中庸》云：“《詩》云：‘鳶飛戾天，魚躍於淵。’言其上下察也。”鄭玄注云：“察，猶著也。言聖人之德，至於天則鳶飛戾天，至於地則魚躍於淵，是其著明於天地也。”[④] 此可作爲“明明德”的一個注腳。

綜上，鄭玄將“格物”解釋爲“來物”，在鄭玄的理解中，物與人具有相類的構成與品性，因此能夠相互感應；有位者之“知”或“德”能夠招來事物，亦即通過德的品質及實踐使其治理空間中的人與物匯歸、凝聚起來，並安頓其秩序，使之各得其所；有位者能夠做到這一點，反過來也能驗證其知或其德。換而言之，“物”是作爲“德”的符驗而被考量的，其所

---

① 《禮記正義》卷六十七，第 2250 頁。

② 鄭箋云：“天意去殷之惡，就周之德。”李學勤主編《十三經注疏・毛詩正義》卷十六，北京大學出版社，1999 年，第 1022 頁。

③ 鄭箋云：“我歸人君有光明之德。”人君指文王。《毛詩正義》卷十六，第 1033 頁。

④ 《禮記正義》卷六十，第 1996 頁。

隱含的思維方式則爲“類歸”[①]。

(四) 與漢代思想的關聯

鄭玄對“知”與“物”的理解及其所隱含的政治哲學構想在漢代思想中普遍存在。比如董仲舒在《同類相動》中説：

> 美事召美類，惡事召惡類，類之相應而起也。如馬鳴則馬應之，牛鳴則牛應之。帝王之將興也，其美祥亦先見；其將亡也，妖孽亦先見。物故以類相召也，故以龍致雨，以扇逐暑，軍之所處以荆楚。[②]

美、惡各以類相召，鄭玄“格物”論與之旨趣正相一致。物之能以類相召，自亦以物類具有相類的構成與品性爲前提。這一問題在董仲舒那是以五行元氣論證成的，此不贅述。董仲舒又説：

> 非獨陰陽之氣可以類進退也，雖不祥禍福所從生，亦由是也。無非己先起之，而物以類應之而動者也。……故聰明聖神，内視反聽，言爲明聖，内視反聽，故獨明聖者知其本心皆在此耳。故琴瑟報彈其宫，他宫自鳴而應之，此物之以類動者也。其動以聲而無形，人不見其動之形，則謂之自鳴也。又相動無形，則謂之自然，其實非自然

---

① 針對西方漢學家葛蘭言、李約瑟、葛瑞漢等以“關聯思維”指稱中國古典宇宙論認知方式的做法，馮達文先生將以兩漢思想爲代表的中國古典宇宙論的認知方式稱之爲“類歸”。此誠爲卓識。(詳馮達文:《重評中國古典哲學的宇宙論》，《馮達文自選集》，中山大學出版社，2017年，第95—115頁。)按，其思維方式爲“類歸”，則認知不僅爲“識類”，且能將物類“歸聚”於一。

② 《春秋繁露義證》，第358頁。

也，有使之然者矣。物固有實使之，其使之無形。①

“不祥禍福”亦以類相召，此是漢代天人感應論的重要內容。聰明聖神之人能夠動物於無形，此正其德之驗。

此外，《論語・公冶長》“少者懷之”，孔安國注云：“懷，歸也。”② 劉寶楠解釋説：“《爾雅釋詁》：‘懷，止也。’《釋言》：‘懷，來也。’並與歸訓近。言少者得所養教，歸依之若父師也。”③ 可謂得孔安國之旨。皇侃《論語義疏》仍然接受這一與《大學》“絜矩之道”相類的理解模式：“少者懷己，己必是有慈惠故也。”④ 少者是否歸服於我，是內在於我的德性問題。朱熹雖然表示“懷之，懷我也，亦通”，但他顯然更傾向於“少者懷之以恩”的解釋，認爲是聖人以慈恩的方式對待少者。因爲對朱熹來説，我待少者如何是德的問題，少者如何待我則是效驗。

又如趙岐注《孟子・盡心上》“施於四體，四體不言而喻”云：“流於四體，四體有匡國之綱。口不言，人以曉喻而知之也。”⑤ 君子的修養能令人歸服，證明君子的四體即爲“匡國之綱”。而朱熹注云：“施於四體，謂見於動作威儀之間也。喻，曉也。四體不言而喻，言四體不待吾言，而自能曉吾意也。”⑥ 其意趣全在於身體的一氣流通，身體不須心靈的發號施令都能自然措當，表明工夫已經達到了不思不慮的狀態。此處亦可見漢宋之别。

---

① 《春秋繁露義證》，第 360—361 頁。

② 劉寶楠：《論語正義》卷六，高流水點校，中華書局，1990 年，第 205 頁。

③ 《論語正義》卷六，第 206 頁。

④ 皇侃：《論語義疏》卷三，高尚榘點校，中華書局，2013 年，第 123 頁。

⑤ 焦循：《孟子正義》卷二十六，沈文倬點校，中華書局，1987 年，第 906 頁。

⑥ 《孟子集注》，《朱子全書》（修訂本）第 6 册，第 432 頁。

三、朱熹“格物”工夫與“自新—新民”之模式

鄭玄認爲政治德性（正面意義的“知”）可以凝聚民人事物，但並不强調此德的獲得與工夫修養的關係。“德”的獲得，其來源可能是上天的賦予或者繼承自祖先，也可能由於個人的事功，修身的意義更多地是保有、不喪失此種德性。而在朱熹這裏，“自覺性理”成爲政治生活或説共同體生活中至爲關鍵的精神因素。明德雖由天賦，但需要依靠自我覺悟式的後天工夫修養發明之。更重要的是，通過一套工夫理念，塑造了一種可經由學習、訓練獲得的生活形式。因此，“物”所構成的世界成爲“自我技術”的場所。通過此種“物”之場域習得一套共通的身體技藝，並分享一套共同的關於“物”及其所構成世界的理念，士大夫及其所教化的民衆得以組成一個“共同體”，並與佛、道所欲構建的理想世界區分開來。從這樣的理念出發，《大學》教導的就是一套人人可以通過某種工夫技藝習得的“爲學之道”，“格物致知”之説所面臨的是一個共用同一套理則並且可以通過心靈把握的“物”世界，通過自覺性理的方式，經由“自新—新民”的路徑，達成均平天下的政治理想。此外，經由“性分”與“職分”觀念的辯證，朱熹解答了治國、平天下如何成爲每個人的分内事的問題。以下詳述之。

（一）“大學之道”的教化物件是所有能夠自覺性理的人

朱熹在《大學章句》中指出“大學者，大人之學也”①，這是相對于“小學”來説的。在《大學章句序》中朱熹指出古代的“小學”與“大學”以“十五歲”爲分界線，這是以《大戴禮記》《白虎通義》爲依據；至於將“灑掃、應對、進退之節，

① 《大學章句》，《朱子全書》（修訂本）第6册，第16頁。

禮、樂、射、御、書、數之文”歸於“小學”，“窮理、正心、修己、治人之道”歸於“大學”，也與《論語》《學記》有一脈相承之處。朱熹的特别之處在於兩點：其一是突出了《大學》作爲“明理”之書的向度；其二是將《大學》的教化物件界定爲所有能夠自覺性理的人。

朱熹説：“小學者，學其事；大學者，學其小學所學之事之所以。”[①] “小學是直理會那事。大學是窮究那理，因甚恁地。”[②] 因此，《大學》就是一部教人明理（明其所以然）之書。朱熹在《大學章句序》中陳述三代學校的教育對象是十五歲以後的“天子之元子、衆子，以至公、卿、大夫、元士之適子，與凡民之俊秀”。[③] 與《王制》所説的“國之俊選”相比，“凡民之俊秀”完全淡化了政治位分，强調的是才德。而朱熹發明《大學》一書，其論説物件顯然包括了所有自覺自願入此門徑的學子，而與政治位分無關。因此，理論上説，“大學之道”的教化物件是所有能夠自覺性理的人。不過，受制於古代社會的識字率問題，能通過朱熹所建立的經典體系直接習得此道的人，畢竟只有讀書的士人，不識字的民衆只能通過接受士大夫的教化間接地成爲均平理想的參與者。

（二）“格物致知”：自覺性理之學

在討論朱熹對“格物致知”的解釋之前，我們先瞭解一下朱熹所構建的“物”世界。《大學或問》中有一段非常精彩的描述：

> 吾聞之也，天道流行，造化發育，凡有聲色貌象而盈於天地之間者，皆物也。既有是物，則其所以爲是物者，

① 《朱子語類》卷七，《朱子全書》（修訂本）第14册，第269頁。

② 同上。

③ 《大學章句序》，《朱子全書》（修訂本）第6册，第13頁。

> 莫不各有當然之則，而自不容已，是皆得於天之所賦，而非人之所能爲也。今且以其至切而近者言之，則心之爲物，實主於身，其體則有仁義禮智之性，其用則有惻隱羞惡恭敬是非之情，渾然在中，隨感而應，各有攸主，而不可亂也。次而及於身之所具，則有口鼻耳目四肢之用。又次而及於身之所接，則有君臣父子夫婦長幼朋友之常。是皆必有當然之則，而自不容已，所謂理也。外而至於人，則人之理不異於己也；遠而至於物，則物之理不異於人也；極其大，則天地之運，古今之變，不能外也；盡於小，則一塵之微，一息之頃，不能遺也。①

朱熹對“物”的範圍的界定與前賢並無二致，天地之間凡有聲色貌象者皆可稱之爲“物”。但對朱熹來説，更爲切要的含義是“物”成爲了修身工夫的物件，亦即“自我技術”施展的場所。因此，“物”爲共通的“理”所界定，能把握“物理”，即能發明人的“性理”，能共同發明此“理”之人擁有共同的德性，可以成就同一個理想世界。“物理”與“性理”之間的共通性由一氣流行之人物關係所支撐。因此，朱熹所理解的“大學之道”强烈要求着個體對性理的自我覺悟，其開端是我之自覺，而其（理想的）終點則是所有人的自覺。但由於氣拘物蔽這一設定，本體之知亦即人的持續不息的性理自覺性是受到阻礙的，格物致知的作用就在於開發此自覺性。

《大學章句》云：

> 致，推極也。知，猶識也。推極吾之知識，欲其所知無不盡也。格，至也。物，猶事也。窮至事物之理，欲其

① 《大學或問》，《朱子全書》（修訂本）第6册，第526—527頁。

極處無不到也。[1]

> 物格者，物理之極處無不到也。知至者，吾心之所知無不盡也。[2]

> 所謂致知在格物者，言欲致吾之知，在即物而窮其理也。蓋人心之靈莫不有知，而天下之物莫不有理，惟於理有未窮，故其知有不盡也。是以大學始教，必使學者即凡天下之物，莫不因其已知之理而益窮之，以求至乎其極。至於用力之久，而一旦豁然貫通焉，則衆物之表裏精粗無不到，而吾心之全體大用無不明矣。此謂物格，此謂知之至也。[3]

窮極事物之理與推極吾心之知是互爲前提的。從知有所蔽的角度説，吾心之知須賴窮理以發明之；而窮理工夫之可能，又有賴於推極已知之理。“因其已知之理而益窮之”，與“因其所發而遂明之”用力方式是一致的。朱子説：“明德是指全體之妙，下面許多節目，皆是靠明德做去。”[4] 所以，格物致知即自明之道。並且，朱子對“知”之論説實與“明德”十分相似。《大學或問》云：“若夫知則心之神明，妙衆理而宰萬物者也，人莫不有，而或不能使其表裏洞然，無所不盡。”[5] 可以推論，“知”即“明德”之“明”。

“物猶事也”之訓與鄭玄並無不同，但“必使學者即凡天下之物”的方向則與鄭玄“來物”之説是相反的。依朱子“補

① 《大學章句》，《朱子全書》（修訂本）第 6 册，第 17 頁。

② 同上。

③ 同上書，第 20 頁。

④ 《朱子語類》卷十四，《朱子全書》（修訂本）第 14 册，第 433 頁。

⑤ 《大學或問》，《朱子全書》（修訂本）第 6 册，第 511 頁。

傳”之説，人應該主動接近事物並窮究其理，以使我對事物的把握（知）愈來愈精微、愈來愈明澈。這與《大學》及其同時代作品的“知止”關切也有所不同。朱熹對“至善”的理解是“事理當然之極”，那麼“止於至善”至少須在達到“豁然貫通”的境地之後才有可能。在此釋義下，“知止”即知此種境地之所在，其義涵反而指向永無止息地向此方向用功。

（三）“自新—新民”的政治哲學模式

在朱熹的理解模式中，“大學之道”的取徑是“自新—新民”，而“新民”含義是“使民自新”。因此，“自新”“新民”要求自己掌握並使他人掌握“所以然之理”。先看朱熹對“三綱領”的解釋：

> 明，明之也。明德者，人之所得乎天，而虛靈不昧，以具衆理而應萬事者也。但爲氣稟所拘，人欲所蔽，則有時而昏；然其本體之明，則有未嘗息者。故學者當因其所發而遂明之，以復其初也。新者，革其舊之謂也，言既自明其明德，又當推以及人，使之亦有以去其舊染之汙也。止者，必至於是而不遷之意。至善，則事理當然之極也。言明明德、新民，皆當至於至善之地而不遷。蓋必其有以盡夫天理之極，而無一毫人欲之私也。此三者，大學之綱領也。①

“明之”即“自明”，與鄭玄所理解的顯明於外之含義不同。朱子注解中的“明德”指的是性之在心者，與鄭玄所意指的在位君子的政治品性含義不同。朱熹説：“明德，是我得之

---

① 《大學章句》，《朱子全書》（修訂本）第6册，第16頁。

於天，而方寸中光明底物事。”[①] 可知“明德”是天命之性，但此性具於心才能稱爲“明德”，“方寸”即心，“光明”乃天命之性與靈明之心結合之後産生的特性。性是天所命，具有公共性，但承載於個體，受天生氣稟與後天物欲的限制，性之具於心者其呈現之能力有所障礙。但人得天地中氣所生，明德不會完全熄滅，總有發見處。“明明德”就是憑藉本心之明發見處充擴出去，以期達到全體洞明的地步。此即“自明”，亦可謂之“自新”。而“新民”之義，依據朱熹的解釋，實則是通過己之明德之感應力，使他人也能明其明德。所以“新民”，一方面由我之“明明德”之功影響而成，另一方面其根底乃在於民之自新。“至善”則是“明明德”與“新民”之極致處。朱熹對“明明德於天下”的解釋即是“使天下之人皆有以明其明德也”。[②]《大學或問》中説：“人皆有以明其明德，則各誠其意，各正其心，各修其身，各親其親，各長其長，而天下無不平矣。”[③] 由此，平天下的狀態就是天下人都能自明明德的狀態。朱子這一取徑是高度依靠自力的，因此對人在個體性理上的自覺性就要求非常高了。每個個體不僅應該處於自己該處的位置，還需要理解爲什麽應當如此。這是理解朱子所設想的“大學之道”的一個理論背景，也是理解朱子“格物致知”論的前提。

（四）性分與職分

前面説過，朱熹認爲“明明德於天下”是指使天下之人各明其明德，也就是天下人自力相加，共同達到平天下的治境。朱熹的這種設想，與政治主體意識的變化有關。在鄭玄的構想

---

① 《朱子語類》卷十四，《朱子全書》（修訂本）第 14 册，第 445 頁。

② 《大學章句》，《朱子全書》（修訂本）第 6 册，第 17 頁。

③ 同上書，第 511 頁。

中，德與得天命、得人、得民心幾可等同，因此位分之高低與德之影響力密不可分，“一人定國”是君主之事。而在朱熹的構想中，德的含義是自得，德的影響力在於使他人亦能自得，因此德之大小及其影響並不必然與位分相關。朱熹通過“性分”與“職分”的辯證，解答了治國、平天下爲何是每個人的分内事的問題。

朱熹《大學章句序》云：

> 蓋自天降生民，則既莫不與之以仁義禮智之性矣。然其氣質之稟或不能齊，是以不能皆有以知其性之所有而全之也。……其學焉者，無不有以知其性分之所固有，職分之所當爲，而各俛焉以盡其力。

“性分”，即人從上天那裏稟受的仁義禮智之性，但因稟受不能無氣質之雜，因此性分有兩層意涵：從上天那裏稟受的完全地仁義禮智之性；從人的現實形體、氣質中所能透顯的那部分明德。而人之職分，即是明明德。由人從上天那稟受了完全的仁義禮智之性的角度來説，人當擔負安頓天下事事物物、使之各得其所的責任。而由人在具體時空中所透顯之明德的不完全性的層面上説，人又須依據自家明德的程度，去做好自己分限内的事情。這不是根據氣質、才性而設想人的分工狀況，而是根據德性發明的程度爲天下事擔負責任。並且，此種分限限制的是人對天下事的介入程度與分寸，而不是範圍。换而言之，並不是德性自明較少的人就只能修身齊家；對於治國平天下之事，每個人都應該自覺到自己的責任，有一分明德，則做一分治國平天下的事業，有八九分，便做八九分的事業。

《大學或問》亦云：

> 曰：“治國平天下者，天子諸侯之事也，卿大夫以下，

蓋無與焉。今《大學》之教，乃例以明明德於天下爲言，豈不爲思出其位，犯非其分，而何以得爲爲己之學哉?”曰:“天之明命，有生之所同得，非有我之得私也。是以君子之心，豁然大公，其視天下，無一物而非吾心之所當愛，無一事而非吾職之所當爲，雖或勢在匹夫之賤，而所以堯舜其君，堯舜其民者，亦未嘗不在其分内也。”①

據此，“天之明命”即“明德”，亦即人之“性分”。“職分”視乎“性分”，既稟明德，則天下無一物不是君子所應當愛惜的，無一事不是君子職責上所應當關注的。使君主成爲堯舜那樣的聖王，使百姓成爲聖王治下的教化之民，這對每一個自覺明德的人來説，都是天賦的使命。這是無關人的政治分位的事業。

三、結語

對鄭玄來説，大學之道是爲政之道，修德是爲政中事。對朱熹來説，大學之道是爲學之道，爲政是修德中事。鄭玄認爲大學之道的言説物件是“學成君子”，亦即具有爲政資質與政治分位的君子。但“學成”並不意味着這樣的爲政者在政治實踐中就不會有偏差，所以仍有誠意、正心、修身、齊家、治國、平天下各層級的修德問題，但都直接指向政治實踐。而朱熹討論大學之道的起點是“初學入德”，並且包含了對人物氣質之性受到遮蔽的預設，因此先需以即物窮理之工夫彌補知之不明的弊病。在鄭玄“知能來物”或“德能來物”的框架中，“物”是“知”或“德”的符驗，可驗證本身即作爲“德”的内在含義，能聚合人物、使之各得其所才能説明一個人有德。

① 《大學或問》,《朱子全書》(修訂本)第6册，第513—514頁。標點有改動。

而在朱熹的"自新/明明德—新民"框架下，德的内涵是自得，新民是其效驗，且此種效驗有賴於民的自覺性被激發的程度。

在鄭玄與朱熹的"格物"釋義中，"知"與"物"的關係是不同的。對鄭玄來説，"物"爲"知"所凝聚，在此種政治哲學模式下，物走向人，也檢驗着人。對朱熹來説，"物"是"知"的物件，在此種政治哲學模式下，人走向物，也省察着物。可以説，雖然鄭玄與朱熹都關心政教問題，但他們的取徑是不同的。鄭玄的取徑是由政而教，朱熹的取徑是由教而政。由政而教，如風行草偃，至於爲風教所影響之人自我省察與否，並不是一個引起關切的問題。由教而政，則由自我覺悟而形成風氣，由此再凝結爲生活理念與形式的共同體。朱熹的取徑與宋代的政治情勢相合，也與三教塑造民衆之主導權的競争態勢有關。一方面，士大夫須主動承擔重塑鄉村共同體的政治責任；另一方面，則須努力使社會下層"群棄老釋而惟儒之歸"①。

---

① 錢穆：《周程朱子學脈論》，《中國學術思想史論叢》（五），安徽教育出版社，2004年，第203—204頁。

明堂歷史的書寫

——以鄭玄、惠棟的明堂論爲例

褚葉兒*

明堂之制因文獻記載之駁雜而討論衆多。其中，蔡邕與鄭玄的兩種明堂説影響深遠，成爲後世學者論説的基礎。簡言之，蔡邕以明堂爲大教之宫，頒朔、宗祀、養老、教化這些天子重要的禮儀皆行於明堂。此説經由惠棟得到了更爲充分的發展，望氣、治曆、禘祭等禮儀也被歸入明堂之中。相較之下，鄭玄則將明堂限於祭天與頒朔二義。

對於蔡、鄭二人的明堂説，劉師培依循汪中之説，認爲兩者的差異在於所本的上古之制不同。劉師培提出，周明堂之制，鎬、洛不同。言下之意，周公所建之明堂不同于文、武王之明堂。周公於洛邑所建之明堂確實與宗廟、辟雍等宫室分立，而豐鎬之明堂則是明堂與宗廟、辟雍、靈臺、大學等同處。是故劉師培有云："自鄭以鎬京明堂之事移爲洛邑明堂之事，説與《明堂解》背；蔡以鎬京明堂之制説洛邑明堂之事，又與《作雒解》文違，由是明堂之説解者益棼。"① 並且在《古政原論》中，劉師培又據惠棟之説，認爲上古之時明堂與太廟、太學、靈臺爲一地。可見，劉師培實際上是認爲明堂、太廟、太學、靈臺的獨立始于周公，而在周公之前，祭天、祭

---

* 褚葉兒，杭州師範大學公共管理學院講師。

① 劉師培：《周明堂考》，《劉申叔遺書》，江蘇古籍出版社，1997 年，第 1315 頁。

祖、教學、養老等諸多天子禮皆在明堂進行。用禮制的歷史演變來解決經文以及經説的分歧，這一方法並非近代以來才出現。正如學界所公認的，以史解經是鄭玄注經的一種基本方法，正是憑藉著三代異物之説，鄭玄才得以括囊大典，建立起一個以《周禮》爲核心的圓融的經學體系。在明堂問題上，鄭玄也並未忽視史的面向，他認爲明堂制度亦因時而異。同樣的，惠棟的明堂説亦包括對於明堂的歷史敘事。但是，經學家書寫的明堂歷史基於他們對明堂根本性質的理解而來，所以理解不同，明堂的歷史敘述各異。

一、明堂作爲大教之宫：惠棟的明堂大道論

惠棟以明堂爲大教之宫，凡是與教化相關的天子禮儀皆被他統於明堂之中："明堂，爲天子太廟，禘祭、宗祀、朝覲、耕籍、養老、尊賢、饗射、獻俘、治曆、望氣、告朔、行政皆行於其中，故爲大教之宫。"可以説，大教之宫就是惠棟對於明堂性質的認識，在此基礎之上，明堂之禮義與歷史得以構建。就現存文獻來看，將明堂視作大教之宫最早出自蔡邕，惠棟的明堂説受其影響明顯，然而兩人之間尤有差别。下文通過比照蔡邕的明堂説，凸顯惠棟之説的特點，進而揭示惠棟所勾勒的明堂禮義與歷史。

（一）蔡邕的明堂説

周室既微，禮壞樂崩，載籍殘缺，子學興起，至漢代時，雖然多有帝王迫切地想要根據先王之典籍製作禮樂，卻面臨經籍亡佚、紛紜殽亂的問題。明堂制度便是如此。據劉歆整理，當時從民間搜集藏之於中秘的《明堂陰陽記》便有三十三篇之多，皆記古明堂之遺事，且在傳世的經書、子書中也多有提及明堂。明堂的重要性可見一斑。然而在衆多的文獻中，卻不見

關於明堂制度的完整記載，不同文獻之間甚至互相矛盾，是故明堂的性質一直存在爭議。徐復觀先生認爲漢初明堂的觀念大體可分爲三支："一是儒生的一支，二是接近道家的一支，再另一是方士的一支。"① 一直到蔡邕《明堂論》才"完成了儒家及《十二紀・紀首》爲主幹的大系統"。② 此説之細節猶可商榷，但是蔡邕的明堂説確實將各種文獻中明堂的性質糅合在一起，對後世學者産生了深遠的影響。

蔡邕關於明堂的論述見於其《月令章句》一書③，其中指明："明堂者，天子太廟。"又云："取其宗祀之清貌，則曰清廟；取其正室之貌，則曰太廟；取其尊崇，則曰太室；取其向明，則曰明堂；取其四門之學，則曰太學；取其四面周水圓如璧，則曰辟雍。異名而同事，其實一也。"總而言之，蔡邕依循、綜合了前人之説法④，認爲明堂、太廟、清廟、太學、太室、辟雍其名雖異，其實同一。

以蔡邕爲代表的這種對於明堂的認識並非經師之妄説，實

① 徐復觀：《兩漢思想史》（第二卷），華東師範大學出版社，2001年，第16頁。

② 同上書，第19頁。

③ 此書《隋書・經籍志》有著録，《經籍志》記云："《月令章句》十二卷，漢左中郎將蔡邕撰。"不過此書於宋代亡佚，後經學者輯佚，今見有《明堂月令論》《月令問答》與《月令章句》三種。嚴可均認爲《明堂月令論》與《月令問答》皆是《月令章句》中的一部分。

④ 《左傳正義》孔疏云："《左氏》舊説及賈逵、盧植、蔡邕、服虔等，皆以祖廟與明堂爲一。"實際在賈逵之前，便有學者持明堂即爲太廟之説。如馬宫云："夏后氏世室，室顯於堂，故命以室。殷人重屋，屋顯於堂，故命以屋。周人明堂，堂大於夏室，故命以堂。"另外，蔡邕關於明堂與太學、清廟、太室、辟雍同處的認識也是綜合自漢代經説而來。《左氏》之説云："天子靈臺在大廟之中，雍之靈沼，謂之辟雍。"這是認爲靈臺、太廟與辟雍皆在同處。賈逵注《左傳》云："靈臺在太廟明堂之中。"是以靈臺、太廟、明堂爲一。盧植言："明堂即太廟也。天子太廟，上可以望氣，故謂之靈臺；中可以序昭穆，故謂之太廟；圓之以水似璧，故謂之辟雍。古法皆同一處，近世殊異，分爲三耳。"即認爲古禮之中，明堂、太廟、靈臺、辟雍爲一。

則推之於經典。蔡邕於《明堂月令論》中有詳細引述。例如《大戴禮・盛德》云："或以爲明堂者，文王之廟也。"《禮記・檀弓》曰："王齋禘於清廟明堂。"[①]《禮記・明堂位》曰："太廟，天子明堂。"除了有經典依據之外，有學者指出，"將明堂做太廟之用是崇尚《左傳》的古文學派的主張"。[②] 然而蔡邕對於明堂形制的認識與今文家相合，所以用今、古文的分判來解釋漢代經師不同的明堂説是不能成立的。顯然，明堂於經文無定説，爲學者關於明堂的討論提供了充分的建構空間，而建構的動力則來自於義理。

於蔡邕而言，明堂雖是一體六名，但是卻以天子太廟爲主。換言之，蔡邕實則將天子太廟之義置於明堂諸義之首，用其統領其餘諸義。《明堂論》云：

> 其正中皆曰太廟，謹承天順時之令，昭令德宗祀之禮，明前功百辟之勞，起養老敬長之義，顯教幼誨稺之學。朝諸侯、選造士於其中，以明制度。生者乘其能而至，死者論其功而祭，故爲大教之宫，而四學者具焉，官司備焉。譬如北辰，居其所而衆星拱之，萬象翼之，政教之所由生，變化之所由來，明一統也，故言明堂，事之大，義之深也。[③]

蔡邕此言直將明堂制度譬喻爲北辰，亦即認爲明堂太廟爲政治之樞機。之所以明堂如此重要，則是因爲明堂之明在於明一統

---

① 此句不見於今本《禮記・檀弓》，可能爲《逸禮》中的某篇。

② 永井彌人《前汉末期の明堂建设における王莽の意图》，《日本中国学会报》48，1996年，第46—58页。轉引自佐川英治《漢六朝的郊祀與城市規劃》，余欣主編《中古時代的禮儀宗教與制度》，上海古籍出版社，2012年，第204頁。

③ 蔡邕：《明堂論》，嚴可均編《全上古三代秦漢三國六朝文》，中華書局，1958年，第1803頁。

也。所謂一統，首先是指下政令、行養老、施教化、朝諸侯、選造士皆統一於明堂太廟進行；更進一步的一統之義，則是頒朔、辟雍、太學、朝聘等禮儀的禮義皆統於宗廟祭祀的尊祖敬宗之義，是尊祖敬宗之義的自然延伸。在指明明堂爲天子之太廟時，蔡邕有言“所以宗祀其祖以配上帝者也”，此説來自於《孝經》。《孝經・聖治章》云：“人之行莫大於孝。孝莫大於嚴父，嚴父莫大於配天，則周公其人也。昔者周公郊祀后稷以配天，宗祀文王於明堂以配上帝，是以四海之内各以其職來祭。”據《孝經》之義，周公宗祀文王於明堂是爲了配上帝——也就是説明堂祭祀以天爲主以文王爲賓，所以蔡邕以“宗祀其祖以配上帝”來證明明堂爲天子太廟，實際上錯失了《孝經》的配天之義。雖然如此，蔡邕對於宗廟祭祀的重視卻與《孝經》以孝爲至德要道這一主旨完全貼合。

（二）惠棟的明堂説

在惠棟的思想體系中，明堂占據著非常重要的地位。谷繼明就曾指出：“（惠棟）竭盡心力考察古代明堂之制，其實是要藉此構建他心目中的宇宙—政治論模型。”[①] 基於蔡邕的明堂説，惠棟從以下兩方面發展形成了一套對於明堂的獨特認識：其一，用易學爲明堂制度奠定天道基礎；其二，本於《禮運》之大道構建明堂權輿、興替之歷史。而這兩方面皆系於貫通天人的“大道”，即明堂既是天道之呈現，又是上古列聖治天下之大端。

將明堂與易學關聯並非惠棟首創，兩漢之時，明堂便與陰陽密切相關。從《七略》的著録情況——六藝略禮類著録《明

---

① 谷繼明：《易例・點校説明》，《易漢學新校注》，中國社會科學出版社，2020年，第225—226頁。

堂陰陽》三十三篇、《明堂陰陽説》五篇，數術略蓍龜類載《周易明堂》二十六卷——可知，以陰陽説明堂並非一家之言。《白虎通》述及明堂，認爲明堂之制法天象地而來①。漢代以降，也有不少學者利用《易傳》闡釋明堂形制及其禮義②。可以説，明堂所承載的承天統物之義由來已久。惠棟亦承此傳統，認爲明堂之道本乎《易》，並圍繞參贊化育展開："明堂之法，始於幽贊，中於向明，終於贊化育，夫子所謂'吾道一以貫之'是也。"③ 在此，參贊化育被具體析分爲幽贊、向明和贊化育。我們亦可從此三點分述惠棟對於明堂形制的認識。

始於幽贊。《説卦》開篇即云："昔者聖人之作《易》，幽贊於神明而生蓍。"惠棟本於虞翻之説，同樣用"探賾索隱，鉤深致遠"解之，認爲兩句皆指聖人於陰幽初隱之中見乾之神明。於作《易》言，即是指伏羲創作揲蓍之法，"四營而成易，十有八變而成卦，八卦而小成；引信三才，觸長爻筴至萬一千五百二十，所謂以通神明之德，以類萬物之情也。大衍之數五十，其用四十有九。其一太極，以一持萬，其初幽贊於神明，其極至於贊化育，參天地，皆是物也"。④ 是故伏羲幽贊而作卦爲易道贊化萬物之本。而惠棟言明堂之法始於幽贊，則是指明堂之制本於幽贊所成的八卦而設。明堂之制歷來有五室、九室之争，這主要是不同文獻記載各異導致。《考工記》言明堂五室，《大戴禮記·盛德》則記明堂九室，《禮記·月令》又有明

① 《白虎通》言："明堂上圓下方，八窗四闥，布政之宫，在國之陽。上圓法天，下方法地，八窗象八風，四闥法四時，九宫法九州，十二坐法十二月，三十六户法三十六雨，七十二牖法七十二風。"

② 參見褚葉兒：《鄭玄明堂五室説考議》，《經學文獻研究集刊》第二十四輯，上海書店出版社，2020 年。

③ 惠棟：《明堂大道録》，《續修四庫全書》第 108 册，上海古籍出版社，2002 年，第 555 頁下欄。

④ 惠棟：《周易述》，鄭萬耕點校，中華書局，2007 年，第 368 頁。

堂左右個共十二室之説[1]。對此，惠棟依循彌合派[2]的説法，認爲明堂有五室四堂，而堂、室的方位則據八卦四時消息排布：震出東方，故青陽太廟在東；巽齊于東南，故青陽右個、明堂左個在東南；離明乎南方，故明堂太廟在南；坤致役於西南，故總章左個、明堂右個在西南；中央土，故明堂中央爲太廟太室；兑説於西方，故總章太廟在西方；乾戰乎西北，故總章右個、玄堂左個在西北；坎勞於北方，故玄堂太廟在此；艮成於東北，故青陽左個、玄堂右個在東北。圖示大略如下：

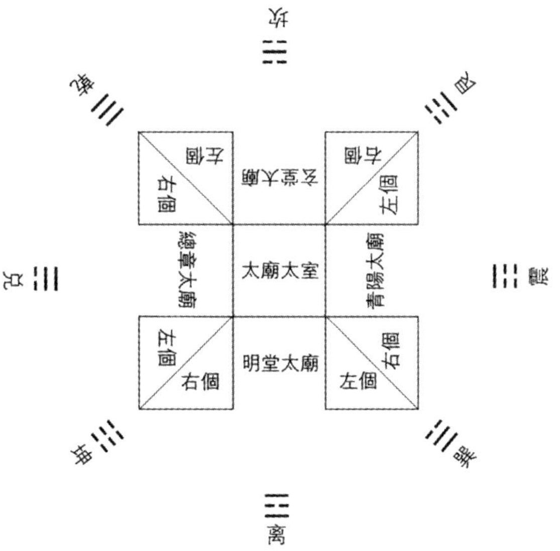

概言之，伏羲畫八卦以治天下始於幽贊，是聖人於隱幽之間通神明之德、類萬物之情而畫卦；明堂之法始於幽贊，則是聖人法幽贊而畫成之八卦消息以定明堂之制。

---

① 《考工記》："周人明堂…五室，凡室二筵。"《大戴禮記・盛德》："明堂者，古有之也，凡九室。"《禮記・月令》所記之明堂有：青陽左個、青陽大廟、青陽右個；明堂左個、明堂大廟、明堂右個；大廟大室；總章左個、總章大廟、總章右個；玄堂左個、玄堂大廟、玄堂右個。

② 彌合派是指主張五室、九室説實則爲一的學者，例如賈思伯、戴震、孫星衍等。具體可參見《鄭玄明堂五室説考議》。

中於向明。向明之説來自離卦。《説卦》云："離也者，明也，萬物皆相見，南方之卦也。"所以南面又是人君之位，聖人南面而聽天下。明堂雖有五堂，卻以南方之堂冠名，便是取諸天子當陽，向明而治之義。惠棟認爲，向明而治在政教上的進一步落實則是王居明堂行月令聽朔之制。惠棟注"聖人南面而聽天下"云："聽，聽朔也。"① 又云："向明而治，謂行明堂月令之法。"② 月令之法，即是《月令》所言天子於十二月居明堂各室頒行月政，以貼合春生夏長秋收冬藏之自然天時。可以説，相比於蔡邕將天子宗廟統領明堂諸義，惠棟則言明堂以聽朔爲先，所以，雖然惠棟依蔡邕之説認爲明堂爲大教之宫，但是蔡邕之教在於以孝教化天下，惠棟之教則側重於人君順天時行政教。而在惠棟看來，聖人制五室四堂之明堂，並於其中聽朔行月令之政，皆是朝向參贊化育這一最終主旨。

終於贊化育。惠棟學術思想的核心便在於參贊化育。參贊化育在象數上表達爲既濟定，在政治上則以明堂爲其具體形式。惠棟對既濟之卦的重視本於虞翻易説。對虞翻而言，既濟首先意味既濟卦之六爻皆當位③，其次推衍出去則是經過卦爻之變動使得乾坤交通，天地交泰，四時行，百物生，聖人化成天下所達致的天下太平、井然有序之象④。是故，惠棟亦將既濟視作卦爻象變動的最終目的與歸宿，並用陰陽相交、爻位皆正形容《中庸》的天地位、萬物育、家國正。如惠棟言："經

---

① 惠棟：《周易述》，第 373 頁。

② 同上書，第 166 頁。

③ 虞翻注既濟卦云："六爻得位，各正性命，保合大和，故利貞矣。"

④ 除了六爻皆已當位的既濟卦，虞翻也會將其他卦或爻視爲既濟，例如乾卦《彖》之虞注云："已成既濟，上坎爲雲，下坎爲雨，故'雲行雨施'。乾以雲雨流坤之形，萬物化成，故曰'品物流形'也。"夬卦九二虞注云："惕，懼也。二失位，故惕。變成巽，故號。剝坤爲莫夜，二動成離，離爲戎，變而得正，故有戎。四變成坎，坎爲憂，坎又得正，故勿恤。謂成既濟定也。"

爲既濟一卦六爻正而得位，故云剛柔正而位當。乾用九、坤用六成既濟定，《中庸》所謂‘致中和，天地位焉，萬物育焉’是也。此聖人作《易》之事。”① 又言：“夫婦之道而以既濟言者，夫婦者，君臣父子之本，正家而天下定，故《中庸》曰：‘君子之道造端乎夫婦，及其至也，察乎天地。’是言既濟之事也。”② “父父子子，兄兄弟弟，夫夫婦婦，而家道正也…父子、兄弟、夫婦各得其正，正家而天下定，是言既濟事也。”③ 可見，惠棟認爲既濟之卦爻象便是天地位、萬物育的太平之象。而人君贊化育致太平的政治舉措則是行明堂之制，亦即通過明堂制曆、望氣、告朔實現順時行政，通過明堂養老實現不獨親其親，通過明堂尊賢、饗射實現選賢與能、天下爲公。

既然明堂蘊含參贊天地之化育的大道，那麼上古聖人必持此道而治天下。正是基於這樣一種對明堂性質的認識，惠棟將明堂制度的歷史上溯至伏羲、神農，認爲明堂經過黄帝、堯、舜及三代，至於《冬官》亡佚遂不可考。這一對於明堂歷史的構建，本之於《禮運》的大道之説，並借用了子學文獻的相關記載。

對於明堂這樣一個經學問題，兩漢經師大多守其家法，只在五經經文中相互發明與闡釋。宋代以降，學者則開始引子書、史書解決經書異説。惠棟的明堂説就引用了諸子之説來勾勒三代以上的明堂歷史。《明堂大道録》引《淮南子》神農“祀於明堂”④ 之説證明明堂始創於神農，引《素問》《管子》

---

① 惠棟：《周易述》，第 4 頁。

② 同上書，第 53 頁。

③ 同上書，第 173 頁。

④ 《淮南子 · 主述》：“昔者，神農之治天下也……甘雨時降，五穀蕃植，春生夏長，秋收冬藏，月省時考，歲終獻功，以時嘗谷，祀於明堂。明堂之制，有蓋而無四方，風雨不能襲，寒暑不能傷，遷延而入之，養民以公。”

《尸子》及公王帶之説論黄帝時明堂[①]，又據《尚書帝命驗》《管子》等説列唐虞時期明堂之名。堯舜以上，五經鮮有論及，因此，引用子學不僅是經學方法轉變的一個反映，同時也是惠棟基於明堂大義進行明堂歷史敘述的需求。

惠棟解釋“明堂大道”云：“大道者，取諸《禮運》，蓋其道本乎《易》而制寓於明堂。”因爲惠棟以明堂爲大道的政治形式，所以大道於人世的開展與明堂興替之歷史同程。《禮運》據大道之顯隱而有大同、小康之别，在惠棟看來，這即是大道不斷式微的過程。在對《禮運》的解讀中，惠棟將“今大道既隱”一段視作是對三代小康之世的描述，並注“大道既隱”云：“隱，猶微也，孟子曰‘世衰道微’。”三代之時大道便開始退隱，至於孔子時，大道則已支離，故孔子才有“丘未之逮”的喟歎。大道如此，明堂之制可知。惠棟以爲：

> 明堂始于神農，當大道之行，遵于夏商周三代之英。春秋之時，明堂之書猶在，故云“丘未之逮也而有志焉”。未之逮，黄、農、虞、夏不可復追，亦是嘆息之意也。明堂之制本于《易》，乾變坤化故云大道，乾升坤降，壹尚乎德，故天下爲公。乾坤之次，屯利建侯，明諸侯不世，賢則建之，故選賢與能，自此至外户而不閉，皆五帝之事。然三代明堂之政猶有其遺意也。夏后氏以後，大道既隱，尚能修禮以達義，體信以達順，始以天地爲本，終之四靈以爲畜，可謂盛矣，而僅謂之小康，此道之所以大也。[②]

---

① 《素問·五行運大論》：“黄帝坐明堂，始正天綱，臨觀八極，考建五帝。”《管子·桓公問》：“黄帝立明台之議者，上觀於賢也。”《尸子》曰：“黄帝曰合宫，有虞曰總章，殷人曰陽館，周人曰明堂，皆所以名休其善。”《漢書·郊祀志》記：“濟南人公王帶上黄帝時明堂圖，明堂中有一殿，四面無壁，以茅蓋。通水，水圜宫垣。爲復道，上有樓，從西南入，名曰昆侖，天子從之入，以拜祀上帝焉。”

② 惠棟：《明堂大道録》卷三，第 573 頁上欄。

神農至有虞氏爲大同之世，大道流行於天下，明堂之制由神農法伏羲之八卦而立，寓乾坤變化之天道，所以天子宗祀、禘祭、朝覲、耕籍、養老、尊賢、饗射、獻俘、治曆、望氣、告朔、行政皆行於明堂之中。故明堂行而天下爲公，選賢與能，外户而不閉。夏后氏時，大道既隱，天下爲家，大人世及以爲禮，故稱明堂爲世室[①]，明堂形制亦從神農、黄帝時的四面無壁變爲有室及户牖[②]。雖然如此，三代猶存明堂之遺意，尚能以禮義爲綱紀。至於春秋之時，明堂之法雖廢卻猶有述而明之者，故孔子可以從傳記中得見一二。在此之後，戰國紛争，諸侯去籍，列國之志亡佚，明堂之制不可得而聞。

綜上，惠棟認爲明堂是大道於人世政治中的具體形式，而他對明堂歷史的敘事由此而來。惠棟認爲，《禮運》所描述的是大道逐漸衰退的歷史趨勢，所以在神農降至春秋戰國的過程中，明堂之制亦逐漸湮滅無聞。

三、周公明堂：鄭玄的明堂説

鄭玄關於明堂的認識可以總結爲以下幾點：一，周明堂爲宗祀文王以配上帝之所，並非天子之宗廟；二，明堂也是天子頒朔施令之地，明政教之堂；三，基於以上性質，明堂的宫室制度爲四堂五室[③]。鄭玄對明堂性質的這種判斷首先來自經文。他依照《月令》而定明堂爲天子明十二月月令政教之堂；又據《孝經》"宗祀文王於明堂以配上帝"之説，認爲明堂是天子以父配天之所。然而，經文關於明堂的記載著實有限，其中還不乏曖昧不清之處，是以系統完整的明堂之制不能直接由經文呈現。不過，這一情況並未成爲鄭玄解經的限制，反而爲其提供

① 惠棟：《明堂大道録》卷一，第553頁上欄。

② 同上書卷二，第557頁上欄。

③ 鄭玄對明堂形制的認識不是本文討論的重點，本文對此不具體展開。

了發揮的空間，於經書未言、不明之處，鄭玄對明堂的整體性思考影響着他對相關經文的補充與闡釋。

例如，經文並未提及明堂的位置，對此，鄭玄依據明堂所祭祀的上帝經學推論。《駁五經異義》云："淳于登之言，取義於《孝經援神契》。《援神契》說：'宗祀文王於明堂，以配上帝。曰明堂者，上圓下方，八窗四闥，布政之宫，在國之陽。'帝者，諦也，象上可承五精之神。五精之神實在太微，於辰爲巳，是以登云然。"之所以鄭玄認同《援神契》、淳于登之説，是因爲鄭玄認爲明堂祭祀的上帝爲太微五帝，即靈威仰、赤熛怒、含樞紐、白招矩、汁光紀①，太微對應十二辰之巳，其位在南，所以明堂之位在國之南。此五帝之説出自緯書，實爲太微五帝座星，但因爲天者純陽清明無形，所以鄭玄用五帝座星指天，用它們表示昊天上帝這一清虚之體的生育之功②。是故鄭玄認爲《月令》所記的四時迎氣之禮便是對此五天帝的祭祀："迎春，祭蒼帝靈威仰於東郊之兆也"；"迎夏，祭赤帝赤熛怒於南郊之兆也"；"迎秋者，祭白帝白招矩於西郊之兆也"；"迎冬者，祭黑帝汁光紀於北郊之兆也"。從四郊還於明堂，天

---

① 《禮記・大傳》鄭注云："王者之先祖，皆感太微五帝之精以生，蒼則靈威仰，赤則赤熛怒，黄則含樞紐，白則白招矩，黑則汁光紀，皆用正歲之正月郊祭之，蓋特尊焉。《孝經》曰'郊祀后稷以配天'，配靈威仰也。'宗祀文王於明堂，以配上帝'，泛配五帝也。"

② 《禮記・月令》孔疏云："鄭注《考靈曜》云：'天者純陽，清明無形。聖人則之，制璿璣玉衡，以度其象。'如鄭此言，則天時太虚，本無形體，但指諸星運轉以爲天耳。"《禮記・郊特牲》孔疏云："孔氏以爲六者，指其尊極清虚之體，其實是一；論其五時生育之功，其别有五：以五配一，故爲六天。據其在上之體謂之天，天爲體稱，故《説文》云：'天，顛也。'因其生育之功謂之帝，帝爲德稱也，故《毛詩傳》云：'審諦如帝。'"關於鄭玄五天帝（六天説），可參陳贇：《鄭玄"六天"説與禘禮的類型及其天道論依據》，《陝西師範大學學報（哲學社會科學版）》2016 年第 2 期；陳壁生：《周公的郊祀禮——鄭玄的經學建構》，《湖南大學學報（社會科學版）》2018 年第 5 期。

子亦祭明堂中的當時之帝[①]。概言之，四時迎氣、四時明堂以及季秋之月於明堂大饗，皆是祭祀五天帝，其禮義在於報其四時生養萬物之功。[②]

又如，經書中存在可將明堂作天子太廟來理解的經文，鄭玄則巧作它解。《禮記・明堂位》云："太廟，天子明堂。"鄭玄認爲這是指魯太廟制似天子明堂。《考工記》並言"夏后氏世室""殷人重屋""周人明堂"，鄭玄則注云："此三者或舉宗廟，或舉王寢，或舉明堂，互言之，以明其同制。"之所以鄭玄要作迂曲之解，是因爲經文中的明堂多出現於周公故事之中，所以對明堂的解讀關係到周公聖人形象的問題。

《明堂位》云："昔者周公朝諸侯於明堂之位。"不少學者據此認爲明堂是天子朝諸侯之所，並進而等同天子太廟，然而鄭注云："周公攝王位，以明堂之禮儀朝諸侯也。不於宗廟，辟王也。"朝覲之禮，天子朝諸侯於宗廟，因爲主張周公爲攝政王，所以鄭玄强調明堂並非宗廟。换言之，於明堂朝諸侯只是周公之時的權宜之計，並非天子朝諸侯之通制。周公是否攝政、是否稱王是經學史上的一個重大問題，因爲這關係到周公的聖人形象以及其制禮作樂的合法性問題。對此，鄭玄認爲周公稱王。《禮記・明堂位》有云"天子負斧依，南向而立"，鄭注曰："天子，周公也。"其注《尚書・君奭》序亦云："周公

---

① 《鄭志》記鄭玄云："四時迎氣於四郊祭帝，還於明堂亦如之。"參見《毛詩正義・我將》孔疏所引。

② 雖然鄭玄並未對蔡邕之説做出直接回應，但是從明堂之位可以推知，鄭玄認爲明堂、宗廟、太學、靈臺並非同處。因爲據鄭玄之説，周明堂在國之南，宗廟在國内王宫之左（據《考工記》"左祖右社"之文），太學在國中王宫之東（見《王制》鄭注），靈臺在國之西郊（見《毛詩正義・靈臺》孔疏）。另，袁准《正論》嘗試從各宫室之禮義的角度申鄭玄之説，認爲"明堂、宗廟、太學，禮之大物也，事義不同，各有所爲。而世之論者，合以爲一體，取《詩》《書》放逸之文、經典相似之語而致之，不復考之人情，驗之道理，失之遠矣。"可備參考。

既攝王政，不宜復列於臣職。”① 根據非天子不議禮、不制度之説，鄭玄承認周公稱王即是爲其制作周禮賦予了正當性。但是與此同時，鄭玄又强調周公爲輔作幼主成就王業才不得已而攝政，絶非出於私心，是故在對待成王時，周公仍有避讓之心，避成王而於明堂朝諸侯便是體現。在鄭玄的解釋下，周公之聖心聖德展現得淋漓盡致②。所以，對周公身份的認識是鄭玄否定明堂爲宗廟的重要原因。除此之外，對周公嚴父配天之意的强調也是鄭玄嚴分明堂、宗廟的原因。與明堂相關的另外一則“周公故事”出自《孝經》。《孝經》云：“昔者周公郊祀后稷以配天，宗祀文王於明堂以配上帝，是以四海之内各以其職來祭。”與蔡邕憑“宗祀文王於明堂”之文便將明堂定爲天子太廟不同，鄭玄貼合完整經文，認爲明堂主祭上帝，文王只是上帝之賓。《鄭志》有載：“趙商問曰：‘説者謂天子廟制如明堂，是爲明堂即文廟耶？’答曰：‘明堂主祭上帝，以文王配耳。猶如郊天，以后稷配也。’”③ 這樣一來既貫徹了經文中的“嚴父配天”之義，同時也凸顯了周公的至孝之心。由此，我們便能理解鄭玄爲何在經文同時出現太廟與明堂時要用形制相同來解釋，而不視其爲一物。

從鄭玄對於明堂位置以及明堂和宗廟之關係的理解可知，鄭玄對明堂的認識源自經文，但同時又超出了經文。因爲經文指示了明堂與天、周公有關，所以鄭玄的明堂説是在周公與天道的整體語境之下所作出的，基於鄭玄的周公觀、天道觀而展

---

① 孫星衍：《尚書今古文注疏》，陳抗、盛冬鈴點校，中華書局，2004 年，第 603 頁。

② 關於鄭玄的周公觀，具體可參考高瑞傑：《鄭玄聖人觀探析——以周孔之辨爲核心》，未刊文。

③ 參見皮錫瑞：《鄭志疏證》，《皮錫瑞全集》第三册，吴仰湘點校，中華書局，2015 年，第 319 頁。

開。鄭玄關於明堂的歷史敘事也不例外。

《尚書·顧命》云成王之路寢有東西房，鄭玄解云："成王崩之時在西都。文王遷豐，作靈臺、辟雍而已，其餘猶諸侯制度。故喪禮設衣物之處，寢有夾室與東、西房。周公攝政致太平，制禮作樂，乃立明堂於王城。"可見，鄭玄在此認爲周明堂爲周公平治天下之後所作，在此之前，文武尚未建有明堂。但是明堂之制並非周公所創，所以鄭玄注《考工記》認爲三代之宗廟、王寢與明堂形制相同，此即是認爲夏商亦有明堂。再往上，鄭玄注《舜典》"正月上日，受終於文祖"云："文祖者，五府之大名，猶周之明堂。"五府之名來自《尚書帝命驗》，指"五帝之府，蒼曰靈府，赤曰文祖，黄曰神斗，白曰顯紀，黑曰玄矩"。也就是説，鄭玄亦承認屬於五帝時代的有虞氏有明堂之制，當是時，明堂名爲文祖，天子於此祭祀五天帝。但是需要注意的是，鄭玄認爲有虞氏及其以上的明堂之制與周明堂有所差别。《祭法》云有虞氏、夏、商、周四代之禘、郊、祖、宗之禮時，鄭玄注云："祭五帝、五神於明堂，曰祖、宗，祖、宗通言爾。"其後又云："有虞氏以上尚德，禘、郊、祖、宗，配用有德者而已。自夏已下，稍用其姓代之。"[①] 也就是説，鄭玄認爲有虞氏及以上於明堂祭祀五天帝時以有德者配祀，三代之世才以父祖代之。那麼，這是否意味着鄭玄也與惠棟一樣，認爲三代或者説周之明堂已不全具三代以上明堂之全義？對此，鄭玄並未言明。但是從鄭玄所提及的尚德與孝親這一線索，我們可以在其《禮運》注中推知一二。

如前文所説，《禮運》確實區分了大同與小康之世，因爲其中所透露出歷史退化色彩，古代不少學者甚至認爲此篇並非

① 鄭玄注，孔穎達疏：《禮記正義》，吕友仁整理，上海古籍出版社，2008年，第1783頁。

是儒家聖人之書①。對此，陳贇申發王夫之之説，指出《禮運》實際並没有在大同與小康之間作出價值上的高低判定②。高瑞傑亦分析鄭玄的《禮運》注，認爲鄭玄雖承認大道至小康由公而漸私，呈現一種“下降”的趨勢，但是三代之英——禹、湯、周公所作之禮並非是這種下降的體現，三皇、五帝至三王皆行禮，只不過有簡、繁之别，三代之英所制之禮恰恰是他們在小康之世試圖歸復大道而作出的努力③。其説對理解鄭玄關於周禮的認識具有重要意義。就周明堂而言，雖然鄭玄認爲夏后氏以降，天子於明堂中以私親代有德而配祀天帝，但這只是對當時人情的成全。從禮義上看，周明堂之制是承載着大道的禮制：於明堂頒朔行政教即是“以四時爲柄”“本於大一”的體現；於明堂宗祀文王以配上帝，則是“人情以爲田”的突顯。是故，雖然周明堂與三代以上的明堂之制有所不同，但同樣達於天道順乎人情。

餘　論

在走出經學時代之後，一些學者試圖通過歷史的還原，回

① 如朱熹就曾認爲《禮運》“不是聖人書，胡明仲云《禮運》是子游所作，但子游不至於如此之淺”。（《朱子語類》卷八十七《禮四》，《朱子全書》，上海古籍出版社、安徽教育出版社，2002 年，第 2958 頁）黄震則認爲：“雖思太古而悲後世，其主意微近於老子。”（《黄氏日抄》卷十八《讀〈禮記〉五》）

② 參見陳贇：《王船山對〈禮運〉大同與小康的理解》，《船山學刊》，2015 年第 4 期；《寓大同、小康於仁道之中：〈禮運〉與後帝王時代的政教典範問題》，復旦大學上海儒學院編《多元視角下的康有爲問題》（現代儒學第三輯），生活•讀書•新知三聯書店，2018 年。

③ 參見高瑞傑：《漢末經學家的歷史意識——以何休與鄭玄爲中心的討論》，唐文明主編《王道理想與批判精神》（公共儒學第一輯），上海人民出版社，2019 年。

應以及平息歷代以來明堂的諸多争論。王國維先生二十世紀初撰寫《明堂廟寢通考》一文，從宫室建造的内在邏輯論説明堂。文章指出，“明堂爲古宫室之通制”，它與辟雍、宗廟、王寢等宫室一様，遵循着人類居住建築自身的發展規律，即由穴到室，由室外擴爲堂、房、箱房，再根據需求發展爲四棟之屋。因此，王國維認爲，經典文獻中對於明堂制度的不同論述實則是對不同年代明堂制度的反應：《吕氏春秋·十二紀》中所言的四堂、一太室爲古制，《考工記》中世室、五室、四旁、兩夾、四阿、重屋等亦是古制，《大戴記·盛德》言明堂九室則爲秦制。[①] 吕思勉先生本於王國維之説，在《先秦史》“宫室”一章認爲，明堂是中國最古之建築，並且其本身有一個從樸略到壯麗的發展過程。最初的明堂僅以茅蓋屋，如《淮南子·本經》所言：“古者明堂之制，下之潤濕弗能及，上之霧露弗能入，四方之風弗能襲。”隨着建造技術的精進，明堂也逐漸隆重：宫室、户牖增多，東西南北之廣深增大——《大戴禮》與《周禮》《孝經》中的明堂即反映了晚周之時的明堂之制。概言之，王國維與吕思勉是從宫室建築的角度討論明堂制度，認爲明堂作爲古代宫室存在一個歷史發展的過程，因此，文獻中關於明堂的不同記載也可以通過歷史性的差異這一解釋而解決。同様的，顧頡剛先生也是用歷史的眼光看待明堂，只不過與王、吕二位先生不同，顧頡剛認爲明堂在發展過程中不止遵循着宫室發展的内在規律，還受到了陰陽思想的影響。在顧頡剛看來，明堂原本即是一間大室，因大室南面而建故又稱明堂，此建築本用於集衆開會，後經儒生、方士的鼓吹，明堂才被賦予了陰陽五行的迷信思想，進而成爲漢代政治的中

---

① 參見王國維：《明堂廟寢通考》，《觀堂集林（外二種）》，河北教育出版社，2001 年。

心問題[①]。

由此可見，近代以來明堂研究的一個特點即是通過對明堂制度歷史性的溯源，有意忽視或去除古代經學家踵事增華所帶來的“遮蔽”，從而探究明堂的本義，還原明堂的真相。拋開他們是否真的揭示出了明堂的真相不談，這些學者所追求的是一種客觀真實的明堂歷史，相較之下，經學家對於明堂的歷史書寫則是基於對明堂性質的理解或者其他理念。

① 參見顧頡剛：《明堂》，《史林雜識初編》，第146—149頁。在給李民的一封書信中，顧頡剛也提到：“明堂，古代只是一個朝南的大禮堂，是集衆開會之所，本不神秘，但經漢儒的鼓吹，則與辟雍、靈臺合而爲一，爲帝王所專有。”（見《顧頡剛先生關於“夏史與明堂”的一封信》，收録于李民：《尚書與古史研究》，中州書畫社，1983年，第99頁。）明堂是個“大禮堂”這一説法對後來的明堂研究産生了很大影響，不少學者都接受此説，具體可參見淩純聲：《中國的封禪文化與兩河流域的昆侖文化》，《中央研究院民族學研究所集刊》第19期；汪寧生：《釋明堂》，《文物》第9期。而近代以來新石器時代“大房子”的考古發現，也被學者們用以印證此説。

經學史論

《松崖文集》補遺四則

谷繼明[*]

惠棟卓然經師，著述不輟，大半生精力皆在治《易》，惜其壽不永而書稿多散佚。經注之外，惠棟自編有《松崖文集》。

錢大昕《惠先生棟傳》提及“《松崖文鈔》二卷”,[①]《國朝漢學師承記》因之。此蓋惠氏遺稿。其後此文稿輾轉流傳，光緒間由劉世珩刻入《聚學軒叢書》中。劉氏追述所得《文鈔》之經過：

> 據甘泉江藩《國朝漢學師承記》本傳所著群書行世之外，本有《文集》二卷，世無刊本。余訪求有年，迄未有得。前年秋，桐城蕭敬孚丈來金陵過訪，余旋至其寓，見行笥有《惠松崖文鈔》一册，凡三十一篇。詢其由來，乃同治間館於滬濱，見同事新陽趙君靜涵元益所藏舊鈔本，假録之，將爲刊佈。余大喜過望，即乞其本，將刊入所輯叢書二集中。原鈔零雜，余稍加整理。敬孚丈復於他處搜得八篇，共三十九篇，仍分二卷，以符江氏所載之數。[②]

---

* 谷繼明，同濟大學人文學院教授。

① 錢大昕：《惠先生棟傳》，陳文和主編《嘉定錢大昕全集》第九册，江蘇古籍出版社，1997 年，第 667 頁。

② 蕭穆：《敬孚類稿》卷二，《清代詩文集彙編》第 729 册，上海古籍出版社，2010 年，第 604 頁。

由是可見，劉氏所刊《松崖文鈔》雖源自惠棟底稿，但輾轉傳抄，已多散佚。劉氏謂據《漢學師承記》知有《文集》二卷，然今《師承記》實作"《松崖文鈔》二卷，世無刊本"。[①]《師承記》之記載來自錢大昕《惠先生棟傳》，然陳黄中、盧見曾爲惠棟所作的兩篇《墓誌銘》皆未提及《松崖文鈔》，未知錢大昕何據。但《明堂大道録》既引及《松崖文集》，則其文稿初名本當爲《松崖文集》，或因其臨終猶未編次完備，故改名《松崖文鈔》。

又據上文，《聚學軒叢書》本《文鈔》得自蕭敬孚，蕭敬孚得自趙元益。原稿淩雜，而蕭敬孚又搜得八篇，凡三十九篇。惠棟爲吴中宿儒，作幕揚州，友朋弟子遍江南，其論學尺牘、及與吴中雅士交友唱和，必不在少數。知此三十九篇文稿，決非完書。

惠棟書信、文稿散落四方，又有收集者。葉恭綽記述其後裔惠新可"篤志搜捃，期有成書，近得松崖先生手札，特先刊之于石"。[②] 此後王欣夫根據這些手札，又加上自己在各書中輯得的序跋文章，"别於他書序跋及墨蹟，補得二十八篇"。[③] 雖云二十八篇，其後所列目録實爲二十九篇。又此《松崖文鈔續編》今藏於復旦大學圖書館，半頁十行，行二十五字。其文凡二十九篇，次序與《蛾術軒篋存善本書録》所列目録偶有差别，且缺《硯谿公遺事》，而多《與朱文遊》。蓋《文鈔續編》稿本後來有改訂。

漆永祥教授編《東吴三惠詩文集》，輯《惠棟遺文》，未及見欣夫先生此編。《遺文》有與王欣夫《續編》同者，有《續編》不備者。其主要來源仍是輯自傳世著作中偶然載及的惠棟

---

① 漆永祥：《漢學師承記箋釋》，上海古籍出版社，2006年，第207頁。

② 漆永祥編《東吴三惠詩文集》，"中央研究院"中國文哲研究所，2006年，第451頁。

③ 王欣夫：《蛾術軒篋存善本書録》，上海古籍出版社，2021年，第647—648頁。

序跋、題記等等。合王欣夫、漆永祥二家所輯，惠棟之文集庶幾可備。特別是王欣夫所輯惠棟書札中與沈彤數封書信，尤可考見惠棟《周易述》之撰作宗旨及其與宋學之關係。

我在研究惠棟易學、閲讀惠棟易學和其他著作過程中，又發現了數篇爲王、漆兩家所未采及者，今更爲整理、注解，以備學者參考。

一、補遺

(一) 惠棟與江聲論《明堂大道録》書

上海圖書館所藏《明堂大道録》稿本（線善 762504—05），其末粘貼有江聲致惠棟書信及惠棟回信，論及《明堂大道録》稿本衍脱等事。來信楷書書寫，中有“聲按”，知其爲江聲作；又落款謂“録呈老夫子覽”，知此信寫給惠棟。回信行草體，稱“賢友”，知爲惠棟回復江聲者。於此往復二封書信，可知古人著書之謹、商榷之密；且徵見惠、江師弟授受之嘉會焉。

卷三明堂象魏

“《周禮·太宰》”云云。此舉六象，以證象魏之義，小司馬、小司寇即大司馬、大司寇也，似不必重出，可以不載。

卷四明堂門數

原稿門數本無次第，後依先鄭之説，由外及内，始皋門而終畢門。如此則先載者全録經傳，後載者注明“見上”。賢友酌量書之可也。

卷五明堂建官

此條録鄭注遺落，來劄補入，極是。

明堂清廟

案語内載《正義》，是原稿遺落，應增入。

卷六明堂治曆

"閏月定四時成歲"，原稿脱"月"字，應增入。

又案語"四月值離"云云"故云大正所取法也"："然則孔子所云《夏時》，乃《大正》也。《戴氏傳》傳諸周秦先師，知當時有《大正》之書。故云大正所取法也"云云。原稿如此。

仲冬注所録原注無"陰陽"二字，而此增者，以揔録注於傳下，欲其易曉。故録傳文增"陰陽"二字。此衛正叔《禮記集説》之例，於理亦無傷也。

卷七明堂耕耤

《周語》系節録，當時語構匆匆，或於義有不屬者。賢友酌增可也。

《晉語》二條已入《明堂内治》，應删。

明堂養老

"汲郡紀年"一條，亦是武丁養老之事案歟？無此書，故未録，應補入。①

附江聲來札：

卷三明堂象巍

"《周禮·太宰》曰正月之吉，始和"云云"挾日而斂之"，下雙行補録云"大司徒垂教象，大司馬垂政象，大司寇垂刑象，小宰、小司徒正歲帥屬觀治象之法、教象之法、刑象之法"。聲案：《周禮·小司馬》闕，小司寇亦正歲帥屬觀刑象，今未及小司寇，未識當補入否？今空數

① 今本《竹書紀年》，武丁六年"命卿士傅説，視學養老。"今刻本删去"汲郡紀年曰"五字，蓋江聲未補。

行，候示知補録。

卷四明堂門數

應、庫、皋、雉四門，原本首應門，次庫門，次皋，次雉。"《周書・明堂》"云云及"《唐會要》顔師古議"云云，夫子載入應門節内；而於庫、皋、雉三門下但注云"見上"，略其文不載。今夫子更其次，首皋門，次雉，次庫，次應，則"《周書・明堂》及《唐會要》"云云，似當載皋門節内。然"《周書・明堂》"云云之下，注有"應門當在南"五字，則此條又似宜仍載應門節内，而於皋門節内當注云"見下"。又《明堂位》"雉門，天子應門"二句原本與"九采之國"云云並載應門節内；今雉門列應門之前，則此二句疑當載雉門節内。然應門節内有"九采之國"云云數語，若略"雉門天子應門"二語，而但於"北面東上"之下空一字，注"又見上"一筆，終不見分曉。似于應門節内仍不可略此二句。以上二條，未知當如何抄法。今是卷既已抄完，但於此處空二十四行候示明補抄。

卷五明堂建官

"天子之六工"云云"注：土工，磬人也；木工，輪輿弓廬匠車梓也"云云。聲案：土工非磬人，疑是抄者誤脱數語。當云"土工，陶旊也；金工，築冶梟㮚段桃也；石工，玉人、磬人也"。聲處無鄭注《禮記》，校對未知是否。

明堂清廟

"《左傳》臧哀伯諫内郜鼎"後案語内載孔氏《正義》之言曰"鄭《覲禮》注云"云云"是衮有度也。衮冕、鷩冕裳四章"云云。聲案孔氏《正義》"有度也"下有云："黻則諸侯火以下，卿大夫山。是黻有度也。珽則玉象不同，長短亦異。是珽有度也。"然後接"衮冕、鷩冕裳四章”以下。今不載所解“黻珽”云云，豈抄者誤脱歟？抑或夫子以孔氏所解黻珽誤以藏膝之韍爲黼黻之黻，天子搢珽之珽爲玉笏象笏之等，故删之歟？

聲案：黻是九章之一，不可以該山、龍之等。黻珽之黻當是蔽膝，字當作市，或作韍。《説文》云：“市，韠也。上古衣蔽前而已，市以象之。天子朱市，諸侯赤市，大夫葱衡。從巾，象連帶之形。韍，篆文市。從韋從犮。”案“天子朱市”云云，是韍之度。又《玉藻》云：“天子搢珽，方正於天下也。諸侯荼，前詘後直，讓于天子也。大夫前詘後詘，無所不讓也。”是珽之度。

卷六明堂治曆

古文《堯典》“以閏正四時成歲”。聲案“閏”字下本有“月”字，今無之，豈抄者誤脱歟，抑古文本無之歟？

“《禮運》孔子曰我欲觀夏道”云云，“《周語》單襄公曰夏令曰”云云。後案語内“然則孔子所云《夏時》乃《大正》也”二句，未知當接“故云《大正》所取法也”之下，抑或在“知舊時有《大正》之書”之下？

“《月令》孟春之月，日在營室。昏參中，旦尾中”云云。“歲且更始”“鄭氏注云”云云。聲案：此録《月令》之文，載其經，載其注。“仲夏”節内載“日長至，陰陽争，死生分”三句，後録鄭注云“陰陽（鄭注本無此二字，未知當删去否?）争者，陽方盛，陰欲起也。分，猶半也”，仲冬“日短至，陰陽争，諸生蕩”之下鄭注有云“争者，陰方盛，陽欲起也。蕩，謂物動將萌芽也”數語。今但録經文“日短至”云云，未録其注，不識當補録否？

卷七明堂耕耤

“《周語》宣王即位不耤千畝”一條内，“上帝之粢盛於是乎出”下删五句；“土膏其動”下删三句；“王既齊宫”下删“百官禦事，各即其齊三日”二句。意夫子所節省歟？抑或抄者誤脱歟？又“庶民終於千畝”，一本“民”作“人”。聲竊疑作“人”者由唐時避諱，故改“民”爲“人”，其實本當作“民”歟？又“司徒省功”，《國語》本作“省民”，聲案上有“后稷省功”之文，此當作“省民”，疑是抄者誤作“省功”尒。又“宰夫陳饗”之下，本有“膳宰監之”句，今脱去此句，疑當補入。

“《魯語》公父文伯母曰入監九禦”云云，“《楚語》觀射父曰”云云。“案禘，明堂配天也”云云。又“《穀梁傳》天子耕以共粢盛”。此數條又載於後“明堂内治”之下，而于此處夫子用墨筆勾去，上標明“删”字。意謂既見於彼，此似當删去矣。然每行之上夫子又用朱筆尖圈摘出，則又似當仍存之，不識究竟當删當存？

明堂養老

“《尚書大傳》武丁明養老之道”一條之後，“《王制》曰凡養老”之前，有“汲郡紀年曰”五字一行，未有所載，不識此五字是衍文歟？抑或失載其文，當補入歟？

録呈

老夫子覽。祈一一教示之。

（二）天官升降考

惠棟之學以“述而不作”爲主，綴比古訓，鮮下己意。然其於治經中有所考索推求，亦著爲論，既收入《文集》，又放入經學注疏中。如《重卦考》既見於《松崖文鈔》，又見於《周易本義辯證》之附録（後附入《易漢學》）。

今《明堂大道録》卷五《明堂建官》條，有按語一段，末題曰“松崖文集”。知其在研究明堂之學時，對此建官問題頗有心得，故單獨著論考辨，收入《文集》，同時采入《明堂大道録》中。

《明堂建官》條所録此篇文字雖注明來自《松崖文集》，而不見於今《松崖文鈔》中。今特據上海圖書館所藏《明堂大道録》稿本加以整理。文章在《文集》中當有題目，今且據文意妄擬曰《天官升降考》，以備標引。

余考少昊之紀官，而知殷以前猶循其制也。《曲禮》載殷之制曰："天子建天官，先六大，次五官，次六府，次六工。"六大（原注：大音泰）猶五鳥也，五官猶五鳩也，六工猶五雉也，六府猶九扈也。少昊紀官，先曆正，司分以下屬焉。殷時建官，先天官，大史以下屬焉。五鳥班五鳩之上，六大居五官之首，先天地而後人事也。自顓頊以來，不能紀遠，而以五行命官，謂之五官。制少變於前矣。然猶命南正重司天以屬神，火正黎司地以屬民。司天者，五鳥之職也；司地者，五鳩之職也。而使木正、火正爲之，其兼官之始與。堯之羲和主曆象，仲叔主四時，初不異於少昊也。四時之官，分宅四方，謂之四嶽，位在稷、契之上，堯舜求禪、命官則諮之。《周官》六卿，亦分天地四時，但塚宰天官無司曆之事，唯春官之屬太史掌之，下大夫之職也。然《顧命》太史序太宗之上，《春秋傳》謂天子之日官居卿以底日，古制猶未泯也。蓋上古天官斟酌元氣，典調陰陽。故生爲上公，没爲貴神，是尊是奉。及夫羲和湎淫而廢時日，程伯失官而爲司馬。自是以後，周有萇宏，魯有梓慎，晉有卜偃，鄭有裨灶，宋有子韋，楚有唐都，皆有其術而無其德，不聞加之諸卿之右也。漢武稽古，置太史公，位在丞相之上，其猶鳳鳥司曆、日官居卿之義乎。然當時謂"文史星曆，近乎卜祝之間，主上所戲弄，倡優畜之"。苟非其人，道不虚行。雖復古何益哉。《松崖文集》

（三）月令五神考

《明堂大道録》稿本卷五末有《明堂五人帝》《明堂五人神》兩篇，其末注“《松崖文集》”。兩篇觀點爲惠棟後來所不取，故《明堂大道録》手稿此篇天頭批校曰“不寫”。其後刊刻，此兩篇亦削去。初稿文末既注曰“《松崖文集》”，則知《文集》初編有此文。然《文集》中所收，爲完整的《明堂五人帝》《明堂五人神》兩篇，抑或僅爲篇末案語？則不能斷定。根據上一篇的體例，似僅僅文末案語在《文集》中。今且録出，擬題曰《月令五神考》，以存《松崖文集》之舊貌云。

《月令》五神，先儒皆以爲顓頊五官，非也。五德之君，爲皇者三，爲帝者二，世次懸殊，豈有配食五神，獨取顓頊一代者哉？古者配食，必以當時之臣，句芒以下，似先代已有其人。後世寵而神之，遂以名其五官耳。玄冥之於顓頊，固是矣。《繫辭》稱庖犧氏爲網罟，神農爲市，《世本》乃云句芒作網，祝融作市，則句芒爲庖犧臣，祝融爲神農臣，明矣。《管子》述黄帝六相，一曰后土。少皞之子該爲蓐收，孔穎達謂佐少皞於秋也。准此而言，則一帝一臣，皆據當時之君臣言也。或曰：祝融爲顓頊、高辛之官，經傳有明文，以之屬神農，可乎？應之曰：《外傳》稱黎爲高辛氏火正，光照四海，故命之曰祝融。是必古之火正有是人，故舉以明之耳。且古有祝誦氏，在伏羲之後，見《武梁碑》。以古文審之，即祝融也。豈亦顓頊高辛之官耶？《松崖文集》

（四）六宗説

袁枚《答惠定宇第二書》言及“前賜讀《大禮議》《六宗

説》，俱精確”，[①] 可見惠棟有《大禮議》《六宗説》二文。考慮到《明堂大道録》中有以《文集》之議論置入的例子（如上文《明堂五人帝五人神》標“松崖文集”），則此《六宗説》或即《明堂大道録》卷四《六宗》之按語（或有改寫）。故今録文如下，以充《文集》。

神農法八卦而立明堂，於是有十二室。《説卦》先言“帝出乎震”，次言“神妙萬物”。蓋帝者主宰，神者用事。故有六天、有六宗。六宗，助陰陽變化者。《月令》五帝，又有五神，亦此義也。主四時者謂之帝，變化於四時之中者謂之神。故《説卦》前陳八卦爲明堂之位，後言六子敘成物之功。六子共成萬物，實乾坤之變化爲之。《荀子》所謂“不見其事而見其功，故謂之神也”。劉邵據《老子》，以太極中和之氣爲六宗。太極中和，即坎離也。乾坤交而爲坎離，坎上離下，二五爲中和。太極中和之氣，即歐陽、夏侯“實一而名六之”説，《禮正義》所云“指其尊極清虚之體，其實是一；論其五時生育之功，其别有五。以五配一，故曰六天”。義並得通，兹並載之。至劉歆駁歐陽、夏侯之説，劉邵改六子爲中和之氣，皆不知二五之爲十者也。

二、附論

據這兩通惠棟、江聲討論的書信，可推知惠棟《明堂大道録》書稿成後，江聲借去抄録，且似有刊刻之打算，惜無緣付梓。上引江聲書信謂“今是卷既已抄完，但於此處空二十四行

① 袁枚：《小倉山房文集》卷十八，王英志校點，《袁枚全集新編》第6册，浙江古籍出版社，2015年，第346頁。

候示明補抄”，按今《經訓堂叢書》本《明堂大道録》卷四“明堂門數”下，自“皋門”題目至“路門”題目之前，恰二十四行。[①] 我們由此産生一個疑問：江聲所抄録修訂之本，是否即後來《經訓堂叢書》本的底稿？

孫星衍《江聲傳》謂：

> 督部（畢沅）延致家塾校書，聲爲刊《釋名》爲之疏證，以篆書付刊。聲不爲行楷者數十年，凡尺牘率皆依《説文》書之，不肯用俗字。[②]

江聲的《尚書集注音疏》，起初即自爲篆書以刊刻。但《釋名疏證》有兩個刻本，開始没按江聲的想法，而是用今文刊刻。畢沅記此事曰：

> 暇日取群經及史漢書注、唐宋類書、道釋二藏校之，表其異同，是正缺失，又益以《補遺》及《續釋名》二卷，凡三閲歲而成。復屬吴縣江君聲審正之。江君欲以篆書付刻，余以此二十七篇内俗字較多，故依前例寫云，所以仍昔賢之舊觀，示來學以易曉也。時乾隆五十四年，歲在己酉九月朔日。[③]

但江聲仍堅持自己的想法，因此在第二年又有了《篆字釋名疏證》，此時又有序文曰：

> 刊印寄歸，屬江君聲審正其字。江君謂必用篆文，字

---

① 惠棟：《明堂大道録》卷四，《經訓堂叢書》本，第7—8葉。

② 孫星衍：《平津館文稿》卷下，《清代詩文集彙編》第436册，第249頁。

③ 畢沅：《釋名疏證》序，《續修四庫全書》第189册，上海古籍出版社，2002年，第580頁。

> 乃克正，請手録之，別刊一本。余時依違未許，既而覆視所刻，輒復删改。適江君又以書請，遂以删改定本屬之抄寫，並述前敘未盡之意。復爲序以詒之。時乾隆五十五年歲在上章閹茂如月甲寅朏。[①]

陳鴻森謂，此序署畢沅名，其文當爲江聲代作。蓋《疏證》改定本即出江氏之手。[②] 此説良是。尚小明根據孫星衍《江聲傳》即此序文，以爲江聲 1789 年前後入湖廣總督畢沅幕。[③] 然據序文，《釋名疏證》是“刊印寄歸”，江聲未隨畢沅入其官署。而孫星衍謂“督部（畢沅）延致家塾校書”，所記當不誤。畢沅家在今江蘇太倉，所謂“延致家塾”蓋即延聘江聲至畢沅老家校書。且畢沅與江聲的交往，不必自校《釋名疏證》始。《洪北江先生年譜》載：“五十年乙巳，先生四十歲，在西安節署。正月，畢公入覲，並摩唐《開成石經》進呈，擬薦先生、孫君及吴縣江布衣聲，書《國朝三體石經》，即在西安刻石以進，爲當軸者所阻而止。”[④] 是當時畢沅即已知江聲。

在《經訓堂叢書》中，《明堂大道録》《禘説》非常特殊，其他刻本皆是匠體，而此二書則爲軟體，且用古字。用古字來撰書，極容易令人想到江聲。且如本節一開始所述，江聲與惠棟書信中言及抄寫《明堂大道録》的行款特徵也與《經訓堂叢書》本的符合；另外就是上文考證江聲有爲畢沅刻書的事蹟。三種證據疊加在一起，我們推測《經訓堂叢書》本的《明堂大道録》《禘説》即是根據江聲抄本上板刊刻的。

---

① 畢沅：《篆字釋名疏證》序，《叢書集成新編》第 38 册，商務印書館，1936 年，第 425 頁。

② 陳鴻森：《江聲遺文小集》，《中國經學》第 4 輯，廣西師範大學出版社，2009 年，第 19 頁。

③ 尚小明：《清代士人游幕表》，中華書局，2005 年，第 96 頁。

④ 吕培：《洪北江先生年譜》，《北京圖書館藏珍本年譜叢刊》第 116 册，北京圖書館出版社，1999 年，第 394 頁。

包鷺賓經學觀初探

——以《經學通義初稿》（上篇）爲中心

肖朝暉*

包鷺賓（1899—1944），字漁莊，江西南城縣人，1920 年考入北京大學哲學系預科，1926 年以文學學士學位畢業于北大哲學系，回到故鄉江西，任省立中學國文教師、江西私立心遠大學教授。1931 年，應聘到湖北武昌私立華中大學（今華中師範大學前身之一），歷任講師、副教授、教授，並兼任中國文學系系主任。1937 年，抗戰軍興，隨校遷往西南。1944 年 8 月，因病逝世于雲南喜洲。

包鷺賓一生學術成就大體囊括傳統的經史子集諸領域，抗日戰爭爆發後，因避地西南，又加意於西南邊疆民族文化研究。目前學界對包鷺賓的《文心雕龍》研究和西南邊疆民族文化研究皆有所注目①，然對其經學成就的研討尚付之闕如。②

---

* 肖朝暉，武漢市社會科學院文化與歷史研究所助理研究員。

① 分別見陳開林、李芳：《包鷺賓〈文心雕龍講疏〉述略》，《瀋陽大學學報》2015 年第 3 期；馬敏、吴和林：《抗戰期間華中大學的西南邊疆問題研究》，《華中師範大學學報》2019 年第 2 期。

② 其後人在介紹乃父學術成就時有所提及，包佶在《包鷺賓先生生平事略》稱其父"慨然以振興經學爲己任，特就經學所討論研究的物件與內容，其成立、傳授、流別、演變與諸家之精神、旨趣、異同、得失及所提出的問題、解説，一一詳爲論述，力證經學固舉名喻實，稱學明事之作"，大體揭示出包鷺賓振興經學的旨趣，然頗爲簡略，此段論述包鷺賓經學成就的文字也被一些華中師範大學校史著作承襲，未見更進一步的深入探討。見包佶《包鷺賓先生生平事略》，包鷺賓：《包鷺賓學術論著選》，馬敏、付海晏、文廷海整理，華中師範大學出版社，2005 年，第 301 頁。此後引文皆簡稱《論著選》，除頁碼外，不再注明出版資訊。

包鷺賓的經學研究成就主要體現爲遺著《經學通義初稿》（上篇）。據包氏後人介紹，在任職華中大學中文系期間，包鷺賓曾爲高年級開設“諸子研究”“《尚書》研究”等課，爲低年級講授《文心雕龍》、“中國古代文藝論”等文學理論課程，並撰寫了“經學”“老子”“莊子”等多部講義。①《爲包漁莊教授遺族募集生活基金啓事》一文中所附包氏遺著與此相關的有《經學通義》《老子述義》《文心雕龍講疏》等。由此可見，包氏遺著一部分乃其課堂講義。其中《經學通義》手稿，在包氏過世後一直由其夫人保存，1998 年包夫人辭世後，由他們的後人贈予華中師範大學。2005 年，包括《經學通義初稿》（上篇）《文心雕龍講疏》（殘稿）等在内的反映包氏一生學術成就的主要論著及演講筆記由華中師範大學出版社以《包鷺賓學術論著選》（以下簡稱《論著選》）爲名整理出版，該《論著選》還收録了包氏後人、弟子的回憶文章，爲世人提供了瞭解包鷺賓的學術成就及生平事蹟的基本資料。

《經學通義》〔《論著選》定名爲《經學通論初稿》（上篇）〕乃未刊手稿，爲初稿，只有上篇《總論》部分。全書由“引言”和八章正文組成，第一、二兩章分別討論“經之名義”“經之數要”，從第三章至第八章，以時間爲線索分述“經學之起源及其成立”“漢代之經學”“魏晉南北朝之經學”“隋唐之經學”“宋元明之經學”“清代之經學”。該書以“通義”爲名有取於漢儒，蓋漢人説經每多通義、通論之作，如劉向《五經通義》、劉輔《五經通論》，尤其是東漢經學大師鄭玄作《六藝論》以總論綱全經，以分論明各學，包鷺賓《經學通義》上篇稱爲“總論”即取法鄭玄，“今之所述，名曰通義，而其旨趣，竊有取于鄭氏焉。”②

① 《論著選》，第 300 頁。

② 同上書，第 7 頁。

一、"經學至於今日，不振極矣"：經學的學科訴求

包鷺賓梳理中國經學史，考察經學源流遷變歷程，並不僅是出於教學的需要。茲時，經學式微，作爲中國傳統學術主幹的經學喪失自身存在"合法性"，在以西式學術理念建構的現代知識體系下得不到安頓，被摒除在知識體系和學科建制之外。經學退出教育體制在民國初年，教育總長蔡元培以經學不合民國教育宗旨而廢除中小學讀經。經學在退出教育體制的同時自身也遭到瓦解，經學被按照西方學術分類劃歸到歷史、哲學、文學等學科之下。1919 年，"整理國故"學術風潮盛行一時，時任北京大學中國文學系主任朱希祖著文討論如何整理中國最古書籍，他在文中說到："就各項學術分治，經學之名，亦須捐除。"① 主張要"捐除"經學之名，分別用治文學、哲學、歷史的方法觀察研究《詩》、《易》、《尚書》《儀禮》《春秋》。朱希祖捐除經學的論斷得到當時任教于國立瀋陽高等師範學校的吕思勉的讚賞，譽之爲"名論"②。吕思勉的學生錢穆後來對經學消亡這一歷程總結道：

> 近代中國人開始和西方學術相接觸，遂對中國傳統中經學一部門發生了懷疑。或認爲經學只是幾部經書之結集，若把近代西方學術分類眼光加以分析，《詩經》應屬文學，《尚書》《春秋》應屬史學，《易經》應屬哲學，《儀禮》是一部記載有關古代社會風俗的書，應屬史學與社會學的範圍。把中國古代《五經》如是分析了，便不該再有所謂經學之獨立存在。③

---

① 朱希祖：《朱希祖文存》，周文玖選編，上海古籍出版社，2006 年，第 94 頁。
② 吕思勉：《吕思勉論學叢稿》，上海古籍出版社，2006 年，第 676 頁。
③ 錢穆：《中國學術通義 · 四部概論》，九州出版社，2011 年，第 2 頁。

在晚清民國"視西人如帝天"的尊西大潮下，趨新崇西人士"妄以西方學術之分類衡量中國學術"，"本自爲一整體，自有其物件"的"宏偉獨特之經學遂至若存若亡"。[①] 經學的這種危亡狀態令包鷺賓極爲憂心，在《經學通義初稿》（上篇）開篇，他就發出"經學至於今日，不振極矣"[②] 的感歎，經學因不符合西方學術分類，以至於"不得于諸學科之列"[③]。要求廢除經學的一大理據是經學"龐雜而不清，淆溷而不明"，没有明確的學科屬性，反觀西方各類學科，皆有特定的研究物件和内容，如哲學旨在探索宇宙本體和人生鵠的，科學意在探究天人之軌法，數學研究算理，乃至生物、心理、倫理、法律、政治、經濟、地理、歷史等，學科内容有定、界限分明。故而，内容龐雜、無所不包的經學不符合"一學之立，必有其所以立之之道，舉其名，足以喻其實，稱其學，足以明其事"[④] 的西式學科成立標準。[⑤] 包鷺賓批評這是"此知二五，而不知一十者也"，在他看來，作爲中國傳統學術核心的經學自有其特定的研究任務與内容，即"以經籍爲物件，而論其旨歸、派别、問題，與夫其學之所以成立於遷流者是也。"[⑥] 他以《詩經》爲

---

① 蒙文通：《經學抉原》，上海人民出版社，2006 年，第 209 頁。

② 《論著選》，5 頁。

③ 在包鷺賓去世的 1944 年，李源澄也在其所著《經學通論 · 自序》中歎息："目録分類至不立經學一門，前人所稱爲經常不易之道者，今後僅存史料之價值耳。"見李源澄：《經學通論》，黄曙輝編校，華東師範大學出版社，2010 年，《自序》第 1 頁。

④ 《論著選》，第 5 頁。

⑤ 錢穆也觀察到："西方人似乎很早便看重到各種學問之分類，似乎認爲每一項學問，都有其客觀之存在，與其各自的終極境界，而有待於人之分别探討。因此學與學問，分疆分道，而待人以各不同的方法，各走各路，而形成爲各種學問之專家。如哲學家、文學家、藝術家、宗教家、自然科學家等皆是。"見錢穆：《歷史與文化論叢 · 學與人》，九州出版社，2011 年，第 136 頁。

⑥ 《論著選》，第 6 頁。

例，條舉了《詩經》學所需研討的各類問題：

曷爲“六義”？曷爲“四始”？詩之篇什，即今所存之三百篇乎？抑古詩三千，經孔子刪存，而有此數乎？所謂“逸詩”，其所刪之遺乎？《詩序》，其孔子作耶？抑子夏與毛公作耶？抑皆非耶？《商頌》，果商代之詩乎？抑周之中葉，宋之詩乎？《國風・關雎》，美文王后妃作耶？刺康王晏起作耶？美刺之説，于義何居？何謂今學？何謂古學？今學三家，與古學毛氏，其異安在？三家今學，有無不同？説各何似？各家之學，成立以來，傳授何若？孰得？孰失？孰存？孰亡？①

以上所列，皆是《詩經》學需要探究的重要問題，涉及《詩經》的“六義”“四始”、孔子刪詩、《詩序》作者、《詩經》各篇的著作時代及意旨、齊魯韓三家今文詩與古文毛詩的比較、《詩經》學的傳授源流及其得失存亡等問題。《書》《禮》《春秋》《易》等經，皆是如此，以有關各單經重要問題爲研究的主要内容，相當於“某經通論”。與此同時，除開各經通論式的研究外，“經學者所當務”的内容還包括“不分經籍，而通考其學之成立、傳授、流别、演變，與夫各家之精神、旨趣，及其所提獻之問題與解説”②，相當於“某經歷史”。

中國傳統學問向有四部之學的稱謂，然嚴格地説，四部乃圖書分類，並非嚴格意義上的學科分類，中國傳統學術追求的是通人境地，這恰是傅斯年在1918年著文批評中國學術思想基本謬誤的一大表徵，“中國學術，以學爲單位者至少，以人爲單位者轉多”。③ 傅氏衡量評斷的標準端在西學，“西洋近代學術，全以科學爲單位”（此科學相當於學科）。這充分體現了近代中國知識體系的轉變就是以西律中的過程：以西式學科分

① 《論著選》，第6頁。

② 同上。

③ 傅斯年《中國學術思想界之基本誤謬》，歐陽哲生主編《傅斯年全集》（第一卷），湖南教育出版社，2003年，第105頁。

類模式爲範，條理中國固有學問，遇不合西式學科分類理念之經學即摒棄廢除之、分解割裂之。包鷺賓則並不以此爲然，他定經學爲研究相傳之經籍之學，確立經學作爲一門學科獨立存在的地位。包鷺賓還進一步指出，作爲中國傳統學術之大端的經學，"二千餘歲，宗派繁衍，載籍浩繁；傳授有淵源可尋，立説有顯門之號；同一經也，各家之宗主不同，立説之旨趣各别；一家有一家之特色，一經有一經之問題；系統分明，條理清晰。"[①] 昔年，梁啓超在《新史學》中感慨："今日泰西通行諸學科中，爲中國所固有者，惟史學"，包鷺賓則聲稱"故不欲言中國之學則已，欲言中國之學，則舍經學外，未見其能有與今所稱泰西諸學相抗者也。"[②] 梁啓超以西衡中，發現西方各學術門類，惟史學爲中國所固有；而包鷺賓則以中抗西，主張唯有經學可與泰西諸學相抗衡。在西學的强力衝擊下，經學存在的合法性受到嚴重質疑，隨著經學退出教育體制和解體，原本作爲中國傳統學術核心、位於至尊地位的經學一落千丈、面目全非。未被西學大潮裹挾的包鷺賓爲提振經學，不僅僅滿足于經學課程的開設與講授，極力爲經學作爲一門學科門類的存在而辯護，試圖爲經學争得一席之地。

二、"綜緝要義、綱紀群言"：經字考釋

清季受日益强烈的西潮衝擊，一些傳統觀念和價值逐漸鬆動，諸多固有理念和看法不再不言自明，有關"經"字的定義即是一大顯例。由於經學地位的跌落，傳統訓釋中"經"字所蘊含的"常""法"義受到衝擊，諸多學人試圖重新詮釋"經"字含義，以至於張西堂産生了"'經'的意義究竟是什麽？

① 《論著選》，第 7 頁。

② 同上。

……在中國經學的研究中雖説有過兩千餘年的歷史，然而到現在這些都還是未曾解決的問題”[①] 的困惑，不是問題未曾解決，而是兩千年沿襲的答案已不再被輕易認可和接受，有關“經”字的名義考釋在近代産生了諸多新解。周予同較早地關注到這個問題，他在 1933 年出版的《群經概論》開篇專門討論了“經的定義”，經其梳理，近代有關“經”字的定義大致有三種：“今文派以爲經是孔子的著作”；“古文派……以爲經只是一切書籍的通稱，不是孔子的六經所能專有”；“駢文學派……以爲經是經緯組織的意思”。[②] 嚴格地説，周予同所述只是今文派、古文派對“經”的看法，並非兩派對“經”字字義的考釋。周予同認爲三派關於經的定義均不足以使人心服，“駢文家借《易經》的《文言》以自重，近於附會，固不足取；但古文派過於空泛，今文派過於狹窄，也未見得使我們心服”[③]。但他也未給出自己對“經”字名義的解釋，只是籠統地指出“經是儒家書籍的尊稱，因歷代儒教徒意識形態的不同，所以經的定義逐漸演化，經的領域也逐漸擴張，由相傳爲孔子所删訂的六經擴張到以孔子爲中心的其他書籍”[④]。

與周予同不同，包鷺賓較爲詳盡地分析了上述三派關於經字定義的解説，還將對近代學術界有較大影響的章學誠的看法納入考察範圍，對諸家的考釋一一給予較爲恰當的點評，最後並給出了自己的看法。

劉師培在 1905 年出版的《經學教科書》“經字之定義”一節中指出，訓經爲法、爲常，皆經字後起之義。他根據阮元

① 張西堂：《張西堂卷・經學史講義》，張銘洽主編，三秦出版社，2011 年，第 3 頁。

② 周予同：《周予同經學史論》，朱維錚編校，上海人民出版社，2010 年，第 136—137 頁。

③ 《周予同經學史論》，第 137 頁。

④ 同上。

《文言説》義認爲，六經爲上古之書，經文奇偶相生，聲韻相協，以便記誦，而藻繪成章，有參伍錯綜之觀。正因經文多文言，故而古人“假治絲之義而賜以六經之名”，於是群書之用文言者也稱爲經，以區别於鄙詞直説。[①] 這是以文章組織言經。包鷺賓指出，以織訓經，合乎本義，但無法解釋《周禮》《儀禮》等文多質直無藻韻者也稱爲經。

劉師培的説法採信者稀，同爲晚清古文經學陣營的章太炎的説法則更具影響力。章太炎同樣認爲以“經”爲“常”是出於後儒訓説，並非“經”字本義，在《國故論衡・文學總略》中，他指出：“經者，編絲綴屬之稱。”[②] 由於古代以竹簡成書，需要將竹簡編絲綴屬，“是故繩線聯貫謂之經”[③]。也就是説，經指的是書籍的裝訂，凡用繩線聯貫之書籍皆可稱爲“經”，因此兵書、法律、教令、律曆、地圖、諸子等皆可爲“經”。章太炎的解説爲當時人破除經的崇高地位提供了助力，如若經等同於所謂的簡書，那麼經自然也没有什麼神聖、崇高的地位，近代疑古史學代表人物顧頡剛就曾説：“近人章炳麟早就解釋過，‘經’乃絲線的意義，竹木簡必須用了絲線編起來捆起，才可以使它不散亂。可見這原是一種平常的工具，没有什麼崇高的意義可言。”[④]

劉師培、章太炎基於古文經學立場，主張六藝乃先王政典，未經孔子删定筆削，反對“經”爲尊稱。劉、章以所擅長的小學功夫考釋“經”字本義，二人的訓釋皆與《説文解字》所云“經，織也，從糸，巠聲”有關，無論是劉師培訓“經”爲“藻繪成文”，還是章太炎解“經”爲“編絲綴屬”，皆藴含了《説文》所言“經”字本義所體現的“組織”義，只是一從

① 劉師培：《劉師培講經學》，鳳凰出版社，2008 年，第 10 頁。

② 章太炎：《國故論衡》，商務印書館，2016 年，第 79 頁。

③ 同上書，第 80 頁。

④ 顧頡剛：《顧頡剛古史論文集》（第 7 卷），中華書局，2011 年，第 454 頁。

經籍之語言論，一就經籍之裝訂言。在包鷺賓看來，名號的使用有其特定用義："名之爲用，義取分别，編絲綴屬，簡册之所同然，纂組成文，諸子亦或如是。苟非意有所專，復何貴於名號?"[①] 也就是説，劉、章的訓解掩蓋了"經"名的特殊含義，"兩君所説，可謂得經字之義，而未得經名之旨也"。[②] "六藝稱經，特後世假借之，以仰名前事，而非從其朔也。"[③] 顯然，包鷺賓認爲劉、章二人遠溯"經"字本義的做法並不能尋得"經"名的確旨。[④]

與古文學家摒棄經之後起義、直尋經字本義不同，晚清今文學代表人物皮錫瑞則恪守經之常法義。在《經學歷史》中，皮錫瑞斷言經學開闢於孔子，孔子以前不得有經，經名始於孔子。皮錫瑞指出，孔子有德無位，晚年知道不行，退而删定六經，經孔子筆削的六經藴含了孔子的微言大義，可爲萬世之準則，六經是萬世教科書，具有恒久的價值。稱六經爲"萬世教科書""萬世之準則"，顯然是視六經爲可常久通行的大經大法。[⑤] 視六經爲孔子作乃皮錫瑞之新見，但訓經爲法、爲常實是承繼了自漢以後的一貫見解。近代以來，隨着經學地位的跌落，經不再被視爲"常法"，惟有一些固守經學價值者仍持此見，"是説淵源最早，義最通行，今惟今文者主之"[⑥]。

另一爲包鷺賓看重的是章學誠的釋義。在《文史通義·經解》篇中，章學誠探討了經、傳的命名與起源。章學誠秉持

---

① 《論著選》，第 13 頁。

② 同上。

③ 同上書，第 11 頁。

④ 李源澄在其《經學通論》中也對這種專求"經"字本義的做法提出批評："經學之經，以'常法'爲正解，不必求'經'字之本義……常法爲經學之本義，而非經之達詁。近世釋經義者皆釋經字之義，而非經學之經之義也。"李源澄：《經學通論》，第 1 頁。

⑤ 皮錫瑞：《經學歷史》，中華書局，2008 年，第 6 頁。

⑥ 《論著選》，第 9 頁。

“六經皆史”的觀點，認爲《詩》《書》等六藝本是先王之政典，隨着官師、政教的分離，本由王官掌守的六藝爲孔子所傳承，時並無經名，“然夫子時，並無經名”[①]。孔子去世以後，門人弟子將所見、所聞、所傳聞的孔子微言大義“録其文而起義”，“稱述之皆謂之傳”，並將孔子所傳承的六藝稱之爲“經”，這就是章學誠所説的“因傳而有經之名”[②]，故六經之名起于孔門弟子。至於孔門弟子爲何稱六藝爲“經”，蓋六藝爲先王綱維、經綸天下的政教典章，“六經初不爲尊稱，義取經綸爲世法耳。六藝皆周公之政典，故立爲經”[③]，這是“儒家之書所由名爲經”[④]。此外，在王官失守的形勢下，諸子勃興，紛紛著書立説，諸子書往往自分經傳，如《管子》《墨子》《韓非子》等，諸家後學將先師“提挈大綱者稱經”，弟子後學“詳其委曲者爲傳”，諸子作爲私家文字之始，其著書立説之内容不盡出於六藝，“因時立義，自以其説相經緯爾……其義亦取綜要”[⑤]，這是“諸家之書以經名者”[⑥]。章學誠在探討經名定義時區分了儒家和諸子的不同，儒家稱“經”專指作爲先王政典的《詩》《書》六藝，取義經綸綱紀；諸子稱“經”則因其先師“提挈大綱”。

包鷺賓較爲認可章學誠的看法，“章氏之説，較之諸家，爲略得其實矣”[⑦]。他遂在章學誠見解的基礎上，進一步對“經”名給出了自己的解説。循着章學誠的思路，包鷺賓指出《詩》《書》六藝本是先王舊典，由王官掌守，是當時貴族教育的主要内容，爲諸子百家共同研習。降至周末，王官失守，諸

① 倉修良編注《文史通義新編新注》，浙江古籍出版社，2008 年，第 76 頁。
② 同上。
③ 同上書，第 87 頁。
④ 吕思勉：《吕著史學與史籍》，華東師範大學出版社，2002 年，第 314 頁。
⑤ 《文史通義新編新注》，第 77 頁。
⑥ 吕思勉：《吕著史學與史籍》，第 314 頁。
⑦ 《論著選》，第 12 頁。

子百家勃興，各倡一説，争鳴一時，皆思以其學易天下，於是形成諸多家派、流别。當時學術主要靠口耳相傳，各家弟子將習聞于師的内容輾轉相傳，名之爲“傳”，爲區别本師與弟子，於是將弟子所説謂之“傳”，將本師所説名之爲“經”，一方面取“綜緝要義，綱紀群言”①，意即“經”是一家學派的綱領，另一方面也意味着“經”是一家所秉持尊奉以爲常法者。這就解釋了何以諸子經傳自别，管墨諸家各奉其師説以爲經，實與儒家無異。這就是經之名義的由來。此間的區别在於諸子皆奉本派開創者之説爲“經”，儒家則獨奉《詩》《書》六藝之先王政典爲“經”。包鷺賓並進一步指明，後世經之一名爲儒家所專有，是由於漢代對儒家的獨尊，漢代罷黜諸子，儒家取得獨尊地位，“經之一名，遂若爲儒家六藝所專有”，經孔子筆削、爲儒家所崇奉的“六經”，受到歷代尊崇，“由是一家所持之要典，又變爲萬世致治之常法，而經之名特尊矣”②。

三、“作已寓於述之中”：孔子與《六經》

在厘定“經”之名義後，必然要進一步論及中國經學史另一至關重要的問題：經學的起源與成立。在探究這一問題前，包鷺賓專門討論了孔子之前的“經説”。這可能是受皮錫瑞《經學歷史》啓發，皮錫瑞稱：“孔子以前，未有經名，而已有經説，具見《左氏内外傳》。”③ 作爲當時貴族教育的主要内容，内而王朝、外而諸侯，“皆以六藝爲教士之法”，由此，學士大夫在對《詩》《書》的研習中産生了對《詩》《書》的解説。包鷺賓列舉了《左傳》《國語》中記載的春秋時人釋《易》《書》的事例，如《左傳》宣公六年、宣公十二年記以《易》定吉

---

① 《論著選》，第 14 頁。
② 同上。
③ 皮錫瑞：《經學歷史》，第 9 頁。

凶，文公七年記引《書》以勸善政。此外，《左傳》《國語》中還有大量列國士大夫賦《詩》明志、論禮樂功用的記載，這反映了當時人在對《詩》《書》等典籍的研習中已産生了“經説”。但包鷺賓指出這些“經説”尚不足以稱之爲“經學”。這是因爲各國並不專守六藝之教，各國在以《詩》《書》爲教的同時，又各有自己的教育内容，《國語·楚語》載申叔時言以《春秋》《世》《詩》《禮》《樂》《令》《語》《故志》《訓典》爲教，《管子》有所謂《詩》《時》《春秋》《行》《易》的“五官技”，“夫各國既各有其爲教之具，則其不專守六藝之教可知。然雖不專守，而又未嘗不以爲教，故學士大夫亦得誦習而爲之稱説；惟不專守，則書所以稱説之者，又不過隨文敷義，或述事見志，或援古以證今，初非欲以明其意藴，闡其意恉，故雖有經説，而不得以經學目之”①。

當時列國中專守六藝之教者惟在鄒魯，包鷺賓根據《莊子·天下篇》所述分戰國學術爲三：第一類是“舊法世傳之史，所掌者”；第二類是“鄒魯之士所言之《詩》《書》《禮》《樂》”；第三類是“諸子百家之所稱道，以上説下教者”。除第二類外，其餘兩類皆不專守六藝之學，“舊法世傳之史”相當於爲各國史官所職掌的各國史記，如上面提到的楚國之《世》《令》《故志》《訓典》、管仲所言之齊國《春秋》；“諸子百家之所稱道”，如道家言黄帝、農家稱神農。唯有作爲周公封地的魯國專守六藝，韓宣子適魯，見《易象》與《春秋》而感歎“周禮盡在魯矣！”于此可見，魯地深受六藝之薰染。包鷺賓在此突出鄒魯專守六藝的學術特性，顯然是意在表明鄒魯六藝之教的深厚與孔子創立經學間的内在關聯。近代注意到鄒魯專宗六藝的地域文化特色與孔子及儒家關聯者首推傅斯年，在 1926 年 9 月致顧頡剛的長信中，傅斯年稱：“孔子、六藝、

① 《論著選》，第 26 頁。

儒家三者的關係，我覺得是由地理造成的。鄒魯在東周，是文化最深密的地方。六藝本是當地的風化，所以孔子與墨子同誦《詩》《書》，同觀列國《春秋》。與其謂孔子定六藝，毋寧謂六藝定孔子。所以六藝實在是魯學……六藝是魯國的風氣，儒家是魯國的人們；孔子所以與六藝、儒家生關係，因爲孔子是魯人。與其謂六藝是儒家，是孔學，毋寧謂六藝是魯學。”[①] 傅氏所論適可作包鷺賓之注腳。

探討經學的起源與成立必定要涉及孔子與《六經》的關係問題。皮錫瑞在《經學歷史》中斷言：“經學開闢時代，斷自孔子删定‘六經’爲始。”[②] 在皮錫瑞看來，經學得以成立的關鍵在於孔子作《六經》，“必以經爲孔子作，始可以言經學”[③]。皮錫瑞突出了孔子于經學的開創地位和作用，但他視《六經》爲孔子作，尤其是其主張《易》之卦爻辭和《禮》皆出自孔子之手，實難以成立，當時就遭到章太炎的嚴厲批駁，稱其“疑《易》《禮》皆孔子所爲，愚誣滋甚”[④]。古文學家劉師培、章太炎則承繼章學誠六藝爲先王舊典的主張，認爲六經早在孔子前即已存在，“孔子以前久有《六經》矣”[⑤]。章太炎則進一步發揮“六經皆史”説，主張“夷六藝于古史”，試圖取消與否定六藝的經學性質。在古文學家眼中，周公方爲集大成者，如《春秋》一書，他們認爲《春秋》的凡例爲周公所定，孔子只是依周公之成法從而修之，劉師培即聲稱“《春秋》非孔子作……孔子之《春秋》本于古史之文”[⑥]，所謂“孔子未作《春

---

① 王汎森、潘光哲、吴政上主編《傅斯年遺札》（第一卷），社會科學文獻出版社，2015年，第56頁。

② 皮錫瑞：《經學歷史》，第1頁。

③ 同上書，第7頁。

④ 《章太炎全集：太炎文録初編》，上海人民出版社，2014年，第9頁。

⑤ 《劉師培講經學》，第10頁。

⑥ 劉師培：《劉師培史學論著選集》，鄔國義、吴修藝編校，上海古籍出版社，2006年，第303頁。

秋》，其於《春秋》，不過遵舊文義例，修正之而已也"[1]。

對晚清經今古文學兩造的説法，包鷺賓均不甚認可，指其同爲極端之論，"此章實齋之所言（指認爲孔子未作《春秋》的主張），與上述以《易》卦爻辭並未孔子作，《禮》亦有爲孔子增者之皮鹿門氏正立於兩極端者也"[2]。對於孔子與《六經》關係，包鷺賓大致採信《史記》的記載，即孔子確曾删《詩》《書》、正《禮》《樂》、贊《易》、作《春秋》，孔子對《六經》作了大量的整理與闡釋工作，因此包鷺賓指出，是故孔子之於六經：

> 《易》則有《傳》，《書》則有《序》，《詩》則有去取，《禮》則有從違，《樂》則有所正，《春秋》則有其義。《易》有《傳》，而後道明；《書》有《序》，而後意顯；《詩》有去取，而後可跡盛衰；《禮》有從違，而後可考質文；《樂》有正則可移風易俗；《春秋》作而後可以懲惡勸善。雖自稱爲"信而好古，述而不作"，而作已寓於述之中。[3]

孔子對《詩》《書》等六藝的修作贊述是經學得以成立的

① 《論著選》，第 29 頁。

② 同上書，第 29—30 頁。

③ 《論著選》，第 30 頁。此段系包鷺賓採用馬宗霍《中國經學史》第二篇"孔子之'六經'"中的内容，只個别字詞有所出入，見馬宗霍：《中國經學史文字學發凡》，王婧之、蔡夢麒點校，湖南師範大學出版社，2018，第 7 頁。需要説明的是：第一，由此可知，包鷺賓著手草創《經學通義》應在馬宗霍《中國經學史》刊佈與出版的 1936 年之後；第二，除此處外，《經學通義》第四章"漢代之經學"至第八章"清代之經學"，有相當多内容與馬氏《中國經學史》有關文字相同。但這不能説明包鷺賓不遵學術規範，有意攘竊馬宗霍的學術成果，須知這本《經學通義》原是一部尚未完成的未刊手稿本，在包氏生前並未出版，包鷺賓對馬宗霍《中國經學史》有關内容的直接採用應是將之當做自己草創《經學通義》的參考資料。

前提，六藝作爲先王政典自然由來有自，然孔子在對六籍的整理和闡釋中實寄寓了一套經緯世宙、綱紀天下的政教理念，由是作爲周之舊典的六藝一轉爲孔子所修之六經，“自是遞相傳授，遂成一家之學，此經學所以肇始于孔氏之門也”。[①] 孔子時雖無“經學”的稱號，但經學的起源不得不追溯至孔子。由此可見，包鷺賓關於經學起源與成立的探究既關照到六藝作爲先王政典的初始性質，又突出了孔子的關鍵性作用，並注意到鄒魯專守六藝之教與孔子删述六藝、創立經學的關係。没有今文學家視六經爲孔子作的“愚誣”，也没有古文學家只知經原爲史、不知史化爲經（張爾田批評章學誠語）的偏頗。

四、結語

《經學通義初稿》（上篇）作爲手稿，由包氏後人珍藏多年，雖於2005年與包氏其他論作整理出版，然由於作者聲名不顯，該《論著選》傳播不廣，包氏半個多世紀前（指包氏去世至《論著選》出版）的經學觀未能引起世人的關注與重視。然縱觀包鷺賓的經學觀，實對堅守中國學術主體地位和理解中國經學史的有關問題有著重要參考價值。

起自晚清，經學至尊地位和崇高價值日漸受到懷疑，傳統經學中的一些本無需多論、不言自明的既有認知受到衝擊，加之其時日漸壁壘森嚴的經今古文學門户之見，有關“經”字定義和經學的起源與成立等問題有了多種不同乃至針鋒相對的見解，如皮錫瑞《經學歷史》和劉師培的《經學教科書》。入民國後，由於反傳統和疑古思潮的風靡，甚至産生了孔子與《六經》無關的極端言論。於此，恰能體現出包鷺賓經學觀的意義和價值。包鷺賓洞見諸家解説利弊，既少門户之見，又反無傳

---

① 《論著選》，第30頁。

統激情，在對中國經學史的追流溯源中予“經”字名義和經學起源與成立問題一種頗爲合理的解釋，對我們認識這兩大問題實有裨益。特别是其對經學獨立地位的捍衛，尤值得珍視。晚清以降，面對日益衰微的經學，固守傳統學術者嘗試以各種方式延續經學於一線，如清末張之洞開辦存古學堂、倡設經科大學以及民國時期此起彼伏的讀經倡議等等。諸人呼籲保存經學的理據，或是强調經學對保存傳統歷史文化的價值，或是突出經學對維護固有道德的重要作用，少有人從界定經學的研究物件和研究内容出發，進而確立經學作爲一門獨立學科的角度論述保存經學的必要。包鷺賓對作爲中國傳統學術核心和主體的經學的捍衛，力證在依西式分科理念劃定的現代知識體系中，經學有著作爲一門學科獨立存在的合法性和必要性，這對當下著力構建中國特色學術體系或有不容忽視的借鑒意義。

“正人心，救民命”

——唐文治經學宗旨的確立

毛朝暉 *

唐文治（1865—1954）是晚清民國時期在江南地區影響巨大的教育家和經學家。在民國讀經問題的大辯論中，他是倡導讀經的一位代表人物。① 1920 年，唐文治參與創辦無錫國學專修館並出任館長，宣佈講學宗旨：“此時爲學，必當以‘正人心，救民命’爲惟一主旨。”② 此後，唐文治一再强調以“正人心，救民命”六字作爲講學宗旨或教育宗旨。③ 唐氏弟子陳祥

* 毛朝暉，華僑大學哲學與社會發展學院、國際儒學研究院特聘研究員。

① 蔡元培等著：《讀經問題》，商務印書館，1935 年，第 3 頁；尤小立：《“讀經”討論的思想史研究——以 1935 年〈教育雜志〉關於“讀經”問題的討論为例》，《安徽史學》2003 年第 5 期；［日］鐙屋一：《中國文化のレシピ 1935 年の読経問題》，《目白大学総合科学研究》3 號（2007 年 3 月）。

② 唐文治著，唐慶詒補：《茹經先生自訂年譜正續篇》，臺北文海出版社，1986 年，第 79—80 頁。

③ 例如，1936 年，唐文治爲《國學專修館十五周年紀念刊》撰序説“欲拯民命，先救人心；欲救人心，先明正學”。1945 年，撰《茹經堂文集五編序》言“余行年五十後，專心講學，惟以‘正人心，救民命’爲宗旨”。1946 年，撰《錢塘施公省之墓誌銘》言“余嘗作六字箴为教育宗旨，曰‘正人心，救民命’”。1947 年，唐文治以 83 岁高龄在上海交通大学演讲，仍一再强调“今日欲救國家，先救人心；而欲救人心，先崇廉耻”。晚年此類表述尚多，如“要知經典所載，不外興養、興教两大端。興養者何？救民命是也。興教者何？正人心是也。鄙人常兢兢以此六字为教育宗旨”。“天下盡客也……及兄平日立志所謂‘正人心，救民命’，當可反客爲主矣”。參見《唐文治文選》，王桐荪、胡邦彦、冯俊森等選注，上海交通大学出版社，2005 年，第 406，482，495，500，511，513 頁。

耀也指出，唐文治一切政治、學術、教育的思想和實踐都是從“正人心，救民命”的根本宗旨出發。[①] 可見，此一宗旨實爲瞭解唐文治學術的關鍵，也是理解唐文治經學思想的鑰匙。

然而，迄今爲止尚無專文探討唐氏這一講學宗旨，只有張晶華、鄧國光和嚴壽澂的研究對此略有述及。張晶華指出唐文治這一宗旨的形成是“受理學經世思想的影響”[②]。鄧、嚴二先生都認爲這一宗旨是因應時局而起，嚴壽澂更是明確指出：“以‘正人心，救民命’爲講學宗旨，正是出於‘視民如傷’的不忍人之心而‘按時以立論’。”[③] 張説側重唐文治經學的學術淵源，而鄧、嚴之説强調唐文治經學的時代意識。唐文治上述經學宗旨的形成過程中，學術淵源與時代背景兩方面的因素固然兼而有之，但其中仍有未被厘清的問題。若依張晶華説，唐文治的上述講學宗旨只是清代陸世儀、曾國藩理學經世思想的回響，那麼唐文治“正人心，救民命”的主張有何特殊性呢？若依嚴壽澂説，唐文治的講學宗旨是“按時以立論”，那麼爲什麼這一宗旨會遲至創辦無錫國專時才“按時”提出呢？本文旨在深入剖析上述唐氏經學宗旨的確立過程。這不僅對於理解唐文治的經學思想頗有裨益，而且能夠提供經學現代轉型的一種方案。

一、“正人心”的三個表述

唐文治“正人心”的觀念源於他的家學與師承。唐文治的

---

① 陳祥耀：《略談唐文治先生的行誼和學術》，《學林漫録》十三集，中華書局，1991 年，第 17 頁。

② 張晶華：《唐文治學術思想研究》，山東師範大學 2006 年碩士論文。

③ 鄧國光：《唐文治經學研究——20 世紀前期朱子學視野下的經義詮釋與重構》，彭林主編《中國經學》第九輯，廣西師範大學出版社，2012 年，第 10－11 頁；嚴壽澂：《經術與救國淑世——唐文治與馬一浮》，《中國經學》第九輯，第 52 頁。

父親唐受祺"居恒惟以闇然自修、不求人知爲宗旨"①，"尤以敦品立行爲第一義"②。唐文治17歲時，受業於同邑理學家王祖畬。王氏"平日爲學以立品爲先"③。文治受業之初，王祖畬即教他"'君子喻於義，小人喻於利。'此爲心術生死之界。子他日若貪利，非吾徒也"④。可見，唐受祺、王祖畬都强調爲學以立品爲先，王祖畬更警切地指出立品的關鍵在於"心術"，人的用心不外義利兩途，因此，能否明辨義利在此意義上就成爲心術的"生死之界"。顯然，唐文治的家學與師承很早就爲他播下了"正人心"觀念的種子。

"正人心"一詞最早由孟子提出。《孟子·滕文公下》提出："世衰道微，邪説暴行有作……我亦欲正人心，息邪説，距詖行，放淫辭，以承三聖者。"1915年，唐文治編撰《孟子大義》⑤，在該書自序的自注中唐文治説："孟子自述其宗旨，不過曰'正人心，息邪説，距詖行，放淫辭'。世有能傳孟子之學説者，吾國其庶幾乎！"⑥ 顯然，至遲在1915年，唐文治已經明確提出"正人心"是救國的根本。18年後，唐文治在蘇州國學會演講"孟子大義"，依然强調説："昔朱子謂讀《四書》，先《大學》，次《論語》，再次《孟子》，而終以《中庸》。但余謂讀書須視時代爲轉移，今者急於正人心、救民命，則非讀《孟子》不可。"⑦

---

① 唐文治：《先考府君事略》，《茹經堂文集一編》卷五（沈雲龍主編《近代中國史料叢刊续编》第4輯第31种），文海出版社，1974年，第367頁。

② 同上書，第372頁。

③ 唐文治：《王文貞先生學案》，《茹經堂文集三編》卷一（沈雲龍主編《近代中國史料叢刊续编》第4輯第33种），文海出版社，1974年，第1207頁。

④ 同上。

⑤ 唐文治非常重視《孟子》，除了《孟子大義》，還撰有《孟子新讀本》《孟子分類簡明讀本》《孟子救世編》。關於唐文治研究《孟子》的歷程，见虞萬里：《唐文治〈孟子〉研究管窺》，《史林》2016年第2期。

⑥ 唐文治：《孟子大義自序》，《唐文治文選》，第146頁。《茹經堂文集》未收。

⑦ 唐文治：《蘇州國學會演講録》，《茹經堂文集三編》卷三，第1312頁。

爲什麼説“正人心”是救國的根本呢？

從義理上講，唐文治指出：“惻隱之心，人心生生不已之機也。羞惡之良，世界所最重，凡無以對人者，即無以對己者也。辭讓，禮也。人而無禮，何以爲人？至於是非之界，尤爲生死之關。國家之亡，先亡於無是非；人心之亡，先亡於無是非。《春秋》大義，不過明是非而已。有是四端，而後謂之人，而後謂之盡人道。是故正人心，乃所以維持人道也。”[①] 唐氏在這裏發揮孟子“四端”之説，孟子以“四端”指示人心中善端的萌芽，唐氏則推而廣之，認爲人心的“四端”不只是實踐個人修養的始基，也是維繫社會人道的根本。正是在這個意義上，唐文治認爲“正人心”是救國的根本。就現實經驗來講，唐文治入仕後，曾親歷大政，並遊歷日本、歐美各國，目睹洋務運動、維新變法的失敗，意識到必須“正心以變法”[②]。否則，如果缺乏心理建設作爲基礎，變法就不能取得成功；即便暫時成功，最終也會因爲人心不正而功虧一簣。他認爲中國近代所處的世界局勢與孟子所在的戰國時代相似，“今日一大戰國也，殺機洋溢，惟孟子之學正人心、救民命兩大端，可以挽回世運”[③]。他認爲這兩個時代的人心都同様“殺機洋溢”，基於這種判斷，他認爲孟子學説與當時中國的現實最爲相應，孟子正人心、救民命的學説可以作爲那個時代的救世良方。

由此可知，唐文治主要是基於孟子的學説以及自身的切身經歷，提出以“正人心”作爲救國的根本。但是，這絶不是説救國只要“正人心”就夠了，實際上，唐文治也非常重

---

① 唐文治：《無錫國學專修館學規》，《茹經堂文集一編》卷二，第 205 頁。

② 唐文治：《上沈子培先生書》，《茹經堂文集二編》卷四（沈雲龍主編《近代中國史料叢刊续編》第 4 輯第 32 种），文海出版社，1974 年，第 700 頁。

③ 唐文治：《師孟子法》，《唐文治國學演講録》，張靖伟整理，上海交通大學出版社，2017 年，第 230 頁。

視經世之學。其師王祖畬曾教導他“通經必期致用，作文貴乎明道”[①]。其父唐受祺生平非常推崇太倉鄉賢、清初理學家陸世儀，亦倡導理學經世。唐文治繼父之志，於1895年刊成《陸桴亭先生遺書》，並曾向沈曾植推崇陸世儀的學行：

> 桴亭先生之學，自天文、地理、禮樂、農桑，以及河渠、貢賦、戰陣、刑法，無不源流畢貫，而一以理學爲主。言乎其體則躬行實踐，履中蹈和，足以存天理於幾希，拯人心於將死；言乎其用則兼綜博覽，蓋與亭林先生相頡頏。[②]

這段話一方面强調桴亭之學“一以理學爲主”，另一方面則强調桴亭的經世之學。所謂“躬行實踐，履中蹈和，足以存天理於幾希，拯人心於將死”，這是强調桴亭的理學修養；所謂“天文、地理、禮樂、農桑，以及河渠、貢賦、戰陣、刑法，無不源流畢貫”，這是强調桴亭的經世之學。唐文治分别用“言乎其體”“言乎其用”來賅括二者，可知在唐文治的觀念中，理學與經世之學是體用關係。

事實上，唐文治很早就明確提出二者是體用關係。1895年，唐文治寫信勖勉他的弟子李頌韓説：“吾弟有志之士也，務望慎守吾言，以理學爲體，以經濟爲用。勿讀無益之書，勿作無益之事。異日擔荷斯道，維持人心，力爲剥陽時之碩果，風雨時之雞鳴，有以存聖學於一線，而不至於中絶，此則鄙人之所厚望也。”[③] 1896年，他在《〈續思辨録〉題詞》中再次提出“以理學爲體，以經濟爲用”[④]。同年，在《上沈子培先生

① 唐文治：《王文貞先生學案》，《茹經堂文集三編》卷一，1206頁。
② 唐文治：《上沈子培先生书》，《茹經堂文集二編》卷四，第702頁。
③ 唐文治：《与李生颂韩书》，《茹經堂文集二編》卷四，第723頁。
④ 唐文治：《續思辨録題詞》，《唐文治文選》，第194頁。《茹經堂文集》未收。

書》中，他也明確提出："蓋理學、經濟相須而成，理學爲體，經濟爲用。故理學興則人心純固，而國家於以隆盛。理學廢，則人心機械恣睢，而國家因以微弱，此不易之理也。"① 可知最遲在 1895 年，唐文治已經明確基於體用觀念提出"以理學爲體，以經濟爲用"的主張。

唐文治接觸洋務較晚。從《茹經先生自訂年譜》看，唐文治在 1892 年入仕以前並無接觸洋務的記載，他的家學與師承也僅限於中國傳統學術的範圍，並無洋務之學。1894 年，甲午中日戰爭爆發，唐文治上《請挽大局以維國運折》提出八條變法主張，其中第一條"宜正人心，别流品"，實際上仍是强調以理學爲根本。第五條"宜拔真才，變科目"，建議維持以經學作爲取士的根本，目的在明義理、正人心，其餘則改爲考試中西輿地、兵學、製造機器之法、測量勾股等學②。值得注意的是，這時的唐文治在强調"正人心"的同時，已然開始重視西方輿地、兵學、製造機器之法、測量勾股等洋務之學，而不再限於陸世儀所講求的天文、地理、禮樂、農桑、河渠、貢賦、戰陣、刑法等傳統意義上的經世之學。

非但如此，唐文治於 1894 年還提出"以理學爲體，以洋務爲用"。一方面，唐文治認爲儒者必須講求洋務。他指出："即如今之洋務亦然，儒者不習，而顧使嵬瑣小人習之，一旦有事，朝廷不得不用此輩，此輩乃大飽其欲壑，而天下事遂至於糜爛潰敗不可收拾。"③ 另一方面，唐文治認爲洋務必須以理學爲基礎。他説："余創此論（洋務不可不習）久矣，繼而思之，不能無弊，蓋今天下之大患，猶不在乎不諳洋務，而在乎人人嗜利，故吾輩欲挽回風氣，振起人心，必當以理學爲體，以洋務爲用。人必先勉爲君子而後可談洋務，否則聚無品勢利

① 唐文治：《上沈子培先生书》，《茹經堂文集二編》卷四，第 702 頁。
② 唐文治：《茹經堂奏疏》卷一，文海出版社，1967 年，第 34 頁。
③ 唐文治：《思辨録札記》，《唐文治文選》，第 191 頁。《茹經堂文集》未收。

之徒，相率而習洋務，國家之受害，更無所底止矣。”[1] 前者説明理學家基於仁民愛物之心，自有經國濟世之志，因而不可不講求洋務；後者説明洋務如果缺乏理學作爲心理基礎，則將人人嗜利，求利適所以受害。綜此二端，則理學與洋務實有相須爲用、相輔相成的内在關聯，也就是唐氏所謂的體用關係。

必須補充的一點是，“以洋務爲用”並非否定“以經濟爲用”，而是“以經濟爲用”的一個重新表述，二者並不衝突，甚至在廣義上依然可以被“以經濟爲用”所包含。這從以下兩點可以看出：第一，唐文治受家學與師承影響，很早就接受“理學經世”思想。1935 年，唐文治仍著《性理救世書》[2]，足見“理學經世”思想實貫穿他的一生。這就可以理解爲什麽儘管他於 1894 年提出“以理學爲體，以洋務爲用”，卻在 1899 年依舊説“以理學爲體，以經濟爲用”。第二，唐文治認爲“經濟”與“洋務”都屬於經世之學的範疇。1922 年，他在《表論》一文中提出“以經學爲根柢，旁及歷史、地理、經濟、時務等類”，可見，在他看來，“時務”“經濟”只是不同類别的經世致用之學而已。或者説，“以洋務爲用”只是“以經濟爲用”在洋務運動後的一種特有的新表述。

庚子拳亂後，唐文治對於西學有了更進一步的認識。1901 年，唐文治隨户部侍郎那桐赴日本，爲日本駐華使館官員杉山彬在義和團事件中被殺事道歉。1902 年，又隨慶親王載振赴英國，爲英國國王愛德華七世加冕致賀，並順道遊歷比、法、美、日四國。唐文治第二次出訪歸國後代載振作《英軺日記》，概述了考察英、比、法、美、日各國的政治、教育、商貿等方面的情況，而於教育尤再三致意，該書“大抵英詳於商務及學

① 唐文治：《思辨録札記》，《唐文治文選》，第 191 頁。《茹經堂文集》未收。

② 此書收入林慶彰主編《民國時期哲學思想叢書》第 1 編第 99 册，臺北文聽閣圖書有限公司，2010 年。

校諸事；比詳於製造工藝；法詳於議院各衙門制度，而於教務必持之齗齗；美詳於各部章程及其地方自治之法；日本與我地處同洲，其則不遠，故於憲法等事並加研究，而於教育之法尤三致意焉。”① 又上《由英回京條陳》，提出必須盡快進行三項改革：一，辦商務；二，辦路礦；三，開學堂。其中，唐文治認爲開學堂一項尤有長遠戰略意義，“國運隆污必與學校盛衰相消息”②。

以上三項，也屬於“經世”範疇。内容包括憲法、議院、商務、製造工藝、學堂、教務、路礦等，較前述西方輿地、兵學、製造機器之法、測量勾股等洋務之學又進一步，對於西方政治制度和科學教育提出了更深層的要求。其中，唐文治認爲引進科學教育最爲基礎，原因在於：“今者科舉停，憲政舉，天下之人才，將盡出於學校，天下之言政治，言學術，言外交、法律，爲農工商諸實業者，將盡出於學生。天下之所仰賴者，非學生而誰賴?”③ 唐文治意識到在新的時代條件下，經世必須以興辦新式教育，引進西方科學爲綱領，因爲在新的時代條件下，一切新的經世學術都必須仰賴新學堂的分科教育。1906年底，唐文治南歸守制，著《蓄艾編》，内有《論整理學部》一篇，建議“學部更宜厘定章程，綜計天下學生數目，除國文武備應令必習外，應酌定學國際外交、法律政治者若干成，農工商各業者若干成，聲光化電各科者若干成”④。可見，唐文治已完全採納科學教育，只是堅持保留“國文武備”而

---

① 載振：《英軺日記》（沈雲龍主編《近代中國史料叢刊續編》第74輯第734種）“凡例”，文海出版社，1972年，第7頁。該書實爲唐文治所撰，參看黄漢文：《記唐文治先生》，《江蘇文史資料選輯》第十九輯，江蘇古籍出版社，1987年，第93頁。

② 唐文治：《職思隨筆》卷十五。筆者未見此書刊本，轉引自郭齊家：《論唐文治教育思想的歷史價值與現實意義》，《教育研究》1996年第10期。

③ 唐文治：《學校培養人才論》，《茹經堂文集二編》卷三，第475—476頁。

④ 唐文治：《蓄艾編》，《唐文治文選》，第96頁。《茹經堂文集》未收。

已。次年秋，唐氏接任郵傳部高等實業學堂監督，在其擬訂的《諮陳重訂章程和宗旨》中提出辦學“大要在造就專門人才，尤以學成致用、振興全國實業爲主，並極注重中文，以保國粹”①。這顯然延續了上述重視科學教育的理念。

儘管唐文治接受西方科學作爲新時代的經世之學，但他對於科學有所保留。早在1909年，他就指出：“道德，基礎也；科學，屋宇垣墉也。彼淹貫科學，當世寧無其人？然或忘身徇利，一旦名譽掃地，譬諸基礎未築，則屋宇垣墉勢必爲風雨所飄搖而不能久固。如此者，由道德之不明也。”② 民國初年，國人提倡“新文化”，標榜“科學”，釀成反傳統思潮，唐文治深以爲憂，他滿懷憂慮地説：“科學之進步尚不可知，而先淘汰本國之文化，深可痛也。”③ 1913年，唐文治致信交通部討論教育宗旨：“各項科學知識經驗必須完備方爲國民之資，起居飲食言語動作一切品行皆有法律程式方爲國民之格。”④ 這説明他認爲教育應該以“品行”與“科學”並重，而且，“居今世而言教育，唯有先以注重道德爲要點”⑤。如果將二者相較，唐氏毋寧認爲“品行”教育比“科學”教育尤爲緊要。唐文治雖然没有參與1920年代的“科玄論戰”，但他的立場不難推知。在唐文治看來，科學本身既可以用來行義，也可以用來徇利，因此，科學本身不具有確定的道德内涵，因而不能賴以作爲人生觀的基礎。基於此種見解，唐文治明確認爲科學應以道德作爲基礎，這比“科玄論戰”中玄學派的立場實際上還更

① 唐文治：《咨呈重订章程和宗旨》，刘露茜、王桐荪編《唐文治教育文選》，西安交通大学出版社，1995年，第19頁。《茹經堂文集》未收。

② 唐文治：《学校培养人才论》，《茹經堂文集二編》卷三，第99—100頁。

③ 唐文治：《函交通部送高等國文講義》，《唐文治文選》，第136頁。《茹經堂文集》未收。

④ 唐文治：《致交通部公函商討教育宗旨》，《唐文治教育文選》，第109頁。《茹經堂文集》未收。

⑤ 同上。

强一些[①]。

作爲一種基於中國傳統學術立場對現代科學的系統回應，唐文治晚年正式提出“以孟學爲體”“以科學爲用”的主張，這是繼“以理學爲體，以經濟爲用”“以理學爲體，以洋務爲用”之後，唐氏對理學經世思想的第三個重要表述。1938 年，唐文治在《孟子分類簡明讀本》中提出：“道藝兼資，科學自宜特重。惟當以孟學爲體，純而益求其純；以科學爲用，精而益致其精。夫如是，乃可以救心，乃可以興國。”[②] 1947 年，唐文治以 82 歲耄耋之年，仍斷斷致辯此旨。他强調：“教育根本在性情，措諸躬行則爲道德，再輔以近代科學，斯爲體用兼全。”[③] 無論是“以孟學爲體”，還是以性情、道德爲體，其實始終未曾偏離“正人心”的宗旨，都反映了他基於傳統理學立場，對現代科學所做的反思與警示。如果説與之前“理學爲體”的提法有什麼分别的話，那就是唐文治晚年更加强調以經學作爲理學的義理基礎，换言之，他更加强調的是以經學爲體而不是以理學爲體。例如，這裏所謂“以孟學爲體”便是如此。至於提出“以科學爲用”，則是凸顯了新時代的經世之學以及科學與經學（尤其是孟學）的體用關係，較之此前“以經濟爲用”或“以洋務爲用”的表述，無疑爲經世賦予了更爲現代的内涵。

---

① 在“科玄論戰”中，玄學派的代表人物張君勱主張科學與人生觀各有領域，“科學決不能支配人生，乃不能不舍科學而别求一種解釋於哲學或玄學中（或曰形上學）”。見張君勱：《再論人生觀與科學並答丁在君》，張君勱、丁文江等：《科學與人生觀》，山東人民出版社，1997 年，第 102 頁。唐文治不止認爲科學與人生觀（道德）各有領域，更進而主張二者是體用關係，即應以道德修養爲體，以科學爲用。

② 唐文治：《孟子教育學題辭》，《茹經堂文集四編》卷四（沈雲龍主編《近代中國史料叢刊续編》第 4 輯第 33 种），文海出版社，1974 年，第 1650 頁。

③ 唐文治：《上海永康中學增建思齊齋記》，《茹經堂文集六編》卷五（沈雲龍主編《近代中國史料叢刊续編》第 4 輯第 34 种），文海出版社，1974 年，第 2183 頁。

二、從"維國運"到"救民命"——唐文治的兩條經世路線

儒家的經世之學，原本就有從事政治改革和從事社會改革的兩條實踐路線。就像《尚書·泰誓》所說，"天佑下民，作之君，作之師"，但作爲政治領袖的"君"與作爲學術領袖的"師"常常不能兼於一身，於是就出現荀子所謂"儒者在本朝則美政，在下位則美俗"[①] 的兩種結果。儒者在本朝，得君行道，則通過上層的制度改革，自上而下實現其修己治人之志；退而在下，則以作育人才，轉移風氣，興辦社會事業爲當務之急，自下而上實現其救民水火之懷。以 1907 年退出政壇爲界，唐文治的一生可分爲從政和講學兩大階段，其經世之志雖然始終不渝，但他的經世路線則隨其進退出處的轉移而發生了從"維國運"到"救民命"的轉變。

從政階段的唐文治也曾頗有一腔得君行道的熱忱。1894 年，甲午中日戰爭爆發，唐文治上《請挽大局以維國運摺》提出八條改革主張，其前提是"陛下誠能信臣之言，毅然獨斷，破除常格，改易新政，則所謂轉危爲安、轉否爲泰之機未嘗不在於是。"[②] 可見，唐文治當時循持的依然是儒家傳統的"得君行道"路線。1898 年戊戌變法之前，唐文治上《謹殫血誠以維國脈摺》，這裏所謂"維國脈"與"維國運"一樣，出發點同樣是希望通過挽救朝廷以救國救民。同時，唐文治作爲理學家，特別强調以正君心作爲"維國運"的基礎，他曾感歎"古之大臣務在格其君心之非，曩者立朝時，簿書鞅掌，未遑贊襄君德"[③]。無論是甲午時期的"維國運"還是戊戌時期的"維國

① 《荀子·儒效》。

② 唐文治：《請挽大局以維國运摺》，《茹經堂奏疏》卷三，第 21 頁。

③ 唐文治：《茹經堂奏疏》，"自序"，第 13 頁。

脈”，唐文治秉持的都是自上而下的經世路線。

然而，這一路線在清末的政治現實中根本無法落實。甲午戰爭期間，唐文治上《請挽大局以維國運摺》，哀哀泣血，洋洋萬言，可是朝廷毫無反應，唐氏自記云：“此稿翁叔平、沈子培兩師深加歎賞，稱爲萬言疏稿，惜兩行痛淚，無補時艱。”① 1905年夏，唐文治上《請改定官制摺》，提出“仿各國專任之例，將中央官制改弦而更張之”②，試圖解決各部辦事推諉、牽掣的問題，這涉及到厘定各部滿漢大臣的事權，結果“留中”不報；同年8月，唐文治上《請立憲摺》，提出仿歐西各國改行立憲政體以求“治本”，從而立“富强”之根源③，這更直接觸及滿清皇室的權利，結果是泥牛入海，杳無音信。唐文治對此非常感慨，他說：“上此折時，以爲切實施行，可挽危局，不意因循敷衍，數年之後，竟至淪胥。嗚呼！其可痛矣。”④ 同年10月，鑒於日、俄覬覦東北，唐文治代左都御史陸寶箴擬上《請飭東三省速舉要政奏稿》，提出發展東北實業，借工商以實邊防，共十條緊急措施，然而“格於部議，其事遂寢”⑤。滿腔赤誠，卻換來冷漠回應；公忠體國，卻換來到處碰壁。這對唐文治得君行道的理想無疑是沉重的打擊。

推究上述建議不能實施的主要原因，不外觸及皇室的權利和朝中權臣的利益。1904年，唐文治時任商部左丞，上《請設立商會摺》並簡章二十六條，目的是通過商會的建立促進華商團結，通商情，保商利，避免互相傾軋，利權旁落，而慈禧太后“意極遊移”，擔心設立商會將動用朝廷資金，唐文治曉以利害，告訴她“商人均有資本，決無流弊”，慈禧才釋然俯

① 唐文治：《謹殫血誠以維國脉摺》，《茹經堂奏疏》卷一，第57頁。
② 唐文治：《請改定官制摺》，《茹經堂奏疏》卷三，第222頁。
③ 唐文治：《請立憲摺》，《茹經堂奏疏》卷三，第228—229頁。
④ 同上書，第243頁。
⑤ 唐文治著，唐慶詒補：《茹經先生自訂年譜正續篇》，第54頁。

允。只此一端，便可看出晚清皇室的政治改革思維，首先是從皇室利益出發。權臣的利益也是造成掣肘的一個根源。1906年，唐文治任商部左侍郎，奏設各省路務議員，“乃北洋大臣袁世凱以爲不便於己，極力反對，奏請飭商部將章程删改”，唐文治再上《議覆北洋大臣政務處奏路務議員不無窒礙摺》，由於路務、礦務是當時重要的利源，同僚以爲不宜以此開罪於袁，唐文治回答道：“事上治下，當明大體，非與袁争權也。”結果是“摺上，留中”①。這類改革建議之所以最後都不了了之，關鍵就在於它們碰觸了權臣的利益。

令唐文治更爲心寒的是，清末朝廷對於朝中經世人才的排擠與戕害。戊戌變法失敗，六君子被殺，朝中大臣禮部尚書李端棻、户部左侍郎張蔭桓被發遣新疆，大理寺正卿文廷式流亡日本。唐文治會試的座師軍機大臣兼總理各國事務衙門大臣翁同龢被“開缺回籍”。朝中的維新志士與清流君子由於帝党與后黨的政治鬥争，一時幾乎盡被犧牲。唐文治後來指出“政變禍作，爲吾國一大關鍵”②。1900年，徐桐、崇綺迎合慈禧之意，欲假手義和團暴動以對付西方勢力，並行廢立之事，借機將主和之工部左侍郎許景澄、太常寺卿袁昶等無辜處死，唐文治作《五忠詩》吊之，並感歎道：“嗚呼！自我聖祖、世宗以來，未嘗有殺戮忠良之事。此時許、袁兩大臣被禍，蓋國家元氣因此大傷，而人心亦自此漸去矣！”③ 唐文治自1905年升任商部左侍郎以來提出多項建議，積極推動改革，一時百廢俱興，辦事頗有生氣，而這些政績卻引來前述袁世凱等權貴人物的阻撓和其他因循守舊部門的忌恨，六月中忽然將唐文治的好友兼得力助手王清穆“奉旨簡放直隸按察司”，九月將工部與商部合併爲農工商部，次年五月唐文治的提拔者、老上司農工

① 唐文治著，唐慶詒補：《茹經先生自訂年譜正續篇》，第56頁。

② 同上書，第32—33頁。

③ 同上書，第27頁。

商部尚書載振遭人參劾，致使農工商部陷入一蹶不振[①]。這時，皇室繼續遷延，各部繼續牽掣，立憲未見實行，反而任用后党權臣袁世凱入贊軍機，唐文治在日記中痛心地歎息“國力盡矣”[②]。經世人才或死或去，上層改革已不可爲，國運遂至不可挽救，這迫使唐文治在“維國運”與“救民命”的經世路線之間做一最後抉擇，他最終決定放棄“維國運”的努力。1911年，伍廷芳等通電要求宣統皇帝遜位，唐文治歎曰：“人才不用，國運盡矣。”[③] 遂附名。

促使唐文治放棄“維國運”努力的另一個深層原因是，唐文治對西方立憲政體的接受。1901 年，唐文治出使日本，代那桐作《奉使日本國記》，認爲日本明治維新成功主要得力於立憲政體和教育改革，“揆厥所源，詎有異術，不過以上下之志通，而士大夫無日不求新學之所致也”[④]。1902 年，唐文治出使英、比、法、美、日五國，特别留意考察立憲，他指出：“考英議院之制，其權極重，蓋英雖稱君民共主之國，然實民權爲重，君權爲輕……然或辦理國事有所舛誤，則國人皆歸罪於執政，不聞咎及君主，此則明定憲法之效”[⑤]，“日本立國，首重憲法”[⑥]。唐文治的至交、同僚王清穆説他“嘗謂治亂興亡之故，在内外上下之通與隔而已”，這與他在《奉使日本國記》中强調“上下之志通”的政治主張如出一轍。從唐文治考察日、歐、美各國回來後的政論來看，他顯然已經傾向於西方的立憲政體。所謂“上下之通”或“上下之志通”，也都是對西方立憲政體的贊許。1905 年，他連續奏上《請改定官制摺》

① 唐文治著，唐慶詒補：《茹經先生自訂年譜正續篇》，第 58 頁。
② 同上書，第 59 頁。
③ 同上書，第 66 頁。
④ 唐文治：《奉使日本記》，《茹經堂文集一編》卷六，第 486 頁。
⑤ 載振、唐文治：《英軺日記》，第 155—156 頁。
⑥ 同上書，第 364 頁。

《請立憲摺》，積極主張實行官制變革和君主立憲制。然而，滿清朝廷和權臣對於立憲一直陽奉陰違、敷衍塞責。1907 年丁憂期間，唐文治撰寫《蓄艾編》二卷，呈交給載振之父、清末首席軍機大臣慶親王奕劻。此書分《總綱》《論立憲》《論整理外務部》《論整理度支部》《論整理民政部》《論整理學部》《論整理陸軍部》《論整理法部大理院》《論整理農工商部》《論整理郵傳部》《論整理東三省》《論整理各省》《總結》，凡十三篇[①]。其中首揭滿漢門户和立憲問題爲挽救國運的兩大關鍵，結果"聞者皆莫之省"[②]。1911 年辛亥革命前夕，汪大燮與唐文治、張元濟密議，由汪大燮面請醇親王載灃奉皇帝溥儀赴英美留學，慶親王奕劻監國，進用賢才，庶幾尚可"維國運"於萬一。然而，汪大燮的建議卻被載灃冷淡無禮地斥回，唐文治"乃知國事萬不可爲矣"[③]。從此，唐氏明確認識到自上而下的經世策略已經不可能實現，這促使他徹底放棄"維國運"的努力。

唐文治在晚清的從政經歷讓他清楚認識到，鼎革之際的經世之學已經不能再走"維國運"的老路，而必須另謀出路。其實，早在 1896 年戊戌變法前，唐文治就提出："論者且謂變法乃可以洗心，不知今日之法，萬不足以變今日之人心。且正心以變法，士皆明於尊君親上之義，實事以求是，則法自可隨心而變。……故十餘年來，何嘗不言變法，而法卒愈變而愈壞，此其故蓋可知也。"[④] 這就是説，變法必須先正人心，也就是要從興教講學著眼。唐文治對於康有爲領導的維新變法並不反對，但他認爲康有爲剛愎樹敵，操之過急，心術既

① 唐文治：《蓄艾編》，《唐文治文選》，第 92—96 頁。
② 唐文治著，唐慶詒補：《茹經先生自訂年譜正續篇》，第 59 頁。
③ 同上書，第 65 頁。
④ 唐文治：《上沈子培先生书》，《茹經堂文集二編》卷四，第 700—701 頁。

已不正[1]；而慈禧太后的阻撓，袁世凱的告密，也是各懷私心。庚子拳亂，徐桐、崇綺迎合慈禧，陷害經世大臣，直接引發八國聯軍之禍，同樣是私心作祟。唐文治主持農工商部期間，各項建議屢受掣肘，朝廷一再敷衍立憲，權臣一再阻撓新政，也都與心術息息相關。這無一不説明，政治改革失敗的表象是制度問題，其深層則是心術問題。有鑑於此，唐文治在 1907 年撰寫的《蓄艾編》中提出："人才者，國家之命根也；學堂者，又人才之命根也。"[2] 既然朝廷不可救藥，國運無可挽回，則循著學堂是國家命根的思路，唐文治必然要走上興教講學之路。這也就是唐氏所謂"救民命"的自下而上的經世路線。

"救民命"的説法源於孟子"救民於水火之中"[3] 一語，唐文治爲什麼要在 1920 年無錫國專創辦之始特標此義呢？我們不妨考察一下此前數年中國社會與政治的幾件大事。1911 年，辛亥革命成功，但"共和"並未實現，反而事與願違，從此陷入長期分裂與内戰。1913 年，國民黨代理事長宋教仁被刺殺，孫中山發動"二次革命"；革命失敗後，袁世凱通過操縱國會選舉，當選爲民國第一任正式大總統。1915 年，南方將領唐繼堯、蔡鍔、李烈鈞等在云南發動"護國戰争"，反對袁世凱稱帝。1916 年 5 月，澄錫戰事起，唐文治預先趕回無錫，迎唐受祺赴滬。只此簡單的列舉，已足以反映當時戰事日酷、民命

① 唐文治認爲戊戌變法失敗是由於"用非其人"，顯然是指康有爲等人。參見唐文治：《与友人书》，《茹經堂文集二編》卷四，715 頁。唐文治晚年弟子黄漢文提供的一則資料有助於我們瞭解唐文治對康有爲的態度。黄漢文回憶説："有一次，他（唐文治）對我們講柳宗元的文章，説王叔文、柳宗元等的主張，多有可采者，韓愈修的《順宗實録》痛詆之，未必得爲信史。他説戊戌春日，沈子培先生曾勸康有爲細看《順宗實録》，其用意在暗示康氏光緒無權，操之過急，樹敵太多，難能實現，希望康氏注意及此。康氏没有聽從。"將兩則材料對讀，可推知唐文治亦應認同沈曾植之説。參見黄漢文：《記唐文治先生》，《江蘇文史資料選輯》第十九輯，第 91 頁。

② 唐文治：《蓄艾編》，《唐文治文選》，第 96 頁。

③ 《孟子·滕文公下》。

日蹙的時局。1916年冬，唐文治始編《孟子大義》，"並自作序，頗中時弊。有能讀此書者，或可救世道於萬一也"①。次年，皖系軍閥段祺瑞控制北洋政府，拒絕恢復中華民國國會和《中華民國臨時約法》，孫中山發動"護法戰爭"，直到1928年國民政府統一全國，中國陷入長達十多年的軍閥混戰之中。1917年，唐文治作《孟子善戰者服上刑論》，批評軍閥戰爭，提出"凡生於天地之間者皆曰命，天命爲性，故合而言之則曰'性命'……人昧没其不忍之心，於是上干天怒而刑之；天不能刑人，乃假手於人以刑之也；刑不逮其身，乃於其子孫也。愈巧而愈烈也，愈久而愈酷也。"② 顯而易見，唐文治對《孟子》的特别表彰與對"救民命"的特别提倡，正是砭時之論。

當然，"救民命"之道非止一途，如輿論、救災、地方自治等，唐文治均積極參與。1909年，"蘇撫某公因省庫支絀，倡征銀解銀之議。余因民間無現銀，折合火耗，吏胥上下其手，剥蝕小民，爲害滋大。電達政府，力争之，得罷"③。這是他積極參與輿論之一例。1910年，"江蘇士紳舉余爲地方自治總理……余以地方自治無領袖，頗爲危險，爰往就職"④。這是他參與地方自治之一例。1931年，"天災人禍，相逼而來。余急電旅滬同鄉，發起救濟會，並撰《急救水災議》，遍告同鄉"⑤。這是他積極參與救災之一例。此類例子尚多，這裏不能贅舉。與"維國運"不同，所有這些舉措都是自下而上的社會事業與經世實踐。

不過，"救民命"的關鍵還是在於"正人心"。"救民命"的"命"不止是"生命"，也包括"性命"，"救民命"不止是

① 唐文治著，唐慶詒補：《茹經先生自訂年譜正續篇》，第71頁。
② 唐文治：《孟子善戰者服上刑論》，《茹經堂文集一編》卷一，第133—138頁。
③ 唐文治著，唐慶詒補：《茹經先生自訂年譜正續篇》，第62頁。
④ 同上書，第64頁。
⑤ 同上書，第104頁。

要從横政與戰禍中拯救人民的生理生命，更要啓發其“不忍之心”，拯救其善良心性，從而從根本上改變殺機洋溢的局面。1931年，日本發動“九一八”事變，侵占東三省；1932年，又發動“一•二八”事變，入侵上海。唐文治斷然指出：“今茲世界一大戰國也。火器日精，千辟萬灌，一遇戰事，殺人盈野，人命若草芥……。欲拯民命，先救人心；欲救人心，先明正學。”① 這明確提出了“救民命”的關鍵在於“救人心”。

唐文治所謂的“正學”是什麼呢？他認爲最首要的就是要復興經學，提倡治經讀經。1918年，正當新文化運動期間，唐文治提出：“我國之倫常綱紀、政教法度，具備於十三經。”② 1920年，唐氏進而提出：“救國而要以讀經何也？經者，萬事是非之標準，即人心是非之標準也。……經者，常道也。知常則明，明常道則明是非，政治、倫理之是非於經中求之。”③ 在唐氏看來，經學之所以特别重要，乃是因爲十三經爲中國倫常綱紀、政教法度的“常道”，是萬事、人心“是非之標準”，即使是現代政治、倫理等科學也應當從經典中尋求是非之標準(科學本身不具確定的道德内涵，説已見前)。1935年，日本全面侵華前夕，唐文治指出：“鄙人默察近來世變，人心日尚欺詐，殺機循環不窮，倘不本孔、孟正道以挽回之，竊恐世界劫運，靡所底止。深望海内賢豪相與講道論德，以期經明行修，正人心以拯民命，救中國以救世界。”④ 在這裏，唐文治明確主張“救民命”的根本在於“正人心”，而“正人心”的學術基礎則是復興經學⑤。

① 唐文治：《〈國學專修館十五周年紀念刊〉序》，《茹經堂文集五編》卷五，第1955—1956頁。

② 唐文治：《〈中學國文新讀本〉序》，《茹經堂文集二編》卷五，第799頁。

③ 唐文治：《〈讀經救國論〉序》，《茹經堂文集二編》卷五，第790頁。

④ 蔡元培等著：《讀經問題》，第6頁。

⑤ 有關唐文治“讀經救國”論的邏輯推理，參看毛朝暉：《救國何以必須讀經？——唐文治“讀經救國”論的理據》，《鵝湖月刊》2018年第9期。

必須指出的是，唐文治所謂的經學絶非只是漢學考據，而是更强調宋學義理與理學的心性修養。前文説過，“爲學以立品爲先”，原是他從家學與師承所領受的一個要義。1931年，當日寇入侵東北之時，唐文治提出：“救世之宏綱有三：一曰正人心，二曰立人品，三曰拯人命。舍是三者而求治平，非所敢知也。”① 借助上文的分析，在唐文治而言，三者的邏輯關係已經非常顯明：“正人心”應以經學作爲學術基礎，作爲義理根據；又須體現爲“立人品”，以切己修養；還需落實爲“拯民命”，以經世致用。不難看出，這仍是清代理學經世思想的延續與轉型。但與一般清代理學家不同的是，唐文治明確要求回歸經學，讓經學爲理學奠基；同時，理學經世的策略也必須進行現代轉换，以切實實現“救民命”的宗旨。

晚年的唐文治特重氣節，不過，他强調氣節應植根在經學義理的學術基礎上。1938年，即日本全面侵華之次年，唐文治率國專師生避難内遷，備極艱辛，特撰《孟子氣節學題辭》曰：“人生有骨，乃能立身天地之間。氣節者，氣骨也，無骨何以有節，然苟遇社會不良風俗，譬諸洪爐陶鑄，不獨易其心，並且銷其骨……吾悲夫近世人士之骨，非化即折，亟思有以救之。”② 抗戰勝利後的1947年，唐文治對學生演講仍然强調：“鄙人以爲方今最要者‘氣節’二字。近撰聯語云‘人生惟有廉節重，世界須憑氣骨撑’。若氣骨不立，如烘爐之鎔化，非我徒也。然氣節要有本源，在拔本溯源，非讀經不足以救國。要知經典所載，不外興養、興教兩大端。興養者何？救民命是也。興教者何？正人心是也。”③ 唐文治强調，氣節必須要

① 唐文治：《高忠憲公〈朱子節要〉後序》，《茹經堂文集三編》卷五，第1341—1342頁。

② 唐文治：《孟子氣節學題辭》，《茹經堂文集四編》卷四，第1651頁。

③ 唐文治：《南洋大學演説稿》，《茹經堂文集六編》卷一，第2085—2086頁。

以學術的涵養作爲本源，其關鍵就在於讀經。這也意味著，人品的樹立有賴經學義理的滋養。因爲，經學的根本内涵是興養、興教兩大端，也就是"救民命""正人心"的學問。可以説，"正人心，救民命"的宗旨乃是唐文治晚年對於經學根本内涵的精切概括，人品氣節即植根於此。

三、結語

綜上可知，"正人心，救民命"的宗旨幾乎貫穿唐文治的一生，其内涵則頗爲複雜。具體而言，唐文治基於"正人心"的宗旨曾先後提出過"以理學爲體，以經濟爲用""以理學爲體，以洋務爲用""以孟學爲體，以科學爲用"三個表述。無論是"以理學爲體"還是"以孟學爲體"，唐文治都不曾改變"正人心"的宗旨，改變的只是經世的策略。經世策略的調整，正是經世之學與時俱進的内在要求。"經濟""洋務""科學"三個表述，代表了晚清以來理學經世、洋務運動和清末民初經世之學的三個階段，也反映了唐文治根據時代的變動不斷調整其理學經世的學術方案。嚴壽澂先生曾經指出，"按時以立論"是唐文治講學的一個基本原則①，這無疑精當地把握了唐氏學術的一個基本性格。但必須説明的是，唐氏的"按時以立論"只是按時調整他的經世策略，而從未改變其"正人心"的理學立場。"正人心"的三個表述，不只反映了唐文治經學與理學思想的發展，同時也可視爲清代理學經世思潮在民國時期的延續與轉型，以及在晚清民國政治、文化劇變的大時代中傳統理學的自我更新與創新發展。

那麽，唐文治爲什麽會"按時"在 1920 年創辦無錫國專

---

① 嚴壽澂：《經術與救國淑世——唐文治與馬一浮》，《中國經學》第 9 輯，第 51 頁。

之初特標“救民命”之説呢？本文研究表明，以1907年退出政壇爲界，唐文治的經世路線經歷了從“維國運”到“救民命”的轉折。儘管二者都以經世爲目標，但在策略上，“維國運”强調的是先挽救朝廷，即通過改革政治自上而下地拯救社會；“救民命”則强調先改造社會，即通過興教講學自下而上地影響政治。這原是儒家經世之學密不可分的兩個面向。唐文治之所以做出上述經世路線的調整，一方面是由晚清政治腐敗的局勢有以促成，另一方面則是起於他自身學術思想的自覺。1916年澄錫戰争之後，唐文治即著手序定《孟子大義》，倡“救世”之説。“救民命”固然非止一途，但唐文治認爲最迫切、最根本的莫過於“救心”。正是基於此一覺悟，唐文治才在新文化運動期間（1920年）轉而致力國學教育，並揭櫫“正人心，救民命”的講學宗旨。從“維國運”到“救民命”的轉折，這也是理解唐文治經學宗旨得以確立的另一個不容忽視的向度。

儘管“正人心”“救民命”兩個觀念的提出都經過了曲折的過程，但唐文治始終都將“正人心，救民命”的宗旨奠定在復興經學的學術主張上。因此，“正人心，救民命”宗旨的確立實質上也即是他經學宗旨的確立，二者是融爲一體的。“正人心”“救民命”兩個概念源自《孟子》。不寧唯是，唐文治還明確主張“今者急於正人心、救民命，則非讀《孟子》不可”。儘管唐文治也屢言“以理學爲體”，但他認爲“經師之所貴兼爲人師，禮學之所推是爲理學”[①]，可知，他所講的理學乃是由經師而兼爲人師，由經學而推爲理學——這是植基於經學義理的理學。作爲一位歷經晚清、民國和共和國的經學家兼理學家，唐文治畢生都在謀求傳統經學的現代轉型與自我更新，同

---

① 唐文治：《無錫國學專修館學規》，《茹經堂文集一編》卷二，第196頁。

時也在謀求傳統理學的復興。垂暮之年，唐文治用極其精煉的語言將經學的内涵概括爲興養、興教兩大端，也就是“救民命”“正人心”的學問。對於唐文治而言，“正人心，救民命”既高度概括了理學經世思想的根本宗旨，也高度濃縮了他延續清代理學經世思潮和謀求經學現代轉型與復興的一生。

專稿：陳鴻森先生《清代學術史叢考》筆談

考據的温度

——拜讀陳鴻森先生《清代學術史叢考》雜感

陸　胤[*]

非常慚愧我作爲一個乾嘉經學和訓詁考據外行，今天闖入了如此專業的討論。儘管學力有限，不得窺見門牆之富，但我一直是陳鴻森先生學術文字的愛讀者。因爲我似乎能在他的論文或演講當中感受到一股“氣”在運行，有“浩然正氣”，有“内轉潛氣”，也時也有一點“不平之氣”。總之，与讀其他經學史、學術史著作的感覺很不一樣，這當然也可以歸結到陳先生以詩人兼學人的身份。但我要説的是，即便是在他最爲冷靜、最爲節制的考據文章——甚至考據清人生卒疑年的文章當中，我們也能感受到一點個性的關懷，可以説一種“帶有温度的考據”。陳鴻森先生自謙爲“山中樵夫”，我卻更願意把他比作在清學史這座大山當中一位路見不平的獨行俠，面對各種問題疑團、成見俗説，排難解紛、祛除不公，讓人們看到那些“被遮蔽的學者”的生存境遇，看到他們背後的學術生産機制和整個時代的氣息。

讓我們回到陳先生的這部書《清代學術史叢考》，無論從陳先生自述的“登山家”有别于游客的眼光，還是從我們讀者主觀的閲讀感受來講，這都是一部與我們一般理解中的“清代學術史”很不一樣的著作。

---

* 陸胤，北京大學中國語言文學系長聘副教授。

甚麼是我們一般理解中的清代學術史寫作傳統？就像華喆在此書“跋語”當中提到的，那是從 1902 年章太炎的《訄書重訂本·清儒》篇發軔，經過 1904 年梁啓超爲《論中國學術思想變遷之大勢》續寫的“近世之學術”一章，到梁氏 1920 年的《清代學術概論》，再到 1924 至 1925 年的《中國近三百年學術史》講義，以及錢穆 1937 年出版的同名講義。這些作者身後的學術背景、文化立場有很大區別，但從章太炎開始，他們都把大量篇幅放在了思想潮流的升降之上：清代前期是朱陸和漢宋問題，漢學中復分出吴皖兩派；後期則是所謂今古文之争，當然還有孟荀之争、中西體用之争……都是大綫條。胡適説他早年讀到梁啓超的學術史著作，非常受震動，因爲讓他知道了“原來四書五經之外中國還有”一樣叫“學術思想”的東西（見《四十自述》）。這話説得很有意思，首先“學術思想”是在四書五經之外的，另一樣新出現的東西；其次“學術”和“思想”又是連在一起的。這種有思想的學術史當然給我們帶來很多啓發，不過就像章太炎説的，“跡之所寄，偏亦由生”，久而久之，也會造成陳先生所説的“遮蔽”。

這就觸及另外一個更重要的問題，究竟什麼是“學術史”？九十年代以降，大陸學界淡出“思想”，擁抱“學術”，出現了很多標題爲“學術史”的著作。前兩年我不自揣固陋，也很唐突地開過名叫“學術史”的課。然而學校規定，所有新課申請都要附上英文課名和簡介，於是就遇到一個翻譯問題。如果是哲學史、文學史、觀念史、思想史，當然都有現成的英文詞組可以利用。“學術史”怎麼翻譯呢？它似乎是一個很中國特色的概念，跟思想史應該有所不同。1902 年，梁啓超在《新史學》裏面指摘中國舊史學的缺點，但舊史學裏邊卻有一類叫作“學史”的著作很受他推崇，比如《明儒學案》，《國朝漢學師承記》，正史的儒林、道學、文苑傳，以及學者的傳狀、碑誌、年譜等等。這些著作又有什麼共性？

首先，所謂理想的“學史”，應該能深入“學”本身的問題，無論是經學、理學還是史學背景的作者，都有各自一套關於一代學術整體的看法，或者説“通識”。但其表現往往是片段的，不會像近代以來的思想史那樣有敘事焦慮，非要去强調一條或幾條路綫的發展。其次，這些“學史”著作都是以人物境遇或人物的師承、交遊集團爲中心，這就跟近代以來思想史以思潮、觀念、敘事爲綫索的方式很不一樣。所以真正的學術史，既是學術和歷史的記述，也是古今學人之間的對話，是當代學人基於前修經驗的精神反思和自我表達。

由此反觀九十年代以來許多學術史著作，在很多經典的名著之外，也有一些不太令人滿意的作品。這些作品，有時候是“没有學術的學術史”，出現了大量學人年譜、評傳和著作史料的整理，但由於編著者或整理者没有深入對象所研討的學問中，不僅技術性的錯誤百出，更往往不能道其深處，只能在人物行跡和人際交往的表面浮光掠影；而有時候又走另外一個極端，作者出於某一門學問的背景來寫學術史，這類著作太多了，比如清代孟子學史、清代公羊學史、清代訓詁學史……這樣的題目，學問的内部結構變化固然很完整很清楚，但學者的人格和時代的限制，卻被超人格、超時代的學術結構給掩蓋掉了。這樣的書也許對專門研究很有用——但也許也就是對某一門的專門研究者有用而已。

針對這兩種傾向，我想陳先生的書是一個很好的典範，因爲裏面既有學術自身的深度和廣度，又有體會人性普遍處境的温度。下面我想舉此書中的幾個例子來説明。

首先，就對學術本身的認識看，陳先生的專長不僅僅是清代學術史，更以漢唐經學爲基礎，貫通音韻、文字、訓詁、版本、典章制度等多方面。這就使得他在看待很多問題時候，不是限於某一個學科視域，而能綜覈各種知識，站在與乾嘉經師同樣的知識高度和廣度上來作判斷，所以往往能得出更厚實的結論。

比如集中極爲精彩的《錢大昕〈養新餘録〉考辨》一篇，這是陳先生早年論文，辨明錢氏《養新餘録》爲刪剩而非後出之稿。要解決這個問題，陳先生已掌握了充分的材料，只要用一般的文獻排比法，已可發現《餘録》和《養新録》及錢氏其他著作頗有牴牾。但是在文獻異同之上，究竟誰前誰後，孰是孰非，誰是推論，誰是定論，這就需要學術内部的斷案了。比如針對《養新餘録》中有關蜀刻石經毛詩和宋刊八行本《春秋正義》兩段，陳先生此文都有比較長的論證，他並不急於道斷錢氏文獻之間的關係，而是先要斷定問題本身的是非。我們可以具體來看：

（一）《餘録》卷上“蜀石經毛詩”條，錢氏據蜀石經證《江有汜》“之子歸”句當爲“之子于歸”。陳先生先引 1）顧廣圻《毛詩校勘記》斥蜀石經本不足據；2）“之子歸”《釋文》，唐石經，燉煌本 S789、P2592《毛詩殘卷》俱無異文；3）《江有汜》篇内之音節之論定（内證），以證錢氏此説未覈。然後，又引 a）《養新録》相關條目的判斷與《餘録》不同；b）此不同爲嘉慶九年增補；c）段玉裁曾見《養新録》相關未經改正之條目，與《餘録》同。内外合證，從而論定《餘録》爲《養新録》之刪剩。

（二）《餘録》卷上“春秋正義宋槧本”條，錢氏嘗以八行本爲北宋淳化元年本南宋慶元六年重刊本。陳先生也是把文獻比對先拋開，而專講問題本身之是非。他先詳述乾嘉諸儒有關宋槧八行本《春秋正義》年代之聚訟，特別是段玉裁等看法的變化，及其受到山井鼎《考文》載黄唐〈跋〉訛書年號誤導的過程。然後纔指出《餘録》此條與《養新録》諸條論注疏合刻年代不符。説明《養新録》所論淵源有自，爲晚年定論。

這兩個例子，正可以顯示對學術問題本身熟悉、有自己的斷制，對於學術史研究的重要性。而學術史研究也決不僅僅是史料文獻的積累、歸類、比對，就可以盡其使命了。讀者在此領略到的不僅僅是文獻考證的精審，更有具體問題背後的更大範圍、更長時段的學術争論。

其次，就像剛纔已經指出的，陳先生的學術史又絶没有陷在學術内部的框架和邏輯之中，而忽略了學者所生活年代的環境和制度。陳先生對一般清史、近代史所注重的政治沿革、典章制度、文教興替、幕府盛衰等問題同樣非常精通。

特别對於乾嘉時代考據學者而言，科場的得意或失意，無論如何是一個抹不去的陰影。這一點，錢穆在他的《中國近三百年學術史》一書中已有多處暗示。故與科舉有關的制度和慣例（有時候不見於紙面），對於襯托、考證乾嘉學人行跡乃至心境，實爲非常重要的知識準備。陳先生在這方面也是非常熟稔，讓我再略舉幾個例子：（一）《被遮蔽的學者——朱文藻其文其學述要》記朱文藻應鄉試十二次未舉，乾隆五十三年己酉拔貢提前舉行，又以年高報罷，涉及清代拔貢則例；（二）《馬宗璉行年考》索隱馬氏殿試罰科事，述及清代“大挑”及殿試制度；（三）《錢大昕、陳鱣詩稿二種辨僞》因僞陳鱣“落卷有懷”詩，述及鄉試落卷舊例。特别是在（四）《段玉裁〈説文注〉成書的另一側面》一文中，陳先生援引清代鄉試“録遺”制度，考訂段氏與劉台拱第九書時間，即其始撰《説文注》的時間；此信劉盼遂繫於乾隆五十九年，但陳書注意到同信中“次兒驓初意不欲其秋試，近日始拘於俗見，令其觀場……二舍弟之子鼎同録遺……東原師《集》已刻成，費而不佳”等語，推考：1）《戴東原集》刻成於乾隆五十七年，段氏以文字頗訛，乃於是年八月另作校記附刻書後；則此書當作於五十七年八月以前。2）乾隆五十七年爲壬子科鄉試大比之年，清代鄉試之前須經學政補試“録遺”，遺才補考須於七月末以前完成，此信請託時任丹徒縣訓導的劉台拱照顧，則當寫於乾隆五十七年七月。3）劉盼遂既誤《戴東原集》刻於乾隆五十八年秋，又將信中“秋試”誤認爲五十九年甲寅恩科，故錯係此信在五十九年。凡此皆爲泰山不移之確考，亦可見科舉制度對於清代學術史的研究，既影響到學者的心態，又直接有關事實的考訂，值得學者重視。

此外，從清史史料文獻學的角度，陳先生此書也表現出很强的功力，比如在訂補《清史稿·儒林傳》、《清史列傳·儒林傳》及姜亮夫、江慶柏兩種年表時，時時涉及傳統史書傳記記載的“書例”問題。所謂史書書例或“金石例”，本是近世以來一門史料專門之學，但治學術史的人如果不熟悉相關内容，就很容易鬧出笑話。舉一個例子：《清代人物生卒年表》記“王豫……道光六年卒”，原注：“王豫，《清史列傳》卷七十三傳作……道光元年卒。”陳先生《〈清代人物生卒年表〉訂補》“王豫”條於此下按語：“此載王豫生卒年不誤，惟所述《清史列傳》之説有誤，史云：‘道光初元，舉孝廉方正，力辭不就。卒年五十九。’此文‘卒年五十九’與‘道光初元舉孝廉方正’爲兩事，非謂王豫卒於道光元年也。此類書例，如《清史列傳·王念孫傳》云：‘道光五年，重宴鹿鳴，賞給四品銜。十二年卒，年八十有九。’《清史稿·王念孫傳》删省其文，作：‘道光五年，重宴鹿鳴。卒年八十有九。’”可知史傳載“卒年”之例，不能與前句連讀。

尤其值得一提的是，在陳先生辨僞、考證的各篇中，往往最後會提出一個石破天驚或至少令人耳目一新的結論，像大家屢屢提到的關於段注《説文》、錢大昕《養新餘録》以及戴震批點《記洞過水》的考證，都給人這樣的印象。但結論的醒目固然重要，但我覺得更重要的是陳先生善於安排節次，往往在他論文當中，最重要的證據或結論要到最後纔出現，更多篇幅是在呈現發現的過程。比如《錢大昕、陳鱣詩稿二種辨僞》一篇旨在辨題錢大昕《南陽集》之僞，集中有詩題提到“家兄嶰谷（馬曰琯）”，乃該集作者爲曰琯之弟馬曰璐最直接的證據。

但此一證據直到篇末始發露，可謂圖窮匕首見。陳先生在前半篇先考此集與錢大昕行跡及著作的種種出入；再由文本内證考索實際作者之地望、身份，帶述揚州鹽商馬氏兄弟“行菴文讌”之盛；再以馬曰璐《南齋集》與該集對校，揭露作僞者心跡。最後纔回到詩題的内證，使得所謂錢大昕《南陽集》爲僞書成爲鐵案。

讀這篇論文的時候，你會發現文本考據的結論固然重要，但已經不是最重要的了：陳先生不是爲考據而考據，而是要在考據過程中帶出學術史的豐富與歧趨，爲此不惜散佈“煙霧彈”，讀來宛如偵探小説。

這就回到了我所説的“考據的温度”這一問題。我們爲什麼要考據呢？就學術史而言，一是把學術問題本身的是非搞清楚，其次要知人論世，不僅由此考見人物行止及其所處的時代面貌，更要把捉時代中人的心態。所以學術史的考據是從客觀開始，而最終通向主觀的。正如陳先生自述，他研究的一大傾向就是要揭示“清代下層知識人（生員層次）普遍的生存困境，研究者長期忽略的著述‘代工’現象，以及清代社會某種上下略食而又相互依存的學術生態鏈”。這個目的，當然可以通過學者社會處境的事實本身來説明，也離不開對人物心態的揣摩。

這裏面最精彩的例子，莫過於陳先生對段玉裁所謂《説文解字讀長編》並不存在的考證。論文前半篇其實已根據著述時間問題證明五百四十卷“長編”事屬子虚，後半篇進而考索段玉裁詭稱長編以自辯的心態。我還想提出另外一個容易被忽視的例證：在《被遮蔽的學者——朱文藻》一文中，陳先生呈現了朱氏爲阮元、王昶等羽翼漢學的封疆大吏代工的事實，考訂王昶《金石萃編》《大藏聖教解題》等爲朱文藻代工，進而論及王昶急欲假手編書的内心焦慮：

王昶與王鳴盛、錢大昕自少同學，又同榜進士，王、錢二人中年早退，俱已等身著作，足以傳世。王昶則歷官中外，官事旁午，撰述雖不少，但並無代表性著作可傳，因此晚年急欲假手門客，以編録傳世。

我想這個推測是很合乎王昶心理的，王氏泉下有知，當説"於我心有感感焉"了。乾嘉時代的這些"代工"現象，也讓人聯想到當下學界的很多問題何嘗不是如此。學術的集團化，固然對於形成學派乃至一代學風有益，但學術集團化背後組織者的"算計"和被組織者的"代價"，卻往往是被冠冕堂皇的學術口號淹没。

最後回到"學術史"的寫法問題，爲甚麼説學術史在本質上是"當代學人基於前修經驗的精神反思和自我表達"呢？因爲這是關於學人生存、學界生態和學術生産的歷史，我們所研究的對象，就是我們所處境遇的投射。在陳先生書中，他研究的都是兩百年以上的逝者，但你卻能感受到活人的温度。或者可以説，這是一種"有我"的考據。

讓我最後再舉一個例子，説明這種針對當下的"精神反思和自我表達"。陳先生在《〈清史列傳·儒林傳〉考證》一篇"焦循"條下考定焦氏《易學三書》六易其稿，"凡數十年，專力於此者亦十餘年"，至嘉慶二十年冬始完成，後有一段議論："觀此，可知前人一藝之成，數十年於茲，數易其稿，然後差取自信。觀今人之急於成書者，其矜慎爲如何也！"我們知道《清代學術史叢考》居然是陳先生的第一部書，這裏是在説焦循，想必也是陳先生的自許。我想這種高自標置的精神，正是焦循等乾嘉學者精神的延續。

進路、方法與關懷

——讀陳鴻森先生《清代學術史叢考》

張　濤*

黄愛平老師的序言以及徐道彬教授等的跋，已經表彰了很多陳鴻森先生《清代學術史叢考》的精彩之處。書中不少篇章，此前都或多或少拜讀學習過。華喆和我之于陳老師，都是大陸較早“從游”的學生。下面就結合多年來研讀陳老師著作的體會，以這部《清代學術史叢考》爲引，嘗試談一談學習清代學術史的一些感受。

一、研究的進路

不同的學者會有不同的研究進路來逼近自己的研究對象，甚至同一個研究對象，不同研究者的學術根基有别，也自然會産生多樣的研究進路。

就清代學術史來説，有人是從具體學問出發，研究經學、小學，研究《史》《漢》等具體的古書，利用清儒的成果，學習它、檢驗它、開發它、超越它，然後對清代學術的某些具體門類形成基本的觀點，寫出相關的文章，把清代學者的學術成果放在專門領域的學術史脈絡中來看待，這是一種路數。還有人是從歷史出發，把清儒學術放在清代整體歷史氛圍中的來研

---

* 張濤，清華大學中國經學研究院副研究員。

究，這又是一種路數。

兩種路數不同，所看到的清代學術面貌也會不一樣。前者往往會在專門領域有比較深刻的認識，能給人以很多啓發；後者則能夠得到對清代學術立體而又豐滿的觀察，更可能會比較確當。這是一個理想型的劃分，實際兩者在學問的深處當然應該是相通的。橫看成嶺側成峰，“橫”與“側”都是觀看的進路，看到“嶺”與“峰”是這兩種方法的結果。“嶺”與“峰”僅是山的一種形態、一種面貌，本質上都是山。山的本質屬性不因觀看的進路而有所不同，不同的僅是兩種進路各自取得的觀察結果。要想看到山的全貌，就要從不同角度去觀察，要想走向學問的深處，就要在研究進路上花心思。雖説這兩種路數都可能取得比較好的成果，但如果弄不好的話，無論那種路數，要麼穿鑿，要麼平庸，這是題外話。

從陳老師這部《清代學術史叢考》論文集所呈現的面貌上來看，也許可以説陳老師是後一種進路，就是他不是研究某一個人物、某一類專題，而是研究一系列問題、一片一圈乃至整個三百年的學林人物，然後再對具體的人物、具體的問題作出判斷。從最後成型的文章看起來，陳老師的確是從歷史入手的，他未收入此集的諸多年譜，也更多地體現了這一進路；但我要强調一點就是，陳老師開始研究工作，並非是從歷史進入，而是實實在在的從經學、訓詁學這樣實際的學問入手，也就是前一種進路。他早年有些文章，比如關於清代學者盧文弨的文章，現在這本論文集没有收，很容易看到其實他是非常正統的從學問本身入手，是藉着讀盧文弨的書，去研究盧文弨所研究的經學、史學的學問，就是他不是一開始立志把清儒本身當作研究物件，而是認認真真把清儒的工作重做一遍，把清儒的路重走一遍。這樣的研究進路，在陳老師稍後要出版的《清代經學研究》《漢唐經學研究》這兩部論集中可以看得更爲清晰，此不詳論。《清代學術史叢考》固然較多呈現出後一種進路的面貌，而實際上陳老師的研究成果，兼具前一種進路的深度和後一種進路的廣度，但卻没有二者或劍走偏鋒、或淺嘗輒止的不足。我們看他的結論，就感到是食髓知味，與見木不見林的觀點不同，雖然他自己謙稱自己見木不見林，是餖飣之學，很少寫宏觀的通論性文章。但是透過這些文章，我們能感受到他對清代學術史脈動的把握、對歷史深處的驚人的體察。

或許有人會説，陳老師研究很多二流學者或者大學者的小問題，我可以不知道，也不影響我對清代學術的整體判斷呀。或者像是《錢大昕〈養新餘録〉考辨》，如果專治學問的人從《養新録》《養新餘録》中找觀點、找材料來充實自己的研究，那麼你考辨出《養新餘録》並不是錢大昕後續所寫，對我又有什麼價值呢？或者我研究錢大昕，知道他是很有成就的考據學家，《養新餘録》在他的全集裏面，只是很小很小的一部分，對我瞭解錢大昕並不重要。這樣的議論，也許有其特殊的關懷，無庸深責。不過，如果我們换一種眼光來看就會發現，有關錢大昕的這篇文章，以及其他收入《清代學術史叢考》中的文章，所揭示出清儒著書習慣、學者子弟與學者之間的關係，對我們瞭解清代學術的肌理與實態，實在很有啓發。

二、考據的方法

大家都覺得考據是陳老師學問的特色，確實是如此。清代史料太多，重複性的多，互相抵牾的也多，大同小異的更多，分散程度非常嚴重。因此基本史料的收集與考辨，就成爲清學史研究工作的一大重心。書中對清代學者生卒年、生平經歷的考訂，就是這樣的基礎工作。

這樣一種沉潛的功夫，很耗時間，很費精力，高明者恐怕不願爲。但是這種工作可以給後人提供基礎，是實打實的學問。後人站在前人的基礎上進行更深一步的研究，雖然有可能更正、取代前人的成果，但是前人的工作是不可抹殺的。陳老師的工作訂正了前人包括姜亮夫先生、江慶柏先生的一些疏漏，但並不表明這些先生們的著作就失去了價值，恰恰相反，表明這些著作值得學者重視。陳老師論文結集成書時，對此前發表的文章也有所修訂。現在没有挖掘出的清代學術史料還有很多，今後一定會有對陳老師文章的訂補，也許還會有動搖陳老師結論的可能，但無論如何不能繞開這些成果。我想可能其一部分價值就在此處。如果一篇論文，處理相同問題的研究者可以完全忽略之，那麼這篇論文應當説没有進入學術史，也就没有意義。

陳老師早年所使用的材料，多爲一般史傳或是私家文集、書信、題跋等，少用到官方檔案等資料，近年來使用稍多，這也可能是他根據研究對象的轉换而做的調整，並没有什麽奇怪。而且清學重心本來就在民間，陳老師從清儒學問入手，所以他對各個學者私家資料的使用最爲得心應手。只是東南西北找材料實在是非常辛苦的事，以前大家看書都不甚方便，資料很難找。現在各種史料井噴一樣出現，令人目不暇接，又有數字人文的加持，初學者也可以很方便地拿到很多稀見材料來做研究。放肆一點説，如果今後我們衆人盡全力“來和陳先生一人在史料掌握方面作競賽”，不用電腦的陳老師恐怕占不到什麽便宜，我們很可能“在不太長的時期内，就在資料占有上也要超過”陳老師了。

不消説，史料是考據的根基，但史料自身的作用其實是有限度的。學者們所從事的考據工作背後，其實有着各自的依據，而這依據，並不是白紙黑字寫得清清楚楚明明白白的。很多時候，搞考據也是需要“從無字句處讀書”的。有時候，我們會發現陳老師的考證，是没有確鑿的證據的。换個角度來説，如果真有直接的證據，那我們會不會就看不到令人眼前一亮的考證手段了呢？我們看不同學者的考據工作，看他們背後的依據，這裏面的功力，能反映出每個學者不同的知識圖譜，也是學問較量的關鍵所在。

陳老師有一個極具啓發的觀點，就是關於江藩所記戴震那句著名的話——“當代學者，吾以曉徵爲第二人”——的解釋。這句話的歷史語境已經很難尋覓了。陳老師先是盡可能推測這句話發生的時間，然後對比當時戴、錢二人已完成的著作，指出戴氏之説“並非唐突之言”，錢氏“諸書俱非東原當日所及見，吾人不得以錢氏後來之成就，扭曲東原當日此語之原意”，更提出“其時竹汀著作刊成者僅《金石文跋尾》六卷，東原乃目之爲天下第二人，斯可謂精鑒知人矣”這樣與以往迥乎不同的論斷。倘若對此細加分析，卻又不得不贊同，因爲它是建立在清代學術發展的具體生態之中的。從盡可能全面而具體的文獻資料出發，著重排列出時間序列與地理區劃，再引入中國學術史的縱深，並與清代知識人的思維世界相契合，從而形成對清代學術生態的真實認知，陳老師有關清代學術的知識圖譜是這樣形成的。而另外有學者先是把這句話解讀爲“東原在這裏是用義理作爲判斷的標準”，後來又説戴震是“出於這一尊經卑史的成見”，觀點這樣先後變化，也反映出這位前輩知識圖譜的一些特點。兩種看法似乎都能找出一些證據來，至於哪種看法與清代學術實態更爲吻合，大家不妨仔細品味。

三、人性的關懷

陳老師説他是詩人。《清代學術史叢考》不是詩，但其中並非没有感情。這種感情，不是像梁任公那種“筆端常帶感情”，事實上陳老師詩中語言與感情也是藴藉而不張揚的。這部書中體現感情的地方，也正是能體現陳老師的史識與史德之處。

陳老師有時候有意給那些多數人報以負面評價的學者挽回

一些面子，而對衆人交口稱讚的學者，則指出其“另一面”，就像其中一篇大文章的題目所示——《段玉裁〈説文注〉成書的另一側面——段氏學術的光與影》，陳老師是既看到光也看到影，看到明也看到暗。而書中涉及不太多的人物，比如王鳴盛，這個人性格不是很好，好些學者不喜歡他，對他的著作很多指摘，對他的爲人很多批評。陳老師好像也不怎麼喜歡他，但是他會嘗試去理解王鳴盛爲何會成爲這樣不受歡迎的人。我以前寫過一篇涉及王鳴盛的習作，陳老師跟我説：“你對王的評價太苛刻了，其實王鳴盛的命運也很淒慘，我們不應對他太過苛刻。”這是令我記憶深刻的一句忠告、一次教導。我想，歷史實態也就是陳老師提示的那樣，有些複雜，學者們也都是活生生的人，不會盡是高大全或者矮窮矬吧。

前面提到陳老師處理的個案，有很多都不是頂有名的學者，大概不容易像一流人物那樣奪人眼球。但光彩耀眼的明星絶不是舞臺的全部，正是所謂的“次一等”人物，才構成了清代學術的基本盤，對於我們理解清代學術史，甚至理解學問人生，都很有意義。陳老師在《被遮蔽的學者——朱文藻其人其學述要》一文中寫道：“也許由於自己出身底層”，所以甘願花氣力來“發掘一些重要而長期被學界所忽略的學者”。這篇講述朱文藻這位“漁獵百家、取材宏富”，“力能傳人，卻不足以自傳”的“典型的下層知識人”的文章，讀來令人感慨萬千，不由不對那些掙扎在温飽線上的普通清代學者掬一汪同情的淚水。陳先生自己也很感動，才會説出“我常覺得阮元似乎欠朱文藻一個公道”這樣充滿人情味兒的話來。

陳老師處理的清代學者，好歹還是有名有姓之人，像我們今天千千萬萬個普通人，借助網絡留下自己的名字，其實和歷史上那些普通的讀書人心意相通。朱文藻考鄉試十幾次，如果我們聯想到網絡上最近又在討論“階層固化”“寒門難再出貴子”的問題，就比較容易理解朱文藻這一生的心境。理解朱文藻，也就會理解陳老師的用心所在。細讀書中文字，我們也該如賀廣如教授一樣發現，“原來，在辛苦搜索、暢快的考證背後，還隱藏着深厚的温情”。《清代學術史叢考》的論文部分出以文言，講稿部分多爲口語，後者流露感情的地方稍明顯一些，讀者幸留意焉。

此外，像陳老師最近發表在《東方學報》上的一篇大文章《“高宗諒陰”考》，不知大家有没有注意到，其中特别對孔子的一位學生宰予注予了很多同情，就是那個因爲晝寢而被孔子駡的宰予。陳老師怎麽給宰予辯護的，大家可以去看論文；而陳老師之所以這麽做，主要就是出於他内心深處的人性選擇，因爲他想爲被主流話語壓制的那一部分發聲。我們可以不同意他的論點，但是不能不注意到他研究、思考、行文上的這些特點。之所以如此，也自有其原因，這裏不及展開了。

陳老師的引言稿説他自己進入學界四十年，退休後方出版第一本論集（以前出過詩集，不算此列），他猜想我們大家都會覺得他可憐。這當然是陳老師的玩笑話，也是客氣話，不然，那就是他少有的猜錯了的時候——我們絶不可憐他！他把這些精彩的篇什、如許豐富的滋養，還有諸多可供仔細琢磨推衍的法門都給了我們，讓我們震撼，讓我們敬仰。

在講朱文藻的那篇文章中，陳老師自詡爲山中的樵夫，因此所見的風景與觀光客大異其趣，這話不假。他在 2019 年初寫了一首詩，有幾句是這樣的：

半生
逆風而行
艱難的　越過
一座座山脊

陳老師在引言稿中自謙“無意攀登峰頂”，然而在我眼中，陳老師的第一部論文集《清代學術史叢考》，就是他艱難地越過山脊給我們看的一座山峰。他説，要想看到山頂的風景，一些攀爬訓練是不可或缺的。我們讀這部論文集，多少總能領會到一些他所説的訓練究竟是指什麼。陳老師辛苦攀登，我們坐享其成，拜他所賜，才讀到了這部厚重的論文集。

這部厚重的論文集，這一篇篇精彩的論著，實在來之不易。那首詩中又説：

退休後的第一年
仍然　終日伏案
獨自登高
四顧　蒼茫

原來他退休後還在奮鬥，過年的時候還在工作！只有陳師母提醒他“今天是除夕啊”，才讓他回過神來：

漸漸的　爆竹聲
在人境
聲聲響起

不知大家是怎麼樣，反正我自忖没有陳老師這樣的定力。除夕夜還伏案工作的經歷，唯有在撰寫博士論文的時候才有過一點點體驗，而且還只是在導師賞飯後才回去翻了幾頁書，寫了幾行字，就睡覺了。對比之下，實在不免汗顔，愈發覺得陳老師之不可及。經由筆談，作爲後學的我得以公開表達一下自己學習陳老師著作的體會，也盼望陳老師能感受到，除了人境響起的爆竹聲，還有他的著作在學界漸漸引起的聲聲迴響。

學術本來的風景

——讀陳鴻森先生《清代學術史叢考》隨感

李　霖*

十年前的一次聚會，陳鴻森先生問我最近在讀什麽書，我説在看陳喬樅和王先謙關於三家《詩》的書。陳先生説道："王先謙改陳喬樅的那些内容，基本都是錯的。"這句話給我留下了深刻的印象，也影響了我的三家《詩》研究。一般認爲，王先謙的《詩三家義集疏》是"後出轉精"的集大成之作。陳先生的這一看法相當特殊，卻是讀書有得之言。除非真正對比過兩書的具體細節，並對學術有自己的一套見解，不能形成這樣特殊的看法。後來我才知道，陳先生早年曾在《大陸雜誌》發表有關臧庸《韓詩遺説》的文章《〈韓詩遺説〉補遺》。陳先生對王先謙《詩三家義集疏》的看法，有可能是在寫這篇文章時下的功夫，但他並未專門寫文章去談這個問題。這正是陳先生給我的印象，每一篇文章都下足了功夫，而陳先生所發表的只是他深厚積澱的一小部分。

作爲陳先生第一部專著，一些老師認爲《清代學術史叢考》還不是他最精彩的東西。我猜陳先生首先出版此書，可能是自認爲此書最爲穩健。陳先生絶對有能力從事經學史任何斷代的研究，但他選擇清代作爲默默耕耘三四十年的大山，或許有一個重要的原因，是清代留下了足夠多的資料供後人馳騁。

* 李霖，北京大學中國古代史研究中心副教授。

對研究者來説，清代是一個有可能“下定論”的斷代，見仁見智的空間最小。而在研究物件上，相比那些“光芒萬丈”的學者、史事，陳先生似乎更關注所謂暗部、影子。同時，陳先生所做的絶非那種“填補空白”的研究，他關注的人物除了朱文藻之外，像錢坫、陳鱣、馬宗璉等，也是乾嘉時代衆人服膺的一流學者，只不過他們的重要性由於著作失傳等種種原因，被歷史遮蔽了。而陳先生之所以能夠在研究這些一流學者時還有如此多的創獲，並非由於用了什麼新方法，相反，他用的恰恰是舊方法——陳先生自嘲爲“舊學之殘壘”——即過去的考據學，現在的文獻學、歷史學。我想，陳先生之所以能夠在清代學術史研究中取得突破，是因爲他一直沉浸其中。

今天的清代學術史研究，影響最大的是梁啓超《近三百年學術史》的框架，但梁啓超顯然不是站在純粹的學術立場上著書立説，他本人也很難稱得上一個純粹的學者。梁啓超談清代學術史，深受時勢的影響，仿佛是在向清人要東西，看乾嘉學者爲新時代的國人交了一份怎樣的答卷。這種動機可以理解，但這樣讀書就未免有些粗略。比如梁啓超論清代學者整理舊學之總成績，小學部分提到段玉裁《説文解字注》，説此書“《小學考》作‘説文解字讀’，想是原名，後來狠少人知道”。其實讀一下段《注》的序跋，就可以知道《説文讀》和《説文注》的關係，不必憑空猜測。對於陳鱣《説文解字正義》，梁啓超確實看不到原書，他提到《小學考》引阮元序稱陳鱣書“以聲爲經，偏旁爲緯”。梁氏憑藉其聰明，敏鋭地指出這裏的矛盾，説陳鱣“書名‘正義’，似是隨文疏釋”，不應是“以聲爲經，偏旁爲緯”的體例。其實只要認真讀一下阮元序，就知道“以聲爲經，偏旁爲緯”指的是陳鱣另一部書《説文聲系》，本來就不是指《説文正義》。

梁啓超的書不乏洞見，但有時竟會犯不核原書、原文的低級錯誤。與梁啓超著書的目的不同，陳先生對於清代學術，可以説是無所求的。唯其如此，他的考察是充分以原始文獻和歷史現場爲基礎的，才是真正能夠立得住的。陳先生總是説自己對於清代學術這座大山，只是一名“樵夫”，唯其如此，陳先生筆下的清代學術史才是原生態的，展現了以往那些粗線條的學術史中看不到的風景。我自己並不像其他老師一樣設想陳先生再撰成一部新的清代學術史，或脈絡清晰的中國經學史，因爲從陳先生的立意來看，他似乎一直拒絶某種單調的風景，而是更喜歡從不同的路徑賞玩清代學術這座大山。

“采銅於山”與“入山問樵”

——書陳鴻森先生《清代學術史叢考》後

董婧宸*

顧炎武《亭林文集》卷四《與人書十》中，曾如是與友人談及《日知録》的撰作：

> 嘗謂今人纂輯之書，正如今人之鑄錢。古人采銅於山，今人則買舊錢，名之曰廢銅，以充鑄而已。所鑄之錢，既已麤惡，而又將古人傳世之寶，舂剉碎散，不存於後，豈不兩失之乎？承問《日知録》又成幾卷，蓋期之以廢銅。而某自别來一載，早夜誦讀，反復尋究，僅得十餘條，然庶幾采山之銅也。

熟悉清代學術史的人，對顧亭林的這段話並不陌生。《日知録》中凝聚着顧炎武一生的學術追求。顧氏所追慕的學術狀態是“采銅於山”——從古代的學術寶藏中，發掘其中未經開墾的精華，熔鑄出自己的傳世之作。

有清一朝，確以學術著稱。清代學術史有着怎樣的面貌？今人又該如何認識和理解清代學術史？2019 年，臺灣學生書局出版了陳鴻森先生的《清代學術史叢考》。作爲陳鴻森先生

* 董婧宸，北京師範大學民俗典籍文字研究中心、中國文字與規範研究中心講師。

多年以來第一部集結的學術專著，該書選録了陳先生考證清代學術史的多篇重要論文。在是書《後記》中，陳先生有一段動情的描述：

> 我所從事的，儘是一些見樹不見林的工作……我不敢自詡爲登山家，但半生在清代學術這座大山裏討生活，樵夫知見的山，相信和一般登山客觀覽所及的山，應該大異其趣。

陳先生自比爲在清代學術這座大山中的“樵夫”，因此看到了一些和“登山客”大異其趣的學術景象。

至於筆者，大概就是陳先生所説的“一般登山客”了——一直以來，我主要從事傳統語言文字學的研究工作，因而也曾粗略地涉及清代《説文》學研究者如段玉裁、王念孫等人的學術研究、學術交遊，偶爾做過翻覽著作、查檢書札、尋繹批校題跋的工作。因此，我關注的一些問題，多少與清代學術史有一些交集，但又不完全重合。也正由於此，多年以來，學習陳鴻森先生的論文和論著，大抵能體會到陳先生“采銅於山”的不易，更由衷地有“入山問樵”的親切之感。

一、“録鬼簿”“書帳録”式的學術史叙述及其局限

在陳鴻森先生之前，關於清代學術史，就有不少專題著作。如清代中期，江藩就曾爲他所聽聞、所熟悉的一位位學林人物譜寫師承，撰成了頗具現場感的《漢學師承記》。晚清時期，章太炎在《訄書》修訂本中收入《清儒》一篇，嘗試結合地緣和學風，討論清代學術之發展脈絡，評騭清代學人之治學得失。此外，梁啓超在原本擬爲蔣方震《歐洲文藝復興史》作

序、後來單獨成篇的《清代學術概論》中，以文藝復興爲參照，陳述了梁氏對清代學術發展線索的認識。至於梁啓超、錢穆同題的《近三百年學術史》，則是以兩人各自的課堂講義爲基礎，從不同的角度對清代學術的歷史叙述。

早年讀書的時候，我是從江藩的《漢學師承記》中了解乾嘉學人的學術八卦，從章太炎《訄書》和《檢論》中的《清儒》、梁啓超《清代學術概論》《近三百年學術史》、錢穆《近三百年學術史》中領略前人對清代學術的總體評價。初入山中，通過閱讀這些經過前人概括、仿佛有些"抽象"的清代學術史，往往能記住一些學者的大名，記住一些著作的書名，並在未曾有深入研讀時，忘記不少名字。這樣，在不知不覺中，就形成一些"前見"——仿佛三百年來的學術，只有一個個光輝的人名，一部部大名鼎鼎的著作。用一個不算恰當的比方，我們所熟悉的學術史，似乎是"録鬼簿"和"書帳録"式的人名和書名的集合。

但"録鬼簿"和"書帳録"式的著作，又是頗有局限的。以筆者熟悉的清代小學爲例，梁啓超在《近三百年學術史》之《清代學者整理舊學之總成績》中，曾如是討論研治《説文》的門徑：

> 學者如欲治《説文》，我奉勸先讀王氏《句讀》，因爲簡明而不偏詖；次讀王氏《釋例》，可以觀其會通（未讀過《説文》原書，驟讀《釋例》不能瞭解）。段注呢？他是這門學問的"老祖宗"，我們不能不敬重他，但不可爲他意見所束縛。或與《句讀》並讀，亦可桂氏《義證》擺在旁邊當"顧問"，有疑義或特别想求詳的字便翻開一查，因爲他材料最豐富，其餘别家的書，不讀也罷了（用我的方法，三個月足可以讀通《説文》）。

初次讀到梁氏此言，筆者還未開始從事傳統語言文字學的研究，但當時内心的振奮，大抵還是印象深刻——倘若誠如梁氏所言，三個月便可以讀通《説文》矣！然而，若干個三年過去了，再回首看梁氏之説，便能體會到多少有些不切實際——梁啓超確實舉出了幾部清代知名的《説文》學著作，但梁氏並非專治小學，故而他對清代《説文》學的發展線索、《説文》各書特點的描述，多少有欠準確。梁氏所討論的這幾部書中，段玉裁《説文解字注》體大思精，於《説文》體例、篆形、説解、釋義乃至音讀，皆有發明。選讀該書，誠可作爲《説文》研究的入門書籍；桂馥《説文解字義證》博洽多聞，多以文獻用例證成許説，更有不少獨到的考證；至於王筠《句讀》，王氏在《説文句讀序》中明言，他編撰《句讀》，乃是"取茂堂及嚴鐵橋、桂未谷三君子所輯，加之手集者，或增或删或改，以便初學誦習"。也就是説，王筠輯録了段玉裁、桂馥、嚴可均諸人之説後，加以删定，附以己説。其書稱"簡明"可矣，謂之"不偏詖"則未必。總的來説，梁啓超此言，確實報了菜名，但他所提出的《説文》讀書法，多少有一點"不得要領"。

相較而言，曾就學於詁經精舍、遍覽《清經解》的章太炎，對清代小學諸家的治學特色、學術發展則有着深切的體會。《清儒》一文中，章氏如是討論戴震及其後學的小學研究：

> 震生休寧，受學婺源江永，治小學、禮經、算術、輿地，皆深通。……弟子最知名者，金壇段玉裁、高郵王念孫。玉裁爲《六書音韻表》以解《説文》，《説文》明。念孫疏《廣雅》，以經傳諸子轉相證明，諸古書文義詰詘者皆理解；授子引之，爲《經傳釋詞》，明三古辭气，漢儒所不能理繹。其小學訓詁，自魏以來，未嘗有也。（王引之嘗被詔修《字典》，今《字典》繆妄如故，豈虚署其名邪？抑朽蠹之質不足刻彫也？）近世德清俞樾、瑞安孫詒

> 讓，皆承念孫之學。……世多以段、王、俞、孫爲經儒，卒最精者乃在小學，往往得名家支流，非漢世《凡將》《急就》之儕也。凡戴學數家，分析條理，皆参密嚴瑮，上溯古義，而斷以己之律令，與蘇州諸學殊矣。

與梁啓超簡略的論述相比，章太炎是將戴震及其後學納入整體來考察，並關注學術發展的内部線索——段玉裁長於音韻，故能以音韻通《説文》；王念孫治《廣雅》，而能以《廣雅》之生僻訓解，輾轉證明經傳諸子之文，而此後的王引之、俞樾、孫詒讓，各承王念孫之餘緒。總的來説，章太炎對各家治學特色的評述，可謂深中肯綮。不過，略嫌遺憾的是，限於篇幅，《清儒》對清代學者的討論，往往並不詳加展開。因此，一些學術史上的小家，難免有遺珠之憾；縱是一些學術史上的大家，討論也僅僅止於點到爲止。

章太炎和梁啓超討論清代小學，自有深淺的不同，這當然與兩位學者治學所長不同有關。以章、梁二位大家，尚且如此，其餘的一些"録鬼簿""書帳録"式的清代學術史叙述，在涉及到學術發展線索、學術成就高低時，就顯得更加簡單粗暴。我們不禁要問：厚重的學術史研究應該怎樣展開？

二、著作、生平與專題：一張立體而生動的學術網絡

在清代學術史研究領域中，陳鴻森先生一直以搜羅宏富、考訂細密著稱。儘管《清代學術史叢考》僅僅收録了陳先生學術文章的一小部分，但總體而言，在清代學術史這座大山中，陳先生數十年來一以貫之，主要做了三個方面的工作：整理遺文，編訂年譜，以及圍繞學術史專題和個案作深入剖析。通過排比書札、文章，陳先生可謂做到了"采銅於山"，梳理了一

個個具體而生動的學術事件，編織起一張張學者交遊的學術網絡，從而呈現出豐富而立體的學術史面貌。

1. **整理遺文**

陳鴻森先生輯録整理的清代學人遺文，包括並不限於以下這串名單：翁方綱、錢大昕、江聲、孫星衍、洪亮吉、王鳴盛、阮元、朱文藻、陳鱣、錢坫、武億、臧庸、周春、丁杰、黄易、洪頤煊、洪筠軒、馬瑞辰……在衆星璀璨的清代學術史裏，這裏所舉的人名，既有翁方綱、錢大昕、阮元等清代學術史上首屈一指、有着重要影響力的學術大家，又有朱文藻、陳鱣、丁杰、錢坫、洪頤煊、周春等矻矻終日而又一生困厄、聲名不顯的學者。

無論是大家還是小家，這些清代學人的詩文著作，有的雖然出版，卻遺漏了一些篇目和散佚於他人著作的序跋；有的未能出版，尚爲稿本抄本。遺文的搜集和辨僞，實是清代學術史研究中很基礎也很重要的工作。從各種散見的資料中鉤稽相關資料並不容易。這些文章，有的是手校題跋，有的又是過録題跋；有的是收入單行著作的序跋，有的又是爲他人著作撰寫的序跋；還有一些友朋之間互相討論學問、問候生活的書札。這些材料又散落在世界各地不同的公私藏家手中。在我尚有限的學術經歷中，跑過很多圖書館，吃過不少閉門羹，見過很多冷眼，自是能體會搜集這些資料的不易。就算收集到了，學者們的字迹也是各不相同，要熟悉字迹才能準確釋讀。大興翁方綱稿本多用草書，在晚年與朋友的信中他曾感慨，幫他謄録的抄胥也常常認錯他的字；吴縣江聲給人寫信時則好用篆書，連其著作亦以手書篆書上版，故而詰屈難識；陽湖孫星衍又寫一手不錯的章草，不過今人往往不識。此外，還有一些因爲種種緣故誤收、誤入的文字，又需要辨僞。陳鴻森先生的搜集、釋讀、辨僞往往極其精到，《清代學術史叢考》中收録的《〈記洞過水〉非段玉裁所作辨》《錢大昕、陳鱣詩稿二種辨僞》等文，便是陳先生這一工作的集中體現。

這些輯録的文章，能夠提供學術交流、書籍出版的很多重要線索。比如早年以文學著稱、以一甲第二名進士及第，後來從事學術研究、學術出版的孫星衍，曾先後刊行了《問字堂集》《岱南閣集》《五松園文稿》《嘉穀堂集》《平津館文稿》，而《平津館文稿》刊於嘉慶十一年，至十三年有增補。但孫星衍在山東以及致仕返回南京後的文稿，均因爲孫氏的猝然離世而未曾結集。從刊刻的文集等材料中，很難充分了解孫星衍晚年的學術研究和學術出版活動的情況。陳鴻森先生曾網羅孫星衍遺文，並對不少書札的撰作年代、撰作背景做了考訂。筆者在關注孫星衍刊行平津館本《説文解字》情況時，就曾有幸在陳先生整理的孫氏信札中找到幾條重要的線索。

同時，有些遺文考訂是前賢時彦已經做過的，而在此基礎上進一步搜羅遺佚，則更爲不易。例如，以金石書法見長、曾爲學林領袖的翁方綱，有《復初齋集》刻本，其手稿尚存臺圖。沈津先生曾做過翁方綱詩文編年和書札題跋輯録的工作，並出版有《翁方綱題跋手札集録》一鉅册。陳鴻森先生則在此之外，另外搜集了散見的翁方綱序跋、批校等資料，爲今人進一步認識和理解翁方綱的金石交遊、學術研究提供了重要的資料。

2. 編訂年譜

陳鴻森先生編訂的清代學人年譜，包括並不限於以下這串名單：余蕭客、翁方綱、王鳴盛、朱文藻、錢坫、臧庸、丁杰、洪頤煊、段玉裁、陳鱣、武億、馬宗璉等人。這其中，有一些已有前人所作年譜，陳先生做了細緻的訂補工作；有一些則名不見經傳，陳先生則篳路藍縷，細加梳理。

編訂年譜，相當於把譜主的生平按照時間拉出縱軸，又把他們的活動、交遊按照空間拉出横軸。年譜的編訂，生動展現了這些清代學人的人生境遇、治學情況乃至人物性格。閲讀陳先生編訂的年譜，我會感慨不同的人，在不同的階段，輾轉場屋、投靠幕主、借鈔借校、勤奮治學，更理解每一位學者、每一部著作背後的艱辛與不易。年譜中揭示的一些細節，尤其讓人感喟。比如，在《丁杰行實輯考》中，陳先生曾援引《文獻徵存録》，揭示了丁杰喜用籤條：

> 杰所藏書，皆審定其句，博稽他本同異，以紙反覆細書，下籤其中。御史孫志祖嘗戲之云：“君書頗不易讀。遇風，紙輒四散，不可復詮次。奈何！”

後來，我在查書時，曾遇到過一部丁氏舊藏的《説文解字繫傳》抄本，其中有不少丁杰籤條。時過境遷，那些當時的籤條，有的漿糊脱落，有的夾錯位置。對着《文獻徵存録》所述的“紙輒四散，不可復詮次”，實在心有戚戚。在清代學者中，有的喜歡直接批校，比如盧文弨，多書於天頭，文字工整，並於各卷後附識年月；江聲文字古拙，饒有趣味，批註或書於版心，或書於天頭，朱墨爛然。

更爲重要的是，編訂年譜這項基礎的工作，也會推進對相關學術事件的考察。我自己做過的兩個個案，就曾受益於陳先生的年譜。其一，是關於乾隆年間汪啓淑刻本《説文解字繫傳》的刊刻情況。根據翁方綱《蘇齋筆記》和他自藏的《説文解字繫傳》，翁方綱是汪啓淑刻本《繫傳》的主要策劃人。他曾經借過王杰的《繫傳》抄本，用以校勘自己的《繫傳》。只是王杰藏本今已下落不知。朱文藻曾在王杰幕下，亦曾撰有《説文繫傳考異》，於是我就查閲了陳鴻森先生編訂的《朱文藻年譜》。年譜指出，傳統認爲是朱文藻藏書書目的《葆醇堂藏書録》，其實是朱文藻爲王杰編寫的藏書書目。沿着這條線索可知，《葆醇堂藏書録》著録的《繫傳》抄本，就是翁方綱曾經借過的王杰藏抄本。而其來源，仍然是朱文藻自朱奂抄本録出的録副本，是《繫傳》缺本系統的抄本。這樣，儘管王杰抄本不存，但在陳先生年譜的幫助下，就可以明確王杰抄本的來龍去脈，從而還原翁方綱、朱文藻等人參與汪啓淑刻本《説文解字繫傳》刊刻工作的情況。其二，是關於嘉慶年間孫星衍刻本《説文解字》的刊刻情況。在考察孫星衍批校本《説文解字》時，我曾遇到過真假美猴王——在《中國古籍善本書目》中，著録有兩部孫星衍、顧廣圻批校的汲古閣本《説文解字》，其中一本在國家圖書館，一本在南京圖書館。南圖的著録中，還多了洪頤煊校。我先調閲了國圖藏本，該本爲涵芬樓舊藏，上面有孫星衍、顧廣圻密密麻麻的批校，其中顧廣圻的批校，最晚的署嘉慶十九年。後來，又去調閲南圖藏本，該本爲孫毓修舊藏，其中的校語，不少與國圖相合，只是校語比國圖略少。不過，南圖中還有一些顧廣圻、洪頤煊的籤條，其中有一張洪頤煊籤條，用的是“平津館”的稿紙。面對這兩個校語有相合的本子，我感到非常困惑：這兩個本子的關係如何？我曾經設想過，南圖的藏本上有洪頤煊的籤條，是否可能是洪頤煊的録副本？但如果是洪頤煊的録副本，那爲什麽會有顧廣圻的校語？要解決這個問題，就要從孫星衍和洪頤煊、顧廣圻的交遊中找線索。在這三人中，孫星衍、顧廣圻均有年譜，但還是較爲簡略。洪頤煊的年譜，陳鴻森先生編的。通過排比行年後可以確定，洪頤煊曾經在孫星衍山東平津館幕下，但嘉慶十六年，孫星衍辭官後回南京，洪頤煊於是年則北上，先去北京，再回台州。此後，孫、洪二人曾在十七年短暫晤面，後來洪頤煊北上入都，南下廣州。洪氏不可能見過顧廣圻十九年的批校。明確了年代關係，也就否定了洪頤煊過録的可能。最後，我根據筆迹對照確定，南圖藏本上的孫星衍、顧廣圻的校語，實際上是曾在商務印書館工作過的孫毓修過録的——也就是説，國圖本上，孫星衍、顧廣圻的批校都是手校，是南圖本上的過録來源。南圖本上的顧廣圻、洪頤煊籤條，原本應該都是在國圖本上。孫毓修在商務工作時，應當借過此書，後來孫毓修去世後，可能有部分籤條，夾入到孫毓修的藏書中，並入藏南圖。這樣，以年譜爲線索，明確了兩本之間的關係，再補上南圖所藏的洪頤煊等人的籤條，我才進一步梳理清孫星衍刊刻《説文》的前後情況。我自己作過相關學人的研究工作，深切感受到古書流傳複雜，相關材料零散，而像陳先生所做的年譜工作，翔實考訂譜主的生平、行年、交遊，會爲其他學者的清代學術史研究提供非常寶貴也非常重要的線索。

3. 聚焦學術史公案

陳鴻森先生圍繞許多學術史公案，做過重要的討論，諸如江藩撰寫《漢學師承記》、段玉裁《説文解字注》的成書、阮元《經籍籑詁》的編纂、乾嘉時期的金石研究、錢大昕《養新餘録》的成書、王念孫王引之父子的著作權等大問題，都給人留下了深刻的印象。

比如《經籍籑詁》的編纂工作。作爲阮元主持、調集詁經精舍諸人編纂的一部大型工具書，《經籍籑詁》是清代中後期研究者的案頭必備書。陳先生詳細梳理了《經籍籑詁》前後兩編的參與人員、統稿人員、刊刻時間，這對了解該書的成書情況、編纂始末有着非常重要的意義。又如江藩撰寫《漢學師承記》。在前人研究中，也有對《漢學師承記》成書原因的討論，但給出的討論不能完全令人滿意。此外，江藩將顧炎武殿於書末，亦有學者把這一編排和阮元《儒林傳》聯繫在一起。陳先生則從嘉慶十四年洪亮吉、淩廷堪、袁廷檮等江藩友人的去世，指出：“生命的孤獨感和無常感，以及無嗣之痛，使他期盼藉《師承記》成一家之言，以著述傳後，成爲他强烈的存在欲求。”並確定《漢學師承記》於嘉慶十五年創稿，至十六年完成，這是非常合理的一個解釋。陳先生還指出，顧炎武的文集在乾嘉時期仍然屬於禁書，《漢學師承記》把顧炎武放在最後，有獨特的苦心。這些細節的勾勒，都爲深入理解《漢學師承記》的作者立場、史料來源提供了可靠的線索。

在我翻閱前人和時賢的專題研究論著時，有時候會感受到，受制於研究者的視野，或者因爲對相關歷史的陌生，偶然會有論述膚泛、基本叙述似是而非（甚至夾雜着常識性錯誤的情況）。相較而言，陳鴻森先生多年以來一直耕耘在清代學術史領域，所以在討論相關命題時，把握住了整體的學術場域，又深入同時代的學者之中，敏鋭地捕捉到許多很重要的問題，讓人欽佩。

三、入山問樵：我們期待怎樣的學術史研究？

回到最初的話題，我們期待怎樣的學術史研究？學術生態和學術發展，實際上是具體的、生動的，既有學術整體的潮流湧動，也有每一個人的探索發展，以及每一位學人具體的學術性情、學術興趣乃至學術成就。好的學術史研究，既需要獨到的學術眼光，又需要扎實的考辨功底，應當是既有骨感，又有質感的——如果没有對一朝學術演變的整體關照，那麼學術史的研究會缺乏骨感，沉溺在瑣碎的細節之中；同樣的，如果没有基礎而又扎實的文獻考辨，没有對一些具體歷史場景的細緻考察，那麼學術史的研究會缺乏質感，變成粗疏的、單線條的輪廓描述。在筆者看來，陳鴻森先生《清代學術史叢考》給人的啓示大抵包含以下幾個方面：

其一，挖掘真正的學術交遊，梳理學術發展的動向。在學術史中，士人間的學術交遊網絡是非常重要的，只有梳理清其中的學術互動，才能捕捉到學者間的學術推進。同樣是寫學術交遊，有些研究者不小心或者不經意間就會寫成追記觥籌交錯的一筆爛賬。誰和誰都是朋友，但朋友圈背後究竟哪些是有學術交流、學術思想的互動？哪些又僅僅是萍水相逢、逢場作戲的互動？這其中的問題，是值得思考的。陳先生在討論朱文藻、馬宗璉等人的生平時，就曾逐一考察諸人輾轉各地、投靠幕主的生活，也深刻揭示了友朋之間的互相討論與《山左金石志》《金石萃編》《史籍考》等書編纂的密切關係。

其二，既聚焦於學術史上的“大家”，也關注學術史上的“小家”。一代又一代的學術史，整體的學術發展固然得益於一批優秀的學術大家的引領和開掘，但也有一些學者，或因爲著作未曾刊行，或因手稿散佚，在學術史研究中未能得到應有的重視。有清一朝，戴震、錢大昕、段玉裁、王念孫、阮元等人，大體上定義了整體的學術格局、學術氣象乃至學術高峰，構成了清代學術網絡中的“綱”；但與此同時，像朱文藻、錢坫、陳鱣、武億、黄易等學人，奔走在京師與幕館之中，參與編修書籍，實是清代學術網絡中的“目”。在討論學術史發展的時候，陳鴻森先生既關注了翁方綱、段玉裁、王念孫、阮元等重要學人，也尤其關注底層士人間的書札通信、藏書交流、拓片傳閲，這爲豐富和理解整個學術史提供了許多重要的信息。

當然，學術史的討論，特別是圍繞具體學術事件的梳理，時隔久遠，依然有許多難以措手的問題。在《段玉裁〈説文注〉成書的另一側面——段氏學術的光與影》一文中，陳先生曾討論到段玉裁和錢大昕、鈕樹玉、王念孫等人觀點一致的部分，並指出段氏有剿説之嫌。只是筆者覆核相關材料时注意到，判斷“剿説”抑或“閉門造車，出門合轍”，實際並不是那麼涇渭分明。比如陳先生舉出段玉裁與錢大昕之説一致的“弔”例，筆者查檢段玉裁《説文解字讀》，知段氏早年之説與後來《説文解字注》大體一致，其内容也溢出錢大昕《説文答問》不少，則段氏和錢氏當是各有發明。再如，鈕樹玉多次在《段氏説文注訂》中説段氏“蓋本余説”，不過鈕氏撰成此書時，段氏已經作古，“侊”條等説，其實段玉裁《説文解字讀》

早有此説。至於段玉裁與王念孫之説相合，王念孫確實對段氏《説文》初稿做過糾正，但段氏所引的王氏之説，實際上有不少條是見於當時已經刻成的《廣雅疏證》，段氏抄襲王氏，恐難論定。其實，在學術不斷發展的年代，彼此之間觀點的相合，似乎並不鮮見。在爬梳相關問題時，如何看待這些陳年舊案，在兩造具備的時候兼聽五辭，似乎也是對每個研究者的考驗。

無論是完全同意陳先生的學術觀點，還是部分同意，抑或不同意，我想，每一個同樣從事清代學術史研究、或者同樣關注清代學術史研究的學者都不會否認，陳鴻森先生的每一篇文章，都是"乾貨滿滿"、充滿啓發。這是因爲，陳鴻森先生真是在清代學術這座大山中的"樵夫"，他對清代學術史，也對諸多活躍在清代學術現場的學者、著作、生平，實在是太熟悉了，他是真正能做到"采銅於山"的學者。如果在研究清代相關學術問題時，遇到的某位學者，陳先生輯過遺文、編過年譜，那會十分幸運，因爲很多基本的史料，陳先生都已經摸過，也早已在不經意間爲我們勾勒出山的大貌。

最後，我也談一談《清代學術史叢考》帶來的期待。我期待着有更多的研究，能深入到第一手的材料中，把握整體的框架，同時深入細節，敏鋭地捕捉學術思潮，生動地把握學術生態，並準確理解和評價每一位學人的學術性情、學術興趣乃至學術成就。

學人訪談

方向東：經學文獻研究漫談

郭超穎 採訪*

一、早年賈子之學，與後來接續的禮學和經學，二者研究的有何異同？

當年研究賈子，是徐復先生給的題目。記得我們入學不久，徐先生就列出了幾部文獻，有揚雄《方言》、賈誼《新書》、蔡邕《蔡中郎集》、劉師培《左盦集》以及《後漢書》《史記》等等。我們同届四人，徐山選了《方言》，出版了《方言注譯》，周先林選了《蔡中郎集》，浦衛忠選了《左盦集》。我選了賈誼《新書》，是出於考慮到賈誼是漢初的大儒，我非常喜歡他的《過秦論》，欣賞他的才氣；也是遵從徐先生的教誨，讀書要讀名家，研究要研經典；也受韓愈的影響，文以載道，非先秦兩漢之書不敢觀，非聖人之志不敢存。記得有位清儒説過，讀古書當從先秦兩漢開始，猶如順流而下。我們會發現，後人的文獻多繼承前人而來，只有精通了早期文獻，研究後來的文獻就少有阻礙。我做的是賈誼《新書》集解，後擴充爲《賈誼集匯校集解》，後來又做了《大戴禮記集解》。做集解的好處是迫使你廣泛收集材料，深入解決問題。記得當年山東大學王洲明和徐超二位先生也在做《賈誼集校注》，他們帶着

* 方向東，南京師範大學文學院教授；郭超穎，山東大學儒學高等研究院副研究員。

問題請教徐先生，我當時把他們的問題複印了一份，作爲《集解》解決問題時參考。賈誼《新書》的内容非常豐富，涉及政治、經濟、哲學、教育、禮儀、處理與匈奴的關係等方面，可以説是漢初社會的小百科全書，這使我得關注先秦至漢代的文獻，用徐先生的話説，一部書就是一個社會。漢代的社會在中國歷史中非常重要，既是大一統的開始，又是漢文化建立的開始，也是文獻整理的開始，所以賈誼《新書》對瞭解中國社會與文化，瞭解古代文獻，都非常有作用。研究賈誼《新書》，與後來做《大戴禮記集解》，方法思路完全相同，不同的只是内容罷了。後來的《五禮通考》和《十三經注疏》的點校，在材料收集和解決問題方面基本相同。不同的是後者涉及的文獻面更廣，問題更多，更重在版本的流變和探討錯誤形成的原因，若以製作陶器爲喻，前者重在工序的調配和製模，後者則重在精細打磨和加工。因爲一部書没有多少前期的研究，整理起來是相對容易的，而《十三經注疏》歷時很長，研究者多，在前人的基礎上發現問題和解決問題相對更難。

二、怎樣走上了經學文獻研究的學術道路？

談到走上經學文獻研究的道路，可以説既是偶然，也是必然，偶然當中有必然。我到目前爲止，只重點研究了四部書，一是賈誼《新書》，二是《大戴禮記》，三是《五禮通考》，四是《十三經注疏》，這四部書學界反映還不錯。出的其他書或是這些書的副産品，或是應制之作。賈誼《新書》雖屬子部書，卻屬儒家類，内容與經、禮也相關。《大戴禮記》是爲了安慰錢玄先生接着做禮學而做的。當年第二屆的師兄跟着錢先生做《三禮辭典》，我無緣涉及，我想在先生眼裏，我們缺少做禮學的功底。後來《三禮辭典》做成後，師兄改弦易轍，放棄了禮學，先生大爲光火，背叛師門，這還了得，以致他去世前都不能原諒。殊不知在當時，堅持禮學研究是很困難的事，一是禮學研究非常繁難，二是高校物質待遇非常之差。我當時也不想留在高校而想去出版社，但凡待遇好一點的地方都想去，是大師兄吴金華遵從先生的意見把我留了下來。錢先生因後繼無人感到非常孤獨，常説屁股後面光光的。南大魯國堯先生兩次致信給當時文學院院長，希望錢先生的禮學有人繼承。院裏找到我，問我願不願意，我缺少底氣，勉爲其難答應了，主要是爲了安慰錢老。先生給了題目，按先生的思路，於是做了《大戴禮記集解》，初稿完成近百分之八十，先生離世。在先生去世前三天我去看他，把初稿給他看，他表示看不動了，我臨走時，他還是叫我把稿子留下來看看。先生對禮學的摯愛，對我的關愛，形成了我繼承師門、繼承禮學的強大責任。《大戴禮記集解》在中華書局出版，獲江蘇社科二等獎，算是我對師恩的回報，也是師門學術傳承的結果。當時，南師大古文獻專業有徐復、錢玄等老先生的歷史積澱，有趙生群老師的《春秋》三傳研究，王鍔老師的禮學研究，他們出版的著作很多，以致得到臺灣中研院林慶彰先生“大陸經學在南師”的贊許。

從事經學文獻研究，還有點秘密，不妨透露一下，這或許也是我的“命”。初入南師時，對命運的困惑使我對《周易》感興趣，研究命理學，堅持了多年，後來發現我竟然是“琴抱朱經”的命，雖然我不懂音樂無法抱琴，但朱經似乎有點關係。《易・繫辭上》説“樂天知命故不憂”，莊子也説“知其無可奈何而安之若命，德之至也”。既然如此，不管如何艱難，我就在這條路上走下去，無怨無悔。

三、怎樣有了從事大部頭經學禮學文獻整理的設想？

上面談到研究《大戴禮記》。孤身一人從事禮學感到身單力薄，於是邀請王鍔老師加盟，王鍔老師當時已出版《三禮論著目録》，對禮學文獻很熟悉，我們商量做個大一點的禮學文獻整理，於是點校了《五禮通考》，當時申報的是高校古委會專案，資助經費是兩萬元。《五禮通考》整理出版前後長達十六年，相當於兩個八年抗戰。令我欣喜的是，可以告慰錢老，甚至想拿一部書去他墓地前燒一燒。在點校《五禮通考》的過程中，發現《五禮通考》引用《十三經注疏》的材料多與中華影印的《十三經注疏》不一致，產生了把中華影印的《十三經注疏》徹底校一遍的想法。在校勘阮刻《十三經注疏》的過程中，發現問題很多，於是申報了國家社科基金專案“中華本《十三經注疏》匯校勘正”，幸獲批准，把阮刻系列的版本通校了一遍，把各本不同之處記録在案。阮刻《十三經注疏》問世二百多年來，幾乎没有一個完美的本子供學界閱讀和使用，出版的一些標點本没有解決多少問題，於是產生了重新點校的想法，獲中華書局徐俊總編的支持鼓勵，並獲得國家出版基金的贊助，使得此書順利出版。出版過程中，與中華在選用底本和編校體例方面反復磋商，既然要出版，僅限於阮刻版本系列是不夠的，於是不得不擴大範圍，盡可能搜集能用來解決問題的文獻資料，也盡可能探索版本的流變，考察錯誤形成的原因，通過校勘記讓讀者得到更多的資訊。

至於大部頭經學禮學文獻的整理，主要出於兩個方面的考慮。一是從文獻本身看，大部頭文獻資料更豐富，對學界更有用。《五禮通考》和《十三經注疏》，內容豐富，是中華禮儀文明的寶庫，相對於史部、子部、集部書，對社會對人生起的作用更大，治國安邦、修身齊家的道理俱在其中。二是大部頭文獻整理品質常常不如人意，存在的問題多，花功夫去做會有價值。我不主張碩士博士去做一個名不見經傳的課題，去研究一個三流四流的作家作品，當然爲學位另説。學法乎上，也指你做的事情要考慮意義與價值。

四、經學文獻整理的難度體現在什麼地方？

經學文獻整理的難度可以從幾個方面説。一，古人撰述，囊括百家，古人見到的文獻材料，由於流傳過程中遺失，有些問題没有文獻佐證不能解決。北齊顔之推説，讀天下書未遍，不得妄下雌黄；徐復先生也常告誡我們不要輕易説話，不要輕易發文章，文章發了猶如潑出去的水，錯了無法改回，覆水難收。孔子當年就感歎文獻不足徵，何況幾千年後的今天？比如《五禮通考》中引用的文獻，有些就找不到，找不到就無法判定是非。《十三經注疏》由單疏到合刻，很多單疏本也未能見到，傳抄産生的錯誤有些就無法判斷。二，古人撰述引用的文獻，多不標明版本與出處。同一部文獻，有不同的版本，版本之間的差異必須通過對勘來解決，而版本的缺失會成爲校勘的漏洞，存在漏洞就不算完美。三，經學文獻的複雜還由於文獻經典化過程産生理解的歧義，衆説紛紜，莫衷一是，形成文獻理解的障礙，也給標點帶來難題。比如《尚書注疏》，幾乎各家標點都不一致，無可適從，只得依據注疏，方可成立。四，經學文獻歷時很長，不僅版本傳抄致誤，亦因社會文化思想變遷，對經書的理解闡發産生文字改動，比如《大學》中“大學之道，在親民”，“親民”，宋儒程頤主張作“新民”。從漢代到宋代，古今文經學、王安石的新經學、程朱理學，都給經學研究增加了難度。

五、如何理解與認識清代阮元的十三經整理？

毋庸置疑，阮元是《十三經注疏》的大功臣。因爲《十三經注疏》前期的版本在清代已不多見，阮元組織一批著名學者尋找版本，搜羅資料，撰寫校勘記，重新刻印《十三經注疏》，對《十三經注疏》的傳播和普及起到了不可估量的作用。在阮元時代，宋本已經很少，今日能見到的僅《尚書》《毛詩》《禮記》《左傳》幾部注疏，且宋本並非經、注、疏、釋文俱全的本子。阮元組織學者搜集了元代的本子，利用所能見到的文獻材料校勘，撰寫校勘記。我常感慨孔子一生儒家理想不能實現，現實的亂局不能治理，倒是整理六經，使其得以保存流傳，是天未喪斯文的大事。這一點上，阮元的功績可以類比。阮元的校勘記，不僅訂正了《十三經注疏》的許多錯誤，也爲我們提供了很多文獻資訊，爲我們解決問題提供了思路，指明了路徑。僅讀《十三經注疏》，很多問題是難以發現而容易忽略的。與阮刻《十三經注疏》相比，前期留存的本子多有殘缺，比如明代李元陽本有不少缺頁，武英殿本承繼北監本，存在諸多缺漏。阮元採用的底本，也有很多墨釘，不經過阮元等人的整理，是無法閱讀和使用的。我們今天用宋本去校勘，會發現不少宋本不錯而元本、明本增誤的情況，因爲《十三經注疏》體量太大，刻工不是精通經學之人。阮元找到十一部元本，配補《儀禮》《爾雅》，題爲《重刊宋本十三經注疏》，説法也不算錯，畢竟元本《十三經注疏》也是從宋本而來。阮元其實也想用宋本做底本，實在沒辦法，有人以爲阮元誤把元本認作宋本甚至冒充宋本，實在有點誤解阮元了。當然，用元本做底本，實在是阮刻本先天的局限，與宋本比較，增加了很多版刻錯誤，阮元也是不得已而爲之。再説，沒有前人的不足，還要我們後人去做什麼事？

六、阮刻十三經整理研究的心路歷程與學術感想？

阮刻十三經整理研究的過程，可謂苦中有樂，喜中有憂，甜酸苦辣，五味雜陳。喜的是整理《五禮通考》的勞動沒有浪費，可以用於整理十三經，且得到中華書局的出版支持；樂的是常常發現阮刻本錯誤而激勵前行，苦的是上千萬字的書稿要通校多遍，憂的是書出版後遭讀者唾罵。《十三經注疏》的點校整理和出版過程，經歷了幾次變化。做點校初稿時，校勘記的注碼是放在所引文句之後，編輯認爲放在所校字之後，後又改在所引文句之後，僅這一小小的改動，就要花不少時間，屬於無效勞動，難免心煩氣躁。當初點校是以點石齋本做底本，後來改用道光本做底本。相對於南昌府學本而言，點石齋本確實改正的地方最多，但也增加了不少刊刻錯誤。中華建議用道光本做底本，只得由編輯負責各經與底本的對校，我在處理校樣時重點校勘異文。當初按繁體字形成初稿，後來出的是簡體字版，很多地方不能簡化，還得保留繁體，各個編輯處理繁簡字的理解不一，觀點不一，我得進行協調，盡可能統一。上千萬字的書稿，即使改動一個標點，要各經統一都是很費勁的事。去年南京突發新冠疫情期間，我面對中華書局八位編輯源源而來的校樣，加上百部經典叢書的《新書注評》，七十多天裏我看完千萬字的校樣，那種焦急和孤獨難以言表，大有當年王力先生抗戰避難在烏篷船上寫《漢語詞彙史》的心境。十多年的苦苦堅持，是不容易做到的，所以學界很少有人去做這樣的事情，以致我在 2018 年初稿完成時寫下了這樣的日記："3 月 16 日週五，晴。校改《穀梁傳注疏》畢。下午游泳。妻子説應該約人喝酒祝賀。自 2010 年 10 月 9 日始校阮刻本《十三經注疏》南昌府本以來，歷時 7 年 5 個多月，經製作校勘底本，通校南昌府本、脈望仙館本、錦章書局本、世界書局本、中華書局本和點石齋本，參校監本、殿本和毛本等，斟酌標點，寫校勘記 5000 餘條，字數約 1100 萬字，按中華書局出版格式校改完成交付，等待看校樣。其間除去課務、雜務、會議、應酬外，每日從上午 9 時左右至子夜 2 時左右，除去吃飯、游泳和小休扣除 3 個小時，日均校讀 12 小時以上，蓋不少於 3 萬字。古人版本字體之小，文字之模糊，實非花甲老耄之年目力之所及，其辛苦實非親爲者所能知，雖不爲今日學術評價所重，亦難免爲學界所詬病，竊以爲不辱師門，不負阮元矣。"這是《十三經注疏》點校過程和我心態的真實記録。

七、怎樣理解目前學術評價機制與個人學術追求的矛盾？

學術評價機制與個人學術追求確實存在矛盾，但我想，人的精神追求和現實利益可以兼顧，也可以取捨。個人學術追求是自己的事，所以古之學者爲己，古人把學術追求作爲身内之事；今之學者爲人，指的是取得别人的誇讚、獲取名譽地位等身外之事。老子云，聖人後其身而身先，説的就是求之内而不求之外。學術是天下公器，也指學術是爲别人所用、對别人有利而不是爲自己謀利的。作爲一個學者，首先應該有個人的學術追求，否則不能稱爲學者，只能是學術江湖騙子。古人有三立：立德、立功、立言。立德、立功非一般人可以做到，但立言是學者應該追求的。學術評價機制古代就有，科舉考試就是評價機制，你們看歷代科中的人，有幾個能做成名山事業的？司馬遷寧可忍受宫刑而不自裁，作成《史記》，就是爲了立言；孫詒讓八次科舉不中，終能成就《周禮正義》，成爲晚清經學的殿軍；阮元如果不校刻《十三經注疏》，也只是宦海中一名有名録的官員而已。今日的學術評價機制，更多是從管理的角度而不是從學術發展的角度，相對於個人學術追求可以忽略不計。我多少年基本不考慮學校的學術管理機制，評職稱博導都比别人晚，馮唐易老，李廣難封，也是不奇怪的事，好在莊子教導我們要安之若命。個人的生命有限，而傳承極爲重要，所以要薪盡火傳。莊子曾説“其食欲深者其天機淺”，嘲笑的就是那些最求現實利益的人。徐復先生曾説，學者如牛毛，成者如麟角。我在大學時信奉王安石《遊褒禪山記》中一句話：“盡吾志也而不能至者，可以無悔矣。”並非每個人能學有所成，做有所成，盡到自己的努力就好。作爲古文獻的學者，即使不能爲天地立心，不能爲生民立命，不能爲萬世開太平，至少可以爲往聖繼絶學做點事情。

八、研讀經學文獻，有没有次序問題？比如先讀白文，再讀注疏，還是白文、注疏同時讀？

研讀經學文獻，當然有次序問題。比如《十三經注疏》，你一上來就去讀《尚書》，去讀《儀禮》，你可能就讀不下去，會因畏難而退，會因無趣而退。朱熹一生致力於《四書章句集注》，就是這個道理，建議先從《四書》開始。至於白文、注疏的讀法，我主張同時讀，重點在經文，注疏作爲理解經文的思考，因爲前面講到過，經文經過經典化，歷代對經文理解多有不同。宋儒主張每日讀經幾百字，重在理解經文大義。每一部經，要結合産生的年代來讀。據我理解，十三經形成的年代不同，理解經文要結合它的形成年代的文化、思想以及語言注釋，唐代的注疏只代表唐人的觀點，宋代注疏只代表宋人的理解。讀書要正本清源，經書尤其如此，否則你會雲裏霧裏，不知所措。漢代通一經即可爲經師，實則一經可通則群經可通，建議從一經開始，由專書研究逐漸擴大其研究範圍。

九、這次中華整理本用了簡體字，有些學者比較偏好繁體字。從學理上來看，繁體字和簡體字文本的差異是否有那麼大？將來的經學文本閱讀和研究，如何處理這個矛盾？

繁體字和簡體字在中國文字史上是並存的，只不過古人習慣用繁體書寫，也習慣閲讀繁體字書。簡化字給書寫帶來方便。簡體和繁體在學理上並不存在多少差别，在使用上差别卻比較大。用簡化字出版古籍，對一字多形的處理比較麻煩，甚至造成理解的差異。整理古書有存真和存善的問題，有些相悖。從存真的角度應該遵從古人，没有依據不改；從存善的角度則要考慮閲讀對象，有錯必改，所以影印本和整理本都不可偏廢。古人由於條件的限制和刻書者的水準及習慣，不經過校勘是難以閲讀的。比如《五禮通考》，四庫本糾正了不少味經窩本和乾隆本的錯誤，但抄寫增加的錯誤也不少，不核對原材料，錯誤是難以發現的，《十三經注疏》也是如此。今日用簡體爲主流。中華用簡體出版《十三經注疏》，是出於普及大衆的考慮，也是市場銷售的需要。經學文本閲讀和研究如何處理這個矛盾，竊以爲可以通過簡體快速閱讀，而用繁體研究。

十、對從事經學文獻研究的青年學者的一點建議。

至於給青年學者研究經學文獻提些建議，我想有幾個方面説一説。一，相比於其他文獻而言，經學文獻相對要複雜些，涉及的知識面會更廣，所以必須具備很好的文獻學、語言學、歷史學的基礎，還要具備天文、地理、律曆、術數、音樂等專門之學的知識，這些知識可以隨着研究範圍的擴大而逐步涉及。所以我主張青年學者要整理一兩部文獻，一是迫使你去學習，二是鍛煉你用知識去解決問題。學問是功夫累積而成的。二，打好文獻閱讀的基本功。基本功是可以鍛煉的，讀得多了自然就通了，所謂書讀百遍，其義自見。我曾告誡古文獻的學生要把讀古書的速度鍛煉到如同讀小説和報紙的水準，速度快了，我可以多來幾遍，對文獻材料就更加熟悉，就有更多的時間去思考問題，也就能多做點事情。《五禮通考》和《十三經注疏》，我至少來回通讀了八九遍。三，處理好身内和身外的關係。我主張堅持短期出點成果和長期鍛煉提升自己兩方面兼顧，不要一味地求得眼前的一點利益，而是重點放在擴展自己的潛力。有一些學者在評上教授博導以後就混日子，能做事也不做，這是學界的悲哀。志乎古必遺乎今，經學研究可能是吃閒飯，但太空探索也未必不是如此，一顆行星發現或没有發現它都在那裏，發不發現也没關係，但科學是一種追求，是一種人類的精神追求。你鑽進經學領域裏，慢慢地你會發現史書無非是打打殺殺，朝代的更替，皇帝的流水帳而已；你會發現諸子之説多是執於一端，曲學多辨；你會發現集部書無非卿卿我我，打情駡俏或是無病呻吟而已。惟有經部書，有治國安邦、修身齊家治國平天下的道理在，回味無窮。即使不算學術，也可以陶冶性情，獲取人生智慧。我覺得我的生活方式和態度都深受古代經典的影響，所以主張人生援儒入道，援道入佛。

四，要長期堅持。長期堅持很難，在當年物質條件極差，在是否做堅持學術研究歧路徘徊的時候，我的高中班主任陶老師回信説過這樣富有哲理的話："别人都去做的事未必要去做，别人都不做的事未必不去做。"所以我堅持下來了。徐復先生曾經説，一個人要想做點事情，一是不能太笨，二是要長期堅持，三是要健康長壽。他説考上大學的人都不算笨。我想，長期堅持才能出成果，健康長壽才能多做事，很多學者英年早逝是學界的損失。還有一點更重要，就是立志要高遠。作爲學人，要有承擔文化傳承的責任，所以非好書不讀，非好書不出，多做些對文化有益對讀者有益的事。記得讀碩期間張芷先生講《莊子》，説過很經典的話："人無我有，人有我優，人强我轉。"張先生學問廣博，不喜著述，王力先生的《同源辭典》底稿實際上是他的，這幾句話是他總結的。對得起古人，對得起讀者，對得起自己，是我做古籍整理的追求。我在紀念徐復先生的文章中説過，讀書治學要轉化爲一種理念，要提升到一種境界。前段時間，郭萬青、郭超穎、郎文行他們主辦的經學文獻青年學者論壇非常好，人很多，後繼有人，有不少與會或未與會的青年學者已嶄露頭角，有的人研究已很深入，經學文獻研究必不會像周予同先生所説走向消亡，而會日益興旺，令人欣慰。

人之患在好爲人師，大概也指老師喜歡婆婆媽媽、絮絮叨叨，令人生厭，實則是苦口衷腸。本不喜歡自説自話，若能對别人有用，則幸甚焉。

舊文新刊

齊詩翼氏學

迮鶴壽 著，閆林偉[*] 整理

整理説明

一，迮鶴壽長於考據，著《齊詩翼氏學》四卷，冀以發明翼奉一家之微學。迮氏對於《齊詩》授受源流及《齊詩翼氏學》之詩旨發明頗爲精微，對於後人研究《齊詩》乃至齊學，助益頗大。

二，迮氏《齊詩翼氏學》至今仍以繁體豎排、無句讀之刻本不影印本爲主，尚無点校整理之單行本，且原書之疏漏及訛誤處，對於學者閲讀、研究頗爲不便。因此，整理此書十分必要。

三，本書以清嘉慶十七年蓬萊山房本爲底本，校以光緒十四年南菁書院《皇清經解續編》本力求提供一個信實可靠的讀本。

四，對迮氏引文，詳加校勘並注明出處；對其正文、引文之訛誤、缺漏處以及異文等現象，加以注釋説明。

---

* 閆林偉，中國政法大學國際儒學院碩士研究生。

整理緒言

此前，我對《齊詩》並無瞭解。一次，偶然讀到蒙文通先生《經學抉原》，他對《齊詩》“四始五際”理論大加讚賞，並認爲其中所講的“革命”思想是今文學的核心。於是激發了我對《齊詩》的興趣，並決定就這個問題來寫一篇結課論文。在查閱資料的過程中，迮鶴壽的《齊詩翼氏學》進入了我的視野，但由於没有整理本，因此閲讀起來頗有障礙，於是便萌生了整理是書的念頭。一則自己閲讀、研究起來方便，一則能讓更多人認識《齊詩》所講的這套理論。

以兩漢經學爲例，西京之學以《公羊》爲綱，雖有墮於“章句小儒，破碎大道”之嫌，但始終不廢探求“微言大義”、改造現實政治之旨趣。東京之學以《周官》爲綱，致力於考訂虞夏殷周之制，於故訓發明甚多，但有泥於名物度數之弊。清世學術，則頗爲複雜，因其不遵循學術前進之方向，而是“以復古爲解放”，遂使得整個學術演進以一種“復古”的形式展開。由宋明而漢唐，由東漢而西漢，由西漢而晚周，由晚周而上追三代。但我們對清學的整體印象卻在“乾嘉漢學”。梁氏認爲“有清之學，以實事求是爲學鵠，饒有科學的精神”。梁氏之説或有可商量之處，但乾嘉漢學所復實爲東京古學。不過，其面目早與東京之學不同，而將訓詁之學發揮極致，形成以實事求是爲鵠的之“考古學”。道咸以降，常州學派漸興，以《公羊》學爲鵠的，盛談改制之論。康有爲步武其後，著“兩考”將《公羊》改制思想發揮到極致，甚至以其指導政教實踐。廖平言“今學爲經學、爲哲學，古學爲史學”，若以思想氣質來看，廖氏之斷大端不忒。

今古之争一直是經學内部的一個大問題。一般我們會將今古之争的源頭追溯於劉歆。劉歆據中秘考校古書，力倡《周官》《左傳》等古學經典立於學官。自茲以還，今古爭論愈演愈烈。據學者研究，漢代今古之爭凡四次，最後以鄭玄混同今古、變亂家法而結束，今古紛爭之跡亦隨之而熄。東漢以降，一直到晚清，幾乎都是古文學的天下。隨著以常州學派爲代表的晚清公羊學興起，消失了千八百年的今古紛爭再起。而這次面臨的情況可謂“三千年未有之大變局”，古老民族真正遭遇了空前的、全面的“文明危機”。於是，學人中自然而然產生了“制度焦慮”，企圖通過制度變革來應對時局成爲時賢的共識，而西京“公羊學”正可資利用。康有爲敏鋭地認識到這一點，率先突破局面，提倡維新改制，由於種種原因，變法事業百日而斬。

此後，清政府愈發腐朽，很多人對之徹底失望了，發出“保中國不保大清”的呼聲，積極尋求解決“文明危機”的出路。革命的呼聲愈發高漲，改制漸成土苴。其實，如果我們對經學足夠瞭解，就會發現無論是“改制”還是“革命”，都是今文學的主張，但相比起“革命”，“改制”似乎更爲温和一些。

回到西漢，在今古紛爭開啓之前，更多的是齊學和魯學的爭論。所謂魯學，因爲是儒學的發源地，是故儒生完全繼承了孔子的傳統，也更爲純粹一些。而齊學則不同，儒學傳到齊國以後，與百家學雜糅而成，尤其是汲取了陰陽五行的一些成分，因此多“非常異義可怪之論”。

由於魯學謹篤、醇正，故而在文帝時立於學官。“時，申培公治《魯詩》，爲博士。”但在武帝時，申公弟子趙綰、王臧因請立明堂而遭殺戮。齊學則由儒學雜百家言與方術而來，因此具有與時進取的特點。到了景帝時，博士四人中，除了申培公，另外三人均屬齊學。治《齊詩》的轅固生、治《公羊春秋》的胡毋生、董仲舒，治《今文尚書》的張生。此後，董仲舒“首推陰陽，爲儒者宗”，齊學逐漸占了上風。因此從某種程度上講，西漢今文學就是齊學的天下。

提起齊學，不得不提轅固生。根據《漢書·儒林傳》記載："轅固以治《詩》，孝景時爲博士。諸齊以《詩》顯貴，皆固之弟子也。"轅固生是《齊詩》學的開創者，因此他的個人風格對《齊詩》學傳人的影響是非常關鍵的。那麼，轅固生究竟是一個什麽樣的人呢？我們不妨看看《史記·儒林傳》的記載：

> 清河王太傅轅固生者，齊人也。以治詩，孝景時爲博士。與黄生爭論景帝前。黄生曰："湯武非受命，乃弑也。"轅固生曰："不然。夫桀紂虐亂，天下之心皆歸湯武，湯武與天下之心而誅桀紂，桀紂之民不爲之使而歸湯武，湯武不得已而立，非受命爲何？"黄生曰："冠雖敝，必加於首；履雖新，必關於足。何者？上下之分也。今桀紂雖失道，然君上也；湯武雖聖，臣下也。夫主有失行，臣下不能正言匡過以尊天子，反因過而誅之，代立踐南面，非弑而何也？"轅固生曰："必若所云，是高帝代秦即天子之位，非邪？"於是景帝曰："食肉不食馬肝，不爲不知味；言學者無言湯武受命，不爲愚。"遂罷。是後學者莫敢明受命放殺者。
>
> 竇太后好《老子》書，召轅固生問《老子》書。固曰："此是家人言耳。"太后怒曰："安得司空城旦書乎？"乃使固入圈刺豕。景帝知太后怒，而固直言無罪，乃假固利兵，下圈刺豕，正中其心，一刺，豕應手而倒。太后默然，無以復罪，罷之。居頃之，景帝以固爲廉直，拜爲清河王太傅。久之，病免。
>
> 今上初即位，復以賢良徵固。諸諛儒多疾毀固，曰固老，罷歸之。時固已九十餘矣。固之徵也，薛人公孫弘亦徵，側目而視固。固曰："公孫子，務正學以言，無曲學

以阿世!”自是之後，齊言《詩》皆本轅固生也。諸齊人以《詩》顯貴，皆固之弟子也。

由此，我們也可以看出轅固生是一個絶不曲學阿世，始終堅守道義的真儒者。他和黄生就“湯武革命”的正當性問題曾爭論於朝堂，最後景帝出面終結了話題，學者後來不敢再提“湯武革命”。事實上，黄生和轅固生的這次討論，將“革命”的二難困境充分揭示出來。黄生主張君臣關係萬世不變，雖有利於維護現實政權的穩定性，但無法確立漢高祖反秦起義的合法性；轅固生主張君無道可以易位，雖然有利於論證漢代秦的合法性，但不利於維護現實政權的穩定性。漢景帝正是看到了這一危險性，故而言：“食肉毋食馬肝，未爲不知味也；言學者毋言湯武受命，不爲愚。”這造成的結果就是“是後學者莫敢明受命放殺者”。董仲舒正是在這種背景下登場，他没有繼續講“革命”問題，而是講“三代改制”，從而解決了“革命”之後社會秩序建構與穩定的問題。也正是這一點，他與漢武帝達成了共識，開啓了“罷黜百家，獨尊儒術”的全新局面。

董仲舒的歷史功績不可否認，但他無疑具有妥協性，儘管也講“災異”“天譴”，但“屈民以伸君”無疑是對儒家“民本”思想的篡亂。對此，蒙文通先生批評道：

他卻没有堅持這一學説，眭孟説：“先師董仲舒有言：雖有繼體守文之君，不害聖人之革命。”認爲‘繼體守文之君’也可以作爲‘聖人’而‘受命’。换句話説，就是把‘易姓改代’的受命，改變爲‘繼體之君’的受命了。……《繁露》一書滿紙都是“改制”，而有意把“革命”的意義掩没。所謂“改制”，只不過是《齊詩》“五際”的“改政”，雖和“革命”同屬“五際”的範疇，但就其政治意義來看，顯然是以改制論代替革命論，其高下之差是不言而喻的。董仲舒既改“革命”爲“改制”，就不能不改“素王”爲“王魯”，素王是代周而王的是孔子……講改制，講王魯，其必然的結論就是因時王而改制，當然也就不需要禪讓……從這對比中，我們可以很清楚地看出董仲舒是改變了他承受的學説來迎合漢王朝的需要的。我們可以説，董仲舒的今文學，已經是被閹割了的學説。……董仲舒既用改制論以阿附漢武帝，而清末變法之士最後也淪爲擁護清朝的保皇黨，前後如出一轍，很明顯，這正是改制論的必然結果。”

晚清“公羊學”，正是接著董仲舒而發展的，蒙文通先生批評道：

世之争今古文學者何紛紛也，蓋古以史質勝，今以理想高，混之不辨，未解今文之所謂也，而漫曰“王魯”、曰“新周”，説益詭而益晦，莊、劉、宋、魏之儔，迨亦有責焉。……苟不省禮家之新制已大異周人之舊規，獨張皇於“三科”“九旨”，而昧忽於“五際”“三期”，抗董、何之浮文，以概六經之宏義，孤樹《公羊》，欲張赤幟，以召非常可怪之譏，是欲尊之，適以窒之，斯皆不解儒家“革命”之旨，不求歷史蜕變之跡，正厚儒而不以其道者之罪，而豈侮經毁孔者之過哉？……晚清之學，急於變法，侈談《春秋》，張“改制”之説，而《公羊》之學，顯於一時。然“改制”之義，才比於“五際”之“革政”，而“五際”“革命”之説，未有能恢宏之者。

今文學思想，應當以《齊詩》《京易》《公羊春秋》的“革命”“素王”學説爲中心，禮家制度爲其輔翼。

由此，我們可以看出在蒙氏看來，儒學之精義恰恰在於

“革命”理論，斯爲孟荀以來的儒學正統。“《齊詩》言‘五際’、言‘四始’，以‘改制’‘革命’爲依歸，而原本於孟、荀，舍是則‘王魯’‘素王’之説無所謂。”。至於晚清“公羊學”漫言“王魯”“新周”“三科九旨”之説則是不明今文學的核心所在，使得“説益詭而益晦”，甚至招致“非常可怪之譏”。雖有尊孔崇經之名，但實際上造成了“侮經毀孔者之過”。既然在蒙氏看來，儒學之精義在於“革命”，而講“革命”最徹底的當屬《齊詩》之“五際”“四始”。那麽我們就會追問，《齊詩》之“五際”“四始”究竟何謂：

> 《大明》在亥，水始也；《四牡》在寅，木始也；《嘉魚》在巳，火始也；《鴻雁》在申，金始也。午亥之際爲革命，卯酉之際爲改政。辰在天門，出入候聽。卯，《天保》也；酉，《祈父》也；午，《采芑》也；亥，《大明》也。然則亥爲革命，一際也；亥又爲天門，出入候聽，二際也；卯爲陰陽交際，三際也；午爲陽謝陰興，四際也；酉爲陰盛陽微，五際也。

由此我們可以看出，所謂的“五際”、“四始”就是以陰陽、十二地支配以《詩經》中的一些篇章，來重新“解釋西周王朝興盛、發展、衰落，以及政治改革與政治革命時機的政治哲學”①。《齊詩》學者利用這些思想搭建起理論體系，用以闡發“革命”理論，批判社會現實，謀求推動政治改革甚至是政治革命。尤其是其中的“革命”理論，充分顯示了規範君權，不與現實政權妥協的特點。

由於這套理論依附陰陽、五行等術數理論來講“革命”思

---

① 姜廣輝、邱夢豔：《齊詩“四始五際”説的政治哲學揭秘》，《哲學研究》2013年第12期。

想，很容易遭到接受過啓蒙理性的現代人的反感。但我想説的是，陰陽五行只是皮相，無關宏旨，重要的是其背後所藴含的思想實質。對此，蒙文通先生也説道：

> 即以今文學講的陰陽五行而論，也不應只看皮相，而要透過陰陽五行看到它骨子裏究竟是些什麽，有没有什麽意義？猶之中醫，不能只看到它講陰陽五行，便説它不科學而把它否定掉。不正視今文學家的政治、哲學思想，而只抓住陰陽五行等表面現象，是抓不住今文學的實質的。今文學别有個精神，就是“革命”。

蒙文通與顧頡剛皆認爲，方士與儒生在秦漢之交就結合起來了。[①] 但與顧頡剛不同的是，蒙氏以爲儒生附會陰陽五行學説，不是爲了取榮於漢帝，而是出於政治的高壓，不得不借助這一外衣來掩護：

> 一部分人變節，放棄了主張，入於利禄之途；一部分人只能隱藏起來，秘密傳授，所謂“授所賢弟子”。公開講的是表面的一套，秘密講的才是真的一套。這就是後來所謂的“内學”。同時又不能不用陰陽五行爲外衣當烟幕，這便成爲後代緯書的來源。

只有認識到這一點，我們才會對《齊詩》學借助術數來講“革命”思想有一種“同情之理解”。其實，《齊詩》學所講的“革命”理論淵源有自：

---

① 有人據《史記》“坑方士”之語推斷秦始皇没有坑儒，其實，這時的方士已經不純是方士，而是出現與儒生結合的傾向，尤以齊人爲主。

> “革命”之説不著，於是“三世”之説張皇一世，而“五際”之説獨湮没而無聞。《京易》《齊詩》長爲世之詬病。推翼奉之義，通之於干寶，以明孟荀之説至漢晉而猶有傳焉……自轅生以訖，孫盛之徒，其説固未之或斷也。此《齊詩》《京易》足以明《公羊》所未備，而翼奉、干寶識超於董生遠矣。

“革命”學説正是儒家的傳統。如《尚書·多士》有“殷革夏命”的説法，發展至《易傳》則更是賦予“革命”以天意與民意的雙重合法性，即“湯武革命，順乎天而應乎人”。孟子曰：“賊仁者謂之賊，賊義者謂之殘，殘賊之人，謂之一夫，聞誅一夫紂矣，未聞弑君也。”荀子也以爲桀紂爲一夫，不有天下，故湯武不弑君，從而論證了湯武革命的正當性：

> 世俗之爲説者曰：“桀紂有天下，湯武簒而奪之。”是不然。以桀紂爲常有天下之籍則然，親有天下之籍則不然，天下謂在桀紂則不然。古者天子千官，諸侯百官。以是千官也，令行於諸夏之國，謂之王。以是百官也，令行於境内，國雖不安，不至於廢易遂亡，謂之君。聖王之子也，有天下之後也，埶籍之所在也，天下之宗室也。然而不材不中，内則百姓疾之，外則諸侯叛之，近者境内不一，遥者諸侯不聽，令不行於境内，甚者諸侯侵削之，攻伐之，若是，則雖未亡，吾謂之無天下矣。聖王没，有埶籍者罷不足以縣天下，天下無君，諸侯有能德明威積，海内之民莫不願得以爲君師。然而暴國獨侈，安能誅之，必不傷害無罪之民，誅暴國之君，若誅獨夫。若是，則可謂能用天下矣。能用天下之謂王。湯武非取天下也，修其道，行其義，興天下之同利，除天下之同害，而天下歸之也。桀紂非去天下也，反禹湯之德，亂禮義之分，禽獸之

行，積其凶，全其惡，而天下去之也。天下歸之之謂王，天下去之之謂亡。故桀紂無天下，湯武不弑君，由此效之也。

到了漢代，以轅固生爲代表的儒者堅定地維護孟荀以來的這一“革命”傳統，絶不曲學阿世。儘管漢景帝以後，學者不再敢公開講“湯武革命”，但借助緯書來表達“革命”思想的傳統從未間斷。正如京房《易傳》所言：“凡爲王者，惡者去之，弱者奪之，易姓改代，天命不常，人謀鬼謀，百姓與能。”干寶《晉紀·武帝革命論》則曰：

帝王之興，必俟天命，苟有代謝，非人事也。文質異時，興建不同。故古之有天下者，柏皇栗陸以前，爲而不有，應而不求，執大象也。鴻黄世及，以一民也。堯舜内禪，體文德也。漢魏外禪，順大名也。湯武革命，應天人也。高光征伐，定功業也。各因其運而天下隨時，隨時之義大矣哉！

干氏“革命”論，本之京氏《易》學。到了宋代，嚴松與陸九韶就孟子“王道”思想展開討論。嚴松問陸九韶曰：“孟子説諸侯以王道，行王道以崇周室乎？行王道以得天位乎？”陸九韶曰：“得天位。”問曰：“豈教之篡奪乎？”對曰：“民爲貴，社稷次之，君爲輕。”從中我們亦可以看出，儒家“革命”思想淵源有自，但不爲世顯，晦而不明。蒙文通以爲“此《齊詩》《京易》足以明《公羊》所未備，而翼奉、干寶識超於董生遠矣。”

根據《隋書·經籍志》記載，“《齊詩》魏代已亡，《魯詩》亡於西晉。《韓詩》雖存，無傳之者”。世所行者，惟《毛詩》一派。到了宋代，王應麟遍檢諸書，蒐討佚文，輯以成帙。到了清世，輯佚學興盛，陳喬樅輯有《三家詩遺說考》，賴此我們對於三家《詩》可窺一斑。迮鶴壽則著有《齊詩翼氏學》，以發明翼奉一家之學。理解《齊詩》之前，我們還是有必要對《齊詩》學傳承譜系有一個清晰的認識。迮氏雖在是書中對其傳承譜系有所介紹，但主要集中於西漢，對於東漢的傳承情況卻有所忽略，這不得不説是迮氏之失。因此，我們有必要對兩漢《齊詩》學的整個傳承情況作一簡單勾勒，以便從歷時性角度對之有一個整全的把握。

對於《齊詩》學的創始人，我們一般會從轅固生説起。在轅固生的諸多弟子中，夏侯始昌最明，故而成爲《齊詩》學的第二代傳人。夏侯氏兼學《詩》《書》，又善説《洪範五行》。據《漢書》本傳記載，由於夏侯始昌準確地預言了柏梁臺災日，故而受到武帝青睞。始昌以《洪範五行》授其族子夏侯勝，即漢代《尚書》學史上赫赫有名的“大夏侯《尚書》”，該學派的特點便是善説“五行災異”。在夏侯始昌的衆弟子中，后倉最明，是爲《齊詩》學第三代傳人。后倉也是兼傳《詩》《禮》，后氏以《禮》授大小戴及慶氏。后倉《禮》來自孟卿，而孟卿來自蕭奮。孟卿同時又傳東平嬴公《公羊春秋》，與眭孟爲同學。據荀悦《漢紀》記載，“東平嬴公受學於董仲舒”。因此，后倉於夏侯始昌、董仲舒都有著千絲萬縷的聯繫，而這兩人的特點就是善説“陰陽五行”。后氏所傳《齊詩》自然與“陰陽五行”關係密切。其弟子翼奉嘗言“臣聞之於師”而講“陰陽災會”，亦從側面佐證這一點。

根據《漢志》，推測與后倉同時尚有一位荀氏或孫氏，著有《齊孫氏故》二十七卷、《齊孫氏傳》二十八卷。惜乎《漢書》不具載其名，我們不知道其究竟爲何人，但可以推測當是有别於后氏《詩》學的《齊詩》别派。后氏傳白奇、翼奉、匡衡，蕭望之先從白奇學，又從后倉學。而在后氏的弟子中，以翼奉、匡衡、蕭望之最爲名世，是爲《齊詩》學的第四代傳人。迮鶴壽所作《齊詩翼氏學》即是要闡明翼奉所傳《齊詩》學，因其善“陰陽律曆”，且在《漢書》本傳中有較爲完整的表述，故最具代表性。通過翼奉這一窗口，我們對《齊詩》所表達的“四始”“五際”“六情”等理論可以有個大概理解。據《漢書》本傳説，其子孫皆以學在儒官，我們可以推測，“翼氏學”當是以家學的形式傳承。在后倉的弟子中，匡衡説《詩》最明，蕭望之認爲其“經學精習，説有師道，可觀覽”。不啻如此，匡衡的門徒衆多，地位也最爲顯赫。弟子中，名世者有師丹、伏理、滿昌等人，是爲《齊詩》學第五代傳人。除弟子外，其子匡咸亦傳《齊詩》。是以《齊詩》翼、匡、師、伏之學皆以家世傳業著稱，亦多與匡衡有關。

在第五代傳人中，師丹最爲顯赫，即《漢書》所謂“經爲世儒宗，德爲國黄耇，親傅聖躬，位在三公”是也。師丹在元、成二帝兩度爲博士。哀帝時，曾代王莽爲大司空，封高樂侯。因反對哀帝爲其母傅太后、母丁姬上尊號而被免官，但也因此見知於王莽。故平帝時，王莽賜師丹爲關内侯。由於在無意中陷入王氏集團，故而在王氏覆滅後而“師氏絶封”。滿昌則在王莽時擔任祭酒，因觸怒王莽而遭免官。其弟子見於史册者有三：琅邪皮容、九江張邯與扶風馬援。皮容名不見於經傳，張邯得勢於新朝，馬援則爲後漢開國功臣、伏波將軍。

伏理亦受學於匡衡，於是《齊詩》有伏氏之學。後漢《齊詩》雖不乏傳人，但能光大者惟伏氏耳。據《後漢書・伏湛傳》記載，伏氏爲漢世經學世家，先祖伏生乃漢代《尚書》學始祖。伏理曾擔任高密太守，後以《詩》授成帝。伏氏生有三子，長子不顯於世，次子伏湛，少子伏黯。由於伏湛少傳父業，在成帝時封爲博士；王莽時爲繡衣執法，遷後隊屬正；光武時，官拜司直，行大司徒事。

據《後漢書》本傳記載，伏湛有三子，即伏隆、伏咸與伏翕。伏隆以志節名世，伏咸不見於經傳，伏翕胤嗣父爵，傳

《齊詩》。伏翕死，伏光嗣；伏光死，伏承嗣，承篤好經學。伏承之子伏無忌博學多知，與崔寔等人共撰《漢紀》，又作《伏侯注》八卷，唐時猶存。因有伏氏一門，《齊詩》不絶若線。至曹操誅伏皇后，禍及滿門，伏氏族亡，《齊詩》亦亡。[①]

東漢《齊詩》學除伏氏一族外，尚有任末、景鸞等人傳授。其中景鸞通《齊詩》《施氏易》，兼通“河洛圖讖”。其説《詩》，往往雜取圖讖。附及，清末輯佚學家如陳壽祺、陳喬樅等人，將《公羊》《齊詩》同視爲“齊學”，進而認爲《公羊》學者所受之《詩》歸爲《齊詩》，其實並無太多依據，推論並不成立。

由於《齊詩》學亡佚，《齊詩》的“四始五際”理論賴《詩緯》得以保存，以致陳喬樅有言：“夫齊學湮而《詩緯》存，則《齊詩》雖亡，而猶未盡泯也。《詩緯》亡，而《齊詩》遂爲絶學矣。”但《詩緯》起於哀平之際，不過是《齊詩》學的一個分支，其中篡改了《齊詩》學的一些理論。正如迮鶴壽所言：“漢翼少君習《齊詩》，每假天象變異，以警惕人主，無愧通儒。而班孟堅目爲方士之流，未免太過。惟《齊詩》亡逸最早，故‘四始五際’詩篇之部分、值歲之多寡，後世罕有言者。獨賴《詩緯》尚存其梗概，徒改戌際爲辰際，致今反失本旨。”因此，《詩緯》雖保存了《齊詩》學的某些思想，但並不同於《齊詩》，這一點必須辨明。這也是迮鶴壽在是書中所要闡明的問題。

迮氏《齊詩翼氏學》，凡四卷。近人邵次公言：“迮氏志在推究陰陽之數，以定值歲，其術未精，不能復齊家之舊，愚取其文‘《文王》《鹿鳴》不爲始’一語而已。”邵次公自然是精於《齊詩》，對於迮氏所評不可不重視，但訾議過甚。所謂踵事增

---

① 根據今人研究，三國魏，《齊詩》尚存。如魏人隗禧爲魚豢講齊、魯、韓、毛四家《詩》義，“不復執文，有如諷誦”。曹建國、唐藝萌：《改制與革命——漢代〈齊詩〉學興廢考論》，《上海大學學報》2018 年 5 月第 3 期。

華，後來者居上，我們不必對先輩苛責太甚。質言之，迮氏發明《齊詩》“四始五際”之説功不可没。儘管其中充斥著一些“術數”理論，但我們不要對之懷有“偏見”，而是以一種平和的心態努力進入古人的思想世界，以古人的眼光來理解古人。撥開這層陰陽五行的外衣後，我們也許會發現這並不能簡單地用“迷信”“非科學”來予以結論。

己亥秋八月麟州閆林偉記

迮先生小傳

迮先生，名鶴壽，字蘭宫，號青厓，江蘇吴江人。道光六年（1826），中丙戌科進士，改池州府學教授。先生爲人敦厚篤實、志潔操嚴，平生不以仕宦、利禄爲念，所究心者惟學術耳！嘗贈田産，以賙族人，並以德業相勸、患難相恤教之，和睦之功，可稱鄉賢。

先生天資穎慧，少時博覽群籍，兼明天算，尤嗜經學，工於考據。嘗謂：“漢翼少君習《齊詩》，每假天象變異，以警惕人主，無愧通儒。而班孟堅目爲方士之流，未免太過。惟《齊詩》亡逸最早，故‘四始五際’詩篇之部分、值歲之多寡，後世罕有言者。獨賴《詩緯》尚存其梗概，徒改戊際爲辰際，致今反失本旨。”於是著《齊詩翼氏學》四卷，以發明今學微言、《齊詩》“革命”之旨，並糾正《詩緯》之誤。

又撰《帝王世紀地名衍》，據以推測三代土田户口之數，凡三萬言；後更考證三代九州經界開方計里，使封建井田之制大端可審矣；復成《孟子班爵禄正經界兩章考疏證》，凡百二十卷，冀以發明先聖之道。今皆佚。惟《齊詩翼氏學》四卷收録於《清經解續編》賴以保存，但尚無整理單行本行世，後學研習極爲不便。

念兹，後生小子不揣譾陋，妄自點校先生之書，訛誤之處難免。惟願先生名山事業不墜於地，以嘉惠後學，有補於世道。

己亥秋八月麟州閆林偉識於薊門

漢翼少君治《齊詩》。元帝時，隴西地震，白鶴館災。少君上言："聞五際之要《十月之交》篇，知地震、火災。"班孟堅謂其假經立誼，依託象類，或不免乎億則屢中。然遇災陳戒，不失直言極諫之道，豈得疑其附會而少之。且請徙都成周以應厄會，元帝雖不從，而光武卒應其言。少君其深知數學者與。至"四始五際"，詩篇之部分、值歲之多寡，近代罕有言者，故詮次之，以備觀覽。而《詩緯》改戍際爲辰際，殊失《齊詩》本旨。附録其説于後，使通經之士知所去取云。

嘉慶十有七年三月初十日迮鶴壽青厓記

齊詩翼氏學目録

四始五際分部例
八部詩篇循環圖
亥部表
寅部表
卯部表
巳部表
午部表
申部表
酉部表
戌部表

卷三

詩篇大數解
詩篇小數解
八部陰陽分類表
八部陰陽相間表
八部詩篇值歲例
五紀積年圖
值歲表弟一
值歲表弟二
值歲表弟三
值歲表弟四
值歲表弟五

卷四

五際異詞
齊詩故傳
五性表
六情表
辰時邪正表
《詩緯》有佚句辨

齊詩翼氏學卷一

吴江迮鶴壽青厓著

漢書翼奉本傳[①]

翼奉，字少君，東海下邳人。治《齊詩》，與蕭望之、匡衡同師。[②] 三人經術皆明，衡爲後進，望之施之政事，而奉惇學不仕，好律曆陰陽之占。元帝初即位，諸儒薦之，征待詔宦者署，數言事宴見，天子敬焉。

時，平昌侯王臨以宣帝外屬侍中，稱詔欲從奉學其術。奉不肯與言，而上封事曰："治道要務，在知下之邪正。乃正月癸未日加申，有暴風從西南來。未主奸邪，申主貪狼，風以大陰下抵建前，是人主左右邪臣之氣也。平昌侯比三來見臣，皆以正辰加邪時。辰爲客，時爲主人。以律知人情，王者之秘道也，愚臣誠不敢以語邪人。"上以奉爲中郎。

明年初元二年二月戊午，地震。七月己酉，地復震。奉奏封事曰："《易》有陰陽，《詩》有五際，《春秋》有災異，皆列終始，推得失，考天心，以言王道之安危。臣奉竊學《齊詩》，聞五際之要《十月之交》篇，知日蝕、地震之效昭然可明。臣聞人氣内逆，則感動天地；天變見于星氣日蝕，地變見于奇物

① 見《漢書・眭兩夏侯京翼李傳第四十五》，爲合傳，傳文有省略。
② 依《漢書・儒林傳》可知，三人師事東海后倉。

震動。今年太陰建于甲戌，律以庚寅初用事，秝以甲午從春。秝中甲庚，律得參陽，性中仁義，情得公正廉貞，百年之精歲也。正以精歲，本首王位，日臨終時接律而地大震，其後連月久陰，陰氣盛矣。古者朝廷必有同姓以明親親，必有異姓以明賢賢，今獨以舅后之家爲親，陰氣之盛，不亦宜乎！臣又聞未央、建章、甘泉宫才人各以百數，皆不得天性。宜爲設員，出其過制者，此損陰氣應天救邪之道也。今異至不應，災將隨之。其法大水，極陰生陽，反爲大旱，甚則有火災。”

明年夏四月乙未，孝武園白鶴館災。奉上疏曰：“臣前上五際地震之效，曰極陰生陽，恐有火災。今白鶴館以四月己未，時加于卯，月宿亢災，與前地震同法。”

上復延問以得失，奉以爲祭天地于云陽汾陰，及諸寢廟不以親疏迭毁，皆煩費，違古制。又宫室苑囿，奢泰難供，以故民困國虚，亡累年之畜。所繇來久，不改其本，難以末正，乃上疏曰：“昔者般庚改邑以興殷道，聖人美之。臣願陛下徙都於成周。漢家郊兆寢廟祭祀之禮多不應古，臣奉誠難亶居而改作，故願陛下遷都正本。衆制皆定，亡復繕治宫館不急之費，歲可餘一年之畜。且因天變而徙都，所謂與天下更始者也。天道終而復始，窮則反本，故能延長而亡窮。今漢道未終，陛下本而始之，于以永世延祚，不亦優乎！”

書奏，天子異其意，答曰：“問奉：今園廟有七，云東徙，狀何如?”奉對曰：“昔成王徙洛，般庚遷殷，其所避就，皆陛下所明知也。”其後，貢禹亦言當定迭毁禮，上遂從之。及匡衡爲丞相，奏徙南北郊，其議皆自奉發之。

奉以中郎爲博士、諫大夫，年老以壽終。子及孫，皆以學在儒官。

《齊詩》授受

《漢書·儒林傳》：轅固以治《詩》，孝景時爲博士。諸齊以《詩》顯貴，皆固之弟子也。夏侯始昌最明，后倉事始昌，通《詩》《禮》，授翼奉、蕭望之、匡衡。衡授師丹、伏理、滿昌，由是《齊詩》有翼、匡、師、伏之學，昌授張邯、皮容。

轅固[①]

轅固，齊人。荀悦《漢紀》："轅固生作《詩外内傳》"。陸德明《經典序録》："轅固生作《詩傳》，號《齊詩》。"

夏侯始昌

魯人。《漢書》本傳："夏侯始昌以《齊詩》教授，明于陰陽，先言柏梁臺災日。至期日，果災。"《武帝紀》："太初元年十一月乙酉，柏梁臺災。"

后倉

字近君，東海郯人。《漢書·藝文志》："《齊后氏故》二十卷，《齊后氏傳》三十九卷。"[②]

翼奉

字少君，東海下邳人。[③]

---

① 王先謙：《漢書補注》引宋祁曰："'固'字下當有'生'字"。引周壽昌曰："上稱轅固生，生即先生也"。據此可知，轅固生當爲轅固之尊稱。漢世儒生多有此尊稱，若董生、黄生之類。轅固生爲齊人，景帝時，以傳《齊詩》立爲博士。武帝時，以"賢良"徵召，年已九十。其弟子公孫弘、夏侯始昌均以《齊詩》名世。作爲《齊詩》學的創始人，轅固生的性格對於整個學派的氣質影響至深。有三點足以概括其特徵：其一，與黄生就"湯武革命"争論於朝堂，黄生認爲湯武爲篡弒，轅固生力駁之，並以漢高祖取天下之事難之，最後在漢景帝的裁決下，禁止學者言"湯武革命"；其二，與竇太后談論《老子》一書，而直言其爲"家人言"；其三，告誡公孫弘勿曲學阿世。這些奠定了《齊詩》學的特點，即始終保有對政治的批判態度，絶不曲學阿世。

② 王先謙《漢書補注》曰："蓋后氏弟子從受其學而爲之傳，如《易周氏傳》《書伏生大傳》之例。"后倉通《詩》《禮》，爲博士，官至少府。西漢名臣、名相、名將若翼奉、蕭望之、匡衡、師丹等皆傳其學。質言之，后氏對西漢《齊詩》學之傳播貢獻卓著。

③ 前有本傳，茲故不復細言。

蕭望之[①]

字長倩，東海蘭陵人。《漢書》本傳：張敞上書，欲令民量粟以贖罪。望之與李彊議，以爲古者藏富于民，不足則取，有餘則予。《詩》曰“爰及矜人，哀此鰥寡”[②]，上惠下也；又曰“雨我公田，遂及我私”[③]，下急上也。

匡衡[④]

字稚圭，東海承人[⑤]。《漢書》本傳：元帝初即位，有日食、地震之變，問以政治得失。衡上疏曰：“臣竊考《國風》之詩，《周南》《召南》被賢聖之化深，故篤于行而廉于色。鄭伯好勇，而國人暴虎；秦穆貴信，而士多從死；陳夫人好巫，而民淫祀；晉侯好儉，而民畜聚；太王躬仁，邠國貴恕。由此觀之，治天下者審所上而已。”成帝即位，衡上疏戒妃匹，曰：“匹配之際[⑥]，生民之始，萬福之原。昏姻之禮正，然後品物遂而天命全。孔子論《詩》以《關雎》爲始，此綱紀之首，王教之端也。”

---

① 蕭望之家貧，但極爲好學，先後師事后倉、白奇，又從夏侯勝學習《論語》《禮服》等。曾參與“石渠閣會議”，與諸儒討論《五經》異同。

② 所引爲《詩經・小雅・鴻雁》之詩。矜人，即哀矜之人，所謂貧弱者也。蕭望之引此詩，意在勸諫天子惠澤於民，特别是哀矜鰥寡之人。此即漢儒所謂“詩三百當諫書”，亦爲“通經致用”的一個典型事例。

③ 所引爲《詩經・小雅・大田》之詩。《毛詩正義》云：“古者陰陽和，風雨時，其來祈祈然而不暴疾。其民之心，先公後私，令天主雨與公田，因及私田爾。”蕭望之引此詩，旨在説明上施德政，民亦感念之。即孟子所謂“樂民之樂者，民亦樂其樂；憂民之憂者，民亦憂其憂”。

④ 匡衡師事后倉，解《詩》極精，時有“無説《詩》，匡鼎來；匡説《詩》，解人頤”之譽。

⑤ 顔師古云“承音證”，宋祁亦持此説。王先謙《漢書補注》曰：“承縣在今兗州府嶧縣西北一里。”即今山東棗莊市南舊嶧縣西北一里。

⑥ 王先謙《漢書補注》曰“‘妃匹’官本作‘匹配’”，引宋祁曰“‘匹配’當作‘妃匹’”。據《漢書》匡衡所言，“匹配之際”云云，其師后倉言。迮鶴壽所引有省文。

師丹[1]

字公仲，琅邪人。

伏理[2]

字斿君，琅邪人。家世傳業。後漢伏黯，有《齊詩章句解説》。

滿昌[3]

字君都，潁川人。

張邯[4]

九江人。

皮容[5]

琅邪人。

徐整《毛詩譜暢》："子夏授《詩》于高行子。"[6] 趙岐《孟子注》："高子，齊人。"[7]《詩・絲衣序》："高子曰：'靈星之尸也。'"[8]齊人言《詩》，不始于轅固。今止據《儒林傳》序録之。

---

① 師丹受詩於匡衡，爲轅固生五傳弟子。在第五代傳人中，師丹最爲顯赫。元帝時爲博士，哀帝時爲左將，代王莽爲大司馬，封高樂侯，官至大司空。因剛直不阿，反對傅太后上尊號被免職。平帝時封爲義陽侯。《漢書》云："經爲世儒宗，德爲國黄耇，親傅聖躬，位在三公。"

② 伏理受詩於匡衡，爲轅固生五傳弟子。東漢以後，惟伏氏傳人能光大《齊詩》。伏氏世以經學傳家，先祖伏生以《尚書》顯世。伏理以《齊詩》授成帝，其子伏湛成帝時爲博士弟子，光武時爲大司徒。伏氏一門一直綿延至東漢末年，由於曹操誅殺伏皇后，一門獲罪數百人，至此，伏氏一族滅亡，《齊詩》亦無傳人。

③ 滿昌受《詩》於匡衡，爲轅固生五傳弟子，授張邯、皮容。官至詹事，王莽時爲講《詩》祭酒，後因觸怒王莽被免官。

④ 張邯受《詩》於滿昌，爲轅固生六傳弟子。

⑤ 與張邯同受《詩》於滿昌，爲轅固生六傳弟子。

⑥ 清馬國翰《玉函山房輯佚書》有《毛詩譜暢》一卷。徐整，三國吴人。

⑦ 焦循《孟子正義・告子下》："公孫丑問曰：'高子曰：《小弁》，小人之詩也'。"趙岐注："高子，齊人。"

⑧ 《毛詩序》云："《絲衣》，繹賓尸也。高子曰：'靈星之尸也'。"孔穎達以爲高子爲孟子弟子。趙佑《温故録》以爲高子即徐整所言"子夏授《詩》於高行子"，先學於子夏，後又從孟子。

四始五際名義

五際之説出于《齊詩》，則四始之説亦出于《齊詩》。五際之説必兼四始言之，蓋四始爲之綱，五際爲之紀也。《詩緯·含神霧》曰："詩者，天地之心，君德之祖，百福之宗，萬物之户也。集微揆著，上統元皇，下序四始，羅列五際。"《詩緯·推度災》曰："建四始五際而八節通，卯酉之際爲改政，午亥之際爲革命。"

四始者，《詩緯·汎秝樞》曰："《大明》在亥，水始也；《四牡》在寅，木始也；《嘉魚》在巳，火始也；《鴻雁》在申，金始也。"五際者，《齊詩内傳》曰："卯、酉、午、戌、亥也，陰陽終始際會之歲，于此則有變改之政也。"《汎秝樞》曰："卯，《天保》也；酉，《祈父》也；午，《采芑》也；亥，《大明》也。"翼氏曰"竊學《齊詩》，聞五際之要《十月之交》篇"，戌即《十月之交》是也。四始皆陽，木火金水分布於四方，故爲四始也。土獨無始者，土爲五行之君，周流於四者之間，循環無端也。五際始終皆陽，中間皆陰。自亥至寅，漸入陽剛，亥爲陽，水以一陽起。羣陰之中，君子所以經綸草昧，開國成家，故亥爲一際也。自寅至酉，正在光明。卯爲陰木，午爲陰火，酉爲陰金，其象暗昧，國家于此當有變改之政，故卯、午、酉各爲一際也。自酉至戌，漸入陰柔，戌爲陽，土以一陽陷。羣陰之内，國家于此必有災異之應，故戌爲一際也。四始起于亥，天一生水也；五際止于戌，天五生土也。

四始圖①

四始者，木、火、金、水之始也。

① 四始皆陽，木火金水分布四方，故爲"四始"也。

亥爲水始	子、丑
寅爲木始	卯、辰
巳爲火始	午、未
申爲金始	酉、戌

亥，陽水也，故爲水始。寅，陽木也，故爲木始。巳，陽火也，故爲火始。申，陽金也，故爲金始。若子爲陰水，卯爲陰木，午爲陰火，酉爲陰金，則皆居于次，故不爲始。

五際圖

五際者，卯、酉、午、戌、亥之際也。

亥爲一際	子、丑、寅
卯爲二際	辰、巳
午爲三際	未、申
酉爲四際	
戌爲五際	

亥爲革命，一際也。卯爲陰陽交際，二際也。午爲陽謝陰興，三際也。酉爲陰盛陽微，四際也。戌爲極陰生陽，五際也。若子、丑、寅、辰、巳、未、申，不在陰陽際會之交，故不爲際。

八部陰陽相乘圖

四始五際，分爲八部，前部與後部陰陽相乘①，而詩篇之多寡因之。

① 所謂陰陽相乘，有兩種情況。以亥陽水、寅陽木爲陽乘陽爲例：木處於正常情況，但是水過於強盛，所以造成陽乘陽，即水乘木的情況；或水處於正常情況，但是木過於衰弱，所以也造成陽乘陽，即水乘木的情況。其他皆遵此理。

亥陽水　寅陽木	自亥至寅爲陽乘陽 《大明》是也
寅陽木　卯陰木	自寅至於卯爲陽乘陰 《四牡》是也
卯陰木　巳陽火	自卯至巳爲陰乘陽 《天保》是也
巳陽火　午陰火	自巳至午爲陽乘陰 《嘉魚》是也
午陰火　申陽金	自午至申爲陰乘陽 《采芑》是也
申陽金　酉陰金	自申至酉爲陽乘陰 《鴻雁》是也
酉陰金　戌陽土	自酉至戌爲陰乘陽 《祈父》是也
戌陽土	戌居八部之終，不更與亥相乘 《十月之交》是也

八部陰陽相乘，前部陽，後部陽，則進一數。前部陽，後部陰，則如本數。前部陰，後部陽，則退一數。故各部詩篇多寡不同，唯戌部以數窮而止，不在此例。

詩篇專用二《雅》解

十五國《風》，諸侯之風也。三《頌》，宗廟之樂也。唯二《雅》，皆述王者之命運、政教。四始五際，專以陰陽之終始濟會推度國家之吉凶休咎，故止用二《雅》①。

亥，《大明》也；寅，《四牡》也；巳，《嘉魚》也；申，《鴻雁》也。四始四部皆《雅》詩也。卯，《天保》也；酉，

① 《毛詩序》曰："言天下之事，形四方之風，謂之雅。雅者，正也，言王政之所由興廢也。政有大小，故有《小雅》焉，有《大雅》焉。"二《雅》凡計一百零五篇，依政治興廢有所謂正變之別。《小雅》從《鹿鳴》至《菁菁者莪》爲正，《六月》以下爲變；《大雅》從《文王》至《卷阿》爲正，《民勞》以下爲變。

《祈父》也；午，《采芑》也；亥，《大明》也；戌，《十月之交》也。五際五部亦《雅》詩也。然則詩篇專用二《雅》，不用《風》與《頌》，明矣。[1]

《文王》《鹿鳴》不爲始解

《大雅》始于《文王》，《小雅》始于《鹿鳴》，猶《易》之有《乾》《坤》也。《乾》爲君道，而《文王》一篇述周家受命之由；《坤》爲臣道，而《鹿鳴》一篇序嘉賓式燕之事。四始不以此爲始者，文王未嘗履帝位，至武王始有革命之事。《詩緯・汎秝樞》曰“午亥之際爲革命”，《詩》稱“肆伐大商，會朝清明”[2]，即其事也，故以《大明》爲始。此如《易》之有《屯》，所以經綸草昧也。《大雅》既不以《文王》爲始，則《小雅》亦不以《鹿鳴》爲始。《鹿鳴》言飲食、燕樂，至《四牡》乃爲臣子勤勞王事。郎顗謂“四始之缺”，《詩》稱“王事靡盬，我心傷悲”[3]，靡盬則有缺陷矣，故以《四牡》爲始。此如《易》之有《蒙》，所以擊蒙禦寇也。四始專論木、火、金、水之始，故别有取義，非《關雎》《鹿鳴》《文王》《清廟》，各舉首篇之謂也[4]。

戌土獨爲一際解

辰、未、戌、丑四者皆土，而戌土何以獨爲一際？或曰五

---

① 由此可知，“四始五際”即將《詩經》中的詩篇與十二地支相配。上文凡計八篇詩，因《大明》出現兩次，處於一際、二際的交點亥上，故實有七篇。此七篇詩皆處於二《雅》範圍内，故迮氏有此斷語。

② 《詩・大明》“肆伐大商，會朝清明”，鄭玄箋云：“肆，故今也。會，合也。以天期已至，兵甲之強，師率之武，故今伐殷，合兵以清明。”

③ 《詩・四牡》“王事靡盬，我心傷悲”，鄭玄箋云：“無私恩，非孝子也。無公義，非忠臣也。君子不以私害公，不以家事辭王事。”

④ 此爲《毛詩》“四始”之義，即《關雎》爲《風》始，《文王》爲《大雅》始，《鹿鳴》爲《小雅》始，《清廟》爲《頌》始。《毛詩》“四始”，各以首篇爲始，義較樸素，《齊詩》與此不同。

際以陽始，以陽終。亥爲陽水，故居始；戌爲陽土，故居終也。據翼氏謂辰、未屬陰，戌、丑屬陽。然則丑亦陽土，何以不得爲際？或曰土生于午，壯于戌，死于寅。丑之爲土，其氣衰耗，不如戌之爲土，其氣壯盛也。今案：五際始於亥，亥爲陽水，其際爲革命；丑爲陽土，去革命之時甚近；子爲陰水，受制于陽土，不能起而間之，則丑土之於亥水，一氣相承，安得别爲一際？唯戌爲陽土，居向晦之時，陰氣蒙之，極陰生陽，故獨爲一際也。至於辰爲陰土，居陰木之後；未爲陰土，居陰火之後，以陰乘陰，無所變革，其不爲際無疑矣。

戌際爲《十月之交》解

"五際"之目，《齊詩内傳》[①] 曰："卯、酉、午、戌、亥也"。其四見于《詩緯》。卯爲《天保》，酉爲《祈父》，午爲《采芑》，亥爲《大明》。緯書出於哀平之世，卯、酉、午、亥四際，襲用《齊詩》舊説，獨土行一際則改戌爲辰，故不云戌際爲某篇也。然則戌際究系何篇？嘗據四始五際之部分推之，酉爲《祈父》，自《祈父》至沔水，百有十篇，以大數除之，又加小數十篇，方滿酉際一部之數。然酉爲陰金，戌爲陽土，以陰乘陽則退一數。自《鶴鳴》至《正月》止九篇，而其下《十月之交》即爲戌際也。元帝初元二年，地震，翼氏奏封事曰："竊學《齊詩》，聞五際之要《十月之交》篇。"今案：初元二年，歲在甲戌，而翼氏引《十月之交》，則是篇爲戌際明矣。是年二月戌午，地大震于隴西郡，毁落太上廟殿壁木飾，壞敗豲道縣城郭官寺及民室屋，厭殺人衆，山崩地裂，水泉湧出。七月己酉，地復震。《詩》曰"百川沸騰，山塚崒崩"[②]，此之謂也。

---

① 《漢書·翼奉傳》顔師古注引孟康語："《詩内傳》曰：'五際者，卯、酉、午、戌、亥也。陰陽始終際會之歲，於此則有變改之政。'"

② 《詩·十月之交》"百川沸騰，山塚崒崩"，鄭玄箋云："崒者，崔嵬。百川沸出相乘陵者，由貴小人也。山頂崔嵬者崩，君道壞也。"

齊詩翼氏學卷二

吴江迮鶴壽青厓著

《齊詩》篇弟説

《齊詩》篇名與《毛詩》異者，若《齊風·還》之篇名《營》是也[①]。章數與毛氏異者，若《小雅·都人士》之篇無"狐裘黄黄"[②]章是也。句數與《毛詩》異者，若《周頌·般》之篇有"於繹思"句是也[③]。至其詩篇之次弟，則與《毛詩》略同。鄭康成謂《十月之交》《雨無正》《小旻》《小宛》四篇刺厲王詩，漢興之初，師移其弟。孔穎達謂漢世毛學不行，齊、魯、韓三家不知笙詩六篇亡失，謂唯有三百五篇。[④] 今案：鄭、孔之説，非也。嘗以四始五際之部分核之，若移《十月之交》四篇于《六月》之前，則《采芑》不得爲午際，而《十月

---

① 《還》爲《毛詩》篇名，《齊詩》篇名則爲《營》。《毛詩序》云："《還》，刺荒也。哀公好田獵，從禽獸而無厭。國人化之，遂成風俗，習於田獵謂之賢，閑於馳逐謂之好焉。"《還》三章，章四句。

② 《毛詩·小雅·都人士》："彼都人士，狐裘黄黄。其容不改，出言有章。行歸于周，萬民所望。"《齊詩》無是章。鄭玄箋云："城郭之域曰都。古明王時，都人之有士行者，冬則衣狐裘黄黄然，取温裕而已。其動作容貌既有常，吐口言語又有法度文章。疾今奢淫，不自責以過差。于，於也。都人之士，所行要歸於忠信。其餘萬民寡識者，咸瞻望而法效之。又疾今不然。"

③ 《毛詩·周頌·般》："於皇時周，陟其高山，嶞山喬嶽，允猶翕河。敷天之下，裒時之對，時周之命。"凡一章，七句。《毛詩序》云："《般》，巡守而祀四嶽河海也。"《齊詩》有"於繹思"句。

④ 《詩譜序》孔穎達疏云："《史記·孔子世家》云：'古者詩本三千餘篇，去其重，取其可施於禮義者三百五篇。'是《詩三百》者，孔子定之。如《史記》之言，則孔子之前，詩篇多矣。案《書傳》所引之詩，見在者多，亡逸者少，則孔子所録，不容十分去九。馬遷言古詩三千餘篇，未可信也。據今者及亡詩六篇，凡有三百一十一篇，皆子夏爲之作序……漢世毛學不行，三家不見《詩序》，不知六篇亡失，謂其唯有三百五篇。"

之交》不得爲戌際矣。若無笙詩六篇，則二《雅》止百有五篇，亦不滿天地之倍數百有十矣[①]。

四始五際分部例

以《雅》詩之篇弟，配陰陽五行之終始際會，有大數、有小數、有進數、有本數、有退數、有奇數，如法核之即得。

凡部内滿大數百有十篇即除之

寅、卯、巳、午、申、酉，六部是也。四始五際配陰陽，陰陽莫大乎天地。天數二十有五，地數三十，凡天地之數五十有五，倍之得百有十。《大雅》三十一篇，《小雅》八十篇。四始五際從《大明》起，除《文王》一篇，從《大明》至《何草不黄》，凡百有十篇。此詩篇一大終之數，合天地之倍數者也。故每部滿此數即除之，以下再除小數。

凡部内滿小數五篇、十篇即除之

寅、卯、巳、申四部是也。四始五際配五行，五行以土爲君，土之生數五，成數十。寅部除大數外，自《鹿鳴》至《伐木》凡五篇。卯部除大數外，自《伐木》至《由庚》凡十篇。此詩篇一小終之數，合土之生數、成數者也。故每部滿此數又除之，以下乃爲别部。

凡陽乘陽則進一數

亥部是也。亥部自《大明》至《召旻》，凡三十篇，以二五、二十除之，尚多《鹿鳴》一篇。亥爲陽水，寅爲陽木，以陽乘陽，故進一數。（戌部不在此例。）

《詩緯》辰部除小數五篇外，尚多《由庚》一篇，亦用此

① 《詩經》現存三百零五篇，分《風》《雅》《頌》三類。《風》爲十五國《風》，計一百六十篇；《雅》爲《大雅》《小雅》，計一百零五篇；《頌》爲《周頌》《魯頌》《商頌》，計四十篇。《毛詩》認爲《詩》當有三百十一篇，即三百零五篇外加《南陔》《白華》《華黍》《由庚》《崇丘》《由儀》六篇。但此六篇有篇名而無文辭。

例。蓋辰爲陽土，巳爲陽火，以陽乘陽，與亥部同也。

或謂《小雅》以《四牡》爲始，除《鹿鳴》一篇，猶之《大雅》以《大明》爲始，除《文王》一篇。亥部本只三十篇，《鹿鳴》一篇不在部内，此説非也。亥部與寅部一例相承，非如戌部居五際之終，不復與亥部相交接，可以隨數而止。

凡陽承陰則如本數

寅、巳、申三部是也。其大數皆百有十篇，其小數或五篇，或十篇，則起于陰陽相間之故。

凡陰承陽則退一數

午、酉二部是也。午部小數，當有五篇，今自《六月》至《吉日》止有四篇。午爲陰火，申爲陽金，以陰承陽，故退一數，酉部小數，當有十篇，今自《鶴鳴》至《正月》止有九篇。酉爲陰金，戌爲陽土，以陰承陽，故退一數。酉部小數，當有十篇，今自《鶴鳴》至《正月》止有九篇。酉爲陰金，戌爲陽土，以陰承陽，故亦退一數。（卯部不在此例。）

自子至巳，向左爲陽；自午至亥，向右爲陰。卯爲陰木，巳爲陽火，卯部亦是以陰承陽，當退一數，而適如本數者，以卯居陽位故也。

凡部内無大數，以小數、奇數除之

亥、戌二部是也。亥部自《大明》至《鹿鳴》止三十一篇，不滿大數。蓋《大明》居《大雅》之首，《四牡》居《小雅》之首，此二雅之綱領。亥部至《鹿鳴》已入《小雅》部分，而《四牡》爲《小雅》之綱，自應别爲一部。故以《大明》五篇、《皇矣》十篇、《泂酌》五篇、《抑》十篇，次弟除之，而《鹿鳴》一篇爲進數也。戌部自《十月之交》至《何草不黄》止四十二篇，不滿大數，而《雅》詩之篇弟已終，故以《十月之交》五篇、《巧言》十篇、《鼓鐘》五篇、《瞻彼洛矣》十篇、《角弓》五篇，次弟除之，而《隰桑》七篇爲奇數也。

凡小數皆五篇、十篇，陰陽相間。今自《隰桑》以下止有七篇，不滿十數，故以此爲奇數，而陰陽之際會于是窮焉。

或謂以全詩三百十一篇入八部内，其大數以三百十篇除之，亦可核算，此説非也。四始五際之詩篇，見于《詩緯》者止有二《雅》，不及《風》與《頌》，即謂三百十篇取全詩之數，亦于陰陽際會之義無涉。又二《雅》之詩，值歲積四千有八十年爲一大周。若以全詩值歲，必待萬有二千餘年而始一大周，亦太遼遠矣。

八部詩篇循環圖

二《雅》之詩百十一篇[1]，分爲八部，各從其部首，次弟循環數之，各滿其部之篇數，以下即爲别部。

<table>
<tr><td rowspan="2">大明
亥部起</td><td>杕杜</td><td>小宛</td></tr>
<tr><td>南陔</td><td>小弁</td></tr>
<tr><td>緜</td><td>白華</td><td>巧言</td></tr>
<tr><td>棫樸</td><td>華黍</td><td>何人斯</td></tr>
<tr><td>旱麓</td><td>魚麗</td><td>巷伯</td></tr>
<tr><td>思齊</td><td rowspan="2">由庚
卯部止</td><td>谷風</td></tr>
<tr><td>皇矣</td><td>蓼莪</td></tr>
<tr><td>靈臺</td><td rowspan="2">南有嘉魚
巳部起</td><td>大東</td></tr>
<tr><td>下武</td><td>四月</td></tr>
<tr><td>文王有聲</td><td>崇丘</td><td>北山</td></tr>
<tr><td>生民</td><td>南山有臺</td><td>無將大車</td></tr>
<tr><td>行葦</td><td>由儀</td><td>小明</td></tr>
<tr><td>既醉</td><td>蓼蕭</td><td>鼓鐘</td></tr>
<tr><td>鳧鷖</td><td>湛露</td><td>楚茨</td></tr>
<tr><td>假樂</td><td>彤弓</td><td>信南山</td></tr>
</table>

① 《毛詩》以爲《詩》當有三百十一篇，即三百零五篇外加笙詩六篇。迮鶴壽取此説，故以二《雅》有百十一篇。

續表

公劉	菁菁者莪	甫田
泂酌	六月 巳部止	大田
卷阿	采芑 午部起	瞻彼洛矣
民勞	車攻	裳裳者華
板	吉日 午部止	桑扈
蕩	鴻雁 申部起	鴛鴦
抑	庭燎	頍弁
桑柔	沔水	車舝
云漢	鶴鳴 申部止	青蠅
崧高	祈父 酉部起	賓之初筵
烝民	白駒	魚藻
韓奕	黃鳥	采菽
江漢	我行其野	角弓
常武	斯干	菀柳
瞻卬	無羊	都人士
召旻	節南山	采綠
鹿鳴 亥部止	正月 酉部止	黍苗
四牡 寅部起	十月之交 戌部起	隰桑
皇皇者華	雨無正	白華
常棣	小旻	緜蠻
伐木 寅部止		瓠葉
天保 卯部起		漸漸之石
采薇		苕之華
出車		何草不黃 戌部止
		文王

此圖三層横列①。

八部推求之法，欲求某部，即從其部首某篇起，次第數之，周歷三層至其部末某篇止。唯亥部止上一層，戌部止中下二層。亥部得三十一篇，寅、申二部得百十五篇，卯、巳二部得百二十篇，午部得百十四篇，酉部得百十九篇，戌部得四十二篇。

亥部表

亥部第一

無大數，有小數，有進數。

《大明》至《思齊》《大雅》五篇
右五篇，滿陽數②
《皇矣》至《公劉》《大雅》十篇
右十篇，滿陰數
《泂酌》至《蕩》《大雅》五篇
右五篇，滿陽數
《抑》至《召旻》《大雅》十篇
右十篇，滿陰數
《鹿鳴》《小雅》一篇
右一篇，進一數

亥部小數本止三十篇，亥爲陽水，寅爲陽木，以陽乘陽，故進一數。

---

① 原刻本文字直行，圖自右至左，上中下三層。整理本横排，改爲自上而下，左中右三列。

② 原刻本文字直行，自右至左，整理本横排，自上而下，故“右”即“上”。

寅部表

寅部弟二

有大數，有小數。

《四牡》至《何草不黄》《小雅》七十九篇
《文王》至《召旻》《大雅》三十一篇
右百有十篇，滿大數
《鹿鳴》至《伐木》《小雅》五篇
右五篇，滿小數

寅部從《四牡》起至《伐木》止，凡百十五篇。寅爲陽木，卯爲陰木，以陽乘陰，故如本數。

卯部表

卯部弟三

有大數，有小數。

《天保》至《何草不黄》《小雅》七十五篇
《文王》至《召旻》《大雅》三十一篇
《鹿鳴》至《常棣》《小雅》四篇
右百有十篇，滿大數
《伐木》至《由庚》《小雅》十篇
右十篇，滿小數

卯部從《天保》起至《由庚》止，凡百二十篇。卯爲陰木，巳爲陽火，以陰乘陽，當退一數。因在陽位，故退一數。

巳部表

四部弟四

有大數，有小數。

《南有嘉魚》至《何草不黃》《小雅》六十六篇
《文王》至《召旻》《大雅》三十一篇
《鹿鳴》至《魚麗》《小雅》十三篇
右百有十篇，滿大數
《由庚》至《六月》《小雅》十篇
右十篇，滿小數

巳部從《南有嘉魚》起至《六月》止，凡百二十篇。巳爲陽火，午爲陰火，以陽乘陰，故如本數。

午部表

午部弟五

有大數，有退數。

《采芑》至《何草不黃》《小雅》五十七篇
《文王》至《召旻》《大雅》三十一篇
《鹿鳴》至《菁菁者莪》《小雅》二十二篇
右百有十篇，滿大數
《六月》至《吉日》《小雅》四篇
右四篇，退一數

午部小數，當有五篇。午爲陰火，申爲陽金，以陰乘陽，故退一數。

申部表

申部第六

有大數，有小數。

《鴻雁》至《何草不黄》《小雅》五十四篇
《文王》至《召旻》《大雅》三十一篇
《鹿鳴》至《車攻》《小雅》二十五篇
右百有十篇，滿大數
《吉日》至《鶴鳴》《小雅》五篇
右五篇，滿小數

申部從《鴻雁》起至《鶴鳴》止，凡百十五篇。申爲陽金，酉爲陰金，以陽乘陰，故如本數。

酉部表

酉部第七

有大數，有退數。

《祈父》至《何草不黄》《小雅》五十篇
《文王》至《召旻》《大雅》三十一篇
《鹿鳴》至《沔水》《小雅》二十九篇
右百有十篇，滿大數
《鶴鳴》至《正月》《小雅》九篇
右九篇，退一數

酉部小數，當有十篇。酉爲陰金，戌爲陽土，以陰乘陽故退一數。

戌部表

戌部弟八

無大數，有小數，有奇數。

《十月之交》至《小弁》《小雅》五篇
右五篇，滿陽數
《巧言》至《小明》《小雅》十篇
右十篇，滿陰數
《鼓鐘》至《大田》《小雅》五篇
右五篇，滿陽數
《瞻彼洛矣》至《采菽》《小雅》十篇
右十篇，滿陰數
《角弓》至《黍苗》《小雅》五篇
右五篇，滿陽數
《隰桑》至《何草不黃》《小雅》七篇
右七篇，爲奇數

戌部小數，當有四十五篇。《雅》詩終於《何草不黃》，尚缺三篇，故爲奇數。

齊詩翼氏學卷三

吴江迮鶴壽青厓著

詩篇大數解

“四始五際”出于陰陽，原于天地。天數二十有五，地數三十，凡天地之數五十有五[①]，倍之爲百有十。卯、寅、巳、午、申、酉六部，詩篇之大數如之。亥部三十一篇，不滿大數者，

① 孔穎達疏曰：“‘凡天地之數五十有五’者，是天地二數相合爲五十五，此乃天地陰陽奇耦之數。”

天德不可爲首也；戌部四十二篇，不滿大數者，地道無成也。其餘六部，則皆百有十篇。不用正數五十有五，而用倍數百有十者[①]，統小數之全數也。

八部之小數，以成數言之，四始七十篇，五際五十篇，並之得百二十；以實數言之，四始六十七篇，五際四十九篇，並之得百十六。皆與大數不合，然四始五際出于陰陽，則當以陰陽言之。四始之小數三陽，而五陰合之成五十有五；五際之小數五陽，而三陰合之亦五十有五。通八部之小數，凡百有十，故六部之大數各百有十。而二《雅》詩篇，自《大明》起，至《何草不黄》止，亦百有十。此非數之出于自然者與？

詩篇小數解

“四始五際”出于陰陽，原于五行。五行以土爲君，天五生土，地十成之，故土之生數五，成數十。八部詩篇之小數，凡五篇者皆陽數也，凡十篇者皆陰數也。亥部，《鹿鳴》一篇不在算内；午部、《六月》，四篇，作陽數算。酉部、《鶴鳴》，九篇；戌部《隰桑》，七篇，作陰數算。凡四始得五篇者二，得十篇者六，是二陽而六陰也；凡五際得五篇者六，得十篇者二，是六陽而二陰也。此以成數言也。

若論其實數，四始止六十七篇，以六十除之，其餘七篇。七，陽數也。五際止四十九篇，以四十五除之，其餘四篇。四，陰數也。然則四始之小數，實三陽而五陰。三陽，十五也，倍之，三十也；五陰，五十也，半之，二十五也，合之成五十有五。五際之小數，實五陽而三陰。五陽，二十五也；三陰，三十也，合之亦五十有五。通四始、五際之小數計之，凡百有十，正與詩篇之大數相應也。

---

① 倍，原作“部”，據《續清經解》本改。

八部陰陽分類表

天數二十有五，陽也，地數三十，陰也，合之爲五十有五，倍之爲百有十。四始五際之大數，百有十篇，屬陰、屬陽，皆以類從。

亥爲水始　陽水	亥爲一際
《大明》至《烝民》 二十五篇	《韓奕》至《鹿鳴》 六篇
自《大明》至《鹿鳴》，凡三十一篇。以天數二十有五除之，其餘六篇爲地數。	亥雖陽水，未離於陰，故從陰類。
寅爲木始　陽木	卯爲二際　陰水
《四牡》至《召旻》 百有十篇	《天保》至《常棣》 百有十篇
巳爲火始　陽火	午爲三際　陰火
《南有嘉魚》至《魚麗》 百有十篇	《采芑》至《菁菁者莪》 百有十篇
申爲金始　陽金	酉爲戌①際　陰金
《鴻雁》至《車攻》 百有十篇	《祈父》至《沔水》 百有十篇
《十月之交》在戌	戌爲五際　陽土
《角弓》至《何草②不黄》 十二篇	《十月之交》至《采菽》 三十篇
	自《十月之交》至《何草不黄》，凡四十二篇。以地數三十除之，其餘十二篇爲天數。 戌雖陽土，深入于陰，亦從陰類。
右四始皆陽	右五際皆陰

① 戌，疑爲“四”。

② 草，原脱，據《續清經解》本補。

亥部三十一篇，以天數二十有五除之，其餘六篇即爲地數。天統地也，陽統陰也。戌部四十二篇，以地數三十除之，其餘十二篇即爲天數，地承天也，陰承陽也。此即各部循環無端、周而復始之義也。寅、巳、申三部皆陽，各百有十篇，益以亥部二十五篇，戌部十二篇。凡四始之大數及益數三百六十七篇，以陽數四九三百六十除之，其餘七篇，七亦陽數也。卯、午、酉三部皆陰，各百有十篇。益以亥部六篇，戌部三十篇，凡五際之大數及益數三百六十六篇，以陰數六六三百六十除之，其餘六篇亦陰數也。然則四始皆陽，五際皆陰，各以類從明矣。

八部陰陽相間表

五爲土之生數，陽也；十爲土之成數，陰也。[①] “四始五際”除大數百有十篇外，其小數五篇、十篇皆陰陽相間。

亥爲水始　陽水	亥爲一際
《皇矣》至《公劉》 十篇	《大明》至《思齊》 五篇
《抑》至《召旻》 十篇	《泂酌》至《蕩》 五篇
	《鹿鳴》 一篇

① 生數、成數，即五行相生、相成之數。《尚書・洪範》“五行：一曰水，二曰火，三曰木，四曰金，五曰土。”《孔傳》云：“皆其生數”。孔穎達疏：“《易・系辭》曰：‘天一，地二，天三，地四，天五，地六，天七，地八，天九，地十。’此即是五行生成之數。天一生水，地二生火，天三生木，地四生金，天五生土，此其生數也。如此則陽無匹，陰無耦，故地六成水，天七成火，地八成木，天九成金，地十成土。於是陰陽各有匹偶，而物得成焉，故謂之成數也。”陸九淵《三五以變錯綜其數》曰：“所謂十、五者，五即土之生數，十即土之成數。”

續表

	本止三十篇，以陽乘陽[①]，故多一篇。
寅爲木始 陽木	卯爲二際 陰木
《鹿鳴》至《伐木》 五篇	《伐木》至《由庚》 十篇
巳爲火始 陽火	午爲三際 陰火
《由庚》至《六月》 十篇	《六月》至《吉日》 四篇
	當有五篇，以陰乘陽，故少一篇。
申爲金始 陽金	酉爲四際 陰金
《吉日》至《鶴鳴》 五篇	《鶴鳴》至《正月》 九篇
	當有十篇，以陰乘陽，故少一篇。
《十月之交》在戌	戌爲五際 陽土
《巧言》至《小明》 十篇	《十月之交》至《小弁》 五篇
《瞻彼洛矣》至《采菽》 十篇	《鼓鐘》至《大田》 五篇
《隰桑》至《何草不黄》 七篇	《角弓》至《黍苗》 五篇
當有四十五篇，今自《隰桑》以下尚缺三篇。不滿十數，而四始五際終焉。	
右四始陰陽相間	右五際陰陽相間

此表二層分列。[②] 四始與四始，一陰一陽相間，以陰數起，

① 陽，原脱，據《續清經解》本補。

② 列，原作“别”，據《續經解》本改。

以陰數止。《隰桑》至《何草不黄》，七篇，作十篇算。凡小數七十篇，實六十七篇。得土之生數者二，得土之成數者六。五際與五際，一陰一陽相間，以陽數起，以陰數止。《鹿鳴》一篇不在數内，《六月》至《吉日》，四篇，作五篇算。《鶴鳴》至《正月》，九篇，作十篇算。

凡小數五十篇，實四十九篇。得土之生數者六，得土之成數者二。觀此，則知四始五際之小數，或五篇，或十篇，皆起于陰陽相間，實有一定之理，不能意爲增減也。

八部詩篇值歲例

四始五際值歲，以詩篇之多寡，從甲乙之遠近，故篇數與歲數微有不同。

凡積年滿一歲爲小周

一紀，八部也。從《大明》起，周行八部，至《何草不黄》止，凡七百七十六篇，值八百十六歲，是爲一小周。

凡積年滿五際爲大周

五際，四十部也。從唐虞以前乙亥歲起，周行四十部，至明季甲戌歲止，凡三千八百八十篇，值四千有八十歲，是爲一大周。

唐虞以前，無年可紀。魯秝所載魯君年數甚詳。煬公二十四年，上距周公攝政五年，七十六歲。據此推之，知辛亥紀丙申部首值周成王十一年，故紀年自此始。

凡遇寅、申、巳、亥爲缺限

郎顗所謂“四始之缺”是也。亥部，《大明》，三十一篇，值三十九歲。寅部，《四牡》，百十五篇，值百二十一歲。巳部，《嘉魚》，二十篇，值百二十一歲。申部，《鴻雁》，百十五篇，值百二十一歲，其部首皆爲缺限。

凡遇卯、酉、午、戌、亥爲厄會

郎顗所謂“五際之厄”是也。亥部，見上。卯部，《天保》，百二十篇，值百二十二歲。午部，《采芑》，百十四篇，值百二十二歲。酉部，《祈父》，百十九篇，值百二十一歲。戌部，《十月之交》，四十二篇，值四十九歲。其部首皆爲厄會。

吉凶禍福，人所自致。翼氏曰：“人氣内逆，則感動天地。天變見于星氣、日食，地變見于奇物、震動。”此言深得天人感應之理。王者修德行道，雖逢厄會，亦可恐懼致福矣。

五紀積年圖

始乙亥，終庚戌，積八百十六年，滿一紀。始乙亥，終甲戌，積四千有八十年，滿五紀。一紀歷八部而小周，五紀歷四十八部而大周。以後再從乙亥起算。

一乙亥 一	辛亥 八百十七	丁亥 千六百三十三	癸亥 二千四百四十九
三十三己亥 三千二百六十五			
右亥部			
二甲寅 十四	庚寅 八百五十六	丙寅 千六百七十二	壬寅 二千四百八十八
三十四戊寅 三千三百零四			
右寅部			
三乙卯 百六十一	辛卯 九百七十七	丁卯 千七百九十三	癸卯 二千六百零九
三十五乙卯 三千四百二十五			
右卯部			
四丁巳 二百八十三	癸巳 千零九十九	己巳 千九百十五	乙巳 二千七百三十一
三十六辛巳 三千五百四十七			
右巳部			
五戊午 四百零四	甲午 千二百二十	庚午 二千零三十六	丙午 二千八百五十二
三十七壬午 三千六百六十八			

續表

右午部			
六庚申 五百五十六	丙申 千三百四十二	壬申 二千一百五十八	戊申 二千九百七十四
三十八甲申 三千七百九十			
右申部			
七辛酉 六百四十七	丁酉 千四百六十三	癸酉 二千二百七十九	己酉 三千零九十五
三十九乙酉 三千九百十一			
右酉部			
八壬戌 七百六十八	戊戌 千五百八十四	甲戌 二千四百	庚戌 三千二百十六
四十丙戌 四千零三十二			
右戌部			

此圖自右而左，即每紀八部。次弟之數自上而下，即每紀八部。厄會之數，自始而終，又即五紀四十部，周行之全數也。

值歲表弟一

乙亥紀
乙亥《大明》
詩篇至《鹿鳴》 凡三十一
值歲至癸丑 凡三十九
甲寅《四牡》
詩篇至《伐木》 凡百十五
值歲至弟三甲寅 凡百二十一
乙卯《天保》
詩篇至《由庚》 凡百二十
值歲至弟三丙辰 凡百二十二
丁巳《嘉魚》
詩篇至《六月》 凡百二十

續表

值歲至弟三丁巳 凡百二十一
戊午《采芑》
詩篇至《吉日》 凡百十四
值歲至弟三己未 凡百二十二
庚申《鴻雁》
詩篇至《鶴鳴》 凡百十五
值歲至弟三庚申 凡百二十一
辛酉《祈父》
詩篇至《正月》 凡百十九
值歲至弟三辛酉 凡百二十
壬戌《十月之交》
詩篇至《何草不黄》 凡四十二
值歲至庚戌 凡四十九

右弟一紀，從乙亥起，至庚戌止，凡八百十六歲。

值歲表弟二

辛亥紀
辛亥 詩篇歲數同前
庚寅
辛卯
癸巳
甲午
丙申 周成王十一年
丁酉 周穆王十八年
戊戌 周厲王十六年

右弟二紀，從辛亥起，至丙戌止，凡八百十六歲。合前一紀計之，凡千六百三十二歲。

值歲表弟三

丁亥紀
丁亥 周宣王十四年
丙寅 周幽王七年
丁卯 周惠王二十三年
己巳 周景王十三年
庚午 周威烈王十五年
壬申 周赧王二十六年
癸酉 漢文帝十二年
甲戌 漢元帝二年

右弟三紀，從丁亥起，至壬戌止，凡八百十六歲。合前二紀計之，凡二千四百四十八歲。

值歲表弟四

癸亥紀
癸亥 漢平帝三年
壬寅 後漢光武帝十八年
癸卯 後漢桓帝十七年
乙巳 晉武帝二十一年
丙午 晉安帝十年
戊申 梁武帝二十七年
己酉 唐太宗二十三年
庚戌 唐代宗八年

右弟四紀，從癸亥起，至戊戌止，凡八百十六歲。合前三紀計之，凡三千二百六十四歲。

值歲表弟五

己亥紀
己亥 唐憲宗十四年
戊寅 唐宣宗十二年
己卯 宋太祖二十年
辛巳 宋哲宗十六年
壬午 宋寧宗二十八年
甲申 元順帝二十二年
乙酉 明憲宗元年
丙戌 明神宗十四年

右弟五紀，從己亥起，至甲戌止，凡八百十六歲。合前四紀計之，凡四千有八十歲。

齊詩翼氏學卷四

吴江迮鶴壽青厓著

五際異詞

或謂《詩》有五際，指君臣、父子、兄弟、夫婦、朋友也。[①] 今案：五際皆以厄會言之。君臣之厄，有如《菀柳》[②]；

---

① 應劭釋五際："君臣、父子、兄弟、夫婦、朋友也。"孟康曰："《詩内傳》曰：'五際，卯、酉、午、戌、亥也。陰陽終始際會之歲，於此則有變改之政也'。"應劭所言五際是爲五倫，與《齊詩》五際之義不同。

② 《菀柳》三章，章六句。《詩序》曰："《菀柳》，刺幽王也。暴虐無親，而刑罰不中，諸侯皆不欲朝，言王者之不可朝事也。"幽王與諸臣關係不睦，實行暴政，有失君臣之道，故詩以諷之。

父子之厄，有如《小弁》①；兄弟之厄，有如《常棣》②；夫婦之厄，有如《白華》③；朋友之厄，有如《谷風》④。而翼氏及《詩緯》所引詩篇，皆不及此。或又謂亥爲陽水，與子爲陰水相際；卯爲陰木，與寅爲陽木相際；午爲陰火，與巳爲陽火相際；酉爲陰金，與申爲陽金相際；戌爲陽土，與辰爲陰土相際，故謂之五際。

今案："五際"專指陰陽興謝，不論方位聯綴。若以方位言之，亥、子居北方，水與水相際也；卯、寅居東方，木與木相際也；巳、午居南方，火與火相際也；申、酉居西方，金與金相際也。若辰、戌、丑、未，間於四隅，陽土與陰土並不相際，則止有"四際"也。若謂四正以流行者爲際，四隅以對待者爲際，戌居西北與辰居東南相對者爲一際，彼丑居東北與未居西南相對者獨非一際乎？則是有"六際"矣。故五際之説，斷以《齊詩内傳》⑤爲正。至於四始五際，詩篇雖止見於《詩緯》，然哀平之世《齊詩》未亡，《大明》在亥云云，當即造《詩緯》者竊聞翼、匡、師、伏舊説而襲用之。然則《齊詩》正賴以傳，未可以其出自緯書而略之也。

齊詩故傳

漢轅固作《齊詩外内傳》，后倉作《齊詩故傳》，孫氏作

---

① 《小弁》八章，章八句。《詩序》曰："《小弁》，刺幽王也。大子之傅作焉。"幽王與太子心生嫌隙，父子之親有妨，故詩以諷之。

② 《常棣》八章，章四句。《詩序》曰："《常棣》，燕兄弟也。閔管、蔡之失道，故作《常棣》焉。"此詩諷刺兄弟鬩牆，有失和睦之道，故詩以諷之。

③ 《白華》八章，章四句。《詩序》曰："《白華》，周人刺幽后也。幽王娶申女以爲后，又得褒姒而黜申后，故下國化之，以妾爲妻，以孽代宗，而王弗能治，周人爲之作是詩也。"幽王以妾爲妻，亂夫婦之倫，爲失道之舉，故詩以諷之。

④ 《谷風》三章，章六句。《詩序》曰："《谷風》，刺幽王也。天下俗薄，朋友道絶焉。"此詩諷刺幽王暴政，致使朋友棄恩忘舊，德薄俗壞。

⑤ 今已佚失，《玉函山房輯佚書》尚輯録部分。

《齊詩故傳雜記》，後漢伏黯作《齊詩章句解説》。《齊詩》魏代已亡，董逌《廣川詩故》[①] 謂《齊詩》尚存，豈其然與？王應麟《詩攷》所引《齊詩》甚略。今據其原本，兼取他書，以備攷證。

《關雎》

李樗、黄櫄《毛詩集解》："《齊詩》以《關雎》爲周衰所作。"鄭樵《六經奥論》[②]："《齊詩》以《關雎》爲康王政衰之詩。晁説之《詩序》論齊、魯、韓三家，以《關雎》、《葛覃》、《卷耳》、《鵲巢》、《采蘩》、《采蘋》、《騶虞》爲康王詩。

《采蘋》

曹粹中《放齋詩説》[③]："《齊詩》先《采蘋》而後《草蟲》"。今[④]案：《采蘋》本在《草蟲》之前，鄭康成《詩譜》同。

《何彼襛矣》

鄭康成《箴膏肓》"王姬之車，言齊侯嫁女，以其母王姬始嫁之車遠送之。"賈公彦曰："取齊、魯、韓《詩》"。

《騶虞》

范處義《解頤新語》："《齊詩章句》：騶虞，爲天子掌鳥獸官。"[⑤] 戴東原曰："騶，趣馬；虞，虞人。騶與虞，田獵必共有事。《詩》兼言兩官耳。"[⑥]

---

① 董逌，字彦遠，北宋藏書家、書畫鑒定家，精於鑒賞、考據，著《廣川詩故》四十卷。

② 今以《通志堂經解》本與《四庫全書》本習見。該書雖署鄭樵，但其作者和成書已成爲學術史上一大公案。該書有大量疑經言論，頗具争議。

③ 曹粹中，字純老，號放齋，明州定海人。徽宗宣和六年（1124）進士，釋褐黄州教授。爲人剛正，不依附秦檜。《放齋詩説》有清張壽鏞輯本，《續修四庫全書》影印收録。

④ 今，原作"小"，據《續清經解》本改。

⑤ 范處義，宋人，字由中，婺州金華人，著有《解頤新語》十四卷。

⑥ 戴震《毛鄭詩考正》，凡四卷。戴氏自識："鄭氏《譜》亡，歐陽永叔得其殘本於絳州，取孔穎達《正義》訂正所載之文補之。今其《譜》又復訛闕，聊加訂正，以存梗概。"

《有狐》

《詩攷》[1]："有狐綏綏，《齊詩》作'久久'。"

《黍離》

洪邁《容齋四筆》[2]："《齊詩》以爲衛宣公之子壽閔其兄伋之且見害，作憂思之詩，《黍離》是也。"晁説之曰："齊魯韓三家，以《王風》爲魯詩。"今案：《黍離》繼《衛風》後，《齊詩》蓋以《黍離》爲衛詩，"君子于役"以下爲魯詩。

《營》

《漢書・地理志》："臨甾名營邱，故《齊詩》曰：'子之營兮，遭我虖嶩之間兮。'"顔師古注："《齊國風・營》詩之辭也。《毛詩》作'還'，《齊詩》作'營'。之，往也。嶩，山名也，字或作'猱'，亦作'夒'，音皆乃高反。言往適營邱而相逢于嶩山也。"今案：營，讀若延，與下句'間'字韻。

《破斧》

《詩攷》："四國是皇，董氏曰'《齊詩》作"是匡"，賈公彦引以爲據。"惠定宇曰："《毛傳》訓'皇'爲'匡'，《爾雅》'皇''匡'皆訓爲'正'，《白虎通・巡狩篇》言'東征述職，周公黜陟而天下皆正也'。"

《鹿鳴》

晁説之曰："齊、魯、韓三家以《鹿鳴》《四牡》《皇皇者華》爲康王詩。"

《十月之交》

《漢書・翼奉傳》："竊學《齊詩》，聞五際之要《十月之交》篇。"孟康注："《詩内傳》曰：'五際，卯、酉、午、戌、亥也。陰陽終始際會之歲，于此則有變改之政也。'"

---

① 即宋王應麟《詩攷》，凡一卷。

② 《容齋隨筆》是總名，分爲《隨筆》《續筆》《三筆》《四筆》《五筆》。《隨筆》先後用了十八年的精力，《續筆》用了十三年，《三筆》五年，《四筆》不到一年，《五筆》未完成而卒。

《鼓鐘》

《後漢書・陳忠傳》："《詩》云：'以雅以南，韎任朱離。'"章懷太子注《毛詩》無'韎任朱離'之文，蓋見齊魯之《詩》也。晁說之曰："齊、魯、韓三家以《鼓鐘》爲昭王詩。

《緜》

《地理志》"右扶風杜陽縣"顏師古注："《大雅・緜》之詩曰：'人之初生，自土漆沮'，《齊詩》作'自杜'，言公劉避狄，而來居杜與漆、沮之地。"今案："沮"與下句"父"字韻。

《嘉樂》

《詩攷》："顯顯令德，《禮記》作'憲憲'，孔穎達曰：'與毛不同者，齊、魯、韓《詩》也。'"

《桑柔》

《詩考》："靡所止疑，《齊詩》作'止凝'。"

《般》

陸德明《經典釋文》："般於繹思，《毛詩》無此句，齊、魯、韓《詩》有之。"

《長發》

吕祖謙《讀詩記》："爲下國駿厖，《齊詩》'駿厖，謂馬也'。"《董氏說》《朱子集傳》亦引之。

漢蕭望之引《詩》，匡衡論《關雎》，後漢伏湛論《皇矣》，三人皆治《齊詩》，故《詩攷》並及之。

五性表

翼氏曰："《詩》之爲學，情性而已。五際不相害，六情更興廢。觀性以秝，觀情以律。"① 今案：秝謂十干也。②

---

① 張晏曰："性謂五行也。曆謂日也。情謂六情，廉貞、寬大、公正、奸邪、陰賊、貪狼也。律，十二律也。"葉德輝曰："《初學記》引《樂緯》云：'六律，黄鐘十一月、太簇正月、姑洗三月、蕤賓五月、夷則七月、無射九月。六吕，大吕十二月、夾鐘二月、仲吕四月、林鐘六月、南吕八月、應鐘十月。陽爲律，陰爲吕，總謂之十二月律。'"王先謙云："十二律即十二支，上云某方之情，某支主之是也。"

② "秝"同"曆"，按迮氏說，"秝"即十天干是也。

肝性静，静行仁，甲、己主之。
肝屬木。甲，陽木也；己，陰土也。
心性躁，躁行禮，丙、辛主之。
心屬火。丙，陽火也；辛，陰金也。
脾性力，力行信，戊、癸主之。
脾屬土。戊，陽土也；癸，陰水也。
肺性堅，堅行義，乙、庚主之。
肺屬金。乙，陰木也；庚，陽金也。
腎性智，智行敬，丁、壬主之。
腎屬水。丁，陰火也；壬，陽水也。

若以五性配五際，則卯際仁也，午際禮也，戌際信也，酉際義也，亥際敬也。

六情表

翼氏曰："治道要務在知下之邪正，知下之術在於六情、十二律而已。"今案：律謂十二支也。《春秋緯·演孔圖》曰："《詩》含五際六情。"

北方之情，好也；好行貪狼，申、子主之。
孟康曰："北方水，水生于申，盛于子。水性觸地而行，觸物而潤，故多好貪而無厭，故爲貪狼。"
東方之情，怒也；怒行陰賊，亥、卯主之。
孟康曰："東方木，木生于亥，盛于卯。木性受水而生，貫地而出，故爲怒。以陰氣賊害物，故爲陰賊。 "貪狼必待陰賊而後動，陰賊必待貪狼而後用。二陰並行，是以王者忌子、卯也。"
南方之情，惡也；惡行廉貞，寅、午主之。

續表

孟康曰：“南方火，火生于寅，盛于午。火性炎猛，無所容受，故爲惡。其氣精專嚴整，故爲廉貞。”
西方之情，喜也；喜行寬大，巳、酉主之。
孟康曰：“西方金，金生于巳，盛于酉。金之爲物喜以利刃加於萬物，故爲喜。利刃所加，無不寬大，故爲寬大。” 二陽並行，是以王者吉，午、酉也。《詩》曰：“吉日庚午。”今案：二陽謂廉貞、寬大也。
上方之情，樂也；樂行姦邪，辰、未主之。
孟康曰：“上方謂北與東也。陽氣所萌生，故爲上。辰，窮水也；未，窮木也。翼氏《風角》曰：‘木落歸本，水流歸末。’故木利在亥，水利在辰，盛衰各得其所，故樂也。水窮則無隙不入，木上出，窮則旁行，故爲姦邪。
下方之情，哀也；哀行公正，戌、丑主之。
孟康曰：“下方謂南與西也。陰氣所萌生，故爲下。戌，窮火也；丑，窮金也。翼氏《風角》曰：‘金剛火強，各歸其鄉。’故火刑于午，金刑于酉。酉、午，金火之盛也。盛時而受刑，至窮無所歸，故哀也。火性無私，金性方剛，故爲公正。”
辰、未屬陰，戌、丑屬陽，萬物各以其類應。

若以六情配五際，則亥際貪狼也，卯際陰賊也，午際廉貞也，酉際寬大也，戌際公正也，亥、卯二際又兼姦邪也。

辰時邪正表附

元帝詔問奉：“來者以善日邪時，孰與邪日善時？”奉對曰：“師法用辰不用日。孟康曰：“假令甲子日，子爲辰，甲爲日，用子不用甲也。”辰爲客，時爲主人，見于明主，侍者爲主人。”

辰正時邪，見者正，侍者邪。
孟康曰："凡辰時屬南與西爲正，北與東爲邪。"
辰邪時正，見者邪，侍者正。
晉灼曰："南方巳午、西方酉戌、東北寅丑爲正，西南申未、北方亥子、東方辰卯爲邪。"
中正之見，侍者雖邪，辰時俱正。
孟康曰："大正厭小邪也。"
大邪[1]之見，侍者雖正，辰時俱邪。
孟康曰："大邪厭小正也。"
即以自知侍者之邪，而時邪辰正，見者反邪。
晉灼曰："上言中正客見，侍者雖邪，辰時俱正，然則小邪屬主人矣。以此法占之，即以自知主人之邪，而時邪辰正矣。何以知之？見者以大正來反我小邪故也。"
即以自知侍者之正，而時正辰邪，見者反正。
晉灼曰："上言大邪客見，侍者雖正，辰時俱邪，然則小正屬主人矣。以此法占之，即以自知主人之正，而時正辰邪矣。何以知之？見者以大邪來反我小正故也。"

辰爲常事，時爲一行。孟康曰：假令甲子日，則一日一夜爲子。時，十二時也。日加之，行過也。辰疏而時精，其效同功，必參五觀之，然後可知。

《詩緯》有佚句辨

鄭康成《六藝論》引《詩緯·汎秝樞》曰："午亥之際爲革命，卯酉之際爲改政。辰在天門，出入候聽。卯，《天保》也；酉，《祈父》也；午，《采芑》也；亥，《大明》也。此下佚

① 邪，原作"雅"，據《續清經解》本改。

一句。然則亥爲革命，一際也；亥又爲天門，出入候聽，二際也；“亥又”二字乃“辰”字之譌。辰弟三，卯第二，文互易者，鄭氏順便言之。卯爲陰陽交際，三際也；午爲陽謝陰興，四際也；酉爲陰盛陽微，五際也。”

今案：《詩緯》上言午、亥、卯、酉、辰爲五際，下舉《天保》《祈父》《采芑》《大明》四篇以釋卯酉午亥，必更有“辰某篇也”一句，故鄭氏解之曰：“然則亥爲革命，一際也；辰爲天門，出入候聽，二際也。”自傳寫者佚去“辰某篇也”一句，後人見卯酉午亥止有四《詩》，獨不及辰，因改云“亥又爲天門，出入候聽”。秝家有“歲星跳辰”之法，服虔所謂“龍度天門”也，歲星爲龍辰，爲天門。《詩緯》“辰在天門”之語，蓋取諸此。[1] 今改云“亥爲天門”，何所取義乎？亥本一際，安得分爲二際？且《六藝論》上文明引《汎秝樞》云“辰在天門”，而下文忽云“亥爲天門”，亦不應如是之矛盾也。

改戍際爲辰際解

卯、酉、午、戌、亥爲五際，此《齊詩内傳》之説也。而《詩緯·汎秝樞》云“午亥之際爲革命，卯酉之際爲改政。辰在天門，出入候聽”，則是改戌際爲辰際矣。其所以得改者，亥爲陽水，卯爲陰木，午爲陰火，酉爲陰金。衆論所同，不能改易。獨土行，翼氏以丑爲陽，辰爲陰。《詩緯》以丑爲陰，辰爲陽。丑爲陰土，不得爲際；辰爲陽土，處于戌前。于是改戌際爲辰際，以自異于《齊詩》焉。哀帝時，尚在戌際，夏賀良等謂漢秝中衰，當更受命，宜急改元易號，乃僞造諸《緯》，以濟其反道惑衆之私。其所以必改者，戌際《十月之交》諸詩皆敘災變，不如辰際《南陔》諸詩詠歌太平，可以援引爲符瑞。乃取“辰爲天門”一語附會之，而以卯、酉、午、亥、辰

---

① “神（從《郎顗傳》改“辰”字）在天門，出入候聽。”見《詩緯·汎曆樞》。

爲五際，與《齊詩》名同而實異矣。

翼氏十二支陰陽圖

亥	陽水
子	陰水
丑	陽土
寅	陽木
卯	陰木
辰	陰土
巳	陽火
午	陰火
未	陰土
申	陽金
酉	陰金
戌	陽土

翼氏以辰未爲陰，戌丑爲陽，東南與西南相對，西北與東北相對。

《詩緯》十二支陰陽圖[①]

亥	陽水
子	陰水
丑	陰土
寅	陽木
卯	陰木

① 圖，原作“土”，據《續清經解》本改。

續表

亥	陽水
辰	陽土
巳	陽火
午	陰火
未	陰土
申	陽金
酉	陰金
戌	陽土

《詩緯》以辰戌爲陽，丑未爲陰，東南與西北相對，西南與東北相對。

戌、丑屬陽解

日行一晝夜，分爲十二時。亥、子在夜半，水也；寅、卯在昧爽，木也；巳、午在日中，火也；申、酉在日昃，金也。皆一陰一陽相配，辰、戌、丑、未間于木、火、金、水之間，土也。談五行者，皆以辰、戌爲陽，丑、未爲陰。推尋其義，蓋因小雪、大雪、冬至、小寒、大寒，日出在辰；小滿、芒種、夏至、小暑、大暑，日入在戌。辰、戌二者，係日所出入之時，故以爲陽也。翼氏則云辰未屬陰，戌丑屬陽。此以方位言之，北與東，上方也，陽氣所萌生。戌居西北，丑居東北，位在上方，故皆屬陽。南與西，下方也，陰氣所萌生。辰居東南，未居西南，位在下方，故皆屬陰[①]。

又翼氏謂“初元二年，太陰建于甲戌，律以庚寅初用事，秝以甲午從春。秝中甲庚，律得參陽，性中仁義，情得公正廉貞。”今案：參陽，謂戌、寅、午也。午屬陰而謂之陽者，甲

① 陰，原作“陽”，據《續清經解》本改。

戌之戌爲公正，庚寅之寅、甲午之午皆爲廉貞，故連文言之。

辰際爲《南陔》解

《詩緯》改戌際爲辰際，而不云辰爲某篇，此必傳寫者失之。今以《齊詩》分部之法求之，知爲《南陔》也。《齊詩》寅部小數加五篇，卯部加十篇，卯部之下，即爲巳部。今于卯、巳二部之間，增出辰部。

自《天保》至《常棣》，除大數，百有十篇，若小數，仍加十篇。自《伐木》至《由庚》，則以下即爲《嘉魚》，勢必改巳部爲辰部矣。故依寅部加五篇。自《伐木》至《杕杜》，已滿卯部之數，而其下《南陔》乃爲辰部也。自《南陔》至《出車》，除大數，百有十篇；自《杕杜》至《魚麗》，以小數五篇除之，尚多《由庚》一篇。《齊詩》亥部多《鹿鳴》一篇，以亥爲陽水，遇下寅爲陽木故也。今辰爲陽土，遇下巳爲陽火，亦多一篇，于例未嘗不符。既增辰際，遂删戌際，而酉際自《祈父》至《何草不黄》，凡五十篇而已。

《詩緯》篇數不合辨

五際之目，以《詩緯》而存；《齊詩》之義，以《詩緯》而亡。《詩緯》改戌際爲辰際，就一部内計之，若與例相符，合諸部計之，則非也。《齊詩》五際部内所加之小數，皆一陰一陽相間，卯際十篇與下午際午篇相間。《詩緯》卯際改爲五篇，辰際又止五篇，與下午[1]際五篇三部相復矣。此例之不合也。（辰際實六篇，午際實四篇，今皆用成數算）亥屬陽，處未明之時；戌屬陽，處向晦之時，故各爲一際。卯、午、酉屬陰，處於日中，故各爲一際。若以辰爲陽土，辰在日中，正宜光明，則安得爲際乎？此義之不合也。

① 午，原作“五”，據《續清經解》本改。

亥爲《大明》，天下初定；卯爲《天保》，君臣交勉；午爲《采芑》，中興事業；酉爲《祈父》，政治廢弛。急宜改革，至戌爲《十月之交》，則天變見于上，地變見于下，王者所當恐懼修省也。今删去戌際，則于引經垂戒之意何居乎？天一生水，天五生土，以亥際始而不以戌際終，豈非舉其始而忘其終乎？

春秋夷狄中國辨

徐勤 撰，郜喆[*] 點校

自敘

環大地之面而僕緣之，積萬億之羣而封溝之，各私其民、各擅其權、各專其利，凡爲國者數十也，尊内而抑外、是己而非人，於是中國夷狄之稱彌盛焉。《春秋傳》曰："何言乎王正月？大一統也。"又曰："天下遠近大小若一。"又曰："《春秋》之義，從變而移，惟德是親。"故晉衛齊鄭，所謂中國也，忽然而夷狄之；秦楚吴越，所謂夷狄也，忽然而中國之。蓋無所謂中國，無所謂夷狄也。地球三千年，青史氏之言，凡所謂守舊之國、教化未興者，皆爵重世襲、人列數等：印度之舊教，羅馬之舊俗，以及日本、高麗、回部皆然。嗚呼！民不貴德，久而不變，豈孔教之未廣耶？抑時勢之使然耶？《春秋》之義，分三世：曰據亂、曰昇平、曰太平。洪水以後，至孔子時，據亂之世也；孔子以後，至今二千年，昇平之世也；今中外大開，地球混一，太平之世也。《莊子》曰："《春秋》經世，先王之志。"蓋深知《春秋》可以經萬世、前民用，非斷爛朝報比也。不量顓顓之愚，發明斯旨，分別三義，別爲三卷，名曰《春秋夷狄中國辨》，所以發三千年圣教之微言，啓十四萬萬駿

---

* 郜喆，中國政法大學國際儒學院博士後。

皂之聰智，破五十國自尊自利之私心，黜五大州民賊之餘毒，庶幾“天下一家，中國一人”，天爵之尊，大同之治可行於今日也。經學不明，或者不察，目爲異論，則請學《春秋》，請“樂道堯舜之道”耶？非堯舜之道不敢言，非孔子制作、仁天下之學不敢言，則堯舜、孔子爲異學耶？孔子生二千四百四十八年，三水徐勤。[1]

春秋中國夷狄辨目録

中國而夷狄之第一
夷狄而中國之第二
中國夷狄進退微旨第三

---

① 徐勤，字君勉，號雪庵，廣東三水人。清同治十二年（1873）生，十八歲起學於康有爲，多爲康氏著作、講學奔走籌劃。戊戌政變後，康有爲在流亡前曾囑託徐勤照顧他的母親，足見康氏對他的信任。辛亥前後，以梁啓超爲首的部分康門弟子，曾打算與革命黨聯合，支持共和。此時，徐勤不僅没有叛逃，更是去信告知康有爲相關信息，及時阻止了康門内部的分裂。民國成立後，徐勤也全力配合康有爲策劃的政治活動，險些丟了性命。因此，康有爲曾評價徐勤説：“若徐勤者，德行第一，至誠不息，其爲孔門之顔淵耶？”康有爲去世後，徐勤也逐漸淡出政壇，晚年寓居天津，民國三十四年（1945）病逝，享年七十三歲。《春秋夷狄中國辨》一書著於戊戌前一年。在康有爲的《春秋董氏學》中，徐勤已經負責主筆卷六“春秋微言大義”中“夷狄”一節，此書或是相關内容的豐富與展開。徐勤認爲，《春秋》中的“中國”“夷狄”爲文明與野蠻的符號，並非指向固定的群體。並且，他以康有爲“三世説”爲宗旨，將《春秋》“内諸夏而外夷狄”的“異内外”科旨，視爲“據亂世”與“昇平世”的階段策略。最終，在“太平世”，“中外大開，地球混一”，無所謂中國、夷狄之分，是爲“大同之治”。此書刊刻後，梁啓超在《時務報》上發文，鼓吹此書“犁千年之謬論，抉大同之微言”。可見徐勤以“中國夷狄”標目，心實嚮往於大同。本書藏於北京大學圖書館，爲上海點石齋書局刊行，原雲南武備學堂藏書，整理者於讀博期間借出並録入點校。徐勤罕有著作傳世，此次整理，庶幾補充康門之學，廣述康子“三世”“大同”微旨。整理者畢業後，遂無出入圖書館權限，無法閱覽底本。點校若有舛誤，敬請方家指正。孔子生二千四百四十八年，即光緒二十三年（1897）。

春秋中國夷狄辨卷一

三水徐勤君勉撰

中國夷狄之第一

《公羊》桓十五年："邾婁人、牟人、葛人來朝。"《傳》："皆何以稱人？夷狄之也。何注："桓公行惡而三人俱朝事之，三人爲衆，衆足責，故夷狄之。"○辨曰：《繁露·觀德篇》："先聘我者見賢。"隱元年儀父與盟則稱字，莊二十二年荆人來聘則稱人，而邾婁人、牟人、葛人来朝，反以夷狄稱之，何哉？蓋桓公行惡，有夷狄之行，邾婁人、牟人、葛人朝之，則是朝夷狄也，故亦夷狄之。

《公羊》僖十四年："春，諸侯城緣陵。"《傳》："孰城之？城杞也。曷爲城杞？滅也。孰滅之？蓋徐、莒脅之。"何注："以下背狄徐也。言脅者，杞，王者之後，尤微，是見恐曷而亡。"○辨曰：杞爲王者之後，先聖法度所在，徐脅而滅之，有夷狄之行，故從而夷狄之。僖十五年，楚敗徐；文七年，徐伐莒，亦以滅杞之故，皆稱徐以狄之。

《公羊》僖十五年："楚人敗徐于婁林。"何注："謂之徐者，爲滅杞，不知尊先聖法度，惡重，故狄之也。不月者，畧兩夷狄也。"○辨曰：敗例書月，"莊十年，春，王正月，公敗齊師于長勺"是也。此以徐之滅杞、楚之敗徐，皆有夷狄之行，故不月以畧之。

《公羊》文七年："冬，徐伐莒。"何注："謂之徐者，前共滅王者後，不知尊先聖法度，今自先犯，文對事連，可以起同惡。莒在下，不得狄，故復狄徐也。一罪再狄者，明爲莒狄之耳。徐先狄，在僖十五年。"○辨曰：徐、莒共滅王者之後，今復相犯，故書以起同惡，然莒時被伐，例不出主名，故無由狄之，是以一罪再狄者，明爲莒狄之也。

《公羊》文十一年："冬，十月，甲午，叔孫得臣敗狄于鹹。"《傳》："狄者何？長狄也。兄弟三人，一者之齊，一者之魯，一者之晉。其之齊者，王子成父殺之；其之魯者，叔孫得臣殺之；則未知其之晉者也。其言敗何？大之也。其日何？大之也。其地何？大之也。何以書？記異也。"何注："魯成就周道之封，齊晉霸尊周室之後，長狄之操，無羽翮之助，别之三國，皆欲爲君。此象周室衰，禮義廢，大人無輔佐，有夷狄行，事以三成，不可苟指一，故自宣、成以往，弑君二十八，亡國四十。"○辨曰：周室衰，禮義廢，至於弑君二十八，亡國四十，則豈復中國禮義之俗哉？故《傳》言有夷狄之行，蓋舉中國而夷狄之也。

《公羊》宣十二年："夏，六月，乙卯，晉荀林父帥師及楚子戰于邲，晉師敗績。"《傳》："大夫不敵君，此其稱名氏以敵楚子何？不與晉而與楚子爲禮也。曷爲不與晉而與楚子爲禮也？莊王伐鄭，勝乎皇門，放乎路衢。鄭伯肉袒，左執茅旌，右執鸞刀，以逆莊王，曰：'寡人無良邊垂之臣，以干天禍，是以使君王沛焉，辱到敝邑。君如矜此喪人，錫之不毛之地，使帥一二耋老而綏焉。請唯君王之命。'莊王曰：'君之不令臣交易爲言，是以使寡人得見君之玉面，而微至乎此。"莊王親自手旌，左右撝軍，退舍七里。將軍子重諫曰：'南郢之與鄭，相去數千里，諸大夫死者數人，廝役扈養死者數百人。今君勝鄭而不有，無乃失民臣之力乎？'莊王曰：'古者杅不穿，皮不蠹，則不出於四方。是以君子篤於禮而薄於利，要其人而不要其土，告從，不赦，不詳。吾以不詳道民，災及吾身，何日之有？'既則晉師之救鄭者至，曰：'請戰。'莊王許諾。將軍子重諫曰：'晉，大國也。王師淹病矣，君請勿許也。'莊王曰：'弱者吾威之，强者吾辟之，是以使寡人無以立乎天下。'令之還師而逆晉寇。莊王鼓之，晉師大敗。晉衆之走者，舟中之指可掬矣。莊王曰：'嘻！吾兩君不相好，百姓何罪？'令之還師而佚晉寇。”何注：“晉見莊王行義於陳，功立威行，嫉妬，欲敗之，救鄭雖解，猶擊之不止，爲其欲壞楚善行，以求上人，故奪不使與楚成禮，而序林父於上，罪起其事。言及者，以臣及君，不嫌晉直，明晉汲汲，欲敗楚爾。陸戰當舉地，而舉水者，大莊王閔隋水而佚晉寇。”〇辨曰：莊王之師，進以義，退以仁，卓然君子之行，故《春秋》與之以進於中國。林父不度德量力，自取喪敗，中國遂衰，故特主名以著其罪而黜於夷狄。《繁露・竹林篇》：“《春秋》之常辭也，不予夷狄而予中國爲禮，至邲之戰，偏然反之。”又《觀德篇》：“《春秋》常辭，夷狄不得與中國爲禮，至邲之戰，夷狄反道，中國不得與夷狄爲禮，避楚莊也。”

《公羊》成三年：“鄭伐許。”何註：“謂之鄭者，惡鄭襄公與楚同心，數侵伐諸夏。自[①]此之後，中國盟會無已，兵革數起，夷狄比周爲黨，故夷狄之。”〇辨曰：周之東遷，晉鄭是依。鄭本中國也，乃與楚比周爲黨，數侵伐諸夏，與夷狄無異，故從而夷狄之。

《公羊》昭十二年：“晉伐鮮虞。”何注：“謂之晉者，中國以無義，故爲夷狄所强，令楚行詐、滅陳蔡，諸夏懼然去，而與晉會于屈銀，不因以大綏諸侯，先之以博愛，而先伐同姓，從親親起，欲以立威行霸，故狄之。”〇辨曰：晉爲盟主，坐視楚滅陳蔡而不救，乃復蹈楚之故轍，不先博愛而加兵同姓，故稱晉以狄之。

《公羊》昭二十三年：“戊辰，吴敗頓、胡、沈、蔡、陳、許之師於雞父。胡子髡、沈子楹滅，獲陳夏齧。”《傳》：“此偏戰也，曷爲以詐戰之辭言之？不與夷狄之主中國也。”何注：“序上言戰，别客主人直不直也。今吴序上而言戰，則主中國辭也。”“然則曷为不使中国主之？中国亦新夷狄也。”何注：

---

① 自，原作“曰”，據阮刻本《春秋公羊傳注疏》改。

"中國所以異乎夷狄者，以其能尊尊也。王室亂莫肯救，君臣上下壞敗，亦新有夷狄之行，故不使主之。不稱國國出師者，賤略之。言之師者，辟許獨稱師，上五國稱國之嫌。""其言滅、獲何？别君臣也。君死於位曰滅，生得曰獲，大夫生死皆曰獲。不與夷狄之主中國，則其言獲陳夏齧何？吴少進也。"何注："能結日偏戰，行少進，故從中國辭治之。"○辨曰：不與夷狄主中國，則當以中國主之，乃中國新有夷狄之行，故不可使主，此言"獲陳夏齧何？能結日偏戰，行少進，故從中國辭治之"。哀十一年，"獲齊國書"，何注言："獲者，能結日偏戰，少進也。"義與此同。

《公羊》哀六年："春，城邾婁葭。"何注："城者，取之也。不言取者，魯數圍取邾婁邑，邾婁未曾加非於魯，而侮奪之，不知足，有夷狄之行，故諱之，明惡甚。"○辨曰：《春秋》王魯，尊内而抑外，乃忽以爲惡甚，有夷狄之行。然則所謂王魯者，非真王也，不過託王耳；所謂夷狄者，亦非真夷狄也，不過託夷狄耳。《易・繫辭》篇："變動不居，周流六虚。上下無常，剛柔相易。不可爲典要，唯變所適。"其《春秋》之謂乎？

《穀梁》隱七年："冬，天王使凡伯來聘。戎伐凡伯于楚丘以歸。"《傳》："凡伯者何也？天子之大夫也。國而曰伐，此一人而曰伐，何也？大夫之命也。戎者，衛也。戎衛者，爲其伐天子之使，貶而戎之也。楚丘，衛邑也。以歸，猶愈乎執也。"○辨曰：伐凡伯者，衛也。何以稱戎而不稱衛？蓋執天子之使，無禮實甚，故稱戎以黜之。

《穀梁》襄七年："鄭伯髡原如會，未見諸侯。丙戌，卒于操。"《傳》："未見諸侯，其曰如會，何也？致其志也。禮，諸侯不生名，此其生名，何也？卒之名也。卒之名，則何爲加之如會之上？見以如會卒也。其見以如會卒，何也？鄭伯將會中國，其臣欲從楚，不勝其臣，弑而死。其不言弑，何也？不使夷狄之民加乎中國之君也。其地，於外也。其日，未逾竟也。日卒時葬，正也。”○辨曰：君爲中國之君，則臣亦當爲中國之臣，乃其臣有弑逆之罪，從植户之志，故黜之爲夷狄之民。莊四年，“不使小人加乎君子”；宣十一年，“不使夷狄爲中國”。此不言弑而言卒者，亦即此義也。

《穀梁》襄三十年：“夏，四月，蔡世子般弑其君固。”“其不日，子奪父政，是謂夷之。”○辨曰：子奪政，是謂夷之之義，託世子般明之。然則《春秋》之世，子奪父政，以至弑君三十六者，亦皆可以此例之而夷狄之矣。

《穀梁》昭十有二年：“晉伐鮮虞。”“其曰晉，狄之也。其狄之何也？不正其與夷狄交伐中國，故狄稱之也。”○辨曰：晉，中國也，與夷狄伐中國，則是夷狄矣，故狄稱之。

《穀梁》定十年：“夏，公會齊侯于頰谷。公至自頰谷。”“離會不致，何爲致也？危之也。危之則以地致何也？爲危之也。其危奈何？曰頰谷之會，孔子相焉。兩君就壇，兩相相揖。齊人鼓譟而起，欲以執魯君。孔子歷階而上，不盡一等，而視乎齊侯，曰：“兩君合好，夷狄之民何爲來？”爲命司馬止之。齊侯逡巡而謝曰：“寡人之過也。”退而屬其二三大夫曰：“夫人率其君，與之行古人之道，二三子獨率我而入夷狄之俗，何爲？”罷會，齊人使優施舞於魯君之幕下。孔子曰：“笑君者罪當死。”使司馬行法焉，首足異門而出。○辨曰：齊非夷狄也，外託同會親好之名，内懷詐諼劫質之志，不禮之甚，不信之甚，故謂之“夷狄之民”。

《春秋繁露・楚莊王第一》：《春秋》曰“晉伐鮮虞”，奚惡乎晉而同夷狄也？曰：《春秋》尊禮而重信。信重於地[①]，禮尊於身。○辨曰：《春秋》之義，尊禮重信，故能守夫禮信則進之，違夫禮信則黜之，其名號本無定也。晉伐鮮虞，與此相

① 地，原作“也”，據宋嘉定本《春秋繁露》改。

背，故擬諸夷狄。

《春秋繁露·竹林第三》：《春秋》之常辭也，不予夷狄而予中國爲禮，至邲之戰，偏然反之，何也？曰：《春秋》無通辭，從變而移。今晉變而爲夷狄，楚變而爲君子，故移其辭以從其事。夫莊王之舍鄭，有可貴之美，晉人不知其善，而欲擊之。所救已解，如挑與之戰，此無善善之心，而輕救民之意也，是以賤之，而不使得與賢者爲禮。〇辨曰：《春秋》無通辭之義，《公》《穀》二傳未有明文，至董子始發明之。孫明復、胡安國之流不知此義，以爲《春秋》之旨，最嚴華夷之限，於是尊己則曰神明之族，薄人則曰禽獸之類，苗猺洞獞之民則化外視之，邊鄙遼遠之地則忍而割棄之。嗚呼！背《春秋》之義，以自隘其道。孔教之不廣，生民之塗炭，豈非諸儒之罪耶？若無董子，則華夏之限，終莫能破，大同之世，終末由至也。

《春秋繁露·竹林第三》：《春秋》曰"鄭伐許"，奚惡於鄭而夷狄之也？曰：衛侯遬卒，鄭師侵之，是伐喪也。鄭與諸侯盟於蜀，以盟而歸，諸侯於是伐許，是叛盟也。伐喪無義，叛盟無信，無信無義，故大惡之。〇辨曰：《春秋》之義，最重信義。鄭伐喪、背盟，無信義之甚，故夷狄之。與"晉伐鮮虞"同義。

《春秋繁露·王道第六》：夷狄邾婁人、牟人、葛人，爲其天王崩而相朝聘也，此其誅也。〇辨曰：天王崩，諸侯不當行朝聘之禮，乃邾婁人、牟人、葛人猶復來聘，故稱人而夷狄之。

《春秋繁露·滅國下第八》：邢與狄伐其同姓，取之。其行如此，雖爾親，庸能親爾乎？〇曰：與狄伐同姓，則亦夷狄矣。故雖親，亦外之。

《春秋繁露·觀德第三十三》：春秋常辭，夷狄不得與中國爲禮。至邲之戰，夷狄反道，中國不得與夷狄爲禮，避楚莊也。邢、衛，魯之同姓也，狄人滅之，《春秋》爲諱，避齊桓也。當其如此也，惟德是親。〇辨曰：泥後儒尊攘之説，則當親者晉，而不當親者楚也，何德之足云？不知《春秋》之義，唯德是親，中國而不德也則夷狄之，夷狄而有德也則中國之，無疆界之分，無人我之相。若非董子發明此義，則孔教不過如婆羅門、馬哈墨之閉教而已。

《春秋中國夷狄辨》卷一終 弟子順德何云章校字

春秋中國夷狄辨卷二

三水徐勤君勉撰

夷狄而中國之第二

《公羊》文十八年："秦伯罃卒。"何注："秦穆公也。至此卒者，因其賢。"〇辨曰：秦爲戎狄，《春秋》外之，未有書卒者，今始書之者，蓋以穆公有賢行，故進而合於中國。

《公羊》宣十一年："夏，楚子、陳侯、鄭伯盟於[①]辰陵。"何注："不日月者，莊王行霸，約諸侯，明王法，討徵舒，善其憂中國，故爲信辭。"〇辨曰：莊王能討徵舒，憂中國，則亦中國之人矣，故爲信辭，以中國之。

《公羊》宣十一年："納公孫甯、儀行父於[②]陳。"何注："主書者，美楚能變悔改過，以遂前功，卒不取其國而存陳。"〇辨曰：前書"丁亥，楚子入陳"，何注："日者，惡莊王欲利其國。"此能變悔改過，卒存陳國，故美之進於中國。《史記·陳世家》："孔子讀史記至楚復陳，曰：'賢哉楚莊王！輕千乘之國而重一言。'"文十二年："秦伯使遂來聘。"《傳》："何賢乎繆公？以爲能變也。"義與此同。

《公羊》宣十二年："夏，六月，乙卯，晉荀林父帥師及楚

---

①② 於，阮刻本《春秋公羊傳注疏》作"于"。

子戰於[1]邲，晉師敗績。”《傳》：“大夫不敵君，此其稱名氏以敵楚子何？不與晉而與楚子爲禮也。曷爲不與晉而與楚子爲禮也？莊王伐鄭，勝乎皇門，放乎路衢。鄭伯肉袒，左執茅旌，右執鸞刀，以逆莊王，曰：‘寡人無良邊垂之臣，以干天禍，是以使君王沛焉，辱到敝邑。君如矜此喪人，錫之不毛之地，使帥一二耋老而綏焉。請唯君王之命。’莊王曰：‘君之不令臣交易爲言，是以使寡人得見君之玉面，而微至乎此。’莊王親自手旌，左右撝軍，退舍七里。將軍子重諫曰：‘南郢之與鄭，相去數千里，諸大夫死者數人，廝役扈養死者數百人。今君勝鄭而不有，無乃失民臣之力乎？’莊王曰：‘古者杅不穿，皮不蠹，則不出於四方。是以君子篤於禮而薄於利，要其人而不要其土，告從，不赦，不詳。吾以不詳道民，災及吾身，何日之有？’既則晉師之救鄭者至，曰：‘請戰。’莊王許諾。將軍子重諫曰：‘晉，大國也。王師淹病矣，君請勿許也。’莊王曰：‘弱者吾威之，强者吾辟之，是以使寡人無以立乎天下。’令之還師而逆晉寇。莊王鼓之，晉師大敗。晉衆之走者，舟中之指可掬矣。莊王曰：‘嘻！吾兩君不相好，百姓何罪？’令之還師而佚晉寇。”何注：“晉見莊王行義於陳，功立威行，嫉妬，欲敗之，救鄭雖解，猶擊之不止，爲其欲壞楚善行，以求上人，故奪不使與楚成禮，而序林父於上，罪起其事。言及者，以臣及君，不嫌晉直，明晉汲汲，欲敗楚爾。陸戰當舉地，而舉水者，大莊王閔隋水而佚晉寇。”〇辨曰：莊王之師，進以義，退以仁，卓然君子之行，故《春秋》與之以進於中國。林父不度德量力，自取喪敗，中國遂衰，故特主名以著其罪而黜於夷狄。《繁露·竹林篇》：“《春秋》之常辭也，不予夷狄而予中國爲禮，至邲之戰，偏然反之。”又《觀德篇》：“《春秋》常辭，夷狄不得與中國爲禮，至邲之戰，夷狄反道，中國不得與夷狄

---

[1] 於，阮刻本《春秋公羊傳注疏》作“于”。

爲禮，避楚莊也。”

《公羊》宣十八年：“甲戌，楚子旅卒。”“何以不書葬？吴、楚之君不書葬，辟其號也。”何注：“旅，即莊王也。葬從臣子辭當稱王，故絶其葬，明當誅之。至此卒者，因其有賢行。”○辨曰：隱元年何注：“王者探臣子心，欲尊其君父，使得稱公，故《春秋》以臣子書葬者，皆稱公。”《白虎通》五等諸侯卒皆稱爵。葬者，臣子之事，故一例，從尊稱公。時楚僭稱王，故絶其葬，若無臣子辭，以示誅絶。《禮記・坊記篇》：“《春秋》不稱楚越之王喪。”注：“楚越之君，僭號稱王，不稱其喪，謂不書葬也。”《穀梁傳》：“變之不葬有三：失德不葬、弑君不葬、滅國不葬。”僭號，失德之大者，與弑君、滅國同。《史記・孔子世家》：“吴楚之君自稱王，而《春秋》貶之曰子。”至此卒者，莊王行賢，故畧其僭號之罪，以進於中國，與文十八年書“秦伯罃卒”同義。

《公羊》襄二十九年：“吴子使札來聘。”《傳》：“吴無君、無大夫，此何以有君、有大夫？賢季子也。何賢乎季子？讓國也。”○辨曰：《詩》始於文王，《書》始於《堯典》，《春秋》始於隱公，《史記》世家則始於吴泰伯、列傳則始於伯夷、叔齊，此皆聖人尚讓之微旨也。吴本夷狄，無君、無大夫，以季子有讓國之賢，故使其有君、有大夫，以進於中國。

《公羊》昭五年：“冬，楚子、蔡侯、陳侯、許男、頓子、沈子、徐人、越人伐吴。”何注：“吴未服慶封之罪故也。越稱人者，俱助義兵，意進於[1]淮夷，故加人以進之。義兵不月者，進越爲義兵明，故省文。”○辨曰：越稱“於越”，未有稱人者，此能助義兵，意進於淮夷，故加人以進於中國。

《穀梁》宣十五年：“六月，癸卯，晉師滅赤狄潞氏，以潞子嬰兒歸。”“滅國有三術，中國謹日，卑國月，夷狄不日。其

---

① 於，阮刻本《春秋公羊傳注疏》作“于”。

曰潞子嬰兒，賢也。”〇辨曰：楚滅江、黄，吴滅州來，皆不日。潞氏爲夷狄，滅國亦在不日之例，以潞子嬰兒有賢行，故書日以進之。

《穀梁》定四年：“冬，十有一月，庚午，蔡侯以吴子及楚人戰於伯舉，楚師敗績。”“吴其稱子，何也？以蔡侯之以之，舉其貴者也。蔡侯之以之，則其舉貴者，何也？吴信中國而攘夷狄，吴進矣。”〇辨曰：吴爲夷狄，其稱子何？以其能信中國而攘夷狄，則是中國矣，故進之。

《春秋繁露·竹林第三》：《春秋》之常辭也，不予夷狄而予中國爲禮，至邲之戰，偏然反之，何也？曰：春秋無通辭，從變而移。今晉變而爲夷狄，楚變而爲君子，故移其辭以從其事。夫莊王之舍鄭，有可貴之美，晉人不知其善，而欲擊之。所救已解，如挑與之戰，此無善善之心，而輕救民之意也，是以賤之，而不使得與賢者爲禮。〇辨詳卷一。

《春秋中國夷狄辨》卷二終 弟子順德何云章校字

春秋中國夷狄辨卷三

三水徐勤君勉撰

中國夷狄進退微旨第三

《公羊》隱元年，何注：“於所聞之世，見治升平，内諸夏而外夷狄，書外離會，小國有大夫，宣十一年‘秋，晉侯會狄於攢函’，襄二十三年‘邾婁劓我來奔’是也。至所見之世，著治大平，夷狄進至於爵，天下遠近小大若一，用心尤深而詳，故崇仁義，譏二名，晉魏曼多、仲孫何忌是也。”〇辨曰：同是夷狄耳，升平之世則外之，太平之世則進至於爵，天下遠近小大若一，然則一夷狄之名，何始終之不侔也。按，隱二年何注：“明當先自持正，躬自厚而薄責於人。”故略外也。桓九年何注：“治自近始。”襄二十三年，《傳》：“邾婁無大夫，何以書？以近書也。”何注：“見於邾婁者，自近始也。”《論語・子路篇》：“子曰：‘近者説，遠者來。’”《孟子・公孫丑篇》：“施由親始。”《墨子・修身篇》：“近者不親，無務來遠。親戚不附，無務外交。”《繁露・王道篇》：“親近以來遠，未有不先近而致遠者也。”《觀德篇》：“德等也，則先親親。”又曰：“親等從近者始。”故時有久暫，地分内外者，勢之不能驟变也。天下若一，治著大同者，理之所必至也。華夷之名，豈一成而不可易哉？

《公羊》隱二年，何注：“王者不治夷狄，録戎者，來者勿拒，去者勿追。”〇辨曰：隱元年《傳》：“王者無外。”何注：“王者以天下爲家。”桓十八年《穀梁傳》：“天子無外。”《左傳》沈尹戌曰：“古者天子，守在四夷。”《繁露・仁義法篇》：“王者愛及四夷。”《奉本篇》：“遠夷之君，内而不外。”此言不治夷狄者，以隱桓之世，治尚麤觕，未暇化及，故詳内而畧外耳。若泥不治夷狄之説，則《春秋》之義，亦與摩西之自私其耶和華爲以色列族之耶和華之意同耳。孔子貴公之教，豈若是耶？

《公羊》隱七年：“冬，天王使凡伯來聘，戎伐凡伯於[1]楚丘以歸。”《傳》：“凡伯者何？天子之大夫也。此聘也，其言伐之何？執之也。執之則其言伐之何？大之也。曷爲大之？不與夷狄之執中國也。”何注：“因地不接京師，故以中國正之。中國者，禮義之國也。執者，治文也。君子不使無禮義制治有禮義，故絶不言執，正之言伐也。”〇辨曰：《穀梁》隱七年，戎使凡伯於楚丘以歸。《傳》：“戎者，衛也。”衛本中國，以執天子大夫之罪，故言伐以大之，舉中國以正之，稱戎以貶之。何注“不使無禮義制治有禮義”，蓋所謂中國、夷狄者，衹在義與不義之間目之而已，本無定名也。於此最爲明碻。

---

① 於，阮刻本《春秋公羊傳注疏》作“于”。

《公羊》桓三年，何注："楚滅鄧、穀，不書者，後治夷狄。"○辨曰：《禮記・禮運篇》："故聖人能[1]以天下爲一家，以中國爲一人。"又《中庸篇》："今天下車同軌、書同文、行同倫。"《列子・説符篇》："類無貴賤。"《孟子・梁惠王篇》："定於一。"隱元年《傳》："何言乎王正月？大一統也。"《繁露・盟會要篇》："始於除患正一。"又《重政篇》："唯聖人能屬萬物於一而繫之元也。"《符瑞篇》："一統乎天下。"然則此有先後之序，華夷之辨者，亦即成十五年《傳》所謂"曷爲以外内之辭言之，言自近者始也"之義耳。

《公羊》桓十一年，何注："《春秋》改周之文，從殷之質，合伯、子、男爲一，一辭無所貶，皆從子，夷狄進爵稱子是也。"○辨曰：伯、子、男，中國之爵號也。楚曰荆、吴曰勾吴、越曰於越，是其稱號也。乃忽進而稱子，則夷狄而中國之矣。

《公羊》莊十年："秋九月，荆敗蔡師於莘，以蔡侯獻舞歸。"《傳》："荆者何？州名也。州不若國，國不若氏，氏不若人，人不若名，名不若字，蔡侯獻舞何以名？絶。曷爲絶之？獲也。曷爲不言其獲？不與夷狄之獲中國也。"何注："與凡伯同義。夷狄謂楚，不言楚言荆者，楚彊而近中國，卒暴責之，則恐爲害深，故進之以漸，從此七等之極始也。"○辨曰：敗人之師，執人之君，夷狄之行也，故以七等之極始者稱之，所以著其夷狄之罪，而不與其獲中國。

《公羊》莊二十三年："荆人來聘。"《傳》："荆何以稱人？始能聘也。"何注："《春秋》王魯，因其始來聘，明夷狄能慕王化，脩聘禮，受正朔者，當進之，故使稱人也。稱人當繫國，而繫荆者，許夷狄者不一而足。"○辨曰：能慕王化，以修聘禮，受正朔，此皆中國之制也。楚雖夷狄，能爲此則稱人

---

① 能，阮刻本《禮記正義》作"耐"。

而中國之。繫荆而不繫以國者，以夷狄之俗未盡與中國同，僅得一節之可取，故許之者不一而足。

《公羊》莊二十九年："秋，有蜚。"《傳》："何以書？記異也。"何注："蜚者，臭惡之蟲也，象夫人有臭惡之行。言有者，南越盛暑所生，非中國之所有。"○辨曰：蜚爲臭惡之蟲，南越盛暑所生，以夫人有臭惡之行，故來中國。然則中國即南越也，異蜚即所以異夫人也。

《公羊》莊三十年："齊人伐山戎。"《傳》："此齊侯也，其稱人何？貶。曷爲貶？子司馬子曰：'蓋以操之爲已蹙矣。'此蓋戰也，何以不言戰？《春秋》敵者言戰。桓公之與戎狄，驅之爾。"何注："時桓公力但可驅逐之而已，戎亦天地之所生，而乃迫殺之甚痛，故去戰貶見其事，惡不仁也。山戎者，戎中之别名，行進故録之。"○辨曰：僖四年桓公召陵之盟，《春秋》以爲能攘夷狄，爲王者之事。至山戎之伐，則進山戎而録之，貶齊桓以稱人，何哉？蓋山戎但當驅逐之而已，桓公迫殺甚痛，不仁之甚，故貶桓公而夷狄之，進山戎而中國之。

《公羊》僖元年："楚人伐鄭。"何注："楚稱人者，爲僖公諱與夷狄交婚，故進使若中國，又明嫁聚當慕賢者。"○辨曰：楚本夷狄，不當稱人。守《春秋》内大惡諱之義，故僖公不貶於夷狄，楚忽進於中國。

《公羊》僖四年："楚屈完来盟于师，盟于召陵。"《傳》："屈完者何？楚大夫也。何以不稱使？尊屈完也。曷爲尊屈完？以當桓公也。其言盟于師，盟于召陵何？師在召陵也。師在召陵，則曷爲再言盟？喜服楚也。何言乎喜服楚？楚有王者則後服，無王者則先叛。夷狄也，而亟病中國。"何注："數侵滅中國。""南夷與北狄交。"何注："南夷，謂楚滅鄧、穀，伐蔡、鄭。北夷，謂狄滅邢、衛，至於温，交亂中國。""中國不絕若綫。桓公救中國，而攘夷狄，卒怗楚[①]，以此爲王者之事也。”何注：“言桓公先治其國以及諸夏，治諸夏以及夷狄，如王者爲之，故云爾。”〇辨曰：僖二十八年，何注：“楚無大夫。”文元年，何注：“楚無大夫。”文九年，《傳》：“椒者何？楚大夫也。”楚無大夫，屈完能舍其夷狄之行而從中國，故不稱使以尊之，而進於中國，所以當桓公也。“喜服楚”者，桓公卒怗服楚，化及四夷，中外一家，可爲王者之事也。

《公羊》僖十四年：“冬[②]，蔡侯肹卒。”何注：“不書葬者，潰當絶也。不月者，賤其背小國而附父讎，故畧之甚也。”〇辨曰：蔡爲中國而背中國，則是非中國矣，故不月。

《公羊》僖十八年：“冬，邢人、狄人伐衛。”何注：“狄稱人者，善能救齊，雖拒義兵，猶有憂中國之心，故進之。不於救時進之者，辟襄公，不使義兵壅塞。”〇辨曰：狄之名號，一則曰白狄，再則曰長狄，又曰赤狄，未有以人稱者。此有憂中國之心，故稱人而進於中國。《穀梁傳》：“狄其稱人何也？善累而後進之也。”

《公羊》僖二十年：“秋，齊人、狄人盟於邢。”何注：“狄稱人者，能常與中國也。”〇辨曰：狄能常與中國，則非復夷狄矣，故進而稱人，與上十八年同義。

《公羊》僖二十一年：“春，狄侵衛。”何注：“貶狄者，爲犯中國諱。”〇辨曰：至此而狄不稱人者，明非有憂中國之心，與十八年之救齊，二十年之附邢不同，故不復進。均是狄也，忽而中國，忽而夷狄。優孟之衣冠，一身百見；如來之舍利，五色迷離。《春秋》之旨，惟義是與，豈不然哉？

《公羊》僖二十一年：“秋，宋公、楚子、陳侯、蔡侯、鄭伯、許男、曹伯會於霍，執宋公以伐宋。”《傳》：“孰執之？楚

---

① 楚，阮刻本《春秋公羊傳注疏》作“荆”。

② 冬，原脱，據阮刻本《春秋公羊傳注疏》補。

子執之。曷爲不言楚子執之？不與夷狄之執中國也。”○辨曰：楚執宋公，實事也，乃詭其名，不言楚執。蓋楚背信約，劫質諸侯，有夷狄之行，故不與其執中國。

《公羊》僖二十一年：“楚人使宜申來獻捷。”《傳》：“此楚子也，其稱人何？貶。曷爲貶？爲執宋公貶。曷爲爲執宋公貶？宋公與楚子期以乘車之會，公子目夷諫曰：‘楚，夷國也，强而無義，請君以兵車之會往。’宋[①]公曰：‘不可。吾與之約以乘車之會，自我爲之，自我墮之，曰不可。’終以乘車之會往，楚人果伏兵車，執宋公以伐宋。”何注：“詐諼劫質諸侯，求其國，當絶，故貶。”“宋公謂公子目夷曰：‘子歸守國矣。國，子之國也。吾不從子之言，以至乎此。’公子目夷復曰：‘君雖不言國，國固臣之國矣。’於是歸，設守械而守國。楚人謂宋人曰：‘子不與我國，吾將殺子君矣。’宋人應之曰：‘吾賴社稷之神靈，吾國已有君矣。’楚人知雖殺宋公，猶不得宋國，於是釋宋公。宋公釋乎執，走之衛。公子目夷復曰：‘國爲君[②]守之，君曷爲不入？’然後逆襄公歸。惡乎捷？捷乎宋。曷爲不言捷乎宋？爲襄公諱也。”○辨曰：《繁露・楚莊王篇》：“《春秋》尊禮而重信。”宋公以守約見執，故《春秋》爲之諱。楚“詐諼劫質諸侯”，有夷狄之道，所以貶稱人，不與捷乎宋。

《公羊》僖二十七年：“冬，楚人、陳侯、蔡侯、鄭伯、許男圍宋。”《傳》：“此楚子也，其稱人何？貶。曷爲貶？爲執宋公貶，故終僖之篇貶也。”○辨曰：前二十一年，何注：“楚詐諼劫質諸侯，當絶。”故復略子稱人，終僖之篇貶之。

《公羊》僖二十八年：“夏，四月，己巳，晉侯、齊師、宋師、秦師及楚人戰於城濮，楚師敗績。”何注：“秦稱師者，助霸者征伐，克勝有功，故褒進之。”○辨曰：秦於所傳聞世，

---

① 宋，原脱，據阮刻本《春秋公羊傳注疏》補。

② 君，原脱，據阮刻本《春秋公羊傳注疏》補。

未能用中國之禮，故比於夷狄，忽能助霸者征伐，因稱師以進於中國。

《公羊》僖二十八年：“楚殺其大夫得臣。”何注：“楚無大夫，其言大夫者，欲起上楚人，本當言子玉得臣。所以詳録霸事，不氏者，子玉得臣，楚之驕蹇臣，數道其君侵中國，故貶，明當與君俱治也，”○辨曰：子玉得臣數道其君侵伐中國，故《春秋》治以亟伐之罪，而絶其姓氏以夷狄之。

《公羊》僖二十九年：“春，介葛盧來。”《傳》：“介葛盧者何？夷狄之君也。何以不言朝？不能乎朝也。”何注：“不能升降揖讓也。介者，國也。葛盧者，名也。進稱名者，能慕中國，朝賢君，明當扶勉以禮義。”○辨曰：隱十一年，滕侯、薛侯來朝。桓七年，穀伯綏來朝，鄧侯吾離來朝。皆稱朝，此獨言來者，以不能升降揖讓，合夫中國之禮，與夷狄同，故不言朝，以夷狄之。襄十八年，白狄來，即此義也。然能慕中國、朝賢君，故亦當扶勉以禮義，故稱名以中國之。《繁露·玉杯篇》：“雖弗子能禮，尚少善之，介葛盧者是也。”故來一事，且律以禮則貶之，原其心則進之。《春秋》之義，無適無莫，義之與比而已。

《公羊》僖三十三年：“夏，四月，辛巳，晉人及姜戎敗秦於殽。”《傳》：“其謂之秦何？夷狄之也。曷爲夷狄之？秦伯將襲鄭，百里子與蹇叔子諫曰：‘千里而襲人，未有不亡者也。’秦伯怒曰：‘若爾之年者，宰上之木拱矣，爾曷知！’師出，百里子與蹇叔子送其子而戒之曰：‘爾即死，必於殽之嶔巖，是文王之所辟風雨者也，吾將尸爾焉。’子揖師而行。百里子與蹇叔子從其子而哭之，秦伯怒曰：“爾曷爲哭吾師？”對曰：“臣非敢哭君師，哭臣之子也。”弦高者，鄭商也。遇之殽，矯以鄭伯之命而犒師焉。或曰往矣，或曰反矣。然而晉人與姜戎，要之殽[1]而擊之，匹馬隻輪無反者，其言及姜戎何？姜戎，微也。稱人，亦微者也，何言乎姜戎之微？先軫也。或曰襄公親之。襄公親之，則其稱人何？貶。曷爲貶？君在乎殯而用師，危不得葬也。詐戰不日，此何以日？盡也。”○辨曰：僖二十八年，秦助霸者有功，已進於中國，此復夷狄之何也？《穀梁傳》：“徒亂人子女之教，無男女之别。秦之爲狄，自殽之戰始也。”《説苑·君道篇》：“夫天之生人也，蓋非以爲君也；天之立君也，蓋非以爲位也。夫爲人君，行其私欲而不顧其人，是不承天意，忘其位之所以宜事也。如此者，《春秋》不予能君而夷狄之。”此之狄春[2]，亦即此義。

《公羊》文元年：“冬，十月，丁未，楚世子商臣弑其君髡。”何注：“日者，夷狄子私父，忍言其日。”○辨曰：忍言其日者，以夷狄之俗，不知禮義，故言日以著其惡。

《公羊》文九年：“冬，楚子使椒來聘。”《傳》：“椒者何？楚大夫也。楚無大夫，此何以書？始有大夫也。”何注：“入文公所聞世，見治升平[3]，内諸夏以外夷狄也。”“始有大夫，則何以不氏？許夷狄者，不一而足也。”何注：“許，與也。足其[4]氏，則當純以中國禮責之，嫌夷狄質薄，不可卒備，故且以漸[5]。”○辨曰：文公爲所聞之世，内諸夏而外夷狄，楚無大夫，至是而曰椒者何也，因其能修禮來聘，故始有大夫，以同於中國也。大夫當稱氏，僖四年言“楚屈完”是也。此弟言椒不言氏者，夷狄質薄，不可卒備，故許之不一而足。

《公羊》文十年：“夏，秦伐晉。”何注：“謂之秦者，起令狐之戰，敵均不敗，晉先眛以師奔秦，可以足矣，而猶不知

---

① 殽，原作“殺”，據阮刻本《春秋公羊傳注疏》改。
② 春，疑爲“秦”。
③ 《春秋公羊傳注疏》作“見升平法”，浦鏜云：“《疏》作‘見治升平’。”
④ 其，原作“凡”，據阮刻本《春秋公羊傳注疏》改。
⑤ 漸，原作“慚”，據阮刻本《春秋公羊傳注疏》改。

止，故夷狄之。”○辨曰：僖三十三年襲鄭之役，秦爲罪首，故《傳》謂之秦何？夷狄之也。至是猶争殺不已，故復只狄之。

《公羊》文十二年：“秦伯使遂來聘。”《傳》：“遂者何？秦大夫也。秦無大夫，此何以書？賢繆公也。何賢乎繆公？以爲能變也。其爲能變奈何？惟諓諓善竫言。俾君子易怠，而況乎我多有之，惟一介斷斷焉，無他技。其心休休，能有容，是難也。”何注：“是難行也。秦繆公自傷前不能用百里子、蹇叔子之言，感而自變悔，遂霸西戎，故因其能聘中國，善而與之，使有大夫。子貢曰：‘君子之過也，如日月之食焉。過也，人皆見之；更也，人皆仰之。’此之謂也。”○辨曰：僖三十三年、文十年皆謂之秦而夷狄之，至此忽能自變，來聘中國，故使有大夫，以進於中國。夫既夷狄矣，則終爲夷狄而已，何中國之有？既中國矣，則終爲中國而已，何夷狄之有？乃華夷之名，變化莫測，絶無定在。然則《春秋》之義，其猶龍乎？

《公羊》宣十一年：“秋，晉侯會狄于欑函。”何注：“離不言會。言會者，見所聞世治近升平，内諸夏而詳録之，殊夷狄也。”○辨曰：隱二年，公會戎于潛。何注：“所傳聞世，外離會不書，書内離會者，《春秋》王魯，明當先自持正，躬自厚而薄責於人，故畧外也。”此離不言會，謂所傳聞世也。隱元年何注：“於所傳聞世，見治起於衰亂之中，用心尚麤觕，故内其國而外諸夏，先詳内而後治外，録大畧小，内離會書，外離會不書是也。於所聞之世，見治升平，内諸夏而外夷狄，書外離會，宣十一年‘晉侯會狄于欑函’是也。”《春秋》之義，自近者始。成十五年，何注：“明當先正京師，乃正諸夏。諸夏正，乃正夷狄，以漸治之也。”此所以殊夷狄者，即此義也。

《公羊》宣十一年：“冬，十月，楚人殺陳夏徵舒。”《傳》：“此楚子也，其稱人何？貶。曷爲貶？不與外討也。不與外討者，因其討乎外而不與也。雖内討亦不與也。曷爲不與？實與而文不與。文曷爲不與？諸侯之義，不得專討也。諸侯之義不得專討，則其曰實與之何？上無天子，下無方伯，天下諸侯有爲無道者，臣弑君，子弑父，力能討之，則討之可也。”〇辨曰：執不與外討之義，則楚爲夷狄，不得擅討中國，故貶而稱人。執無道可討之義，則楚當與齊桓、晉文並稱，而進於中國。

《公羊》宣十一年：“丁亥，楚子入陳。”何注曰：“日者，惡莊王討賊之後，欲利其國。”〇辨曰：昭十一年，楚子虔誘蔡侯，殺之于申。何注：“内懷利國之心而外託討賊，故不與其討賊。”定四年，吴入楚。《傳》：“何以不稱子，反夷狄也。”楚既殺夏徵舒，乃欲利其國，故亦書日以惡之，不使夷狄之主中國也。

《公羊》宣十五年：“六月，癸卯，晉師滅赤狄潞氏，以潞子嬰兒歸。”《傳》：“潞何以稱子？潞子之爲善也，躬足以亡爾。雖然，君子不可不記也。離於夷狄。”何注：“疾夷狄之俗而去離之，故稱子。”“而未能合於[1]中國。”何注：“未能與中國合同禮義，相親比也，故猶繫赤狄。”“晉師伐之，中國不救，狄人不有，是以亡也。”何注：“以去俗歸義亡，故君子閔傷進之。日者，痛録之。名者，示所聞世始録小國也。録以歸者，因可責而責之。責而加進之者，明不當絶，當復其氏。”〇辨曰：潞子去夷狄之俗，以歸中國，故稱子以進之。《穀梁傳》：“其日潞子嬰兒，賢也。”《繁露·王道篇》：“潞子欲合中國之禮義，離乎夷狄，未合乎中國，所以亡也。”又曰：“觀乎潞子，知無輔自詛之敗。”又《仁義法篇》：“潞子於諸侯無所能正，《春秋》予之有義，其身正也。”《觀德篇》：“潞子離狄而歸，黨以得亡，《春秋》謂之子，以領其意。”《漢書·景武昭宣元功臣表》：“《春秋》列潞子之爵，爲其慕諸侯也。”應劭

① 於，阮刻本《春秋公羊傳》作“于”。

曰："潞子離狄内附，《春秋》嘉之，稱其爵，列諸盟會也。"

《公羊》宣十五年，《傳》："古者曷爲什一而藉？什一者，天下之中正也。多乎十一，大桀小桀；寡乎十一，大貉小貉。"何注："蠻貉無社稷、宗廟、百官、制度之費，税薄。"〇辨曰：十一之税，中國之制。夷狄無社稷、宗廟、百官、制度之費，故寡乎什一之税。《孟子·告子下篇》："夫貉五穀不生，唯黍生之。無城郭、宫室、宗廟、祭祀之禮，無諸侯幣帛、饔食，無百官有司，故二十取一而足也。"

《公羊》成二年："丙申，公及楚人、秦人、宋人、陳人、衛人、鄭人、齊人、曹人、邾婁人、薛人、鄫人盟于蜀。"《傳》："此楚公子嬰齊也，其稱人何？得壹貶焉爾。"何注："嬰齊，楚專政驕蹇臣也，數道其君率諸侯侵中國，故獨先舉於上，乃貶之，明本在嬰齊，當先誅其本，乃及其末。"〇辨曰：楚爲無道，嬰齊道之，故先舉於上，以誅其本。與僖二十八年，"楚殺其大夫得臣"同義。

《公羊》成六年，何注："吴國見者，罕與中國交，至升平乃見，故因始見以漸進。"〇辨曰：《春秋》所聞世，内諸夏而外夷狄。吴本夷狄，在外之之例，因其始見于升平，故直以漸進之。莊十年，何注："不言楚言荆者，楚强而近中國，卒暴責之，則恐爲害深，故進之以漸。"

《公羊》成九年："公會晉侯、齊侯、宋公、衛侯、鄭伯、曹伯、莒子、杞伯同盟于蒲。"何注："不日者，已得鄭盟，當以備楚，而不以罪執之，旋使離叛，楚緣隙潰莒，不能救，禍由中國無信，故諱爲信辭。使若莒潰非盟失信，所以甚中國，因與下潰日相起。"〇辨曰：《春秋》之例，不信者日，此不信而不日者，以禍由中國，故諱爲信辭，所以甚中國也。

《公羊》成九年："楚公子嬰齊帥師伐莒，庚申，莒[1]潰。"

---

① 庚申莒，原脱，據阮刻本《春秋公羊傳注疏》補。

何注："日者，録責中國無信，同盟不能相救，至爲夷狄所潰。"○辨曰：同盟不能相救，至爲夷狄所潰，中國無信，同於夷狄，故日者以深責之。

《公羊》成十五年："冬，十有一月，叔孫僑如會晉士燮、齊高無咎、宋華元、衛孫林父、鄭公子鰌、邾婁人，會吴于鍾離。"《傳》："曷爲殊會吴？外吴也。曷爲外也？《春秋》内其國而外諸夏，内諸夏而外夷狄。"何注："内其國者，假魯以爲京師也。諸夏，外土諸侯也。謂之夏者，大總下土言之辭也。不殊楚者，楚始見所傳聞世，尚外諸夏，未得殊也。至於所聞世可得殊，又卓然有君子之行。吴似夷狄差醇，而適見於可殊之時，故獨殊吴。""王者欲一乎天下，曷爲以外内之辭言之？言自近者始也。"何注："明當先正京師，乃正諸夏。諸夏正，乃正夷狄，以漸治之。"○辨曰：王者欲一乎天下，則本無内外之殊矣，但治化不能驟遍，不得不畧分先後次第，此限於時之無可如何者也。後世儒者不知此義，徒言尊攘，自生矛盾，遂使《春秋》一乎天下之旨、有教無類之心，不明於天下。二千年華夷之争實由於此，若非公羊口傳大義，則聖人大同之治或幾乎息矣。《説苑・指武篇》："内治未得，不可以正外。本惠未襲，不可以制末。"是以《春秋》先京師而後諸夏，先諸夏而後夷狄。《繁露・天地陰陽易篇》："近者詳，遠者畧。"亦即自近者始之義也。

《公羊》襄元年："仲孫蔑會齊崔杼、曹人、邾婁人、杞人次于合。"何注："刺欲救宋而後不能也。知不救鄭者，時鄭背中國，不能救不得刺。"○辨曰：宋，中國也，不能救故刺之。鄭背中國而事夷狄，不救不得刺。

《公羊》襄三年："戊寅，叔孫豹及諸侯之大夫，及陳袁僑盟。"《傳》："曷爲殊及陳袁僑？爲其與袁僑盟也。"何注："陳、鄭，楚之與國，陳侯有慕中國之心，有疾，使大夫會，諸侯欲附疏，不復備責，遂與之盟，共結和親，故殊之，起主爲[1]與袁僑盟也。復出陳者，喜得陳國也。”〇辨曰：陳爲楚之與國，有慕中國之心，故不復貶以夷狄，且與之盟。

《公羊》襄五年：“公會晉侯、宋公、陳侯、衛侯、鄭伯、曹伯、莒子、邾婁子、滕子、薛伯、齊世子光、吴人、鄫人于戚。”《傳》：“吴何以稱人？吴鄫人云則不辭。”何注：“孔子曰：‘言不順，則事不成。’方以吴抑鄫，國列在稱人上，不以順辭，故進吴稱人。所以抑鄫者，經書莒人滅鄫，又與巫訴，巫當存，惡鄫文不見，見惡必以吴者，夷狄尚知父死子繼，故以甚鄫也。等不使鄫稱國者，鄫不如夷狄，故不得與夷狄同文。”〇辨曰：鄫以外甥爲子，曾夷狄之不若，故序之吴下，不使稱國，所以深抑之，等於夷狄。吴稱人者，欲抑鄫在吴下，若吴仍常例稱國，則書吴、鄫人，是辭不順，故吴亦稱人，非進之也。

《公羊》襄五年：“冬，戍陳。”《傳》：“孰戍之？諸侯戍之。曷爲不言諸侯戍之？離至不可得而序。”何注：“陳坐欲與中國，被强楚之害，中國宜雜然同心救之，乃解怠前後至，故不序，以刺[2]中國之無信。”〇辨曰：陳欲與中國，被强楚之害，中國不同心救之，此夷狄之行，不信之甚，故不序，以遍刺之。

《公羊》襄七年：“鄭伯髡原如會，未見諸侯。丙戌，卒於操。”《傳》：“操者何？鄭之邑也。諸侯卒其封内不地，此何以地？隱之也。何隱爾？弑也。孰弑之？其大夫弑之。曷爲不言其大夫弑之？爲中國諱也。曷爲爲中國諱？鄭伯將會諸侯于鄬，其大夫諫曰：‘中國不足歸也，則不若與楚。”鄭伯曰：‘不可。’其大夫曰：‘以中國爲義，則伐我喪。以中國爲彊，

---

① 爲，原作“而”，據阮刻本《春秋公羊傳注疏》改。

② 刺，原脱，據阮刻本《春秋公羊傳注疏》補。

則不若楚。’於是弒之。”何注：“禍由中國無義，故深諱[1]，使若自卒。”“鄭伯髡原何以名？傷而反，未至乎舍而卒也。未見諸侯，其言如會何？致其意也。”何注：“鄭伯欲與中國，意未達而見弒，故養遂而致之，所以達賢者之心。”〇辨曰：鄭伯欲會中國，未見而弒，《春秋》書如會及卒者，所以達賢者之心而進於中國，即《穀梁傳》所謂“不使夷狄之民加乎中國之君也”。《繁露・觀德篇》：“鄭僖公方來會我而道殺，《春秋》致其意，謂之如會。”

《公羊》襄七年：“陳侯逃歸。”何注：“起鄭伯欲與中國，卒逢其禍，諸侯莫有恩痛自疾之心，於是懼，然後逃歸，故書以刺中國之無義。加逃者，抑陳侯也。孔子曰：‘夷狄之有君，不如諸夏之亡。’不當背也。”〇辨曰：陳、鄭欲與中國，則中國當有恩痛自疾之心，乃庸衆駑散，莫肯相救，至陳侯逃歸，無義實甚，故刺之言“逃歸”者，以陳侯棄中國而事夷狄，所以書逃以抑之。《繁露・觀德篇》：“操之會，陳去我，謂之逃歸。”

《公羊》襄十年：“夏，五月，甲午，遂滅偪陽。公至自會。”何注：“滅日者，甚惡諸侯不崇禮義以相安，反遂爲不仁，開道彊夷，滅中國。中國之禍，連蔓日及，故疾録之。”〇辨曰：滅例月，此日者，以諸侯開道强夷，滅中國，中國之禍，連蔓日及，故疾録之。以著其罪，同于夷狄。

《公羊》襄十二年：“春，王三月，莒人伐我東鄙，圍台。”《傳》：“邑不言圍，此其言圍何？伐而言圍者，取邑之辭也。伐而不言圍者，非取邑之辭也。”何注：“外取邑有嘉惡當書，不直言取邑者，深恥中國之無信也。前九年伐得鄭，同盟于戲。楚伐鄭不救，卒爲鄭所背，中國以弱，蠻荊以強，兵革亟作。蕭魚之會，服鄭最難，不務長和親，復相貪犯，故諱而言

[1] 諱，原作“詳”，據阮刻本《春秋公羊傳注疏》改。

圍以起之。月者，加責之。”〇辨曰：蕭魚之會，曾不踰時，乃不務長和親，復相貪犯，與夷狄無異，故諱而言圍，而深責中國之無信。

《公羊》襄十二年：“秋，九月，吴子乘卒。”何注：“至此卒者，與中國會同，本在楚後，賢季子，因始卒其父，是後亦欲見其迭爲君。卒皆不日，吴遠于楚。”〇辨曰：吴子乘不慕中國，未嘗與會同之事，不當書卒。以季札能讓國，有中國之行，故卒之。宣十四年：“夏，五月，壬申，曹伯壽卒，葬曹文公。”何注：“日者，公子喜時父也，緣臣子尊榮，莫不欲與君父共之，故加録之，所以養孝子之志。許人子者，必使父也。”此卒吴子乘，與彼同義。

《公羊》襄十四年：“春，王正月，季孫宿、叔老會晉士匄、齊人、宋人、衛人、鄭公孫囆、曹人、莒人、邾婁人、滕人、薛人、杞人、小邾婁人，會吴于向。”何注：“月者，危刺诸侯委任大夫交会强夷，臣日以强，三年之后，君若綴流然。”〇辨曰：吴爲封豕長蛇，薦食上國，諸侯不能會同拒之，反任大夫交會强夷，遂至夷狄日强，君權日替，政在大夫，若綴流然，故遍刺之。

《公羊》襄二十八年：“十有一月，公如楚。”何注：“如楚皆月者，危公朝夷狄也。”〇辨曰：蔡昭公朝乎楚，被拘於南郢。夷狄之俗，不可久居，襄公如楚，故月以危之。

《公羊》襄二十九年：“春，王正月，公在楚。”《傳》：“何言乎公在楚？正月以存君也。”何注：“在晉不書，在楚書者，惡襄公久在夷狄，爲臣子危録之。”〇辨曰：在晉不書，在楚書者，楚爲夷狄之國，變詐莫測，故爲臣子危録之。與上二十八年同義。

《公羊》昭元年：“晉荀吴帥師敗狄于大原。”《傳》：“此大鹵也，曷爲謂之大原？地物從中國。”何注：“以中國形名言之，所以曉中國，教殊俗也。”“邑人名從主人。”何注：“邑人名，自夷狄所名也。不若他物有形名可得正，故從夷狄辭言之。”○辨曰：地物從中國，邑人名從主人，爲後世譯書者之通例，而不知皆本于《春秋》之義。何注曉教正名，蓋猶傳《春秋》微旨焉。

《公羊》昭四年：“夏，楚子、蔡侯、陳侯、鄭伯、許男、徐子、滕子、頓子、胡子、沈子、小邾婁子、宋世子佐、淮夷會于申。”何注：“不殊淮夷者，楚子主會行義，故君子不殊其類，所以順楚而病中國。”○辨曰：成十五年鐘離之會、襄十年柤之會皆殊吴，淮夷之會獨不殊者，以楚子主會行義，故不殊其類。且欲順楚之事而病諸夏之衰微，楚雖夷狄，尚能行義，合於中國之行，而諸夏反不能之，故得病。

《公羊》昭四年：“秋，七月，楚子、蔡侯、陳侯、許男、頓子、胡子、沈子、淮夷伐吴，執齊慶封，殺之。”《傳》：“此伐吴也，其言執齊慶封何？爲齊誅也。其爲齊誅奈何？慶封走之吴，吴封之於防。然則曷爲不言伐防？不與諸侯專封也。慶封之罪何？脅齊君而亂齊國也。”何注：“道爲齊誅意也。稱侯而執者，伯討也。月者，善義兵[①]。”○辨曰：《春秋》之義，不與夷狄執中國，楚執慶封而以伯討予之者，慶封脅君亂國，本國不能誅，諸夏不能討，楚以夷狄獨能誅之，故以義兵與之。

《公羊》昭五年：“秦伯卒。”《傳》：“何以不名？秦者，夷也。匿嫡之名也。”何注：“嫡子生，不以名令于四竟，擇勇猛者而立之。”○辨曰：桓六年，何注：“禮，世子生三日，卜士負之寢門外，以[②]桑弧蓬矢射天地四方，明當有天地四方之事；三月，君名之，大夫負朝于廟，以名徧告之。”《禮記・内則篇》：“世子生，則君沐浴朝服，夫人亦如之，皆立於阼階，西

---

① 阮校云：“五年疏引作‘月者善録義兵’，此脱‘録’字。”

② 以，原脱，據阮刻本《春秋公羊傳注疏》補。

鄉。世婦抱子升自西階，君名之，乃降。”又云：“父執子之右手，咳而名之。妻對曰：‘記有成。’遂左還授師。子師辯告諸婦、諸母名。妻遂適寢。夫告宰名，宰辯告諸男名，書曰‘某年某月某日某生’而藏之。”《白虎通·姓名篇》：“三月名之何？天道一時，物有其變，人生三月，目煦亦能咳笑，與人相更答，故因其始有知而名之。故《禮服傳》曰：‘子生三月，則父名之于祖廟。’”《曾子問篇》：“世子生，大宰命祝史，以名徧告於五祀山川。”《新書·立後義篇》：“古之聖帝將立世子，則帝自朝服升自阼階上。妃抱世子自房出，太史奉書西上堂，當兩階之間，北面立，曰世子名曰某者三。太史以告太祝，太祝以告太祖太宗與社稷。太史出以告太宰，太宰以告州伯，州伯命藏之州府。凡諸貴已下至於百姓男女，無敢與世子同者。”是嫡子生以名令四竟事也。秦匿嫡子之名，不令于四竟，徒擇勇猛者爲之，此夷狄之道，故不名以夷狄之。

《公羊》昭九年：“夏，四月，陳火。”《傳》：“陳已滅矣，其言陳火何？存陳也。曰存陳，悕矣。曷爲存陳？滅人之國，執人之罪人，殺人之賊，葬人之君，若是則陳存悕矣。”何注：“楚爲無道，托討賊行義，陳臣子辟門虚心待之，而滅其國。若是，則天存之者，悲之也。不書孔瑗弑君者，本爲招弑，當舉招爲重，方不與楚討賊，故没招正賊文，以將與上貶起之。月者，閔之。”〇辨曰：前四年，楚伐吴，執齊慶封，《春秋》予以伯討，善其義兵。至此，不與楚討賊者，以其陽託討賊之名而陰滅其國，故言“陳火”以存陳，所以不與夷狄之滅中國也。

《公羊》昭十一年：“夏，四月，丁巳，楚子虔誘蔡侯般，殺之于申。”《傳》：“楚子虔何以名？絶也。曷爲絶之？爲其誘討也。此討賊也。雖誘之，則曷爲絶之？懷惡而討不義，君子不予也。”何注：“内懷利國之心，而外託討賊，故不與其討賊，而責其誘詐也。”〇辨曰：楚討陳夏徵舒，不言人，《傳》

曰："明楚之討有罪也。"蔡侯般殺父，其罪與徵舒等，乃不聲罪致討而誘殺之，與詐殺無異，故絶之稱名。《穀梁傳》："夷狄之君誘中國之君而殺之，故謹而名之也。"

《公羊》昭十一年："冬，十有一月，丁酉，楚師滅蔡。執蔡世子有以歸，用之。"《傳》："惡乎用之？用之防也。其用之防奈何？蓋以築防也。"何注："持其足，以頭築防，惡不以道。孔子曰：'人而不仁，疾之已甚，亂也'。日者，疾諼滅人。"〇辨曰：僖十九年："邾婁人執鄫子，用之。"《傳》："惡乎用之？用之社也。其用之社奈何？蓋叩其鼻以血社也。"何注："惡無道也。"此書楚執蔡世子，用之者，蓋亦惡不以道而著夷狄之不仁。

《公羊》昭十三年："吴滅州來。"何注："不日者，畧兩夷。"〇辨曰：僖二十六年："楚人滅隗。"何注："不月，畧夷狄也。"又僖三十三年："晉人敗狄于箕。"何注："不月，畧夷狄也。"吴與州來俱有夷狄之行，故亦不日畧之。

《公羊》昭十六年："楚子誘戎曼子，殺之。"《傳》："楚子何以不名？夷狄相誘，君子不疾也。曷爲不疾？若不疾，乃疾之也。"何注："以爲固當常然者，乃所以爲惡也，顧以無知薄責之。戎曼稱子者，入昭公，見王道太平，百蠻貢職，夷狄皆進至其爵。不日者，本不卒。不地者，略也。"〇辨曰：《白虎通·王者不臣篇》："夷狄者，與中國絶域異俗，非中和氣所生，非禮義所能化，故不臣也。"《漢書·匈奴傳》論："春秋内諸夏而外夷狄。夷狄之人貪而好利，被髮左衽，人面獸心，其與中國殊章服，異習俗，飲食不同，言語不通，是以聖人外而不内，疏而不戚，政教不及其人，正朔不加其國也。"楚與戎曼子皆夷狄，故誘殺之罪，以其無知，薄責之，即不月畧夷狄之意。戎曼稱子者，見王道太平，有教無類，夷狄進以中國之爵，昔之所謂中國夷狄之限者，至是而爲混一之世矣。

《公羊》昭十七年："楚人及吴戰于長岸。"《傳》："詐戰不言戰，此其言戰何？敵也。”何注：“俱無勝負，不可言敗，故言戰也。不月者，畧兩夷。”〇辨曰：《春秋》之例，偏戰日、詐戰月，此詐戰不月者，蓋畧兩夷狄。

《公羊》昭二十一年：“冬，蔡侯朱出奔楚。”《傳》：“出奔者，爲東國所篡也。大國奔例月，此時者，意背中國而與楚，故略之。”〇辨曰：楚爲夷狄，蔡侯朱背中國而與之，故畧之，與畧夷狄之義同。

《公羊》昭二十三年：“夏，六月，蔡侯東國卒于楚。”何注：“不日者，惡背中國而與楚，故略之。”〇辨曰：《春秋》大國卒例日，此不日者，以其背中國而卒于楚，故畧之。與上二十一年同義。

《公羊》昭二十五年：“有鸜鵒來巢。”《傳》：“何以書？記異也。何異爾？非中國之禽也，宜穴又巢也。”何注：“非中國之禽而來居此國，國將危亡之象。鸜鵒，猶權欲，宜穴又巢。此權臣欲國，自下居上之徵也，其後卒爲季氏所逐。”〇辨曰：《五經異義》：“《公羊》説以爲，鸜鵒，夷狄之鳥，穴居。今來至魯、之中國，巢居，此權臣自下居上之象。《穀梁》説亦以爲，夷狄之鳥來中國，義與《公羊》同。”《禮緯·稽命徵》：“鸜鵒來巢，非中國之禽也。”又云：“孔子謂子夏曰：‘鸜鵒至，非中國之禽也。’”《春秋緯·考異郵》：“鸜鵒者，飛行屬于陽，夷狄之鳥，穴居於陰。”然則非中國之禽而書“來巢”者，蓋中國權臣欲國，自上居下①，有夷狄之行，故記其異，以見中國即夷狄也。

《公羊》昭二十五年，何注：“舞四夷之樂，大德廣及之也。東夷之樂曰株離，南夷之樂曰任，西夷之樂曰禁，北夷之樂曰昧。”〇辨曰：《春秋》外夷狄，至所見之世，治著太平，德被四表，人人有君子之行，故夷狄進爵，遠近大小若一。

---

① 據文意應爲“自下居上”。

《禮記·明堂位篇》："納夷蠻之樂于大廟，言廣魯於天下也。"《白虎通·禮樂篇》："所以作四夷之樂何？德廣及之也。"《韓詩傳》："王者舞四夷之樂，大德廣及之也。"蓋大德廣及者，即《洪範》《禮運》大同之治耳。彼於中國、夷狄之名而自畫鴻溝，視若河漢，其亦未知《春秋》之意也。

《公羊》昭三十年："冬，十有二月，吳滅徐。徐子章禹奔楚。"何注："至此乃月者，所見世始録夷狄滅小國也。"〇辨曰：僖二十六年："秋，楚人滅隗。"何注："不月者，畧夷狄滅小國也。"此入所見世，書月，蓋治及夷狄也。然則所謂"後治夷狄""不治夷狄"之義，亦不過於所傳聞之世言之耳。

《公羊》定四年："三月，公會劉子、晉侯、宋公、蔡侯、衛侯、陳子、鄭伯、許男、曹伯、莒子、邾婁子、頓子、胡子、滕子、薛伯、杞伯、小邾婁子、齊國夏于召陵，侵楚。"何注："月而不舉重者，楚以一裘之故，拘蔡昭公數年，然後歸之，諸侯雜然侵之，會同最盛，故善録其行義兵也。"〇辨曰：一裘之故，被拘數年，夷狄之人，貪而好利，諸侯能雜然侵之，會同最盛，故書義兵以進之。

《公羊》定四年："楚人圍蔡。"何注："囊瓦稱人者，楚爲無道，拘蔡昭公數年，而復怒蔡歸有言伐之，故貶，明罪重於圍。"〇辨曰：楚既拘昭公數年，復以蔡歸有言興師伐之，夷狄之行，無道實甚，故貶之，明罪重於圍。

《公羊》定四年："冬，十有一月，庚午，蔡侯以吳子及楚人戰于伯莒，楚師敗績。"《傳》："吳何以稱子？夷狄也，而憂中國。"何注："言子，起憂中國，言以明爲蔡故也，與桓十四年同。""其憂中國奈何？伍子胥父誅乎楚，挾弓而去楚，以干闔廬。闔廬曰：'士之甚，勇之甚！'將爲之興師而復讎於楚。伍子胥復曰：'諸侯不爲匹夫興師，且臣聞之，事君猶事父也。虧君之義，復父之讎，臣不爲也。"於是止。蔡昭公朝乎楚，有美裘焉，囊瓦求之，昭公不與，爲是拘昭公於南郢，數年然後歸之。於其歸焉，用事乎河，曰：“天下諸侯苟有能伐楚者，寡人請爲之前列。”楚人聞之，怒。爲是興師，使囊瓦將而伐蔡。蔡請救於吴，伍子胥復曰：‘蔡非有罪也，楚人爲無道，君如有憂中國之心，則若時可矣。’於是興師而救蔡。”○辨曰：鐘離之會獨殊吴，至此而進爵稱子者，以其夷狄而憂中國，故從而中國之。《白虎通·號篇》：“蔡侯無罪，而拘于楚，吴有憂中國心，興師伐楚，諸侯莫敢不至。知吴之霸也。”

《公羊》定四年：“庚辰，吴入楚。”《傳》：“吴何以不稱子？反夷狄也。其反夷狄奈何？君舍于君室，大夫舍于大夫室，蓋妻楚王之母也。”何注：“舍其室，因其婦人爲妻。日者，惡其無義。”○辨曰：吴能憂中國，進而稱子，則非復夷狄矣。乃合人之室、妻人之妻，反夫夷狄之道，故復從而夷狄之。《莊子·天下篇》：“《春秋》以道名分。”故一中國、一夷狄，進黜之義，其無所苟如此。

《公羊》定五年：“於越入吴。”《傳》：“於越者何？越者何[1]？於越者，未能以其名通也。越者，能以其名通也。”何注：“越人自名於越，君子名之曰越。治國有狀，能與中國通者，以中國之辭言之曰越；治國無狀，不能與中國通者，以其俗辭言之，因其俗可以見善惡，故云爾。赤狄以赤進者，狄於北方總名，赤者其别，與越異也。吴新憂中國，士卒罷敝而入之，疾罪重，故謂之於越。”○辨曰：何注：“治國有狀，能與中國通者，以中國之辭言之曰越；治國無狀，不能與中國通者，以其俗辭言之，因其俗可以見善惡，故云爾。”吴新憂中國，士卒疲罷，越帥師入之，其罪甚重，故謂之於越，以等於夷狄。然則中國、夷狄之分，第在有狀、無狀之間耳。

《公羊》哀四年：“六月，辛丑，蒲社災。”《傳》：“蒲社者何？亡國之社也。社者，封也。其言災何？亡國之社蓋揜之，

---

① 越者何，原脱，據阮刻本《春秋公羊傳注疏》補。

揜其上而柴其下。蒲社災，何以書？記災也。”何注：“災者，象諸侯背天子，是後宋事强吴，齊、晉前驅，滕、薛俠轂，魯、衛驂乘，故天去戒社，若曰王教滅絶云爾。”〇辨曰：諸侯皆事强吴，王教滅絶，故著蒲社之災，以爲事夷狄之戒，與下十三年黄池之會，何注“主書者，惡諸侯君事夷狄”之義同。

《公羊》哀十一年：“五月，公會吴伐齊。甲戌，齊國書帥師，及吴戰于艾陵。齊師敗績，獲齊國書。”何注：“戰不言伐，舉伐者，魯與伐而不與戰。不從内與伐，使吴爲主者，吴主會，故不與夷狄主中國也。言獲者，能結日偏戰，少進也。”〇辨曰：莊十年：“荆敗蔡師於莘，以蔡侯獻舞歸。”《傳》：“曷爲不言其獲？不與夷狄之獲中國也。”吴爲夷狄，既不與主中國，何以言“獲齊國書”？能結日偏戰，行少進，故從中國辭言之。與昭二十三年，獲陳夏齧同義。

《公羊》哀十三年：“公會晉侯及吴子于黄池。”“吴何以稱子？吴主會也。”何注：“以言及也。時吴彊而無道，敗齊臨菑，乘勝大會中國。齊、晉前驅，魯、衛驂乘，滕、薛俠轂而趨，以諸夏之衆，冠帶之國，反背天子而事夷狄，恥甚不可忍言，故深爲諱辭，使若吴大以禮義會天下諸侯，以尊事天子，故進稱子。”《傳》：“吴主會，則曷爲先言晉侯？不與夷狄之主中國也。”何注：“明其實自以夷狄之彊會諸侯爾，不行禮義，故序晉於上。”《傳》：“其言及吴子何？會兩伯之辭也。”何注：“晉序上者，主會文也。吴言及者，亦人往爲主之文也。方不與夷狄主中國，而又事實當見，不可醇奪，故張兩伯辭。先晉，言及吴子，使若晉主會爲伯，吴亦主會爲伯，半抑半起，以奪見其事也。語在下。”《傳》：“不與夷狄之主中國，則曷爲以會兩伯之辭言之？重吴也。曷爲重吴？吴在是，則天下諸侯莫敢不至也。”何注：“以晉大國，尚猶汲汲於吴，則知諸侯莫敢不至也。不書諸侯者，爲微辭，使若天下盡會之，而魯侯蒙俗會之者，惡愈也。齊桓兼舉遠明近，此但舉大者，非尊天子，故不得褒也。主書者，惡諸侯君事夷狄。”〇辨曰：《春秋》至所見世，夷狄進爵，吴不當以夷狄辭言之，乃徒以夷狄之强，会同諸侯，不行禮義，故序晉於上，不與其主中國。言重吴者，以吴在是則諸侯莫敢不至。主書之所以惡諸侯君事夷狄，蓋舉會吴之諸侯而夷狄之，天下非復中國矣。

《穀梁》隱七年："滕侯卒。”《傳》："滕侯無名。少曰世子，長曰君，狄道也。”〇辨曰：少曰世子，長曰君，不以名通於外，故曰“無名”，以責其用夷狄之道。《公羊》昭五年："秦伯卒。”《傳》："何以不名？秦者，夷也，匿嫡之名也。”義與此同。

《穀梁》莊十年："秋，九月，荆敗蔡師于莘。以蔡侯獻武歸。”《傳》："荆者，楚也。何爲謂之荆？狄之也。何爲狄之？聖人立，必後至；天子弱，必先叛，故曰荆，狄之也。蔡侯何以名也？絶之也。何爲絶之？獲也。中國不言敗，此其言敗，何也？中國不言敗，蔡侯其見獲乎？其言敗，何也？釋蔡侯之獲也。以歸，猶愈乎執也。”〇辨曰：聖人立，必後至；天子弱，必先叛，故《春秋》凡於楚必稱荆以貶之。蓋夷狄之心，反覆無常。《公羊》僖四年《傳》亦言："楚有王者則後服，無王者則先叛。”

《穀梁》莊十四年："秋，七月，荆入蔡。”《傳》："荆者，楚也。其曰荆，何也？州舉之也。州不如國，國不如名，名不如字。”〇辨曰：《公羊》宣十一年："楚師入陳。”何注云："日者，惡莊王欲利其國。”此盡入蔡者，義亦與此同，故稱荆以狄之。

《穀梁》莊十八年，夏，公追戎于濟西。《傳》："其不言戎之伐我，何也？以公之追之，不使戎邇於我也。于濟西者，大之也。何大焉？爲公之追之也。”〇辨曰：僖二十八年“天王狩于河陽”，所以貶諸侯也。公追戎于濟西，大濟西所以貶戎狄也。

《穀梁》莊二十三年："荆人來聘。""善累而後進之。其曰人，何也？舉道不待再。"〇辨曰：荆，楚之常號也，何以稱人，以其能行聘問之禮，故稱人以中國之。《公羊傳》之"荆何以稱人，始能聘也"，"能聘"即《傳》所謂"舉道"。

《穀梁》莊二十八年："秋，荆伐鄭。""荆者，楚也。其曰荆，州舉之也。"〇辨曰：前二十三年已稱人，此復稱荆者，以其有伐鄭之罪，故復稱荆以狄之。

《穀梁》莊三十年："齊人伐山戎。"《傳》："齊人者，齊侯也。其曰人，何也？愛齊侯乎山戎也。其愛之何也？桓内無因國，外無從諸侯，而越千里之險，北伐山戎，危之也。則非之乎？善之也。何善乎爾？燕，周之分子也，貢職不至，山戎爲之伐矣。"〇辨曰：貢職不至，皆山戎爲之害，桓能致伐，故《春秋》善之。

《穀梁》僖四年："楚屈完來盟于師，盟于召陵。"《傳》："楚無大夫，其曰屈完，何也？以其來會桓，成之爲大夫也。其不言使，權在屈完也。則是正乎？曰非正也。以其來會諸侯，重之也。來者何？内桓師也。于師，前定也。于召陵，得志乎桓公也。得志者，不得志也。"〇辨曰：楚爲《春秋》，能慕中國、歸有道，故書屈完來會，成爲大夫，以進於中國。

《穀梁》僖四年："八月，公至自伐楚。"《傳》："其以伐楚致，大伐楚也。"〇辨曰：漢陽諸姬，楚實盡之。楚國之彊，有莫敢伐之者。公能會齊桓以伐之，故大其伐楚也。《公羊》莊十八年："公追戎于濟西。"《傳》："其言追何？大其爲中國追也。"其義相同。

《穀梁》僖十五年："楚人敗徐于婁林。"《傳》："夷狄相敗，志也。"〇辨曰：所傳聞世，内諸夏而外夷狄，則夷狄之事不當志。此有相敗之事，故雖夷狄，亦重其事而志之。

《穀梁》僖十八年："冬，邾人、狄人伐衛。"《傳》："其稱人何也？善累而後進之。伐衛，所以救齊也。功近而德遠矣。”〇辨曰：狄所以稱人者，以有憂中國之心，故善累而進於中國。

《穀梁》僖二十一年：“楚人使宜申來獻捷。”《傳》：“捷，軍得也。其不曰宋捷，何也？不與楚捷於宋也。”〇辨曰：莊三十一年，“齊侯來獻戎捷”，此不言宋捷者也，不與夷狄捷中國。

《穀梁》僖二十一年：“釋宋公。”《傳》：“不言楚，不與楚專釋也。”〇辨曰：《春秋》之義，夷狄不得專執中國。專執不可，專釋亦不可也，故於釋宋公時復不言楚。

《穀梁》僖二十七年：“冬，楚人、陳侯、蔡侯、鄭伯、許男圍宋。”“楚人者，楚子也。其曰人，何也？人楚子，所以人諸侯也。其人諸侯，何也？不正其信夷狄而伐中國也。”〇辨曰：楚伐人之國，有夷狄之行，諸侯信之而從其伐，是亦夷狄也。故曰“人楚子，所以人諸侯也”。

《穀梁》僖三十三年：“夏，四月，辛巳，晉人及姜戎敗秦師于殽。”“不言戰而言敗，何也？狄秦也。其狄之何也？秦越千里之險入虚國，進不能守，退敗其師，徒亂人子女之教，無男女之别。秦之爲狄，自殽之戰始也。”〇辨曰：定四年《傳》：“何以謂之吴也？狄之也。何謂狄之也？君居其君之寢而妻其君之妻，大夫居其大夫之寢而妻其大夫之妻。蓋有欲妻楚王之母者，不正。乘敗人之績而深爲利，居人之國，故反其狄道也。”秦自殽、函之敗，亂子女之教，無男女之别，故亦從而夷狄之。

《穀梁》文元年：“冬，十月，丁未，楚世子商臣弑其君髡。”“日髡之卒，所以謹商臣之弑也。夷狄不言正不正。”〇辨曰：所聞世未暇治及夷狄，故不言正不正。

《穀梁》文九年：“冬，楚子使萩來聘。”“楚無大夫，其曰萩何也？以其來我，褒之也。”〇辨曰：楚爲夷狄，本無大夫，以其能修聘禮故褒之，以進於中國，即先朝見賢之義也。

《穀梁》文十一年："冬，十月，甲午，叔孫得臣敗狄于鹹。""不言帥師而言敗，何也？直敗一人之辭也。一人而曰敗，何也？以衆焉言之也。傳曰長狄也，弟兄三人，佚宕中國，瓦石不能害。叔孫得臣，最善射者也。射其目，身横九畝。斷其首而載之，眉見於軾。"〇辨曰：長狄三人，佚宕中國，叔孫得臣敗之於鹹。此一人而曰敗者，蓋以衆焉言之，所以喜除夷狄之患而大得臣之功也。《公羊》："冬，十月，甲午，叔孫得臣敗于鹹。"《傳》："其言敗何？大之也。其日何？大之也。其地何？大之也。"

《穀梁》文十四年："六月，公會宋公、陳侯、衛侯、鄭伯、許伯、曹伯、晉趙盾。癸酉，同盟于新城。""同者，有同也，同外楚也。"〇辨曰：《公羊》哀十三年："公會晉[①]侯及吴子於黄池。"何注："主書者，惡諸侯君事夷狄。"此能會盟諸侯，同外强夷，故書以進之。

《穀梁》宣十一年："秋，晉侯會狄于欑函。"《傳》："不言及，外狄。"〇辨曰：所聞之世，内諸夏而外夷狄，故不言及以外狄，所以後治之。

《穀梁》宣十一年："冬，十月，楚人殺陳[②]夏徵舒。"《傳》："此入而殺也。其不言入，何也？外徵舒於陳也。其外徵舒於陳，何也？明楚之討有罪也。"〇辨曰：徵舒，陳大夫，不當外，以弑君之故，外徵舒於陳，如内諸夏而外夷狄之義。楚能討有罪，故與以伯，以進於中國。然則不特諸夏與夷狄有外之辭，即一國之小，亦有内外之義，從變而後見，無定如此。

《穀梁》宣十一年："丁亥，楚子入陳。""入者，内弗受也。日入，惡入者也。何用弗受也？不使夷狄爲中國也。"〇辨曰：上，"冬，十月，楚人殺夏徵舒"，《傳》予其討有罪。

---

① 晉，原作"齊"，據阮刻本《春秋公羊傳注疏》改。
② 陳，原脱，據阮刻本《春秋公羊傳注疏》改。

乃既入其國，紬淫亂之人執國威柄、制其君臣，是以燕伐燕、暴易暴而已。故不使其爲中國而黜之於夷狄。

《穀梁》宣十七年："己未，公會晉侯、衛侯、曹伯、邾子同盟于斷道。""同者，有同也，同外楚也。"〇辨曰：鄭之事楚，陳之逃歸，諸侯不信，不能有同者累矣。乃新城、斷道之盟，能同外强楚，無有二心，故特書之，喜著夏之能攘夷狄。

《穀梁》宣十八年："甲戌，楚子吕卒。""夷狄不卒，卒，少進也。卒而不日，日，少進也。日而不言正不正，簡之也。"〇辨曰：夷狄不卒，莒君不卒、秦穆公不卒是也。卒而不日，莒卒皆不日，滕始亦不日，秦始亦不日是也。莊王書卒書日者，以其有中國之行，故進之。不言正不正者，夷狄之俗，未合中國，不能責備，所以簡之，即《公羊》所謂"許夷狄不一而足"之義。

《穀梁》成九年："楚公子嬰齊帥師伐莒。庚申，莒潰。""其日，莒雖夷狄，猶中國也。大夫潰莒而之楚，是以知其上爲事也。惡之，故謹而日之也。"〇辨曰：昔莒雖有夷狄之行，未盡背乎中國，亦猶中國也。乃潰莒之楚，以事夷狄，故謹而日之，以惡其淪于夷狄。

《穀梁》成十二年："秋，晉人敗狄于交剛。""中國與夷狄不言戰，皆曰敗之。夷狄不日。"〇辨曰：《春秋》所聞世，内諸夏而外夷狄，故中國與夷狄不言戰，皆曰敗之，所以尊内而抑外也。夷狄不日者，所聞世未能治及夷狄，故從《春秋》畧夷狄之例，不書日。

《穀梁》成十五年："冬，十有一月，叔孫僑如會晉士燮、齊高無咎、宋華元、衛孫林父、鄭公子鰌、邾人，會吴於鍾離。""會又會，外之也。"〇辨曰：定四年，吴信中國而攘夷狄，吴進矣。此獨外之者，亦是所聞世外夷狄之義。

《穀梁》襄三年："六月，公會單子、晉侯、宋公、衛侯、鄭伯、莒子、邾子、齊世子光。己未，同盟于雞澤。""同者，有同也，同外楚也。”○辨曰：《公羊》襄十年：“甲午，遂滅偪陽。”何注云：“甚惡諸侯不崇禮義以相安，反遂爲不仁，開道强夷、滅中國。中國之禍，連蔓日及，故疾録之。”乃雞澤之盟，能同志合力以拒强楚，中國賴安，故於新城、斷道之外，復特書之，不厭其辭之贅也。

《穀梁》襄六年：“莒人滅繒。”“非滅也。中國日，卑國月，夷狄時。繒，中國也，而時，非滅也。家有既亡，國有既滅。滅而不自知，由别之而不别也。莒人滅繒，非滅也。非立異姓以莅祭祀，滅亡之道也。”○辨曰：繒本中國，以立異姓爲後，自取滅亡，有夷狄之行，故書時滅以夷狄之。

《穀梁》襄十年：“公會晉侯、宋公、衛侯、曹伯、莒子、邾子、滕子、薛伯、杞伯、小邾子、齊世子光會吴于柤。”“會又會，外之也。○辨曰：吴强而無道，恒會諸侯，滅亡人國，故書又會，外之於中國，以著其夷狄之行。

《穀梁》襄十年：“夏，五月，甲午，遂滅傅陽。”“遂，直遂也。其曰遂何？不以中國從夷狄也。”○辨曰：傅陽之滅，吴實爲之，君從夷狄之役，故加甲午，使若改曰諸侯自滅。其曰遂何也，不以中國從事夷狄也。

《穀梁》襄十年：“公至自會。”“會夷狄不致，惡事不致，此其致何也？存中國也。中國有善事，則并焉。無善事則異之，存之也。汲鄭伯，逃歸陳侯，致柤之會，存中國也。”○辨曰：雞澤之會，諸侯失政，自是而後，陵夷日益甚，又會夷以滅中國，是天下諸侯皆爲夷狄，非復有中國矣。《傳》特書存中國者，欲諸侯易其夷狄之行，以復存夫中國之禮義也。

《穀梁》襄二十九年：“春，王正月，公在楚。”“閔之也。”○辨曰：楚爲夷狄，襄公爲其所制，久在楚，閔之，故存録之。《公羊》何注云：“在晉不書，在楚書者，惡襄公久在夷狄，爲臣子危録之。”

《穀梁》襄二十九年：“吴子使札來聘。”《傳》：“吴其稱子何也？善使延陵季子，故進之也。身賢，賢也。使賢，亦賢也。”〇辨曰：荆州來聘，楚人使宜申來獻捷，《春秋》皆從君臣同辭之例。至“文九年，楚子使萩來聘”，始君臣俱見。今吴使始至，即書君、書大夫何哉？蓋以其能使賢，故進之稱子也。《禮記·檀弓篇》：“孔子曰：‘延陵季子，吴之習於禮者也。’”故《傳》以爲善使。《説苑·修文篇》亦曰：“延陵季子，吴之習於禮者也。”

《穀梁》襄三十年：“晉人、齊人、宋人、衛人、鄭人、曹人、莒人、邾人、滕人、薛人、杞人、小邾人會于澶淵，宋災故。”“會不言其所爲，其曰宋災故，何也？不言災故，則無以見其善也。其曰人，何也？救災以衆。何救焉？更宋之所喪財也。澶淵之會，中國不侵伐夷狄，夷狄不入中國，無侵伐八年，善之也。晉趙武、楚屈建之力也。”〇辨曰：《春秋》二百四十年，從未有三年之外不見中國夷狄滅、入、圍、戰、侵伐之事者，獨襄二十七年盟宋以訖昭三年無之，故書楚有大夫，以進於中國。

《穀梁》昭四年：“秋，七月，楚子、蔡侯、陳侯、許男、頓子、胡子、沈子、淮夷伐吴。執齊慶封，殺之。”“此入而殺，其不言入，何也？慶封封乎吴鍾離。其不言伐鍾離，何也？不與吴封也。慶封其以齊氏，何也？爲齊討也。靈王使人以慶封令於軍中曰：‘有若齊慶封弑其君者乎？’慶封曰：‘子一息，我亦且一言。曰：有若楚公子圍弑其兄之子而代之爲君者乎！’軍人粲然皆笑。慶封弑其君，而不以弑君之罪罪之者，慶封不爲靈王服也，不與楚討也。《春秋》之義，用貴治賤，用賢治不肖，不以亂治亂也。孔子曰：‘懷惡而討，雖死不服，其斯之謂與？’”〇辨曰：《公羊》宣十一年，《傳》：“上無天子，下無方伯，天下諸侯有爲無道[①]者，臣弑君，子弑父，力

① 道，原脱，據阮刻本《春秋公羊傳注疏》補。

能討之，則討之可也。”齊慶封有弑君之罪，靈王執而弑[1]之，《春秋》反不與楚討者，蓋靈王亦有弑君之罪，以亂治亂，不足服人，故不與討也。《公羊》昭十一年，《傳》云：“懷惡而討不義，君子不予也。”

《穀梁》昭八年：“冬，十月，壬午，楚師滅陳，執陳公子招，放之于越。殺陳孔奂。”《傳》：“楚子也。”〇辨曰：楚乘人之亂，滅人之國、執人之賊、殺人之臣，此夷狄之行，故不稱子、不稱人而第稱楚師，所以惡之也。

《穀梁》昭八年：“葬陈哀公。”“不与楚灭，閔之也。”〇辨曰：楚爲夷狄，以無道滅陳，故書葬以存陳，而不與楚滅。

《穀梁》昭九年：“夏，四月，陳火。”“國曰災，邑曰火。火不志，此何以志？閔陳而存之也。”〇辨曰：陳已亡矣，其火何以志？蓋閔陳而存之，亦以惡夷狄之滅中國也。

《穀梁》昭十有一年：“夏，四月，丁巳，楚子虔誘蔡侯般，殺之于申。”“何爲名之也？夷狄之君，誘中國之君而殺之，故謹而名之也。稱時、稱月、稱日、稱地，謹之也。”〇辨曰：蔡侯般弑父之賊，人人得而誅之。楚子欲利其國，誘而殺之，故特書其名以著其夷狄罪。

《穀梁》昭十一年：“冬，十有一月，丁酉，楚師滅蔡，執蔡世子友以歸，用之。”《傳》：“此子也，其曰世子，何也？不與楚殺也。一事注乎志，所以惡楚子也。”〇辨曰：前既誘殺蔡侯般，今復滅其國，執蔡世子友用之。夷狄之人，貪殺無已，故不與其殺而深惡絶之。

《穀梁》昭十三年：“蔡侯廬歸于蔡。陳侯吴歸于陳。”“善其成之會而歸之，故謹而日之。此未嘗有國也，使如失國辭然者，不與楚滅也。”〇辨曰：蔡、陳既滅矣，乃復以失國辭者，

---

① 弑，疑爲“殺”。

明其固有其國，以立不與夷狄滅中國之義。

《穀梁》昭十三年："秋，公會劉子、晉侯、齊侯、宋公、衛侯、鄭伯、曹伯、莒子、邾子、滕子、薛伯、杞伯、小邾子于平丘。八月，甲戌，同盟于平丘，公不與盟。""同者，有同也，同外楚也。公不與盟者，可以與而不與，譏在公也。其日，善是盟也。"〇辨曰：蔡侯歸於蔡、陳侯歸於陳，《傳》以爲二國復歸，皆諸侯同盟之力，故書同盟于平丘，所美諸侯攘夷狄人，以貶昭公背盟之罪。

《穀梁》昭十三年："冬，十月，葬蔡靈公。""變之不葬有三：失德不葬，弑君不葬，滅國不葬。然且葬之，不與楚滅，且成諸侯之事也。"〇辨曰：蔡靈公爲弑君之賊，亡國之虜，不當書葬，至此書葬者，不與夷狄加乎中國，且以成諸侯同盟之義舉也。

《穀梁》昭十七年："楚人及吴戰于長岸。""兩夷狄曰敗，中國與夷狄亦曰敗。楚人及吴戰于長岸，進楚子，故曰戰。"〇辨曰：《公羊》皆言楚人滅隗、吴滅州來，何注："日畧夷狄。"此獨於楚吴言戰者，以入所見世，夷狄進爵，故進楚子也。

《穀梁》昭二十五年："有鸜鵒來巢。""一有一亡曰有。來者，來中國也。"〇辨曰：鸜鵒爲夷狄之鳥而書來中國者，以中國變爲夷狄，故鸜鵒從而來之，書此所以記異也。

《穀梁》定四年："庚辰，吴入楚。""日入，易無楚也。易無楚者，壞宗廟，徙陳器，撻平王之墓。何以不言滅也？欲存楚也。其欲存楚奈何？昭王之軍敗而逃，父老送之，曰：'寡人不肖，亡先君之邑。父老反矣，何憂無君？寡人且用此入海矣。'父老曰：'有君如此其賢也，以衆不如吴，以必死不如楚。'相與擊之，一夜而三敗吴人，復立。何以謂之吴也？狄之也。何謂狄之也？君居其君之寢而妻其君之妻，大夫居其大夫之寢而妻其大夫之妻，蓋有欲妻楚王之母者，不正。乘敗人之績，而深爲利，居人之國，故反其狄道也。"〇辨曰：吴信中國而攘夷狄，故稱子以進之。妻人之妻、利人之國，背中國，之逆，故復夷狄之。均是吴也，乃忽而中國、忽而夷狄，其名號之無定如此。

《穀梁》哀四年："春，王二月，庚戌，盜弑蔡侯申。"《傳》："稱盜以弑君，不以上下道道也。内其君而外弑者，不以弑道道也。《春秋》有三盜：微[1]殺大夫，謂之盜；非所取而取之，謂之盜；辟中國之正道以襲利，謂[2]之盜。"〇辨曰：不尚禮義，貪利無已，此辟中國之正道，行同夷狄，故抑而書盜。

《穀梁》哀七年："秋，公伐邾。八月，已酉，入邾，以邾子益來。""以者，不以者也。益之名，惡也。《春秋》有臨天下之言焉，有臨一國之言焉，有臨一家之言焉。其言來者，有外魯之辭焉。"〇辨曰：《傳》云"有臨天下之言"，此即《孟子》□□[3]"域民不以封疆之界"，《穀梁》僖三年所謂"不土其地，不分其民"之意也。《春秋》内其國而外諸夏，内諸夏而外夷狄，乃忽以内外之别而統言天下，是尚何中國之有？尚何夷狄之有？《傳》云："其言來者，有外魯之辭。"《春秋》王魯，尊内抑外，以入邾之罪，有夷狄之行而從而外之。然則魯可外，楚可存，《春秋》之義，惟賢是親，惟德是輔，然哉然哉。

《穀梁》哀十三年："公會晉侯及吴子于黄池。""黄池之會，吴子進乎哉，遂子矣。吴，夷狄之國也，祝發文身。欲因魯之禮，因晉之權，而請冠端而襲。其藉于成周，以尊天王，吴進矣。吴，東方之大國也。累累致小國以會諸侯，以合乎中國。吴能爲之，則不臣乎？吴進矣。王，尊稱也。子，卑稱也。辭尊稱而居卑稱，以會乎諸侯，以尊天王。吴王夫差曰：'好冠來！'孔子曰：'大矣哉！夫差未能言冠而欲冠也。'"〇辨曰：《春秋》升平之世，化及夷狄，人人有士君子之行。

---

① 微，原作"一"，據阮刻本《春秋穀梁傳注疏》改。

② 襲利謂，原作"衣用一"，據阮刻本《春秋穀梁傳注疏》改。

③ □□，底本漫漶，疑爲"所謂"。

吴本夷狄之國，亦能服中國之衣冠，會結諸侯，以尊天王，故數言進吴以申美之。

《春秋繁露・竹林第三》：故《春秋》之於偏戰也，猶其於諸夏也。引之魯，則謂之外；引之夷狄，則謂之内。〇辨曰：引之魯，則謂之外；引之夷狄，則謂之内。内外之分，衹就所引言之耳，若將夷狄而引之於諸地、諸天、諸星之世界，則夷狄亦當謂之内，而諸地、諸天、諸星當謂之外矣。内外之限，甯有定名哉？此《莊子》所謂自其大者視之，則萬物皆一也。

《春秋繁露・精華第五》：《春秋》慎辭，謹於名倫等物者也。是故小夷言伐而不得言戰，大夷言戰而不得言獲，中國言獲而不得言執，各有辭也。有小夷避大夷而不得言戰，大夷避中國而不得言獲，中國避天子而不得言執，名倫弗予，嫌於相臣之辭也。是故大小不逾等，貴賤如其倫，義之正也。〇辨曰：以《春秋》大一統之義律之，則舉天下皆中國也，何中國、夷狄之有？何小夷、大夷之有？此其晰言之者，蓋傳聞之世，尚治麤觕，故不能不畧分差等也。

《春秋繁露・王道第六》：親近以來遠，未有不先近而致遠者也。故内其國而外諸夏，内諸夏而外夷狄，言自近者始也。〇辨曰：此董子發明《春秋》所以立内外例之故，蓋治著大同，遠近大小若一，而無内外之殊者，理之所必至者也。先近致遠、詳内畧外，等差秩然者，勢之不能驟變者也，蓋聖人衹能循夫理而順夫勢而已。《易》曰："地勢坤。"周子曰："天下勢而已。"其即此義也。

《春秋繁露・隨本消息第九》：其明年，楚屈建會諸侯而張中國。卒之三年，諸夏之君朝於楚，楚子卷繼之，四年而卒。其國不爲侵奪，而顧隆盛強大，中國不出年余，何也？楚子昭蓋諸侯可者也，天下之疾其君者，皆赴愬而乘之。兵四五出，常以衆擊少，以專擊散，義之盡也。〇辨曰：《春秋》之世，弑君三十六，亡國五十二，争奪相殺，靡有已時。楚屈建能會諸侯而張中國，故名之，示楚有大夫而進於中國。襄三十年《穀梁傳》之澶淵之會，中國不侵伐夷狄，夷狄不入中國，無侵伐八年，善之也。晉趙武、楚屈建之力也。

《春秋繁露・爵國第二十八》：《春秋》曰："荆。"《傳》曰："氏不若人，人不若名，名不若字。"凡四等，命曰附庸。〇辨曰：荆非楚之國號，而以荆目之者，蓋未至升平之世，中國政治未及夷狄，故進之，所謂"夷狄不一而足"之義也。

《春秋繁露・仁義法第二十九》：故王者愛及四夷。〇辨曰：《公羊》隱二年何注云："王者不治夷狄。"桓三年何注云："後治夷狄。"此言愛及四夷者，蓋升平之世，教化大洽，夷狄丕變，故亦在王者□與之内，《繁露》所謂"天覆無外，地覆兼愛"者也。

《春秋繁露・觀德第三十三》：是故吴魯同姓也，鐘離之會不得序而稱君，殊魯而會之，爲其夷狄之行也。雞父之戰，吴不得與中國爲禮。至於伯莒黄池之行，變而反道，乃爵而不殊。〇辨曰：鐘離之會、雞父之戰，吴有夷狄之行，故並外之。至黄池之行，變而反道，乃爵而不殊。中國、夷狄之名，從變而移如此。若徒以一義繩之，是猶刻舟而求劍、守株而待兔者也，豈足以讀《春秋》哉？

《春秋繁露・觀德第三十三》：潞子離狄而歸，黨以得亡，《春秋》謂之子，以領其意。〇辨曰：能進中國則亦中國矣，國雖亡仍謂之子，以領其意。

《春秋繁露・奉本第三十四》：遠夷之君，内而不外。〇辨曰：《春秋》内其國而外諸夏，内諸夏而外夷狄，乃忽云遠夷之君，内而不外，則外而變内，是天下無復有内外之殊矣。聖人大同之治，其在斯乎？其在斯乎？

《春秋中國夷狄辨》卷一[①]終 弟子順德何云章校字

---

① 一，疑爲"三"。

徵稿啓事

《經學研究》自 2023 年始，每年出版兩期，爲半年刊，條件成熟時改爲季刊或月刊。常設欄目主要有：

一，主題論文，由一到數篇同主題論文構成；

二，經學研究，對經學的義理闡發；

三，經學史論，對經學史上重要著作、人物的研究；

四，經學文獻研究，對經部的文獻學研究；

五，經學書評，對經學專著、古籍整理的評論；

六，學人訪談，對當代經學研究者的學術訪談；

七，舊文新刊，主要是經學文獻整理，尤重稿抄本等稀見文獻；

八，域外經義，主要是海外經學論文的譯介。

投稿請寄：

經學研究編輯部郵箱 bishengchen@163. com